Frankfurter kriminalwissenschaftliche Studien

Bd./Vol. 131

PETER LANG
Frankfurt am Main · Berlin · Bern · Bruxelles · New York · Oxford · Wien

Pönalisierung der Folter in Deutschland – de lege lata et ferenda

Moritz von Schenck

Pönalisierung der Folter in Deutschland – de lege lata et ferenda

PETER LANG
Internationaler Verlag der Wissenschaften

Bibliografische Information der Deutschen Nationalbibliothek
Die Deutsche Nationalbibliothek verzeichnet diese Publikation in der Deutschen Nationalbibliografie; detaillierte bibliografische Daten sind im Internet über http://dnb.d-nb.de abrufbar.

Zugl.: Frankfurt (Main), Univ., Diss., 2009

D 30
ISSN 0170-6918
ISBN 978-3-631-60552-3

www.peterlang.de

Vorwort

Die vorliegende Arbeit wurde im Sommersemester 2009 vom Fachbereich Rechtswissenschaft der Goethe-Universität Frankfurt am Main als Dissertation angenommen. Rechtsprechung und Literatur wurden vereinzelt bis Dezember 2010 berücksichtigt. Insbesondere wurde das Urteil der *Großen Kammer des EGMR* vom 01.06.2010 im Fall *Gäfgen ./. Deutschland* eingearbeitet, in dem die Thesen der vorliegenden Untersuchung eine wertvolle Stütze finden.

Nachdem seit dem ersten Federstrich im Sommer 2005 nunmehr über fünf Jahre vergangen sind, komme ich nicht umhin, von meinem ursprünglichen Vorhaben, das Vorwort schlank zu halten und nicht in endlos anmutende Danksagungen zu verfallen, jedenfalls ein Stück weit abzurücken. Aber ich tue dies aus Überzeugung und ich tue es gern. Denn während der langen Entstehungszeit haben viele Personen das Projekt durch unterschiedliche Beiträge und Hilfestellungen entscheidend mit beeinflusst und damit das nunmehr fertige „Produkt" überhaupt erst möglich gemacht. Sie an dieser Stelle unerwähnt zu lassen, erschiene mir vor diesem Hintergrund egoistisch und ungebührlich.

Allen voran schulde ich besonders großen – gleichermaßen fachlichen wie persönlichen – Dank meinem Doktorvater, Herrn Prof. Dr. Cornelius Prittwitz, der das Thema der Arbeit angeregt und dessen Umsetzung mit einer gesunden Mischung aus Lob und Kritik sowie Geduld und sanftem Druck hervorragend betreut hat. Zudem eröffnete mir die Tätigkeit als wissenschaftlicher Mitarbeiter an seinem Lehrstuhl viele Einblicke und Möglichkeiten, die für die Entstehung der Arbeit, aber auch darüber hinaus, von wertvoller Bedeutung waren.

Herzlich bedanken möchte ich mich zudem bei Herrn Prof. Dr. Walter Kargl für die äußerst zügige Zweitbegutachtung der Arbeit.

Frau Prof. Dr. Regina Ogorek danke ich für das Übernehmen des Prüfungsvorsitzes in der Disputation sowie für die Zeit als Hilfskraft an ihrem Lehrstuhl, die insbesondere mein Verständnis von juristisch-wissenschaftlicher Theorie und Methodologie geschärft und mitgeprägt hat.

Frau Dr. Urte Eisenhardt hat insofern erheblichen Anteil an der Arbeit, als sie den Text mit Argusaugen gelesen und berechtigte Einwände erhoben sowie wertvolle Anregungen gegeben hat. Ihre Anmerkungen haben zur Homogenisierung der unterschiedlichen Gedankengänge beigetragen und dafür gesorgt, dass der berühmt berüchtigte rote Faden als solcher sichtbar geblieben ist.

Besonders herzlicher Dank gilt zudem Herrn Prof. Dr. Fabio Roberto D´Avila für die intensiven Diskussionen, insbesondere über die Theorie des Rechtsgüterschutzes, sowie aber auch für die persönliche Motivation.

Meinem Bruder Mark v. Schenck danke ich ebenso wie den Herren Christian M. Scholz und Richard Rachlitz für das akribische und reflektierende Redigieren des Textes.

Abschließend gilt ein ganz besonders großer Dank meinen Eltern Brita und Wolf v. Schenck sowie meinen beiden Geschwistern Josiane und Mark v. Schenck für das stabile familiäre Umfeld, das so manche Last überhaupt erst tragbar gemacht hat.

Hamburg, im Februar 2011

Inhaltsübersicht

Inhaltsverzeichnis

Abkürzungsverzeichnis

A.A.	Anderer Ansicht
a.F.	Alte Fassung
AEMR	Allgemeine Erklärung der Menschenrechte
AK-GG	Alternativkommentar zum Grundgesetz
AK-StGB	Alternativkommentar zum Strafgesetzbuch
AMRK	Amerikanische Menschenrechtskonvention
APuZ	Aus Politik und Zeitgeschichte
AöR	Archiv für öffentliches Recht
ARSP	Archiv für Rechts- und Sozialphilosophie
AsylbLG	Asylbewerberleistungsgesetz
AT	Allgemeiner Teil
AufenthG	Aufenthaltsgesetz
AuslG	Gesetz über die Einreise und den Aufenthalt von Ausländern im Bundesgebiet
AVR	Archiv des Völkerrechts
BayObLG	Bayerisches Oberstes Landesgericht
BayVBl	Bayerische Verwaltungsblätter
BGH	Bundesgerichtshof
BGHSt	Amtliche Sammlung der Entscheidungen des Bundesgerichtshofs in Strafsachen
BT	Besonderer Teil
BT-Dr.	Drucksachen des Deutschen Bundestages
BVerfG	Bundesverfassungsgericht
BVerfGE	Amtliche Sammlung der Entscheidungen des Bundesverfassungsgerichts
BWPolG	Polizeigesetz des Landes Baden-Württemberg
CCC	Constitutio Criminalis Carolina
CCPR	UN Convenant on Civil and Political Rights
CIA	Central Intelligence Agency
DÖV	Die öffentliche Verwaltung
DVBl	Deutsches Verwaltungsblatt
EFoK	Europäische Übereinkommen zur Verhütung von Folter, unmenschlicher oder erniedrigender Behandlung oder Strafe
EGMR	Europäischer Gerichtshof für Menschenrechte
EKMR	Europäische Kommission für Menschenrechte
EMRK	Europäische Menschenrechtskonvention
EuGRZ	Europäische Grundrechte-Zeitung

FAZ	Frankfurter Allgemeine Zeitung
FoK	UN-Anti-Folter-Konvention
FS	Festschrift
GA	Goltdammer´s Archiv für Strafrecht
GG	Grundgesetz
HchE	Herrenchiemsee-Entwurf des Grundgesetzes
HFR	Humboldt Forum Recht
h.M.	herrschende Meinung
HRRS	Onlinezeitschrift für Höchstrichterliche Rechtsprechung zum Strafrecht
HSOG	Hessisches Gesetz über die öffentliche Sicherheit und Ordnung
IAGMR	Interamerikanischer Gerichtshof für Menschenrechte
IPbpR	Internationaler Pakt über bürgerliche und politische Rechte
IGH-Statut	Statut des Internationalen Gerichtshofs
i.S.d.	im Sinne des/der
i.V.m.	in Verbindung mit
IStGH-Statut	Statut des Internationalen Strafgerichtshofs
JA	Juristische Arbeitsblätter
JR	Juristische Rundschau
Jura	Juristische Ausbildung
JuS	Juristische Schulung
JZ	Juristenzeitung
KJ	Kritische Justiz
KK-StPO	Karlsruher Kommentar zur Strafprozessordnung
KritV	Kritische Vierteljahresschrift für Gesetzgebung und Rechtswissenschaft
LG	Landgericht
lit.	litera
LK-StGB	Leipziger Kommentar zum Strafgesetzbuch
LR-MRK/IPbpR	Löwe-Rosenberg Großkommentar – MRK und IPbpR
LuftSiG	Luftsicherheitsgesetz
MSchrKrim	Monatsschrift für Kriminologie und Strafrechtsreform
MünchKomm-StGB	Münchener Kommentar zum Strafgesetzbuch
m.w.N.	mit weiteren Nachweisen
n.F.	neue Fassung

NJW	Neue Juristische Wochenschrift
NK-StGB	Nomos Kommentar zum Strafgesetzbuch
NStZ	Neue Zeitschrift für Strafrecht
NStZ-RR	Neue Zeitschrift für Strafrecht, Rechtsprechungs-Report
NVwZ	Neue Zeitschrift für Verwaltungsrecht
OLG	Oberlandesgericht
OPCAT	Fakultativprotokoll zum Übereinkommen gegen Folter und andere grausame, unmenschliche oder erniedrigende Behandlung oder Strafe vom 18. Dezember 2002
RegEntw	Regierungsentwurf
RGSt	Amtliche Sammlung der Entscheidungen des Reichsgerichts in Strafsachen
Rn.	Randnummer
RuP	Recht und Politik
SK-StGB	Systematischer Kommentar zum Strafgesetzbuch
StGB	Strafgesetzbuch
StGB-GR	Strafgesetzbuch-Griechenland
StGB-T	Strafgesetzbuch-Türkei
StPO	Strafprozessordnung
StrRG	Strafrechtsreformgesetz
StV	Strafverteidiger
UN-MRA	UN-Menschenrechtsausschuss
Urt.	Urteil
VBlBW	Verwaltungsblätter für Baden-Württemberg
v.F.	vorgeschlagene Fassung
VStGB	Völkerstrafgesetzbuch
WStG	Wehrstrafgesetz
Z.	Ziffer
ZaöRV	Zeitschrift für ausländisches öffentliches Recht und Völkerrecht
ZEuS	Zeitschrift für Europarechtliche Studien
ZfRV	Zeitschrift für Rechtsvergleichung
ZMR	Zeitschrift für Miet- und Raumrecht
ZRP	Zeitschrift für Rechtspolitik
ZStW	Zeitschrift für die gesamte Strafrechtswissenschaft

Einleitung

„Totgesagte leben länger.“ Leider gilt dieser Satz auch für die Folter. Denn trotz der zahlreichen internationalen Verbote[1] und ihrer Absicherungen durch unterschiedliche Präventions-[2] und Repressionsmechanismen[3] sowie der fortwährenden Beteuerungen der Staatsregierungen weltweit, sie verbannt zu haben, ist und bleibt die Folter ein ubiquitäres und omnipräsentes Phänomen. Mit den Gefangenenmisshandlungen in Abu Ghraib, den Haftbedingungen im Gefangenenlager in Guantanamo, den Verhörmethoden des CIA im Kampf gegen den internationalen Terrorismus[4] und der Vorgehensweise der Frankfurter Polizeibeamten im *„Entführungsfall Metzler“*[5] sind dabei nur die prominentesten Fälle genannt, die in den vergangenen Jahren als „Folter-Fälle“ in der Öffentlichkeit, den Medien und der Wissenschaft diskutiert wurden und werden – und zwar in durchaus unterschiedlicher Koloratur: Während die Misshandlungen in Abu Ghraib einhellig für Empörung gesorgt haben und die Haftbedingen in Guantanamo sowie die CIA-Verhörmethoden jedenfalls in Europa auf Ablehnung gestoßen sind, sind die Vorgehensweise der Frankfurter Polizeibeamten im *„Entführungsfall Metzler“* und abstrakte Überlegungen zum Einsatz der Folter im Kampf gegen den internationalen Terrorismus – zumindest unter bestimmten Umständen – keineswegs auf einmütigen Widerstand getroffen. Vielmehr ist hier die einstmals dünn besiedelte Reihe der Folterbefürworter zunehmend zu einer breiten Front angewachsen.[6]

---

1 Vgl. vor allem die Gewährleistungen der UN-Anti-Folter-Konvention vom 10.12.1984 sowie die Folterverbote der Art. 3 EMRK und Art. 7 IPbR.

2 Zu denken ist insbesondere an die Errichtung des europäischen und des internationalen Folterkontrollausschusses auf der Grundlage des Europäischen Übereinkommens zur Verhütung von Folter vom 26.11.1987 bzw. des Fakultativprotokolls zum Übereinkommen gegen Folter und andere grausame, unmenschliche oder erniedrigende Behandlung oder Strafe vom 18.12.2002, die Besuche von Orten in den Vertragsstaaten vorsehen, an denen Menschen die Freiheit entzogen ist. Vgl. hierzu im Übrigen die Ausführungen in Teil 3 Kapitel 3 II. 3. a) aa) (1) (c).

3 Angesprochen ist damit vor allem die strafrechtliche Sanktionierung von Verstößen gegen die völkerrechtlichen Folterverbote bzw. die Verpflichtung zur strafrechtlichen Absicherung dieser Verbote (vgl. v.a. Art. 4 FoK).

4 Hierzu zählt vor allem das so genannte „waterboarding“, bei dem dem Betroffenen durch das Zuführen großer Wassermengen das Gefühl vermittelt wird, er würde ertrinken.

5 Vgl. dazu *LG Frankfurt a.M.* NJW 2005, 692 ff. sowie *Gäfgen ./. Deutschland*, Urt. des EGMR vom 30.06.2008.

6 Zu nennen sind vor allem *Brugger*, VBlBW 1995, 414 f., 446 ff.; *ders.*, Der Staat 35 (1996), 67 ff.; *ders.*, JZ 2000, 165 ff.; *ders.*, in: Nitschke (Hrsg.), Rettungsfolter im modernen Rechtsstaat, S. 107 ff.; *Starck*, in: Mangoldt/Klein/Starck, GG, Art. 1 Abs. 1, Rn. 79; *Kunig*, in: v. Münch/Kunig, GG, Art. 1 Rn. 24; *Hilgendorf*, JZ 2004, 331 (338); *Herzberg*, JZ 2005, 321 ff.; *Erb*, NStZ 2005, 593 ff.; *ders.*, Jura 2005, 24 ff.;

Angestoßen wurde die aktuelle Folterdebatte in Deutschland durch den *„Fall Daschner"*, nachdem im Februar 2003 bekannt geworden war, dass der damalige stellvertretende Frankfurter Polizeipräsident *Daschner* dem Entführer des elf Jahre jungen *Jakob v. Metzler* durch einen Untergebenen mit der Zufügung großer Schmerzen hatte drohen lassen, um von ihm den Aufenthaltsort des – aus Sicht der Polizeibeamten in Lebensgefahr schwebenden, tatsächlich aber bereits toten – *Jakob* zu erfahren. Innerhalb kürzester Zeit entfachte sich daraufhin in der Öffentlichkeit ebenso wie in der Fachwelt eine überaus kontroverse Diskussion darüber, wie das Verhalten der Polizeibeamten, das – assoziativ naheliegend – mit dem Terminus „Rettungsfolter" belegt wurde, (straf-) rechtlich zu beurteilen sei. Schnell stand fest, dass es eine „richtige" oder „falsche" Entscheidung in dieser speziellen Konstellation nicht gibt, sondern dass die nahezu unauflösbare Spannung zwischen Recht und Moral unweigerlich in die Aporie einer „tragic choice"[7] mündet. Denn zwar zählt die Folter als eine der schwersten Verletzungen der Menschenwürde zu den ärgsten Feinden des Rechtsstaats und bedroht die Grundfesten der verfassungsrechtlichen Ordnung mit gravierenden Erschütterungen, so dass Ausnahmen vom Folterverbot unter keinen Umständen möglich scheinen. Andererseits aber müsste die prinzipiengetreue, bedingungslose Ablehnung der Folter im äußersten Fall mit dem Tod von Menschenleben bezahlt werden; ein Preis, der ebenfalls zu hoch erscheint.

Obgleich der *„Fall Daschner"* durch diese Zuspitzung des Dilemmas zwischen Recht und Moral schon für sich genommen ein enormes Diskussionspotenzial birgt und folgerichtig auch wie kaum ein anderer Fall der deutschen Kriminaljustizgeschichte mediale, politische und wissenschaftliche Stellungnahmen evoziert hat,[8] liegt seine eigentliche Brisanz weniger in der emotionalen Dramatik als vielmehr darin, dass er die Folterdebatte in Deutschland zu einem Zeitpunkt revitalisiert hat, zu dem das Folterverbot in seiner Absolutheit und Ausnahmslosigkeit ohnehin schon ins Wanken geraten war. Denn auf der Suche nach effektiven Mitteln zur Bekämpfung der durch den internationalen Terrorismus zunehmend drohenden Gefahren waren bereits erste Versuche unternommen worden, die Folter als die *ultima ratio* der möglichen Mittel aus dem

---

Wittreck, DÖV 2003, 873 (876 ff.); *Wagenländer*, Zur strafrechtlichen Beurteilung der Rettungsfolter, S. 155 ff.; *H. Götz*, NJW 2005, 953 ff. Laut einer Forsa-Umfrage sprachen sich 63% der Befragten gegen eine Bestrafung *Daschners* aus, vgl. Stern 10/2003. Für das Foltern von Terroristen in „Ausnahmefällen" stimmte im Rahmen einer Umfrage des „Spiegel" im Dezember 2005 immerhin ein Drittel der Befragten.

7 Vgl. hierzu *Luhmann*, Gibt es in unserer Gesellschaft noch unverzichtbare Normen?, 1993, S. 1.

8 Vgl. *Roxin*, FS-Nehm, S. 205, der von dem „kontroversesten Fall der deutschen Nachkriegsgeschichte" spricht.

Tabubereich des Undenkbaren zu entwurzeln.[9] In diesem Zusammenhang wurde und wird immer wieder auf das so genannte „ticking-bomb-szenario" rekurriert, das offensichtliche Parallelen zum *„Fall Daschner"* aufweist. Dieses Szenario unterstellt die Situation, dass ein unmittelbar bevorstehender terroristischer Anschlag auf die Zivilbevölkerung – etwa mittels einer Bombe oder einer Massenvernichtungswaffe – nur dadurch verhindert werden kann, dass man die zur Abwendung der drohenden Gefahr erforderlichen Informationen von dem oder den mittlerweile in Polizeigewahrsam befindlichen Terroristen durch Folter erlangt.[10] Spätestens seit den Anschlägen vom 11. September 2001, die nunmehr dem „ticking-bomb-szenario" als realitäre Exempel stützend zur Seite gestellt werden, hat das für die Folter lange Zeit geltende Credo, dass in einem Rechtsstaat der Zweck nicht die Mittel heiligen kann, seine Selbstverständlichkeit verloren.[11] Das eigentlich Undenkbare ist wieder denkbar geworden[12]: die Zulässigkeit der Folter wird wieder diskutiert.

Der kontroversen Diskussion entsprechend gespannt und kritisch blickten die Augen der Öffentlichkeit und der Fachwelt auf das Strafverfahren gegen die Frankfurter Polizeibeamten im *„Fall Daschner"*. Der Richterspruch sollte Gewissheit darüber bringen, ob das Folterverbot in Deutschland weiterhin ausnahmslos gilt, oder ob die Folter – jedenfalls in ihrer speziellen Gestalt als Rettungsfolter[13] – einen Platz, und sei es auch nur eine Nische, im Recht finden kann. Schließlich wird gerade dem Strafrecht wegen seiner expressiven Wirkung gemeinhin die Funktion eines Gradmessers für das rechtliche und gesellschaftliche Wertesystem zugeschrieben. Doch entgegen der allgemeinen Hoffnung und entgegen auch der Auffassung der erkennenden Richter, die ihrer Entscheidung eine „kathartische Wirkung" für die Folterdebatte beimaßen,[14] hat das Urteil eben diese Klarstellung nicht geleistet.[15] Der Schuldspruch mit einer Verwarnung mit Strafvorbehalt (§ 59 StGB)[16] ist vielmehr als der Versuch eines sa-

---

9 Vgl. bereits die Ansätze bei *Albrecht*, Der Staat, S. 172 f., und die daran anknüpfenden Szenarien bei *Luhmann*, Gibt es in unserer Gesellschaft noch unverzichtbare Normen, 1993, und v.a. *Brugger*, VBlBW 1995, 414 f., 446 ff., *ders.*, Der Staat 35 (1996), 67 ff.; *ders.*, JZ 2000, 165 ff.

10 Vgl. *E. Albrecht*, Der Staat, 1976, S. 174; *Luhmann*, Gibt es in unserer Gesellschaft noch unverzichtbare Normen?, 1993, S. 1.

11 Zuletzt deutlich Pawlik, Der Terrorist will nicht resozialisiert werden, FAZ vom 25.02.2008, S. 40.

12 Vgl. *Jahn*, KritV 2004, 24 (27 f.).

13 Vgl. zur Thematik der Rettungsfolter ausführlich unten Teil 1 Kapitel 2 I. 2. c) bb).

14 *LG Frankfurt a.M.* NJW 2005, 692 (696).

15 Vgl. *Scharnweber*, Kriminalistik 2005, 161 (164 f.).

16 *Wolfgang Daschner* wurde der Verleitung eines Untergebenen zu einer Nötigung im Amt für schuldig befunden. Die Verurteilung zu einer Geldstrafe von 90 Tagessätzen zu je 120 Euro wurde gemäß § 59 StGB vorbehalten. Der mitangeklagte Kriminalhauptkommissar *Ortwin Ennigkeit* wurde einer Nötigung im Amt für schuldig befunden. Die

lomonischen Ausgleichs, eines *tertium datur* zwischen Folterverbot und Lebensrettungsabsicht, zwischen Zweck und Mittel, zwischen Recht und Moral, zu lesen. Er bietet hinreichend Spielraum für eine Argumentation in beide Richtungen. Während man sich einerseits auf den Standpunkt stellen kann, dass durch den Schuldspruch die Strafbarkeit der Folter bestätigt und damit das Verbot der Folter unterstrichen worden sei[17], kann andererseits auch argumentiert werden, dass die Verwarnung mit Strafvorbehalt faktisch keine strafrechtlichen Konsequenzen für den Angeklagten *Daschner* gehabt habe und damit alles andere als eine (strafrechtliche) Bestätigung des Folterverbots darstelle[18]. Die dringend gebotene Klarstellung durch ein höchstrichterliches Urteil blieb aus, da die Verfahrensbeteiligten Rechtsmittelverzicht erklärten. Für die nicht abreißende Fortentwicklung der Folterdebatte war das alles andere als förderlich.[19]

Auch die beiden Urteile des *EGMR* im Fall *Gäfgen ./. Deutschland*[20] werden sicher nicht das letzte Wort in der Folterdebatte bleiben, wenngleich der Gerichtshof – insbesondere durch die Entscheidung der *Großen Kammer* vom 01.06.2010 – ausdrücklich klargestellt hat, dass das Verhalten der Frankfurter Polizeibeamten als Verstoß gegen das Misshandlungsverbot des Art. 3 EMRK zu qualifizieren ist.[21] Die Richter der *Großen Kammer* sind dabei im Gegensatz zum *LG Frankfurt a.M.* zudem nicht der Versuchung des salomonischen Ausgleichs erlegen, sondern sie haben in begrüßenswerter Entschiedenheit Position bezogen und in aller Deutlichkeit klargestellt, dass die Verurteilung der Polizeibeamten durch das *LG Frankfurt a.M.* vom 20.12.2004 keinesfalls eine hinreichende Reaktion auf den begangenen Verstoß gegen Art. 3 EMRK darstelle, da die verhängten Strafen nach Art und Höhe eher als „symbolisch" einzustufen seien und es ihnen daher an der erforderlichen abschreckenden Wirkung mangele.[22] Mit diesem Diktum revidierte die *Große Kammer* zugleich die

---

Verurteilung zu einer Geldstrafe von 60 Tagessätzen zu je 60 Euro wurde ebenfalls gemäß § 59 StGB vorbehalten.

17 So etwa *Keiser*, GA 2009, 344 (347 ff.).

18 So etwa *Scharnweber*, Kriminalistik 2005, 161 (165).

19 *Anders*, in: Goerlich (Hrsg.), Staatliche Folter, S. 13 (23). A.A. *Keiser*, GA 2009, 344 (347 ff).

20 *Gäfgen ./ Deutschland*, Urt. des EGMR vom 30.06. 2008, sowie Urt. der Großen Kammer des EGMR vom 01.06.2010. Dem Verfahren lag eine Beschwerde des *Magnus Gäfgen* zugrunde, mit der dieser vor allem rügte, dass er infolge des Verhaltens der Frankfurter Polizeibeamten Opfer einer Folterung i.S.d. Art. 3 EMRK geworden sei, und diese Folterung durch die Bundesrepublik Deutschland nicht kompensiert worden sei.

21 Der *EGMR* qualifizierte in der Kammerentscheidung vom 30.06.2008 das Verhalten der Frankfurter Polizeibeamten als eine „unmenschliche Behandlung" i.S.d. Art. 3 EMRK (*Gäfgen ./. Deutschland*, Urt. des EGMR vom 30.06.2008, Z. 70); die *Große Kammer des EGMR* bestätigte dies im Urteil vom 01.06.2010 (*Gäfgen ./. Deutschland*, Urt. der Großen Kammer des EGMR vom 01.06.2010, Z. 108).

22 *Gäfgen ./. Deutschland*, Urt. der Großen Kammer des EGMR vom 01.06.2010, Z. 123.

Kammerentscheidung vom 30.06.2008, in der die Richter davon ausgegangen waren, dass der Betroffene, *Magnus Gäfgen*, sich nicht mehr als Opfer einer konventionsrelevanten Misshandlung bezeichnen dürfe, da die Konventionsverletzung (insbesondere) durch die strafrechtliche Verfolgung des Verhaltens der beteiligten Polizeibeamten und den Schuldspruch des *LG Frankfurt a.M.* vom 20.12.2004 ausgeglichen und bewältigt worden sei.[23]

Die Entscheidung der *Großen Kammer* ist stringent und weist in die richtige Richtung. Denn anders als im Urteil vom 30.06.2008 unterstellt, hielt und hält das deutsche StGB für den *„Fall Daschner"* keine den Anforderungen der EMRK entsprechende strafrechtliche Reaktion bereit. Überhaupt gewährleistet die aktuelle Strafgesetzeslage in Deutschland bei genauerem Hinsehen keine umfassende und angemessene Absicherung des Verbots der Folter.[24] Bereits der Umstand, dass die (präventive) Rettungsfolter, die als Bestandteil des Gesamtphänomens der Folter den schwersten Menschenrechtsverbrechen zuzuordnen ist,[25] gegebenenfalls allein unter § 240 StGB zu subsumieren ist, und damit unter einen der am weitesten reichenden Tatbestände des StGB, der ebenso etwa beim dichten Auffahren auf der Autobahn[26] einschlägig ist, muss misstrauisch stimmen.[27] Die Annahme, dies sei eine bewusste und gewollte Entscheidung des Gesetzgebers, erscheint wenig überzeugend. Vielmehr sprechen die phänomenologische Nähe der Rettungsfolter zum Straftatbestand der (repressiven) Aussageerpressung gemäß § 343 StGB sowie die Gleichstellung des gefahrenabwehrrechtlichen Aussageerzwingungsverbots[28] mit dem strafprozessualen Aussageerzwingungsverbot des § 136a StPO, die jeweils das Bemühen des Gesetzgebers um einen möglichst effektiven rechtlichen Schutz vor Folter dokumentieren, für die These, dass etwaige bei der angestrebten, angemessenen Pönalisierung der Folter unter Umständen auftretende Lücken *ungewollte* Lücken sind.[29] Lenkt man vor dem Hintergrund dieser Erwägungen den Blick aus strafgesetzgeberischer Perspektive auf die anderen im Zusammenhang mit der aufgekeimten Folterdebatte diskutierten Fälle – etwa die Misshandlung von Gefangenen –, verdichtet sich der Verdacht, dass das Fehlen eines expliziten Folterstraftatbestands im StGB zu einer unklaren und uneinheitlichen Pönalisierung der Folter und mithin zu einer unzureichenden strafrechtlichen Absicherung des Folterverbots führt; mit der Folge, dass berechtigte Zweifel an der Angemessenheit der Pönalisierung dieses schweren Menschenrechtsverbrechens aufkommen müssen. Denn nach geltendem deutschem Strafrecht wären Vorgänge wie etwa

23 *Gäfgen ./. Deutschland*, Urt. des EGMR vom 30.06.2008, Z. 77 f.

24 Siehe unten Teil 2 Kapitel 1.

25 Vgl. hierzu unten Teil 1 Kapitel 2 I. 2. c) bb).

26 Vgl. *OLG Köln* NStZ-RR 2006, 280 f.

27 Vgl. *Herzog/Roggan*, GA 2008, 142 (146).

28 Vgl. für Hessen § 12 Abs. 4 HSOG.

29 Vgl. auch *Herzog/Roggan*, GA 2008, 142 (148 f.).

die in Abu Ghraib – soweit dem Sachverhalt nach bekannt – als „einfache“ Körperverletzungen gemäß § 223 StGB zu ahnden.[30] Der spezifische Unrechtsgehalt der Folter, der über das Unrecht der „einfachen“ Verletzung der körperlichen Integrität hinausgeht[31], fände danach im materiellen Strafrecht keine Entsprechung.

Aus alledem folgt als vorläufiger Befund: Die Folter ist nach aktueller Gesetzeslage in bestimmten Konstellationen zwar *irgendwie*, nicht aber *als solche* unter Strafe gestellt. In bestimmten Konstellationen kann auf Folterhandlungen allein mit solchen Straftatbeständen reagiert werden, die das spezifische Unrecht der Folter nicht wiedergeben, sondern die allgemeiner gefasst und im Grundsatz für weniger gravierende Rechtsverletzungen konzipiert sind. Diese These deckt eine offensichtliche Diskrepanz zwischen Anspruch und Wirklichkeit der strafrechtlichen Absicherung des Folterverbots auf. Es erscheint daher geboten, die Richtigkeit dieser Annahme im Rahmen der vorliegenden Arbeit zu verifizieren und als Ergebnis einen konstruktiven Verbesserungsvorschlag zu entwickeln.

Spezifischer Gegenstand der Untersuchung ist vor diesem Hintergrund mithin die *Pönalisierung* der Folter, d.h. das Unterstrafestellen der Folter als sozialschädliches Verhalten[32], im deutschen Strafgesetzbuch. Abzugrenzen ist die Pönalisierung insofern von den – ihr verwandten und teilweise auch Schnittmengen bietenden, keinesfalls aber mit ihr identischen – Kategorien der „Strafbarkeit“ und der „Kriminalisierung“. Die Frage der Strafbarkeit nämlich richtet sich an den Rechtsanwender, der aus der *ex post*-Perspektive auf Basis der Pönalisierung *de lege lata* einen konkreten Fall unter die bestehenden Normen subsumieren muss. Und die Kriminalisierung meint die allgemeine Zuschreibung des Prädikats „kriminell“ zu einer bestimmten Verhaltensweise und ist als solche nicht auf die Strafgesetzgebung beschränkt. Ihre Perspektive ist vielmehr die des gesamtgesellschaftlichen Umgangs mit deviantem Verhalten, und damit eine kriminalsoziologische.

Aus der Festlegung auf die Perspektive des Strafgesetzgebers ergibt sich folgender Gang der Untersuchung: In einem ersten Schritt gilt es, den Gegen-

---

30 Gemäß § 48 Abs. 1 WStG stehen nur Offiziere und Unteroffiziere den Amtsträgern gleich, so dass die Amtsdelikte der §§ 343 StGB (der hier allerdings mangels prozessakzessorischen Bezugs der Misshandlungen ohnehin nicht einschlägig ist) und 340 StGB auch nur durch Offiziere oder Unteroffiziere verwirklicht werden können. Die Misshandlungen der inhaftierten Personen im Gefängnis von Abu Ghraib wurden jedoch von Militärangehörigen begangen, deren Dienstgrade deutlich unterhalb denen eines Offiziers oder Unteroffiziers lagen. Von den beiden Schlüsselfiguren der Foltervorwürfe von Abu Ghraib war der als Haupttäter angesehene *Charles Garner* überhaupt nur als Reservist im Einsatz, und *Lynndie England* hatte den Dienstgrad eines „specialist“ inne, der in der hiesigen Rangordnung dem Dienstgrad eines Stabsgefreiten vergleichbar ist.

31 Siehe unten Teil 1 Kapitel 2.

32 Vgl. *W. Becker*, Jugendwohl 1981, 425.

stand der Pönalisierung herauszuarbeiten (Teil 1). Hierzu muss die Phänomenologie der Folter untersucht werden, wobei aufbauend auf die rechtsinternen Aussagen über die Folter im Völkerrecht und im nationalen Recht sowie die soziologischen und philosophischen Ansätze der Unrechtsgehalt und die definitorischen Merkmale der Folter ermittelt werden müssen. In einem zweiten Schritt ist dann die Pönalisierung des Phänomens der Folter *de lege lata* zu überprüfen (Teil 2). Dabei lohnt es sich, auch einen vergleichenden Blick auf die Strafbewehrung der Folter in anderen Rechtsordnungen zu richten. Schließlich handelt es sich bei der Folter um ein universelles Phänomen. Davon ausgehend, dass das Netz der bestehenden Strafnormen das Phänomen der Folter nicht umfassend abdeckt, wird dann – im Hauptteil der Untersuchung – erörtert werden, welche Möglichkeiten zur Pönalisierung der Folter *de lege ferenda* bestehen (Teil 3). Hierbei ist zu ermitteln, inwieweit bzw. in welcher Gestalt sich die Folter als pönalisierungswürdig und -bedürftig erweist. Dafür sind für die Folter gleich zweierlei Maßstäbe anzulegen, nämlich zum einen in nationaler Hinsicht der Rechtsgüterschutzgedanke und zum anderen – da die Folter zugleich auch zentraler Gegenstand des völkerrechtlichen Menschenrechts ist – in internationaler Hinsicht etwaige sich aus dem Völkerrecht ergebenden Pönalisierungsaufträge. Im Rahmen dieser Untersuchung wird ein konkreter Vorschlag für eine Verbesserung der Strafgesetzeslage unterbreitet und die Notwendigkeit der Umsetzung dieses Vorschlags nach den Maßstäben der nationalen und völkerrechtlichen Strafgesetzgebungsdogmatik überprüft werden.

Teil 1: Phänomenologie der Folter

Die Untersuchung der Pönalisierung der Folter *de lege lata et ferenda* setzt als ersten Schritt eine Vergewisserung über den in Rede stehenden Gegenstand der Pönalisierung voraus. Es muss geklärt werden, was genau im Nachfolgenden als „Folter" der strafgesetzgeberischen Überprüfung unterzogen werden soll. Zwar könnte man angesichts der intuitiven Selbstverständlichkeit, mit der der Begriff „Folter" gemeinhin gebraucht wird[33], meinen, dass es einer solchen Vergewisserung nicht bedürfe. Doch bei genauerem Hinsehen wird erkennbar, dass diese Selbstverständlichkeit auf einer bloß vermeintlichen Gewissheit gründet. Nicht nur die weitläufige alltagssprachliche und mediale Verwendung des Begriffs „Folter", sondern auch dessen uneinheitlicher Gebrauch in der Wissenschaft bezeugen, dass es sich bei der Folter keineswegs um ein scharf profiliertes Phänomen handelt. So ist vor allem umstritten, wer als Täter in Frage kommt, ob die Androhung von Folter bereits als Folter zu qualifizieren ist, und ob die als „Rettungsfolter" bezeichnete Konstellation als spezieller Sonderfall der Folter einzuordnen ist. Zur Vergewisserung über die Phänomenologie der Folter bietet sich als erster Zugriff zunächst die Erstellung einer deskriptiven Bestandsaufnahme der unterschiedlichen rechtsinternen (Rechtswissenschaft) und rechtsexternen (Soziologie und Philosophie) Ansätze an, ehe anschließend auf Basis dieser Ansätze eine Präzisierung von Phänomen und Begriff der Folter unternommen werden kann.

Kapitel 1: Bestandsaufnahme der rechtsinternen und -externen Ansätze: ein erster Zugriff

Zunächst ist zu klären, was in der Rechtswissenschaft und in anderen, rechtsexternen Wissenschaftsdisziplinen unter „Folter" verstanden wird.

I. Rechtsinterne Ansätze

Als ubiquitäres Phänomen ist die Folter Gegenstand überwiegend von völkerrechtlichen Verboten oder Sanktionierungen. Für eine rechtsinterne Annäherung an die Folter liegt es daher nahe, im Völkerrecht anzusetzen und erst anschließend auf die nationalen Rechtsgrundlagen einzugehen.

1. Völkerrechtliche Verbote und Sanktionierungen der Folter

Gleich mehrere völkerrechtliche Normen erklären die Folter ausdrücklich zu ihrem zentralen Gegenstand. Zu nennen sind vor allem Art. 1 des Übereinkommens gegen Folter und andere grausame, unmenschliche oder erniedrigende Behandlung oder Strafe (FoK), Art. 3 der Europäischen Menschenrechtskonvention (EMRK), Art. 7 des Internationalen Pakts über bürgerliche und politische Rech-

33 Vgl. *Tomuschat*, in: Schulz-Hageleit (Hrsg.), Alltag – Macht – Folter, S. 95 (97).

te (IPbpR) und Art. 7 Abs. 1 lit. f des Römischen Statuts des Internationalen Strafgerichtshofs (IStGH-Statut).[34]

a) Art. 1 Abs. 1 FoK

Das speziellste völkerrechtliche Regelungswerk zur Folter bildet das Übereinkommen gegen Folter und andere grausame, unmenschliche oder erniedrigende Behandlung oder Strafe vom 10. Dezember 1984 (FoK). Mit dem Ziel des Schutzes der Menschenwürde[35] soll dieser Völkervertrag der Folter als einer der gravierendsten Menschenwürdeverletzungen ein wirksames Präventions- und Repressionsnetz entgegensetzen.[36] In Art. 1 Abs. 1 der Konvention wird die Folter legaldefiniert:

> „Im Sinne dieses Übereinkommens bezeichnet der Ausdruck "Folter" jede Handlung, durch die einer Person vorsätzlich große körperliche oder seelische Schmerzen oder Leiden zugefügt werden, zum Beispiel um von ihr oder einem Dritten eine Aussage oder ein Geständnis zu erlangen, um sie für eine tatsächlich oder mutmaßlich von ihr oder einem Dritten begangene Tat zu bestrafen oder um sie oder einen Dritten einzuschüchtern oder zu nötigen, oder aus einem anderen, auf irgendeiner Art von Diskriminierung beruhenden Grund, wenn diese Schmerzen oder Leiden von einem Angehörigen des öffentlichen Dienstes oder einer anderen in amtlicher Eigenschaft handelnden Person, auf deren Veranlassung oder mit deren ausdrücklichem oder stillschweigendem Einverständnis verursacht werden. Der Ausdruck umfasst nicht Schmerzen oder Leiden, die sich lediglich aus gesetzlich zulässigen Sanktionen ergeben, dazu gehören oder damit verbunden sind."

Im Zentrum der Definition steht die *Beeinträchtigung der körperlichen Integrität*, wobei diese ausdrücklich sowohl physische als auch psychische Integritätsverletzungen einschließt. Durch die geforderte „besondere" Schwere soll die Folter vor allem von den Misshandlungsformen der grausamen und unmenschlichen Behandlung abgegrenzt werden. Wo genau diese Grenze verläuft, ist jedoch unklar. Weiterhin setzt die Definition voraus, dass mit der Integritätsverletzung ein bestimmter *Zweck* verfolgt wird. Typischerweise geht es dabei um die Gewinnung von Informationen.[37] Da die Aufzählung der möglichen Zwecke aber bewusst offen gehalten ist und auch die Erniedrigung als Zweck ein-

---

34 Darüber hinaus wird die Folter auch in Art. 4 der Charta der Grundrechte der Europäischen Union und in Art. 5 der Allgemeinen Erklärung der Menschenrechte (AEMR) verboten. Von einer Berücksichtigung dieser Normen kann bei der Analyse des positiven Rechts aber mangels Ergiebigkeit abgesehen werden. Zudem kommt der AEMR keine rechtliche Bindungswirkung zu, und auch die Charta der Grundrechte der Europäischen Union entfaltet erst seit Inkrafttreten des „Lissabon-Vertrags" rechtliche Bindungswirkung.

35 Vgl. *Schweizer/Sprecher*, in: Seelmann (Hrsg.), Menschenwürde als Rechtsbegriff, S. 127 (140); *Karl*, in: Fischer (Hrsg.), Der Begriff der Menschenwürde, S. 27 (33).

36 Vgl. die Präambel der FoK.

37 *Burgers/Danelius*, The United Nations Convention against Torture, S. 119.

schließt,[38] ist schlechterdings kaum ein Fall denkbar, in dem die Subsumtion einer Misshandlung unter Art. 1 Abs. 1 S. 1 FoK am Zweckerfordernis scheitern würde.[39] Praktisch ist dieses Merkmal daher eher von deklaratorischer Natur. Zuletzt schränkt Art. 1 Abs. 1 S. 1 FoK den Täterkreis auf *Amtsträger* ein, wobei es ausreichen soll, dass der Amtsträger die Integritätsverletzung veranlasst hat oder zumindest mit ihr einverstanden war. Das Folterverständnis der Konvention ist an dieser Stelle insofern tendenziell eng, als Misshandlungen durch Privatpersonen dem Staat nur dann zugerechnet werden, wenn sie zumindest mit dem ausdrücklichen oder stillschweigenden Einverständnis eines Amtsträgers erfolgt sind.[40] Die bloße Duldung privater Misshandlungen fällt dagegen nicht in den Normbereich, solange sie die Schwelle zum Einverständnis nicht erreicht.[41]

b) Art. 3 EMRK nach der Rechtsprechung des EGMR

Auch die EMRK als das wichtigste regionale Menschenrechtsübereinkommen enthält ein ausdrückliches Verbot der Folter. In Art. 3 EMRK heißt es:

> „Niemand darf der Folter oder unmenschlicher oder erniedrigender Strafe oder Behandlung unterworfen werden."

Indem hier die Folter in einem Satz gemeinsam mit der unmenschlichen und der erniedrigenden Behandlung aufgeführt wird, kommt ihr nicht jene exponierte Stellung zu, die sie im Rahmen der FoK einnimmt.[42] In der Folge hat der *EGMR*, der für die Konkretisierung der Rechtsbegriffe der EMRK in erster Linie zuständig ist[43], die Begriffsbestimmung der Folter i.S.d. Art. 3 EMRK auch nicht separat, sondern in engem Zusammenhang mit den beiden anderen Misshandlungsformen entwickelt.

aa) „Folter" im Kontext des Art. 3 EMRK

Den Ausgangspunkt für die Konkretisierung der Folter durch den *EGMR* bildet der Schutzbereich des Art. 3 EMRK. Dieser umfasst die physische und psychi-

---

38 Vgl. *Burgers/Danelius*, The United Nations Convention against Torture, S. 119.

39 *Gollwitzer*, in: LR-MRK/IPbpR, MRK Art. 3 / Art. 7 IPbpR Rn. 18.

40 Die Schwierigkeiten dieser engen Fassung des Täterkreises etwa im Hinblick auf Bürgerkriegsmilizen sind gut nachgezeichnet bei *de Than/Shorts*, International Criminal Law and Human Rights, 7-006.

41 *Bruha/Steiger*, Das Folterverbot im Völkerrecht, S. 25 f. Teilweise wird kritisiert, der Verantwortungsbereich sei deswegen zu eng gefasst, weil Übergriffe Dritter, die der Staat tatenlos hinnehme, nicht eingeschlossen seien, so z.B. *R. Marx*, ZRP 1986, 81 (83 f.).

42 Im Umkehrschluss aus Art. 16 Abs. 1 S. 2 FoK folgt, dass die Garantien der FoK ganz überwiegenden nur für die „Folter" (im begrifflichen Sinne) und nicht für die unmenschlichen und erniedrigenden Behandlungen gelten.

43 Vgl. Art. 32 Abs. 1 EMRK: „Die Zuständigkeit des Gerichtshofs umfasst alle die Auslegung und Anwendung dieser Konvention und der Protokolle dazu betreffenden Angelegenheiten, mit denen er nach den Artikeln 33, 34 und 47 befasst wird."

sche Integrität des Betroffenen,[44] wobei die Integritätsverletzung allein eine Verletzung des Art. 3 EMRK nicht begründen kann. Vielmehr muss der Eingriff in die körperliche Integrität das Opfer zusätzlich in seinem Menschsein betreffen, und damit die Menschenwürde verletzen.[45] Zentraler Schutzgegenstand des Art. 3 EMRK ist daher die Menschenwürde.[46] Wird nun durch ein Verhalten in den Schutzbereich eingegriffen, soll es vor allem von der objektiven Intensität des Eingriffs abhängen, ob dieser als Folter oder als unmenschliche oder erniedrigende Behandlung zu qualifizieren ist.[47] Den dem objektiven Schweregrad nach am wenigsten intensiven Eingriff stellt die erniedrigende Behandlung dar, die Folter ist dagegen die schwerwiegendste Verletzung. Dazwischen ist die unmenschliche Behandlung angesiedelt. Bei dieser Abstufung wird auch davon gesprochen, „dass die von Art. 3 verbotenen Misshandlungsformen (…) als konzentrische, sich stets erweiternde Kreise zu verstehen [sind]: Folter ist immer unmenschlich, und eine unmenschliche Behandlung ist immer auch erniedrigend“[48].

Die Ermittlung des objektiven Schweregrads des konkreten Eingriffs kann mitunter schwierig sein. Der EGMR wird nicht müde, darauf hinzuweisen, dass pauschale Kategorisierungen und eindeutige Grenzziehungen zwischen den einzelnen Misshandlungsformen daher weder geboten noch sinnvoll seien. Vielmehr sei die Einordnung notwendigerweise von den Umständen des Einzelfalls – etwa Geschlecht, Alter, Gesundheitszustand oder Schutzbedürftigkeit des Op-

---

44 *Grabenwarter*, Europäische Menschenrechtskonvention, § 20 Rn. 21; *Costello-Roberts ./. Vereinigtes Königreich*, Urt. des EGMR vom 25.03.1993, Z. 30; *Irland ./. Vereinigtes Königreich*, Urt. des EGMR vom 18.01.1978, Z. 162; *Öcalan ./. Türkei*, Urt. des EGMR vom 12.05.2005, Z. 180.

45 *Bungenberg*, in: Heselhaus/Nowak (Hrsg.), Handbuch der Europäischen Grundrechte, § 12 Rn. 1; *Grabenwarter*, Europäische Menschenrechtskonvention, § 20 Rn. 21; *Costello-Roberts ./. Vereinigtes Königreich*, Urt. des EGMR vom 25.03.1993, Z. 30; *Tyrer ./. UK*, Urt. des EGMR vom 25.03.1993, Z. 33.

46 Vgl. *Schweizer/Sprecher*, in: Seelmann (Hrsg.), Menschenwürde als Rechtsbegriff, S. 127 (140); *Karl*, in: Fischer (Hrsg.), Der Begriff der Menschenwürde, S. 27 (33). Nur so lässt sich die Ausnahmestellung des Art. 3 EMRK erklären. Art. 3 EMRK ist nämlich gemäß Art. 15 Abs. 2 EMRK notstandsfest. Er kann noch nicht einmal „im Falle eines Krieges oder eines anderen öffentlichen Notstandes, der das Leben der Nation bedroht“, eingeschränkt werden. Der *EGMR* hat diese Formel dahin ergänzt, dass selbst die Bekämpfung des Terrorismus und des Organisierten Verbrechens an der Absolutheit der Geltung des Art. 3 EMRK nichts zu ändern vermögen (*Corsacov ./. Moldawien*, Urt. des EGMR vom 04.07.2006, Z. 54; *Jalloh ./. Deutschland*, Urt. des EGMR vom 11.07.2006, Z. 99; *Selmouni ./. Frankreich*, Urt. des EGMR vom 28.07.1999, Z. 95).

47 *Grabenwarter*, Europäische Menschenrechtskonvention, § 20 Rn. 21; *Peters*, Einführung in die Europäische Menschenrechtskonvention, S. 44; *Ambos*, Internationales Strafrecht, § 10 Rn. 58 f.

48 *Alleweldt*, Schutz vor Abschiebung bei drohender Folter oder unmenschlicher oder erniedrigender Behandlung oder Strafe, S. 17; *Demko*, HRRS 2005, 94 (95).

fers – abhängig und damit relativ.[49] Schließlich handle es sich bei der Konvention um ein „living instrument", das stets im Lichte der aktuellen Bedingungen zu interpretieren sei.[50] In der Folge soll eine einmal vorgenommene Einordnung eines Verhaltens in eine der Misshandlungskategorien keine Bindungswirkung für künftige Verfahren entfalten. Daher ist nicht auszuschließen, dass ein Verhalten, welches in einer früheren Entscheidung („bloß") als unmenschliche Behandlung eingestuft worden war, in einer aktuellen Entscheidung als Folter klassifiziert wird.[51]

bb) Definition der „Folter" i.S.d. Art. 3 EMRK

Die „Folter" als den schwerwiegendsten Eingriff in den Schutzbereich des Art. 3 EMRK definiert der *EGMR* folgendermaßen:

> „Um zu ermitteln, ob eine Misshandlung als Folter zu qualifizieren ist, muss die Unterscheidung des Art. 3 zwischen Folter und unmenschlicher und erniedrigender Behandlung beachtet werden. Vor dem Hintergrund der Unterscheidung wird deutlich, dass die Konvention absichtlichen unmenschlichen Behandlungen, die sehr schwere und grausame Leiden verursachen, ein besonderes Stigma anheften soll. Der Umstand, dass die Schmerzen oder Leiden vorsätzlich mit dem Zweck zugefügt wurden, ein Geständnis zu erlangen, ist ein weiterer Faktor, der in die Entscheidungsfindung, ob eine Misshandlung als unmenschliche Behandlung oder als Folter einzustufen ist, einzubeziehen ist."[52]

Ebenso wie nach Art. 1 Abs. 1 S. 1 FoK sind danach drei Merkmale von Bedeutung: die Zufügung besonders schwerer Schmerzen oder Leiden, die Verfolgung eines bestimmten Zwecks und die Amtsträgereigenschaft des Täters. Natur.[53]

Da die Folter – dem Bild der konzentrischen Kreise entsprechend – die eingriffsintensivste Misshandlungsform des Art. 3 EMRK darstellt, verlangt der *EGMR* ausdrücklich, dass die zugefügte *Integritätsverletzung* „besonders gravie-

49 *Tyrer ./. Vereinigtes Königreich*, Urt. des EGMR vom 25.04.1978, Z. 35 (erniedrigende Behandlung); *Bati und andere ./. Türkei*, Urt. des EGMR vom 03.06.2004, Z. 120 (Folter); *Selmouni ./. Frankreich*, Urt. des EGMR vom 28.07.1999, Z. 100 (Folter); *Corsacov ./. Moldawien*, Urt. des EGMR vom 04.04.2006, Z. 64, 66 (Folter); *Aydin ./. Türkei*, Urt. des EGMR vom 25.09.1997, Z. 84 (Folter); *Irland ./. Vereinigtes Königreich*, Urt. des EGMR vom 18.01.1978, Z. 167.

50 *Selmouni ./. Frankreich*, Urt. des EGMR vom 28.07.1999, Z. 101; *Tyrer ./. Vereinigtes Königreich*, Urt. des EGMR vom 25.04.1978, Z. 31.

51 *Selmouni ./. Frankreich*, Urt. des EGMR vom 28.07.1999, Z. 101.

52 *Corsacov ./. Moldawien*, Urt. des EGMR vom 04.04.2006, Z. 63 m.w.N.

53 Vgl. *Bati und andere ./. Türkei*, Urt. des EGMR vom 03.06.2004, Z. 116; *Aydin ./. Türkei*, Urt. des EGMR vom 25.09.1997, Z. 82; *Aksoy ./. Türkei*, Urt. des EGMR vom 18.12.1996, Z. 63; *Ilhan ./. Türkei*, Urt. des EGMR vom 27.06.2000, Z. 85; *Selmouni ./. Frankreich*, Urt. des EGMR vom 28.07.1999, Z. 96; *Salman ./. Türkei*, Urt. des EGMR vom 27.06.2000, Z. 114.

rend“ sein muss.[54] Dem Schweregrad nach als Folter ordnete der *EGMR* vor diesem Hintergrund bislang ein: das Aufhängen eines nackten Häftlings an seinen hinter dem Rücken zusammengebundenen Händen[55], die mehrfache Vergewaltigung eines Häftlings durch Polizeiangehörige[56], Schläge mit einem Stock auf die Fußsohlen[57], die Zwangsernährung ohne medizinische Aufsicht[58] und das Treten und Schlagen mit einem Gewehrkolben unter Vorenthaltung ärztlicher Behandlung[59]. Die Schmerzen oder Leiden müssen dabei nicht körperlicher Natur sein. Sie können auch allein die Psyche des Opfers betreffen.[60] Angesichts der erforderlichen „*besonderen* Schwere“ ist ein solcher Fall der rein psychischen Folter allerdings schwer denkbar. Auch die vom *EGMR* bislang als „Folter“ qualifizierten Misshandlungen waren stets (zumindest auch) physischer Natur.[61] Die *Zweckverfolgungsabsicht* nimmt bei der Begriffsbestimmung des *EGMR* einen noch weniger gewichtigen Stellenwert ein als bei der Folterdefinition des Art. 1 Abs. 1 S. 1 FoK. Zwar weist der *EGMR* diesem Merkmal eine Indizwirkung für die Folter zu,[62] und auch die von ihm bislang als „Folter“ qualifizierten Misshandlungen waren regelmäßig von einer bestimmten Motivation des Täters getragen, jedoch hat er im Fall *Nevmerzhitsky ./. Ukraine* das Zwangsernähren des Opfers auch ohne die Verfolgung eines bestimmten Misshandlungszwecks als Folter eingestuft.[63] Hinsichtlich der *Amtsträgereigenschaft* des Täters geht die

54 *Irland ./. Vereinigtes Königreich*, Urt. des EGMR vom 18.01.1978, Z. 167; *Corsacov ./. Moldawien*, Urt. des EGMR vom 04.04.2006, Z. 63; *Bati und andere ./. Türkei*, Urt. des EGMR vom 03.06.2004, Z. 116; *Aydin ./. Türkei*, Urt. des EGMR vom 25.09.1997, Z. 82; *Selmouni ./. Frankreich*, Urt. des EGMR vom 28.07.1999, Z. 101; *Aksoy ./. Türkei*, Urt. des EGMR vom 18.12.1996, Z. 63; *Salman ./. Türkei*, Urt. des EGMR vom 27.06.2000, Z. 114.

55 *Aksoy ./. Türkei*, Urt. des EGMR vom 18.12.1996, Z. 64.

56 *Aydin ./. Türkei*, Urt. des EGMR vom 25.09.1997, Z. 86.

57 *Corsacov ./. Moldawien*, Urt. des EGMR vom 04.04.2006, Z. 65; *Salman ./. Türkei*, Urt. des EGMR vom 27.06.2000, Z. 115.

58 *Nevmerzhitsky ./. Ukraine*, Urt. des EGMR vom 05.04.2005, Z. 98.

59 *Ilhan ./. Türkei*, Urt. des EGMR vom 27.06.2000, Z. 87.

60 Dies legt zumindest die Spruchpraxis der *Europäischen Kommission für Menschenrechte (EKMR)* nahe, der bis zur Änderung des europäischen Menschenrechtsschutzverfahrens durch das 11. Zusatzprotokoll vom 11.05.1994 die Individualbeschwerden vorzulegen waren (vgl. *Dänemark, Norwegen, Schweden und Niederlande ./. Griechenland*, Yearbook 12, S. 461; *Irland ./. Vereinigtes Königreich*, Yearbook 19, S. 512, 792 ff.).

61 Vgl. *Bati und andere ./. Türkei*, Urt. des EGMR vom 03.06.2004, Z. 116; *Aydin ./. Türkei*, Urt. des EGMR vom 25.09.1997, Z. 82; *Aksoy ./. Türkei*, Urt. des EGMR vom 18.12.1996, Z. 63; *Ilhan ./. Türkei*, Urt. des EGMR vom 27.06.2000, Z. 85; *Selmouni ./. Frankreich*, Urt. des EGMR vom 28.07.1999, Z. 96; *Salman ./. Türkei*, Urt. des EGMR vom 27.06.2000, Z. 114.

62 *Corsacov ./. Moldawien*, Urt. des EGMR vom 04.04.2006, Z. 63.

63 *Nevmerzhitsky ./. Ukraine*, Urt. des EGMR vom 05.04.2005, Z. 98.

Folterdefinition des *EGMR* über die des Art. 1 Abs. 1 S. 1 FoK hinaus. Denn aus der Verpflichtung der Staaten gemäß Art. 1 EMRK zur Verhinderung von Konventionsverletzungen folgert der *EGMR* eine Pflicht der Staaten zur Verhinderung von Verletzungen der Konventionsgewährleistungen auch im horizontalen Bürger-Bürger-Verhältnis.[64] Schreitet hier der Staat, d.h. präziser: der zuständige Amtsträger trotz der Möglichkeit zum Handeln nicht ein, wird ihm die Konventionsverletzung als Begehung durch Unterlassen zugerechnet.[65] Allerdings ist eine solche Zurechnung auch nur dann möglich, wenn der betreffende Amtsträger von der Verletzung Kenntnis hatte oder hätte haben können bzw. müssen, und er den konventionswidrigen Zustand hätte verhindern können.[66]

cc) Abgrenzung zwischen „Folter" und „unmenschlicher Behandlung"

Vor dem Hintergrund der bereits angedeuteten Spruchpraxis des *EGMR*, dass die Konvention ein „living instrument" darstelle und eine klare Grenzziehung zwischen den einzelnen Misshandlungsformen weder geboten noch sinnvoll sei, stellt sich vor allem die Frage nach der Unterscheidung der Folter von der unmenschlichen Behandlung, die nach der Folter als der zweitschwerste Eingriff in den Schutzbereich des Art. 3 EMRK zu qualifizieren ist. Unter einer unmenschlichen Behandlung versteht der *EGMR* eine Behandlung, die vorsätzlich und über einen längeren Zeitraum erfolgt, und die bei dem Opfer entweder körperliche Verletzungen oder starke psychische Leiden verursacht.[67] Der Unterschied zwischen der Folter und der unmenschlichen Behandlung liegt nach Ansicht des *EGMR* darin, dass die unmenschliche Behandlung im Gegensatz zur Folter nicht deren besonderes Stigma und damit keine „besonders" schwere Integritätsverletzung fordere. Dem Schweregrad nach als „unmenschlich" qualifizierte der Gerichtshof unter anderem: die Misshandlung von Inhaftierten[68] und die zwangsweise Verabreichung eines Brechmittels[69] sowie das Zerstören von Häusern und Mobiliar, die die Lebensgrundlage des Opfers bildeten[70].

---

64 *M.C. ./. Bulgarien*, Urt. des EGMR vom 04.12.2003, Z. 149 ff.; *D.P. und J.C. ./. Vereinigtes Königreich*, Urt. des EGMR vom 10.10.2002, Z. 109; *A. ./. Vereinigtes Königreich*, Urt. des EGMR vom 23.09.1998, Z. 22.

65 *Frowein/Peukert*, Europäische Menschenrechtskonvention, Art. 1 Rn. 10 ff.; *Peters*, Einführung in die Europäische Menschenrechtskonvention, S. 15 f.

66 *Hofmann*, in: Ostendorf (Hrsg.), Folter. Praxis, Verbot, Verantwortlichkeit, S. 9 (29); *D.P. und J.C. ./. Vereinigtes Königreich*, Urt. des EGMR vom 10.10.2002, Z. 109.

67 *Jalloh ./. Deutschland*, Urt. des EGMR vom 11.07.2006, Z. 68; *van der Ven ./. Niederlande*, Urteil 04.05.2003, Z. 48; *Öcalan ./. Türkei*, Urt. des EGMR vom 12.05.2005, Z. 181; *Kalashnikov ./. Russland*, Urt. des EGMR vom 15.07.2002, Z. 95; *Kudla ./. Polen*, Urt. des EGMR vom 26.10.2000, Z. 92.

68 *Tomasi ./. Frankreich*, Urt. des EGMR vom 27.08.1992, Z. 115; *Ribitsch ./. Österreich*, Urt. des EGMR vom 04.12.1995, Z. 36.

69 *Jalloh ./. Deutschland*, Urt. des EGMR vom 11.07.2006, Z. 82.

70 *Selcuk und Asker ./. Türkei*, Urt. des EGMR vom 24.04.1998, Z. 77.

Die Abgrenzung des *EGMR* zwischen der Folter und der unmenschlichen Behandlung lässt nicht immer klare Konturen und eine einheitliche Linie erkennen. Problematisch ist dies insbesondere insofern, als allein der Folter die symbolträchtige Wirkung eines besonderen Stigmas anhaften soll. Als Beispiel für die unscharfe Grenzziehung zwischen beiden Misshandlungsformen kann vor allem der Fall *Irland ./. Vereinigtes Königreich*[71] herangezogen werden, in dem es um die Einordnung der so genannten „fünf Techniken"[72] ging. Die Mehrheit der Richter wertete diese Techniken – im Gegensatz zur Einschätzung der Europäischen Kommission für Menschenrechte *(EKMR)*,[73] der bis zur Änderung des europäischen Menschenrechtsschutzverfahrens durch das 11. Zusatzprotokoll vom 11.05.1994 die Individualbeschwerden vorzulegen waren – nicht als Folter, sondern als unmenschliche Behandlung. Immerhin aber schrieben vier Richter Sondervoten, in denen sie sich für die Einordnung der Techniken als Folter aussprachen. Auch in der Literatur ist das Urteil auf scharfe Kritik gestoßen.[74] So wurde der Verdacht geäußert, dass die Entscheidung maßgeblich von politischen Motiven getragen gewesen sei.[75] Und in der Tat dürfen berechtigte Zweifel daran erhoben werden, dass der *EGMR* sich heutzutage noch einmal gegen die Einordnung der Techniken unter die Folter entscheiden würde.[76] Gleichwohl zeigt dieses Urteil plastisch die Schwierigkeit einer exakten Abgrenzung der Folter von der unmenschlichen Behandlung, sofern als Abgrenzungskriterium entscheidend auf den objektiven Schweregrad der Integritätsverletzung abgestellt wird. Ähnliche Zweifel an einer konsistenten Abgrenzung stellen sich bei einem Vergleich der beiden jüngeren Fälle *Jalloh ./. Deutschland* und *Nevmerzhitsky ./. Ukraine* ein. Während im Fall *Nevmerzhitsky ./. Ukraine* die Zwangsernährung des Opfers als Folter qualifiziert wurde,[77] stufte der Gerichtshof im Fall *Jalloh ./. Deutschland* die zwangsweise Verabreichung eines Brechmittels als

71 *Irland ./. Vereinigtes Königreich*, Urt. des EGMR vom 18.01.1978.

72 Die Gefangenen mussten sich mehrere Stunden mit gespreizten Beinen und Armen gegen eine Wand lehnen (1), ihnen wurden Kapuzen über den Kopf gezogen (2), sie wurden Lärm in Form eines lauten, pfeifenden Geräuschs ausgesetzt (3) und ihnen wurden Schlaf (4) und Nahrung (5) reduziert. Ferner wurden sie geschlagen und getreten.

73 *Die Europäische Kommission für Menschenrechte (EKMR)* sprach sich für die Möglichkeit der psychischen Folter aus im „Griechenland-Fall" (*Dänemark, Norwegen, Schweden und Niederlande ./. Griechenland*, Yearbook 12, S. 461) sowie im Fall *Irland ./. Vereinigtes Königreich* (Yearbook 19, S. 512, 792 ff.).

74 Vgl. *Frowein*, in: Matscher, Franz (Hrsg.), Folterverbot sowie Religions- und Gewissensfreiheit im Rechtsvergleich, S. 69 (73); *Frowein/Peukert*, Europäische Menschenrechtskonvention, Art. 3 Rn. 5; *Klugmann*, Europäische Menschenrechtskonvention und antiterroristische Maßnahmen, S. 104 f.

75 *Klugmann*, Europäische Menschenrechtskonvention und antiterroristische Maßnahmen, S. 104; *Nowak*, U.N. Convenant on Civil and Political Rights – CCPR Commentary, Art. 7 Rn. 5.

76 *Schilling*, Internationaler Menschenrechtsschutz, Rn. 102.

77 *Nevmerzhitsky ./. Ukraine*, Urt. des EGMR vom 05.04.2005, Z. 98.

unmenschliche Behandlung ein[78]. Eine unterschiedliche *objektive* Schwere der beiden Misshandlungen ist hier kaum ersichtlich. Zudem hat der Gerichtshof in letzter Zeit mehrfach betont, dass die zunehmend hohen Anforderungen an den Schutz der Menschenrechte eine größere Strenge bei der Bewertung der Verletzungen von Grundwerten der demokratischen Gesellschaft erfordern und damit die Schwelle zur Einstufung einer Misshandlung als Folter sinken soll.[79] Der ohnehin bereits existente Graubereich zwischen Folter und unmenschlicher Behandlung dürfte dadurch weiter an Größe gewinnen.

c) Art. 7 S. 1 IPbpR nach der Spruchpraxis des UN-MRA

Ein Verbot der Folter findet sich auch in Art. 7 S. 1 IPbpR, der nahezu identisch mit dem Wortlaut des Art. 3 EMRK ist:

> „Niemand darf der Folter oder grausamer, unmenschlicher oder erniedrigender Behandlung oder Strafe unterworfen werden."

Ebenso wie die FoK und die EMRK verweist auch der UN-Menschenrechtspakt in seiner Präambel auf die Menschenwürde als oberstes Axiom der Menschenrechte. Auch der *UN-Menschenrechtsausschuss* (*UN-MRA*), dem die Aufsicht über den Pakt und die Konkretisierung seiner Artikel obliegt,[80] hat ausdrücklich darauf hingewiesen, dass das Folterverbot des Art. 7 IPbpR dem Schutz der Menschenwürde dienen soll.[81] Und ebenso wie in der EMRK fehlt auch im IPbpR eine Legaldefinition der Folter. Im Gegensatz aber zum *EGMR*, der als Gericht eine exakte Subsumtion des in Rede stehenden konkreten Verhaltens unter die Begriffe des Art. 3 EMRK vornehmen muss, kann der *UN-MRA* es dabei bewenden lassen festzustellen, ob Artikel 7 des Paktes überhaupt betroffen ist, ohne sich darüber hinaus auf eine bestimmte Misshandlungsweise festlegen zu müssen.[82] Diese Vorgehensweise war lange Zeit auch die Regel in der Spruchpraxis des Ausschusses, der deshalb zunächst auf eine Definition der Folter verzichtete.[83] Zunehmend zeichnet sich jedoch auch in der Spruchpraxis des Ausschusses wegen der zentralen Bedeutung des Folterverbots im Menschenrechtsschutz ein Trend zur Präzisierung und Abgrenzung ab.[84] Dabei greift der

78 *Jalloh ./. Deutschland*, Urt. des EGMR vom 11.07.2006, Z. 82.

79 *Selmouni ./. Frankreich*, Urt. des EGMR vom 28.07.1999, Z. 101.

80 Vgl. Art. 41 IPbpR und Art. 1 des Fakultativprotokolls zum IPbpR.

81 General Comment No. 7, vom 30.05.1982, Z. 1; General Comment No. 20, vom 10.03.1992, Z. 2.

82 *Hofmann*, in: Ostendorf (Hrsg.), Folter. Praxis, Verbot, Verantwortlichkeit, S. 9 (31).

83 *UN-MRA*, General Comment No. 7, 30.05.1982, Z. 2; *UN-MRA*, General Comment No. 20, 10.03.1992, Z. 4.

84 *Joseph/Schultz/Castan*, The International Convenant on Civil and Political Rights, 9.03.

UN-MRA im Grundsatz auf die Definition des Art. 1 Abs. 1 FoK zurück.[85] Die Folter wird dementsprechend zur schwersten Verletzung des Konventionsartikels deklariert. Nicht als Folter, sondern als unmenschliche, grausame oder erniedrigende Behandlung i.S.d. Art. 7 IPbpR sollen dagegen diejenigen Misshandlungen anzusehen sein, die eines der Foltermerkmale nicht oder nicht vollständig erfüllen.[86] Vor diesem Hintergrund qualifizierte der *UN-MRA* folgende Misshandlungen ausdrücklich als Folter: Elektroschocks und Eintauchen in Wasser[87], Verbrennungen, langes Hängen an Bein- oder Armfesseln bis zur Bewusstlosigkeit[88], oftmaliges Eintauchen in eine Mischung aus Blut, Urin, Erbrochenem und Exkrementen und das Einführen eines Gewehrkolben in den Anus[89], vorgetäuschte Hinrichtungen oder Amputationen[90] sowie tagelanges aufrechtes Stehen mit verbundenen Augen über einen Zeitraum von drei Monaten[91]. Die oben bei Art. 3 EMRK angesprochene Problematik der Schwierigkeit einer Abgrenzung zwischen Folter und unmenschlicher Behandlung prägt auch die Spruchpraxis des *UN-MRA*. So wurden etwa der Zwang, 35 Stunden mit verbunden Augen stehen zu müssen oder tagelange bewegungslos auf einer Matratze sitzen müssen, nicht als „besonders schwere" Schmerzen im Sinne der Folter eingestuft.[92] Im Hinblick auf den Täterkreis erkennt der *UN-MRA* – anders als die FoK, aber ebenso wie der *EGMR* für Art. 3 EMRK – die Drittwirkung des Art. 7 IPbpR an und erstreckt diesen in der Folge über die Amtsträger hinaus auch auf Private, so dass der Staat auch für deren Verhalten verantwortlich gemacht werden kann.[93] Allerdings gilt das natürlich nur, sofern der betroffene Amtsträger von dem Verhalten der Privatperson wusste oder hätte wissen können.

d) Art. 7 Abs. 1 lit. f IStGH-Statut

Neben den genannten Folterverboten des menschenrechtlichen Völkerrechts existiert mit Art. 7 Abs. 1 lit. f IStGH-Statut auch ein völker*strafrechtlicher* Tatbestand der Folter. Dadurch wird eine unmittelbare strafrechtliche Verantwort-

---

85 *Nowak*, U.N. Convenant on Civil and Political Rights – CCPR Commentary, Art. 7 Rn. 6; *Joseph/Schultz/Castan*, The International Convnenant on Civil and Political Rights, 9.04.

86 *Nowak*, U.N. Convenant on Civil and Political Rights – CCPR Commentary, Art. 7 Rn. 11.

87 *Lafuente Penarrieta ./. Bolivien*, Mitteilung Nr. 176/1984, § 1.3 i.V.m. § 16; *Berterretche Acosta ./. Uruguay*, Mitteilung Nr. 162/1983, § 5 i.V.m. § 11.

88 *Rubio ./. Kolumbien*, Mitteilung Nr. 161/1983, § 1.2 i.V.m. § 11.

89 *Grille Motta ./. Uruguay*, Mitteilung Nr. 11/1977, § 2 i.V.m. § 16.

90 *Angel Estrella ./. Uruguay*, Mitteilung Nr. 74/1980, § 1.6 i.V.m. § 10.

91 *Setelich ./. Uruguay*, Mitteilung Nr. 63/1979, § 16.2.

92 *Thomas ./. Uruguay*, Mitteilung Nr. 139, 1983, § 10.

93 *UN-MRA*, General Comment No. 20 Z. 2; *Nowak*, U.N. Convenant on Civil and Political Rights – CCPR Commentary, Art. 7 Rn. 7.

lichkeit eines Individuums nach Völkerrecht begründet.[94] Der Begriff „Folter" i.S.d. Art. 7 Abs. 1 lit. f IStGH-Statut wird in Art. 7 Abs. 2 lit. e IStGH-Statut unter Bezugnahme auf die Person des Folterers legaldefiniert.

> Folterer ist danach derjenige, der einem „Menschen, der sich in seinem Gewahrsam oder in sonstiger Weise unter seiner Kontrolle befindet, [...] erhebliche körperliche oder seelische Schäden oder Leiden zufügt, die nicht lediglich Folge völkerrechtlich zulässiger Sanktionen sind".

Im Vergleich zu den menschenrechtlichen Folterbegriffen der FoK, der EMRK und des IPbpR weist die Folterdefinition des Art. 7 Abs. 2 lit. e IStGH-Statut augenscheinlich zwei Unterschiede auf. Zum einen wird nicht die Amtsträgereigenschaft des Täters vorausgesetzt, so dass auch Misshandlungen durch Angehörige nichtstaatlicher Machtorganisationen oder generell durch Privatpersonen unter Strafe gestellt sind.[95] Und zum anderen verzichtet Art. 7 Abs. 2 lit. e IStGH-Statut auf das subjektive Element der Zweckverfolgung.[96] Diese Unterschiede machen deutlich, dass der Begriff der Folter i.S.d. Art. 7 Abs. 2 lit. e IStGH-Statut von den – untereinander weitestgehend übereinstimmenden – Definitionen in FoK, EMRK und IPbpR abweicht. Er ist einerseits insofern extensiver, als durch den Verzicht auf eine besondere Motivation und auf die Amtsträgereigenschaft des Täters ein breiterer Anwendungsbereich eröffnet ist. Auf der anderen Seite wird der Fokus der tatbestandsrelevanten Handlungen aber dadurch eingeschränkt, dass die gemäß Art. 7 Abs. 1 lit. f IStGH-Statut strafbare Folter zu den „Verbrechen gegen die Menschlichkeit" i.S.d. Art. 7 IStGH-Statut gehört und nur dann geahndet werden kann, wenn sie in diesem Zusammenhang begangen wird.[97] Dieser Zusammenhang mit den Verbrechen gegen die Menschlichkeit wiederum ist nur dann hergestellt, wenn die Folter „im Rahmen eines ausgedehnten oder systematischen Angriffs gegen die Zivilbevölkerung und in Kenntnis dieses Angriffs" vorgenommen wird.

Um den Beitrag der Definition des Art. 7 Abs. 2 lit. e IStGH-Statut für die Entwicklung einer allgemeinen Definition der Folter angemessen einzuordnen und gewichten zu können, ist es hilfreich, den Ursprung für die genannten Unterschiede zwischen der Folter i.S.d. IStGH-Statuts auf der einen und der Fol-

---

94 Vgl. *Werle*, Völkerstrafrecht, Rn. 2.

95 *Werle*, Völkerstrafrecht, Rn. 698; *Meseke*, Der Tatbestand der Verbrechen gegen die Menschlichkeit nach dem Römischen Statut des Internationalen Strafgerichtshofes, S. 215.

96 Allerdings ist dieser Verzicht nicht unumstritten. In der Rechtsprechung der dem Statut vorausgehenden und zugrunde liegenden Adhoc-Gerichtshöfe – insbesondere dem Strafgerichtshof für das ehemalige Jugoslawien (vgl. *„Delalic und andere"*, Urt. vom 16.11.1998, Z. 470 ff.; *„Kunarac und andere"*, Urt. vom 22.02.2001, Z. 497; *„Kovčka und andere"*, Urt. vom 02.11.2001, Z. 141; *„Krnojelac"*, Urt. vom 15.03.2002, Z. 152, 179; *„Furundžija"*, Urt. vom 10.12.1998, Z. 162 – wird der Zweckbezug vorausgesetzt.

97 Vgl. *Werle*, JZ 2000, 755 (757).

ter i.S.v. FoK, EMRK und IPbpR auf der anderen Seite zu ergründen. Den Hauptgrund für die Eigenheiten der Definition des Art. 7 Abs. 2 lit. f IStGH-Statut bildet dabei der Umstand, dass es sich bei Art. 7 IStGH-Statut um eine strafrechtliche Regelung handelt. Diese Zielrichtung bewirkt nämlich, dass das IStGH-Statut einem anderen Mechanismus und einer anderen Wirkung unterliegt als die bereits genannten Regelungen des allgemeinen menschenrechtlichen Völkerrechts. Während die Menschenrechtskonventionen als Verpflichtungen zur Sicherung und Gewährleistung menschenrechtlicher Standards naturgemäß unmittelbar nur die Staaten und deren Amtsträger verpflichten können,[98] ist es Sinn und Zweck des Völkerstrafrechts, gerade den Einzelnen für sein Fehlverhalten zu bestrafen. Verbrechen gegen die Menschlichkeit können auch von Privatpersonen, ohne Beziehung zur Hoheitsgewalt, begangen werden und müssen daher auch als solche zu ahnden sein. Und auch der Zweck der Misshandlung kann für die völkerstrafrechtliche Folter als Verbrechen gegen die Menschlichkeit nicht entscheidend sein. Im Hinblick auf die Entwicklung einer allgemeinen Definition der Folter hat dieser Umstand zur Folge, dass der Begriffsbestimmung des Art. 7 Abs. 2 lit. e IStGH-Statut im Vergleich zu Definitionen in FoK, EMRK und IPbpR ein geringeres Gewicht beizumessen ist, da im IStGH-Statut als Ausfluss der Zielrichtung der Bekämpfung von Verbrechen gegen die Menschlichkeit in der speziellen Situation eines ausgedehnten oder systematischen Angriffs gegen die Zivilbevölkerung nur ein spezieller Ausschnitt des Gesamtphänomens der Folter angesprochen wird.

2. Nationales Recht

Im Unterschied zum Völkerrecht enthält die nationale Rechtsordnung keine Definition der Folter.[99] Hinweise auf die Phänomenologie der Folter können im nationalen Recht daher allein aus Normen entnommen werden, die von Literatur und Rechtsprechung mit der Folter in Verbindung gebracht werden. Zu nennen sind hierbei auf Verfassungsebene Art. 104 Abs. 1 S. 2 GG, auf einfachbundesgesetzlicher Ebene § 136a StPO und § 343 StGB sowie auf landesrechtlicher Ebene – für Hessen – § 12 Abs. 4 HSOG. Diese Normen werden mit der Folter vor allem deshalb in Verbindung gebracht, weil sie in besonderem Zusammenhang mit dem Schutz der Menschenwürde und dem Grundsatz der Rechtsstaatlichkeit staatlichen Handelns stehen.

98 Vgl. Art. 2 FoK, Art. 1 EMRK sowie Art. 2 IPbpR, die als Adressaten nur die Unterzeichnerstaaten nennen, sowie Art. 33, 34 EMRK und das Fakultativprotokoll zum IPbpR, denen zufolge Beschwerden wegen Konventionsverletzungen nur gegen Staaten zulässig sind.

99 Zwar existieren auch Normen, die explizit den Begriff Folter verwenden, z.B. § 7 Abs. 1 Nr. 5 VStGB, § 53 Abs. 1 AuslG, § 60 Abs. 2 AufenthG oder § 6 AsylbLG. Jedoch enthalten diese Vorschriften keine materielle Bestimmung für den Begriff der Folter. Stattdessen rekurrieren diese Normen vielmehr auf ein - etwa durch das Völkerrecht - vorgegebenes Begriffsverständnis.

Art. 104 Abs. 1 S. 2 GG besagt, dass festgehaltene Personen, also Personen, deren Freiheit durch den Staat entweder entzogen oder eingeschränkt ist, und die deshalb der Hoheitsgewalt in besonderer Weise ausgeliefert sind,[100] weder körperlich noch seelisch misshandelt werden dürfen. Das Misshandlungsverbot des Art. 104 Abs. 1 S. 2 GG nimmt innerhalb der Norm insofern eine besondere Stellung ein, als hier nicht vorrangig – was der Wortlaut indes nahe legen würde – die körperliche Integrität und die Freiheit des Betroffenen geschützt werden soll, sondern die Menschenwürde, so dass Art. 104 Abs. 1 S. 2 GG als Konkretisierung des Art. 1 Abs. 1 GG anzusehen ist.[101]

Das grundgesetzliche Misshandlungsverbot des Art. 104 Abs. 1 S. 2 GG wird für die Beschuldigtenvernehmung durch § 136a StPO einfachgesetzlich konkretisiert.[102] Auch § 136a StPO ist damit Ausfluss der Verpflichtung zur Achtung der Menschenwürde, und zwar in der speziellen Form der Gewährleistung des rechtsstaatsgemäßen Strafverfahrensablaufs.[103] Nach dieser Norm ist es absolut verboten, die Stellung des Beschuldigten als Prozesssubjekt, das frei über das Ob und Wie der Mitwirkung am Verfahren entscheiden kann, aufzuheben und ihn zum Prozessobjekt zu vergegenständlichen.[104] Neben der Verletzung der körperlichen Integrität verbietet § 136a StPO allerdings auch weitere Verhörmethoden (z.B. die Täuschung), die phänomenologisch nicht der Folter zuzuordnen sind, so dass die pauschale Bezeichnung des § 136a StPO als strafprozessuales Folterverbot unpräzise ist.[105]

Das gefahrenabwehrrechtliche Pendant zu § 136a StPO bildet in Hessen § 12 Abs. 4 HSOG, der durch den Verweis auf die entsprechende Geltung des § 136a StPO die Aussagefreiheit auch im präventiven Polizeiverfahren absichert.[106] Zudem enthält das Hessische Gesetz über die öffentliche Sicherheit und Ordnung (HSOG) mit § 52 Abs. 2 HSOG ein ausdrückliches Verbot der Anwendung unmittelbaren Zwangs zur Abgabe einer Erklärung. Unmittelbarer Zwang i.S.d. § 52 HSOG ist gemäß der Legaldefinition des § 55 Abs. 1 HSOG „die Einwirkung auf Personen oder Sachen durch körperliche Gewalt, durch ihre Hilfsmittel und durch Waffen". Mit „körperlicher Gewalt" ist gemäß Abs. 2 „jede unmittelbare körperliche Einwirkung auf Personen oder Sachen" gemeint. Psychische Gewalt ist allerdings nicht erfasst[107].

---

100 *Gusy*, in: v. Mangoldt/Klein/Starck, GG, Art. 104 Rn. 29.

101 *Degenhart*, in: Sachs, GG, Art. 104 Rn. 45; *Gusy*, in: v. Mangoldt/Klein/Starck, GG, Art. 104 Rn. 29, 33.

102 *Gusy*, in: v. Mangoldt/Klein/Starck, GG, Art. 104 Rn. 36.

103 *Boujong*, in: KK-StPO, § 136a Rn. 1; BGHSt 44, 129 (134).

104 *Boujong*, in: KK-StPO, § 136a Rn. 1; *Lemke*, in: HK-StPO, § 136a Rn. 14.

105 Vgl. *Herzog/Roggan*, GA 2008, 142 (144).

106 Nachweise zu entsprechenden Regelungen in anderen Bundesländern finden sich bei *Pieroth/Schlink/Kniesel*, Polizei- und Ordnungsrecht, § 14 Fn. 13.

107 *Hornmann*, HSOG, § 55 Rn. 5.

Zuletzt enthält auch das materielle Strafrecht mit § 343 StGB ein Pendant zum prozessualen Methodenverbot des § 136a StPO, der die Aussageerzwingung in einem repressiven Verfahren unter Strafe stellt.[108]

3. Zusammenfassung

Der Blick auf die rechtsinternen Ansätze zur Annäherung an die Phänomenologie der Folter vermittelt ein weitgehend einheitliches Bild: Trotz des Fehlens einer allgemeinverbindlichen Definition der Folter wird diese sowohl im Völkerrecht als auch im nationalen Recht im Kern als eine Verletzung der Menschenwürde in Gestalt einer (zweckgerichteten) Verletzung der körperlichen - und zwar gleichermaßen physischen und psychischen - Integrität des Opfers durch einen Amtsträger angesehen. Zwar lassen die jeweiligen Ansätze im Einzelnen Unterschiede erkennen, z.B. bei der Notwendigkeit der Zweckverfolgungsabsicht oder bei der Bestimmung der konkreten Art und Weise der Integritätsverletzung, jedoch betreffen diese Unterschiede nicht den phänomenologischen Kern der Folter und zeitigen daher keine nennenswerten Auswirkungen. Die Unterschiede haben ihren Grund zum einen darin, dass die unterschiedlichen Definitionen aus einer je eigenen Perspektive auf das Phänomen der Folter gebildet werden. Und zum anderen sind sie das Resultat unterschiedlicher Vorstellungen von einer möglichst präzisen Beschreibung des abstrakten Phänomens.

II. Rechtsexterne Ansätze

Da die Folter interdisziplinär diskutiert wird, können zur phänomenologischen Annäherung neben der Analyse des (positiven) Rechts auch rechtsexterne Perspektiven eingenommen werden. Hierzu gehören vor allem die Blickwinkel der Soziologie und der Philosophie.

1. Soziologie

Aus soziologischer, gesellschaftstheoretischer Sicht ist die Folter eine Herrschaftspraktik, derer sich eine institutionell organisierte Gewalt zur Konstituierung oder Sicherung ihres Machtanspruchs gegenüber den von ihr zu Unterwerfenden oder bereits Unterworfenen bedient.[109] Voraussetzung für die Folter ist danach das Bestehen eines institutionellen Über-Unter-Ordnungsverhältnisses, innerhalb dessen der überlegene Machthaber gegenüber dem Unter-

---

108 Vgl. zu § 343 StGB die Ausführungen in Teil 2 Kapitel 1 I.

109 *Reemtsma*, in: Reemtsma (Hrsg.), Folter. Zur Analyse eines Herrschaftsmittels, S. 7 (14); *Sofsky*, Traktat über die Gewalt, S. 84 ff.; *Nitschke*, in: Nitschke (Hrsg.), Rettungsfolter im modernen Rechtsstaat? Eine Verortung, S. 7 (22); *Burschel/Distelrath/Lembke*, in: Burschel/Distelrath/Lembke (Hrsg.), Das Quälen des Körpers – Eine historische Anthropologie der Folter, S. 1 (4).

legenen körperliche Gewalt anwendet.[110] Da ein solches Über-Unter-Ordnungsverhältnis heutzutage[111] nur noch in der Staat-Bürger-Beziehung besteht, ist die Folter aus soziologischer Sicht auf den Punkt gebracht „Staatsterror". Sie ist das Kennzeichen eines Unrechtsstaats (auch zu lesen als „*Un*-Rechtsstaats"), in dem das Staat-Bürger-Verhältnis kein kommunikatives sondern ein mechanisches ist.[112] Durch die Folter wird die Kommunikation aufgehoben, und die staatlichen Interessen werden entgegen dem Willen des betroffenen Bürgers durchgesetzt. Der Bürger wird nicht mehr als Rechtssubjekt respektiert, sondern ist der Willkür der Tyrannis ausgeliefert.[113]

2. Philosophie

Während die Soziologie eine Annäherung an die Folter durch die Benennung der Gründe ihrer Entstehung zu liefern vermag, ermöglicht die Philosophie Rückschlüsse über den umgekehrten Weg, indem sie die Gründe für die Abschaffung der Folter nennt. Zum besseren Verständnis lohnt ein kurzer Blick auf die Historie der Folter in Deutschland.

Seit ihrer Einführung in Deutschland im 14. Jh. zum Zwecke der Bekämpfung der so genannten „landschädlichen Leute"[114] war die Folter über mehrere Jahrhunderte – bald mehr bald weniger – als legales Mittel im Strafverfahren anerkannt. Ihre zentrale Rolle im Strafprozess folgte aus dem damals geltenden Beweissystem. Im Inquisitionsprozess[115] galt die Wahrheit nur dann als gefunden und erwiesen, wenn entweder „mindestens zwei vollgütige Zeugen" den Angeklagten belasteten oder aber dieser selbst ein Geständnis ablegte.[116] Das Gericht war an diese beiden Beweisarten gebunden. Eine freie richterliche Beweiswürdigung, wie sie heute in § 261 StPO fest verankert ist, war dem damaligen Verfahren fremd.[117] Da aber nur selten zwei Zeugen die Tat des Täters bezeugen konnten, war das Geständnis des Täters das wichtigste Beweismittel.

110 Vgl. *Reemtsma*, Folter im Rechtsstaat?, S. 81; *Burschel/Distelrath/Lembke*, in: Burschel/Distelrath/Lembke (Hrsg), „Das Quälen des Körpers. Eine historische Anthropologie der Folter, S. 1 (8).

111 Im Mittelalter hatte freilich auch die Kirche eine entsprechende institutionelle Machtstellung inne, vgl. *Baldauf*, Die Folter, S. 51 ff.

112 *Spirakos*, Folter als Problem des Strafrechts, S. 12; *Stein*, Das Verbot der Folter im internationalen und nationalen Recht, S. 60.

113 Vgl. *Sofsky*, Traktat über die Gewalt, S. 89.

114 *Baldauf*, Die Folter, S. 59 f.; *Conrad*, Deutsche Rechtsgeschichte, Bd. I, S. 510.

115 Im rechtsgeschichtlichen Sinne bedeutet „Inquisition" so viel wie „öffentliche Untersuchung". Mit „Inquisitionsfolter" ist daher die Folter zur Erlangung eines Geständnisses im Rahmen einer öffentlichen Untersuchung gemeint, und nicht – wie assoziativ naheliegend – die Bekämpfung von Ketzern durch die Kirche im Mittelalter.

116 *Mitteis/Lieberich*, Deutsche Rechtsgeschichte, S. 404; *Köbler*, Deutsche Rechtsgeschichte, S. 161.

117 *Mitteis/Lieberich*, Deutsche Rechtsgeschichte, S. 404; *Köbler*, Deutsche Rechtsgeschichte, S. 161.

Verweigerte der Angeklagte das Geständnis, wurde er gefoltert, um ihn zur Aussage zu bringen[118]. Die Kehrtwende setzte ab der zweiten Hälfte des 18. Jh. ein. Als Gründe hierfür werden zum einen – rechtsintern – die Veränderung des Beweisrechts im Strafverfahren und zum anderen – rechtsextern – die Verbreitung des Gedankenguts der Aufklärung genannt. Obgleich zwar übereinstimmend der Änderung des Beweisrechts die größere Bedeutung für die Abschaffung für die Folter beigemessen wird,[119] herrscht doch Einigkeit darüber, dass das philosophische Gedankengut der Aufklärung als geistesgeschichtliche Stütze genau in diejenigen Risse des Fundaments der Folterlegitimation traf, die die Änderungen des Sanktions- und des Beweisrechts aufgetan hatten, und damit ebenfalls Anteil an der Abschaffung der Folter hatte.[120] Denn mit der Aufklärung vollzog sich ein geistesgeschichtlicher Paradigmenwechsel im Verständnis der Weltordnung, die nun nicht mehr als eine göttliche Ordnung verstanden wurde, sondern den Mensch ins Zentrum rückte.[121] Am klarsten brachte das *Immanuel Kant* zum Ausdruck, indem er die Aufklärung als den „Ausgang des Menschen aus seiner selbstverschuldeten Unmündigkeit“[122] bezeichnete und forderte: „Habe Mut, dich deines eigenen Verstandes zu bedienen“.[123] In der Folge bedurfte es der Bildung von Maßstäben, die einerseits der Anthropozentrik des neuen Weltbildes entsprachen, andererseits aber auch zur Herstellung der Ordnung der Gesellschaft tatsächlich praktisch geeignet waren. Die Antwort auf diese Herausforderung gab abermals *Kant* mit dem aus der Selbstreflexion des Menschen gefolgerten kategorischen Imperativ „Handle nur nach derjenigen Maxime, durch die du zugleich wollen kannst, dass sie ein allgemeines Gesetz werde“.[124] Ausgangspunkt und Bedingung für diese Folgerungen war ein ganz bestimmtes Menschenbild, nämlich das vom Menschen als einem *Vernunftwesen.* Damit meinte *Kant*, dass der „Mensch als Person betrachtet, d.i. als Subjekt einer mora-

118 *Conrad*, Deutsche Rechtsgeschichte, Bd I, S. 511 f.; *Wolbert* in: Gehl (Hrsg.), Folter – Zulässiges Instrument im Strafrecht?, S. 83 (87); *Mitteis/Lieberich*, Deutsche Rechtsgeschichte, S. 404.

119 *Langbein*, Torture and the law of proof, S. 61 ff.; *Ignor*, Geschichte des Strafprozesses in Deutschland 1532 – 1846, S. 163; *Kern*, in: Goerlich (Hrsg.), Staatliche Folter: heiligt der Zweck die Mittel?, S. 41 (45 ff.);. *Kiesow*, Rechtsgeschichte 2003, S. 98 (103), der darauf hinweist, dass es schon immer Skeptiker der Folter gegeben hatte, und die Einwände gegen die Folter daher kein Novum der Aufklärung waren: „Die großen Kritiken der Folter waren in der zweiten Hälfte des 18. Jahrhunderts schon alt, zum Teil uralt. Und jetzt sollen sie plötzlich Erfolg gehabt haben, der Grund für die Abschaffung der Folter gewesen sein? Solche historische Begründung ist meteorologische Historiographie. Der (Rechts-) Historiker wittert die Luft einer vergangenen Epoche und stellt eine Wetterkarte her“.

120 Vgl. *Triffterer*, in: Amnesty International (Hrsg.), Folter, S. 125 (125 f.).

121 *Schild*, in: Nitschke (Hrsg.), Rettungsfolter im modernen Rechtsstaat?, S. 69 (77).

122 *Kant*, Beantwortung der Frage: Was ist Aufklärung, S. 1.

123 *Kant*, Beantwortung der Frage: Was ist Aufklärung, S. 1.

124 *Kant*, Grundlegung zur Metaphysik der Sitten, S. 420, 6.

lisch-praktischen Vernunft, … über allen Preis erhaben [ist]; denn als solcher (*homo noumenon* [= Vernunftmensch]) ist er nicht bloß als Mittel zu anderer ihren, ja selbst seinen eigenen Zwecken, sondern als Zweck an sich selbst zu schätzen, d.i. er besitzt eine Würde (einen absoluten inneren Wert), wodurch er allen anderen vernünftigen Weltwesen Achtung für ihn abnötigt".[125] In diesem Abschnitt setzte *Kant* einige Begriffe in Beziehung zueinander, die für das Menschenbild der Aufklärung entscheidend waren und bis in die heutige Zeit fortwirken, ja sogar fast aktueller scheinen denn je[126], nämlich „Person", „Subjekt" und vor allem „Würde". Den zentralen Platz nimmt dabei die Würde ein. Denn sie ist es nach *Kant*, durch die der Mensch sich von den anderen Lebewesen abhebt.

Zu diesem Bild des Menschen stand und steht die Folter in krassem Widerspruch. Besonders scharf formulierte *Cesare Beccaria* diesen Konflikt, indem er die Folter vor diesem Hintergrund als ein vorgebliches Mittel zur Erkennung der Wahrheit, „das eines Kannibalen würdig ist", bezeichnete, das zudem „alle Verhältnisse durcheinander" bringe, indem es den Menschen gleichzeitig zu Angeklagtem und Ankläger mache.[127]

3. Zusammenfassung

Im Vergleich zu den rechtsinternen Annäherungen an die Phänomenologie der Folter fällt bei den rechtsexternen, d.h. namentlich den soziologischen und philosophischen Ansätzen auf, dass dort der materielle Unrechtsgehalt der Folter als (menschenwürdeverletzender) Machtmissbrauch des Staats gegenüber dem Bürger im Vordergrund steht. Weitergehende, graduell (anhand der Schwere der Integritätsverletzung) abgestufte Differenzierungen dieses materiellen Unrechts – und erst Recht trennscharfe Definitionen – sind in diesen Ansätzen dagegen nicht von Bedeutung. Der Begriff „Folter" bildet im soziologischen und philosophischen Diskurs insofern den Oberbegriff für alle menschenwürderelevanten Verletzungen der körperlichen Integrität im Verhältnis Staat-Bürger.

---

125 *Kant*, Metaphysische Anfangsgründe der Tugendlehre, S. 434 f.

126 Hier drängt sich eine Parallele zu *Jakobs'* Konzeption eines „Feindstrafrechts" auf (vgl. hierzu v.a. *Jakobs*, Bürgerstrafrecht und Feindstrafrecht, HRRS 2004, 88 ff.). *Jakobs* vertritt die These, dass das Strafrecht dualistisch konzipiert sei. Während für die „Personen" das „Bürgerstrafrecht" gelte, würden die „Unpersonen" – damit sind die Feinde gemeint, d.h. diejenigen, „die sich dauerhaft, zumindest aber entschieden vom Recht abgewandt haben" (*Jakobs*, HRRS 2004, 88 (92)) – mit einem „Feindstrafrecht" bekämpft. Dabei ist nach wie vor eine der umstrittensten Fragen, ob *Jakobs* diese Konzeption – so wie er es nicht müde wird zu betonen (vgl. *Jakobs*, HRRS 2006, 289) – rein deskriptiv versteht, oder ob er ihr einen normativen Gehalt beimisst und sie auch befürwortet (in diesem Sinne *Greco*, GA 2006, 96 (103)).

127 *Beccaria*, Über Verbrechen und Strafen, S. 92 f.

III. Zusammenfassung

Der Überblick über die rechtsinternen und -externen Ansätze zur Annäherung an die Folter zeigt, dass es – entgegen der ersten Intuition – eine präzise allgemeingültige Definition der Folter nicht gibt. Immerhin lässt sich aber ein gemeinsamer Kern aller rechtsinternen und -externen Begriffsbestimmungsansätze ausmachen. Danach besteht das phänomenologische Zentrum der Folter darin, dass sie als und durch die Verletzung der körperlichen Integrität des Betroffenen die Subjektqualität des Menschen negiert und mithin einen Angriff auf die Menschenwürde darstellt. Diesen materiellen Unrechtsgehalt rücken vor allem die rechtsexternen Ansätze der Soziologie und der Philosophie ins Zentrum. Der Nachteil dieser Ansätze liegt jedoch darin, dass sie die erforderlichen Abgrenzungen im Grauzonenbereich zwischen der Folter und phänomenologisch ähnlichen, nicht aber als Folter zu qualifizierenden Handlungen nicht erkennen lassen. Dagegen sind die rechtsinternen Ansätze durchaus um genau solche Konturierungen im Grau- und Randzonenbereich mittels begrifflicher Wendungen und Definitionen bemüht. Obgleich im Einzelnen nicht deckungsgleich werden diesbezüglich im Völkerrecht im Wesentlichen drei Merkmale zur Bestimmung der Folter genannt; nämlich die Verletzung der körperlichen Integrität des Opfers, die Amtsträgereigenschaft des Täters und die Verfolgung eines bestimmten Zwecks mit der Integritätsverletzung. Letztlich mangelt es aber auch diesen Ansätzen trotz der aufgestellten Definitionen an der erforderlichen Präzision. Dies liegt zum einen daran, dass die aufgeführten Merkmale nicht hinreichend erläutert werden. Und zum anderen erweist sich vor allem die Unterscheidung zwischen unterschiedlichen Misshandlungsformen nach dem Maß der objektiven Schwere der Integritätsverletzung insbesondere für die Differenzierung zwischen der Folter und der unmenschlichen Behandlung als weiteres Hindernis.

Kapitel 2: Unrechtsgehalt und Merkmale der Folter

Aufbauend auf die Ergebnisse der rechtsinternen und rechtsexternen Ansätze soll im Folgenden eine möglichst präzise und konsistente Begriffsbestimmung der Folter entwickelt werden. Dabei müssen zwei Aspekte berücksichtigt werden. Zum einen muss der materielle Unrechtsgehalt der Folter zum Ausdruck gebracht werden. Und zum anderen ist auf eine korrekte und präzise Verwendung der Merkmale zu achten, mittels derer dieses spezifische Unrecht beschrieben werden soll. Auch wenn diese beiden Aspekte offenkundig in einer interdependenten Wechselbeziehung zueinander stehen, muss ihre Unterscheidung – jedenfalls in methodologischer Hinsicht – im Auge behalten werden. Es kann ansonsten nämlich nicht ausgeschlossen werden, dass durch eine unpräzise Verwendung von Begrifflichkeiten der dem beschriebenen Phänomen zugrunde liegende Unrechtsgehalt nicht oder nicht hinreichend oder gar nicht zutreffend zum Ausdruck gebracht wird. So macht es etwa für den Unrechtsgehalt der Folter im Hinblick auf den Aspekt der Verletzung des Grundsatzes der Rechtsstaatlichkeit durchaus einen Unterschied, ob und wie das Merkmal der Amtsträgereigenschaft des Täters verwendet wird. Beide Aspekte - d.h. der Unrechtsgehalt und die begrifflichen Merkmale - müssen daher so zueinander in Relation gesetzt werden, dass der eine zugleich der Spiegel des anderen ist.

Den inhaltlichen Anknüpfungspunkt für die Annäherung an das Phänomen der Folter muss vor dem skizzierten Hintergrund die Verletzung der Menschenwürde bilden. Schließlich stellen alle rechtsinternen und -externen Ansätze zur Phänomenologie der Folter die Verletzung der Menschenwürde als den Kern des materiellen Unrechtsgehalts der Folter in das Zentrum ihrer Erwägungen. Zudem muss sich der mit der Folter verbundene Eingriff durch eine Verletzung der körperlichen Integrität nach außen hin manifestieren. Als begrifflich-beschreibende Merkmale der Folter wurden neben der Verletzung der körperlichen Integrität, die insofern sowohl als Bestandteil des materiellen Unrechtsgehalts als auch als begriffliches Merkmal eine Doppelrolle einnimmt, zudem die Amtsträgereigenschaft des Täters und die Verfolgung eines bestimmten Zwecks genannt. Durch die Begehung der Folter im Staat-Bürger-Verhältnis rückt darüber hinaus auch die Rechtsstaatlichkeit des staatlichen Handelns neben der Verletzung der Menschenwürde in den Fokus des phänomenologischen Unrechtsgehalts der Folter. Daher ist nach der Untersuchung der Menschenwürdeverletzung durch die Folter auch auf die Verletzung des Grundsatzes der Rechtsstaatlichkeit einzugehen.

I. Folter als Verletzung der Menschenwürde

Ehe die spezielle Art und Weise der Verletzung der Menschenwürde durch die Folter untersucht werden kann, muss zunächst auf allgemeiner Ebene geklärt werden, was mit „Menschenwürde“ überhaupt gemeint ist.

1. Menschenwürde

Der Begriff der Menschenwürde ist paradoxerweise ebenso bedeutungsvoll wie unbestimmt.[128] Fest steht, dass der Menschenwürde als „Fundament aller Grundrechte“[129] an der Spitze der Verfassung eine exponierte Bedeutung zukommt, zumal sie als einzige Garantie der Verfassung in Art. 1 Abs. 1 GG für „unantastbar“ erklärt wird. Damit ist sie als einzige Verfassungsgewährleistung abwägungsfest, d.h. sie kann nicht durch andere Gewährleistungen eingeschränkt werden.[130] Folgerichtig wird die Menschenwürde auch als „Höchstwert der Verfassung“ und „zentraler Bezugspunkt im Wertesystem der Verfassung“[131] bezeichnet. Unklar ist allerdings, was genau mit „Menschenwürde“ überhaupt gemeint ist.[132]

a) Definition der Menschenwürde

Die Unbestimmtheit der Menschenwürde offenbart sich bei dem Versuch, sie positiv abstrakt-generell zu definieren. Keiner der bislang unternommenen Ansätze hat überzeugen und sich durchsetzen können. Derartige Versuche sind entweder nicht über den Charakter einer Leerformel hinausgekommen,[133] oder aber sie mussten vor dem Dilemma kapitulieren, dass mit einer Definition notwendig eine Abgrenzung einhergeht, die zwangsläufig zu einer (bewussten oder unbewussten) *Aus*grenzung führt, und die damit einen Abwägungsprozess präsumiert, dem die Menschenwürde kraft ihres Unantastbarkeitsdogmas gerade entzogen sein soll.[134] Aus diesem Grund wird die Menschenwürde nach wie vor

---

128 Vgl. *Nettesheim*, AöR 130 (2005), 71 (80).

129 BVerfG NJW 2003, 1303 (1304).

130 A.A. *Brugger*, VBlBW 1995, 414 f., 446 ff.; *ders.*, Der Staat 35 (1996), 67 ff.; *ders.*, JZ 2000, 165 ff.; *ders.*, in: Nitschke (Hrsg.), Rettungsfolter im modernen Rechtsstaat?, S. 107 ff.; *Wittreck*, DÖV 2003, 873 (876 ff.); *H. Götz*, NJW 2005, 953 ff.

131 BVerfGE 7, 198 (205); 35, 202 (225); 39, 1 (43).

132 Vgl. die mit Blick auf die Bedeutung der Menschenwürde in der Europäischen Union bewusst polemische Formulierung von *Rixin*, in: Heselhaus/Nowak (Hrsg.), Handbuch der Europäischen Grundrechte, § 9 Rn. 1: „Wer die Garantie der Würde des Menschen als „Zentralnorm“ der EU-Grundrechtsordnung qualifiziert, wird sich des Beifalls sicher sein können, solange allzu konkrete Proben auf die Plausibilität der These unterbleiben.“

133 Dieser Vorwurf trifft insbesondere Definitionen wie etwa „[Die Menschenwürde ist] der Eigenwert und die Eigenständigkeit, die Wesenheit, die Natur des Menschen schlechthin“ (*Nipperdey*, in: Neumann/Nipperdey/Scheuner (Hrsg.), Die Grundrechte, Bd. II, S. 1) sowie die so genannte „Mitgifttheorie“ (vgl. die Nachweise bei *Dreier*, in: Dreier, GG, Art. 1 I, Rn. 55), der zufolge die Menschenwürde ein dem Menschen von Gott bzw. der Natur mitgegebener Wert ist.

134 Vgl. *Nettesheim*, AöR 130 (2005), 71 (77). Dieser Vorwurf richtet sich insbesondere gegen diejenigen Ansätze, die die Menschenwürde als die Summe der Addition von Einzelgarantien ansehen (so z.B. *Podlech*, in: AK-GG, Art. 1 Abs. 1 Rn. 17 ff., der die Menschenwürde als die Summe von fünf Garantien beschreibt, nämlich der Freiheit von

ganz überwiegend negativ, vom Verletzungsvorgang her, bestimmt, und zwar anhand der auf *Dürig*[135] zurückgehenden „Objektformel".[136] Danach ist die Würde des Menschen verletzt, „wenn der konkrete Mensch zum Objekt, zu einem bloßen Mittel, zur vertretbaren Größe herabgewürdigt wird"[137]. Genau genommen wird damit die Menschenwürde nicht im eigentlichen, positiven Sinne „definiert". Denn die Formel gibt keinen Aufschluss darüber, was allgemein unter „Menschenwürde" zu verstehen ist. Vielmehr benennt sie einen *Entscheidungsmodus* dafür, wann das, was als Menschenwürde intuitiv vorausgesetzt wird, ohne positiv definiert werden zu können, verletzt ist.

Weitere Präzisierungen dieser Formel sehen sich – ebenso wie die Ansätze einer positiven Begriffsbestimmung – grundsätzlich der Aporie ausgesetzt, dass sie als Eingrenzung der Menschenwürde zwangsläufig eine äquivalente Ausgrenzung von dementsprechend nichtwürderelevanten Handlungen zur Folge haben und man sich damit inmitten eines Abwägungsvorgangs befindet.[138] Auch der zunächst vom *BVerfG* eingeschlagene Weg des Abstellens auf die – im Tenor der Formel mitschwingende – subjektive Komponente, dass das „Antasten" Ausdruck einer besonderen Verachtung des Opfers sei,[139] ist in der Literatur zu Recht auf Kritik gestoßen.[140] Denn dadurch würde der Bewertungsmaßstab von nicht notwendig nach außen hin manifestierten Motivationslagen des Täters abhängig gemacht, was zwangsläufig zu Lasten der Rechtssicherheit ginge.

Konkretisiert werden kann die Objektformel allerdings über das begriffliche Pendant zum „Objekt", nämlich das „Subjekt". Denn eine Verobjektivierung kann sinnvoll überhaupt nur dann festgestellt werden, wenn grundsätzlich klar ist, wodurch eine Person ihre Subjektqualität verliert und zu einem bloßen Objekt wird.[141] Zum Subjektbegriff führt *Dürig* mit Blick auf die anthropozentrische Ausrichtung des Art. 1 Abs. 1 GG aus: „Jeder Mensch ist Mensch kraft seines Geistes, der ihn abhebt von der unpersönlichen Natur und ihn aus eigener Entscheidung dazu befähigt, seiner selbst bewußt zu werden, sich selbst

---

Existenzangst, dem Grundsatz der Gleichheit, der Selbstverantwortlichkeit der Persönlichkeit, dem Rechtsstaatsprinzip und der Achtung der leiblichen Kontingenz).

135 *Dürig*, AöR 81 (1956), 117 (127); *ders.*, in: Maunz/Dürig, GG (1976), Art. 1 Abs. 1 Rn. 28, 34.

136 Vgl. BVerfGE 9, 89 (95); 27, 1 (6); 28, 386 (391); 45, 187 (228); 50, 166 (175); 87, 209 (228); 96, 375 (399); 115, 118 (153).

137 *Dürig*, in: Maunz/Dürig, GG (1976), Art. 1 Abs. 1 Rn. 28; *ders.*, AöR 81 (1956), 117 (127).

138 *Nettesheim*, AöR 130 (2005), 71 (82).

139 BVerfGE 30, 1 (26).

140 Vgl. *Vitzthum*, JZ 1985, 201 (204) m.w.N.

141 Vgl. *Höfling*, in: Sachs, GG, Art. 1 Rn. 15.

zu bestimmen und sich und die Umwelt zu gestalten“[142]. Letztlich zielt die Menschenwürdegarantie also darauf ab, die Anlage des Menschen zur vernünftigen Selbstbestimmung zu schützen.[143] Übertragen auf die Objektformel ist die Menschenwürde demzufolge dann verletzt, wenn der Betroffene durch das Verhalten eines Anderen nicht mehr selbstbestimmt sondern fremdbestimmt, nämlich als Objekt des Anderen, handelt.

Wann und wie genau der Mensch in seinem Menschsein verletzt und zum Objekt degradiert wird, kann aus der Objektformel allein nicht abgeleitet werden. In ihrer abstrakt-allgemeinen Form hat sie einen bloß intrinistischen Wert und ist zu einer solchen Aussage außerstande. Sie ist vielmehr auf externe Referenzpunkte angewiesen, anhand derer sich der in ihr verkörperte Modus – nämlich die Degradierung des Subjekts zum Objekt – konkretisieren lässt, indem das „inwiefern“ der Versagung der Selbstbestimmung sichtbar gemacht wird. Verfassungsdogmatisch gesprochen, bedarf der Grundsatz des Art. 1 Abs. 1 GG somit der „Anseilung“ an ein (Individual-) Grundrecht (sog. „Anseilungstheorie“).[144] Erst durch die Anbindung an eine bereichsspezifisch konkretisierte Gewährleistung wird es möglich, unter Bezug auf den jeweiligen Gewährleistungsgehalt des speziellen Individualrechts anhand des Modus der Objektformel zu entscheiden, wann ein Verhalten „lediglich“ grundrechtsverletzend ist und wann durch die Grundrechtsverletzung zugleich die grundsätzliche Selbstbestimmung des Betroffenen aufgehoben und damit seine Subjektqualität negiert wird. Andererseits ist aber auch offensichtlich, dass mit „Anseilung“ nicht „Auflösung“ gemeint ist. Die Konzeption der Anseilung darf daher keineswegs so verstanden werden, dass die Menschenwürde sich in die Grundrechte derart auflöst, dass sie die Summe von deren Addition bildet. Dies hätte nämlich zum Ergebnis, dass mit jeder Grundrechtsverletzung automatisch auch eine Würdeverletzung einherginge. Die Würde könnte ihre besondere Stellung als Höchstwert dann nicht mehr behaupten.[145] Im Gegenteil reichen die Schutzbereiche der einzelnen Grundrechte aber über den für die Aufrechterhaltung der Menschenwürde notwendigen Bereich hinaus.[146] Das Verhältnis ist daher vielmehr so zu beschreiben, dass „Art. 1 Abs. 1 GG … den Aspekt der Würde des Menschen, der in den nachfolgenden Freiheits- und Gleichheitsgrundrechten abgesichert wird, deklaratorisch vor die Klammer der Grundrechte [zieht]“[147].

---

142 *Dürig*, AöR 81 (1956), 117 (125); *ders.*, in: Maunz/Dürig, GG (1976), Art. 1 Abs. 1 Rn. 17.

143 *Nettesheim*, AöR 130 (2005), 71 (98).

144 Vgl. *Kloepfer*, in: Starck (Hrsg.), Bundesverfassungsgericht und Grundgesetz, Bd. 2, S. 405 (417).

145 *Enders*, Die Menschenwürde in der Verfassungsordnung, S. 112.

146 *Geddert-Steinacher*, Menschenwürde als Verfassungsbegriff, S. 165.

147 *Geddert-Steinacher*, Menschenwürde als Verfassungsbegriff, S. 166.

b) Überindividuelle Dimension der Menschenwürde

Die Ungewissheit über den Inhalt der Menschenwürde setzt sich fort bei der Frage, ob die Gewährleistung der Menschenwürde in Art. 1 Abs. 1 GG ein individuelles subjektives Recht vermittelt, oder ob sie im Sinne eines allgemeinen, überindividuellen Grundsatzes zu verstehen ist. Diese Problematik war bereits bei dem Versuch, eine Definition der Menschenwürde zu finden, implizit angeschnitten worden und muss nun entschieden werden. Denn die Dimension der Menschenwürde hat – wie später zu zeigen sein wird –[148] entscheidende Auswirkung auf die Strafgesetzgebung. Je nach Charakterisierung als individuelles oder überindividuelles Schutzgut kommen nämlich unterschiedliche Schutzmöglichkeiten und -techniken in Betracht und sind dem Schutz auch unterschiedliche Grenzen gesetzt.

Zur Entscheidung der Frage kann an die parallel im Verfassungsrecht verlaufende Debatte angeknüpft werden. Denn unter Verfassungsrechtlern ist seit jeher umstritten, ob es sich bei Art. 1 Abs. 1 GG allein um einen objektiven Grund*satz*, nämlich den Grundsatz der Verpflichtung zur Achtung und zum Schutz der Menschenwürde handelt[149], oder ob dieser Artikel (zumindest auch) ein subjektives Grund*recht*[150] verkörpert. *Dass* angesichts der einhelligen Anerkennung[151] der objektiven rechtsgrundsätzlichen Dimension des Art. 1 Abs. 1 GG als „tragendes Konstitutionsprinzip der Verfassung“[152] überhaupt über diese Frage diskutiert wird, liegt letztlich allein daran, dass diejenigen, die in Art. 1 Abs. 1 GG ein Grundrecht erblicken, die verfassungsgerichtliche Klagbarkeit von Verletzungen der Menschenwürde sicherstellen möchten. Denn gemäß Art. 93 Abs. 1 Nr. 4 a GG sind für den Bürger neben den in Art. 20 Abs. 4,

---

148 Siehe dazu unten Teil 3 Kapitel 2 II. 2. a) cc).

149 So etwa *Enders*, Die Menschenwürde in der Verfassungsordnung, S. 101 ff., 501 ff.; *ders.*, in: Seelmann (Hrsg.), Menschenwürde als Rechtsbegriff, ARSP Beiheft 101 (2005), 49 ff.; *Geddert-Steinacher*, Menschenwürde als Verfassungsbegriff, S. 164 ff.; *Dreier*, in: Dreier, GG, Art. 1 I, Rn. 124 ff.; *ders.*, in: Seelmann (Hrsg.), Menschenwürde als Rechtsbegriff, ARSP Beiheft 101 (2005), 33 ff.

150 Diese Auffassung wird vom überwiegenden Teil der Literatur vertreten, vgl. etwa *Höfling*, in: Sachs, GG, Art. 1 Rn. 3 ff.; *Kunig*, in: v. Münch/Kunig, GG, Art. 1 Rn. 3; *Starck*, in: v. Mangoldt/Klein/Starck, GG, Art. 1 Abs. 1 Rn. 30 f.; *Stern*, Staatsrecht III/1, § 58 II 5; *Pieroth/Schlink*, Grundrechte, Rn. 350. Auch das *Bundesverfassungsgericht* vertritt tendenziell diese Auffassung (vgl. zu den Zweifeln an der Eindeutigkeit der Positionierung des *BVerfG* etwa *Enders*, Die Menschenwürde in der Verfassungsordnung, S. 93 ff.; *Geddert-Steinacher*, Menschenwürde als Verfassungsbegriff, S. 167 und *Dreier*, in: Dreier, GG, Art. 1 I Rn. 124), vgl. die Nachweise bei *Enders*, Die Menschenwürde in der Verfassungsordnung, S. 93 ff.

151 Auch die Anhänger des Grundrechtscharakters des Art. 1 Abs. 1 GG erkennen die Sonderstellung der Menschenwürdegarantie an, vgl. etwa *Kunig*, in: v. Münch/Kunig, GG, Art. 1 Rn. 4; Stern, Staatsrecht III/1, § 58 II 3 a).

152 Vgl. BVerfGE 87, 209 (228).

33, 38, 101, 103 und 104 GG enthaltenen Rechten nur Grund*rechte* mittels der Verfassungsbeschwerde klagbar, weil nur diese dem Menschen konkrete subjektive Rechte zuweisen.[153] Gerade dem Basissatz des grundgesetzlichen Freiheitssystems, so die *a fortiori*-Argumentation derer, die Art. 1 Abs. 1 GG als ein Grund*recht* qualifizieren, dürfe deswegen die Eigenschaft als subjektives Recht nicht abgesprochen werden.[154] Dieses rein ergebnisorientierte[155] „Argument" läuft in der Praxis jedoch ins Leere. Denn durch die Anseilungstheorie kann auch der Grundsatz der Pflicht zur Achtung der Menschenwürde mittels der Anseilung an eine individuelle Gewährleistung der verfassungsgerichtlichen Überprüfung zugeführt werden. Und ein Fall, in dem es allein um die Menschenwürde geht, ohne dass ein Individualgrundrecht tangiert ist, ist dagegen schlechterdings nicht denkbar.[156]

aa) Historisches Argument

Jenseits der ergebnisorientierten Klagbarkeitserwägungen spricht bereits die *Historie* der Verfassungsgenese gegen die Qualifizierung des Art. 1 Abs. 1 GG als Grundrecht. Sie zeigt deutlich, dass der Sinn und Zweck der besonderen Betonung der Unantastbarkeit der Menschenwürde nicht in der Individualisierung der Menschenwürde liegen kann, sondern dass mit ihr allein eine – zwar dem Individuum in seiner Eigenschaft als Person, als Rechtssubjekt zugute kommende und darin auch ihren Ursprung findende, letztlich aber über das Individuum hinausgehende und daher nicht individualisierbare – Grundsatzaussage getroffen wird, die die unverrückbare Grenze der Macht des Staates gegenüber dem Bürger beschreibt. Denn der Umstand, dass die Verpflichtung zur Achtung und zum Schutz der Menschenwürde in das Grundgesetz aufgenommen und zudem an seine Spitze gestellt wurde, ist nicht weniger als die direkte Antwort auf das Regime-Unrecht des Nationalsozialismus,[157] in dem eine systematische Missachtung der Bürger durch den Staat erfolgt war. Immerhin kam der Begriff „Menschenwürde" weder in der Paulskirchenverfassung noch in der Weimarer Verfassung vor. Mit der Aufnahme der Menschenwürde als dem ersten Artikel der Verfassung sollte daher in aller Deutlichkeit die *staatskonzeptionelle* Abkehr vom Totalitarismus zum Ausdruck gebracht werden. Es sollte klargestellt wer-

153 *Enders*, in: Seelmann (Hrsg.), Menschenwürde als Rechtsbegriff, S. 49 (50). Deutlich wird dies auch bei *Starck*, in: v. Mangoldt/Klein/Starck, GG, Art. 1 Abs. 1 Rn. 30 f., der explizit die Klagbarkeit der Würde mittels der Verfassungsbeschwerde als entscheidendes Argument für die Qualifizierung des Art. 1 Abs. 1 GG als Grundrecht anführt.

154 *Höfling*, in: Sachs, GG, Art. 1 Rn. 5; *Starck*, in: v. Mangoldt/Klein/Starck, GG, Art. 1 Abs. 1 Rn. 18, 30 f.

155 Vgl. *Enders*, Die Menschenwürde in der Verfassungsordnung, S. 115.

156 Vgl. *Dreier*, in: Dreier, GG, Art. 1 I Rn. 129.

157 *Podlech*, in: AK-GG, Art. 1 Abs. 1, Rn. 5, 9.

den, dass nicht der Mensch um des Staates willen da ist, sondern der Staat um des Menschen willen.[158]

bb) Dogmatisches Argument

Auch *verfassungsdogmatisch* fehlen Art. 1 Abs. 1 GG die erforderlichen Eigenschaften einer subjektiv-rechtlichen Gewährleistung. Die Norm weist weder einen *Schutzbereich* auf noch ist die traditionelle *Eingriffs- und Schrankendogmatik* auf sie anwendbar.[159]

Die Festlegung eines Schutzbereichs des Art. 1 Abs. 1 GG würde voraussetzen, dass sich die Menschenwürde als ein spezieller Lebensbereich positiv definieren und damit zu anderen Lebensbereichen abgrenzen lässt. Wie gesehen ist eine solche positive Definition der Menschenwürde aber gerade nicht möglich. Vielmehr wirkt die Menschenwürde als übergreifende Fundamentalnorm in die nachfolgenden Grundrechte der Art. 2 ff. GG hinein, die jeweils für sich bereits einen abgeschlossenen Individualcharakter haben.[160]

Zudem müsste die Gewährleistung des Art. 1 Abs. 1 GG nach der traditionellen *Eingriffs- und Schrankendogmatik* auch einschränkbar sein. Denn nach der allgemeinen Grundrechtsdogmatik stellt nicht jeder Eingriff in den Schutzbereich eines Grundrechts zugleich auch eine Verletzung dar. Vielmehr sind Eingriffe gerechtfertigt, wenn und soweit sie sich innerhalb der verfassungsrechtlichen Schranken des Schutzbereichs des Grundrechts bewegen.[161] Einer möglichen verfassungsrechtlichen Rechtfertigung von Eingriffen in die Menschenwürde steht aber entgegen, dass Art. 1 Abs. 1 GG die Menschenwürde für „unantastbar" erklärt, was bedeutet, dass Eingriffe in die Menschenwürde aus verfassungssystematischen Gründen in keinem Fall gerechtfertigt sein können.[162] Jeder Eingriff stellt daher automatisch zugleich auch eine Verletzung dar.

cc) Teleologisches Argument

Schließlich spricht gegen den Grundrechtscharakter des Art. 1 Abs. 1 GG auch die – nicht zuletzt vom *BVerfG* unterstellte[163] – Funktion der Menschenwürde, die darin bestehen soll, dass sie als „Verfassungshöchstwert" den zentralen Bezugspunkt im verfassungsrechtlichen Wertesystem bildet; sie nimmt die Stellung

---

158 Art. 1 HchE (Herrenchiemsee-Entwurf des Grundgesetzes): „(1) Der Staat ist um des Menschen willen da, nicht der Mensch um des Staates willen. (2) Die Würde der menschlichen Persönlichkeit ist unantastbar. Die öffentliche Gewalt ist in allen ihren Erscheinungsformen verpflichtet, die Menschenwürde zu achten und zu schützen".

159 Vgl. hierzu vor allem *Enders*, Die Menschenwürde in der Verfassungsordnung, S. 101 ff.

160 Instruktiv und ausführlich dazu *Enders*, Die Menschenwürde in der Verfassungsordnung, S. 101 ff.; aber auch *Dreier*, in: Dreier, GG, Art. 1 Rn. 127.

161 *Pieroth/Schlink*, Grundrechte, Rn. 206.

162 *Enders*, Die Menschenwürde in der Verfassungsordnung, S. 106.

163 Vgl. etwa BVerfGE 7, 198 (205); 35, 202 (225); 39, 1 (43).

des normativen Leitbilds der Verfassung ein, das auf alle verfassungsrechtlichen Gewährleistungen ausstrahlt.[164] Diese Funktion kann die Menschenwürde nicht erfüllen, wenn Art. 1 Abs. 1 GG ein subjektives Grundrecht vermittelt. Als Verfassungs*leit*bild beschreibt sie schon naturgemäß nicht einen konkreten, abgrenzbaren schützenswerten Bereich, sondern sie *gibt* im Gegenteil *vor*, welche Bereiche zu schützen sind. Die Menschenwürde kann daher im Unterschied zu den subjektiv-rechtlichen Grundrechten der Art. 2-19 GG nicht deskriptiv sein, sondern sie muss *präskriptiv* sein.[165] Eine derartige Präskriptivität kann die Menschenwürde aber nicht einnehmen, wenn sie gleichgeordnet neben den Grundrechten als ein eben solches steht. Die Präskriptivität eines Leitbilds kann die Menschenwürde nur ausstrahlen, wenn sie den Grundrechten vor- und übergeordnet bleibt. Andernfalls müsste sie im Zweifel, da sie ja der Referenzpunkt der Verfassungsgüter ist, auf sich selbst referieren können, was ein systemimmanenter Widerspruch wäre. Als Leitbild muss sie daher einen überindividuellen Rechtsgrundsatz darstellen.

c) Zusammenfassung

Als Ergebnis der allgemeinen Ausführungen zur Menschenwürde bleibt festzuhalten, dass die Menschenwürde ein Abstraktum darstellt, das sich der handfesten Greifbarkeit entzieht. Eine positive Definition der Menschenwürde ist nicht möglich, vielmehr ist die Menschenwürde negativ, vom Eingriff ausgehend zu definieren. Mit verantwortlich dafür ist der Umstand, dass die verfassungsrechtliche Garantie des Art. 1 Abs. 1 GG keine klassische subjektivrechtliche Gewährleistung, sondern vielmehr ein allgemeines, rechtsgrundsätzliches Postulat darstellt, das die Verpflichtung zur Achtung und zum Schutz der Menschenwürde im Sinne der Objektformel vorschreibt. Vor diesem Hintergrund muss – wie gleich zu sehen sein wird – zwangsläufig auch die immer wieder als selbstverständlich dargestellte und deswegen nur selten näher begründete Behauptung der Verletzung der Menschenwürde durch die Folter einer eingehenden Prüfung unterzogen werden. Denn obgleich diese Behauptung plausibel und evident erscheint, muss angesichts der Unklarheit über die Menschenwürde gefragt werden, wie die Verletzung der Menschenwürde überhaupt plausibel und evident sein kann, wenn noch nicht einmal genau klar ist, was es überhaupt mit der Menschenwürde auf sich hat. Erst Recht gilt dies für die strafrechtliche Bewertung der Folterthematik. Denn wenn nach der Strafbarkeit *de lege lata* bzw. der Pönalisierung der Folter *de lege ferenda* gefragt wird und sich die Folter als eine Verletzung der Menschenwürde darstellt, dann muss angesichts des für das Strafrecht geltenden Bestimmtheitsgrundsatzes umso präziser

---

164 Vgl. *Luhmann*, Grundrechte als Institution, S. 73.

165 *Spirakos*, Folter als Problem des Strafrechts, S. 151; *Stübinger*, in: Institut für Kriminalwissenschaften Frankfurt a.M. (Hrsg.) Jenseits des rechtsstaatlichen Strafrechts, S. 277 (278).

erklärbar sein, ob und wie sich die Folter als eine Verletzung der Menschenwürde strafrechtlich zum Ausdruck bringen lässt.

2. Verletzung der Menschenwürde durch die Folter

Darüber, dass die Folter die Menschenwürde verletzt, herrscht – von wenigen abweichenden Ansichten abgesehen[166] – Einigkeit. *Worin genau* diese Verletzung besteht, wird jedoch überwiegend entweder nur kurz oder aber gar nicht begründet. Der Rückgriff auf die Menschenwürde erfolgt im Folterdiskurs insofern häufig reflexhaft.[167] Diese Reflexhaftigkeit ist aber deswegen gefährlich, weil die Menschenwürde den phänomenologischen Kern der Folter bildet,[168] und in der Folge mit der Substanz des Menschenwürdearguments die Überzeugungskraft des jeweiligen Standpunktes im Diskurs über die Folter steht und fällt.

Für die Präzisierung der Verletzung der Menschenwürde durch die Folter ist vor dem Hintergrund, dass die Menschenwürde einen *Grundsatz*, nämlich den Grundsatz der Achtungs- und Schutzpflicht, postuliert, zunächst zu konstatieren, dass genau genommen nicht die Menschenwürde als solche durch die Folter verletzt wird, sondern die auf sie gerichtete Achtungspflicht auf Seiten der staatlichen Gewalt.[169] Wann das der Fall ist, richtet sich im Anschluss an die Objektformel unter Einschluss der Anseilungstheorie danach, ob der Betroffene durch den in Rede stehenden Eingriff in eine grundrechtliche Gewährleistung zugleich zum Objekt des Handelnden degradiert wird. Entscheidend ist also, ob die Verletzung eines Individualgrundrechts als dem äußerlichen Referenzpunkt zugleich die Verletzung des daran angeseilten Grundsatzes der Menschenwürdeachtungspflicht bewirkt. Diesen Anknüpfungspunkt für die Menschenwürde bildet bei der Folter das Individualgrundrecht der körperlichen Integrität. Zwar käme aus phänomenologischer Sicht als „Anseilungs-Individualgrundrecht" grundsätzlich auch die Verletzung der Willensausübungsfreiheit[170] in Betracht, jedoch ist diese als Referenzpunkt letztlich ungeeignet, weil sie zu abstrakt ist, um eine sichere Anseilung des ebenfalls abstrakten Menschenwürdegrundsatzes zu ermöglichen.

166 V.a. *Herdegen*, in: Maunz-Dürig, GG (2005), Art. 1 Abs. 1 Rn. 45; *Herzberg*, JZ 2005, 321 (325 f.) (zumindest für die Androhung von Folter); *Hilgendorf*, JZ 2004, 331 (338) (zumindest solange das Maß der Schmerzen eine bestimmte Erheblichkeit nicht erreicht). Dagegen gehen die anderen (Rettungs-) Folterbefürworter davon aus, dass die Folter zwar die Menschenwürde verletzt, diese Verletzung aber gerechtfertigt sei, vgl. v.a. *Brugger*, VBlBW 1995, 414 f., 446 ff.; *ders.*, Der Staat 35 (1996), 67 ff.; *ders.*, JZ 2000, 165 ff.; *ders.*, in: Nitschke (Hrsg.), Rettungsfolter im modernen Rechtsstaat, S. 107 ff.; *Wittreck*, DÖV 2003, 873 (879 ff.).

167 Diesen Vorwurf formulieren auch *Wittreck*, DÖV 2003, 873, und *Gebauer*, NVwZ 2004, 1405 (1406).

168 S.o. Teil 1 Kapitel 1.

169 Vgl. BVerfGE 115, 118 (152).

170 Siehe dazu unten Teil 3 Kapitel 2 II. 2. a) bb).

Schließlich genießt die Willensausübungsfreiheit selbst nur mittelbar grundrechtlichen Schutz über Art. 2 Abs. 2 S. 2 GG.[171]

Indem so die körperliche Integrität einerseits als Anseilungspunkt für die Verletzung der Menschenwürde durch die Folter dient, andererseits aber die körperliche Integrität und die Menschenwürde nicht identisch sein können, folgt daraus, dass zwar keine Folter ohne die Verletzung der körperlichen Integrität des Opfers möglich ist, umgekehrt aber nicht jede Verletzung der körperlichen Integrität des Opfers zugleich auch als Folter zu qualifizieren ist. Daher ist es notwendig, den Unterschied zwischen solchen Verletzungen, die allein die körperliche Integrität betreffen und solchen, die darüber hinaus die Menschenwürde tangieren, herauszuarbeiten. Dies wiederum kann nur gelingen, wenn in einem ersten Schritt näher beleuchtet wird, wann überhaupt die körperliche Integrität eines Menschen verletzt ist. Anschließend ist dann im Hinblick auf die gebotene Abgrenzung der menschenwürderelevanten Integritätsverletzung darauf einzugehen, ob bei diesen – wie bislang unterstellt – auf der Täterseite notwendig ein Amtsträger stehen muss, mit anderen Worten ob nur ein Amtsträger als Täter der Folter in Betracht kommt, und welche Rolle der mit der Integritätsverletzung verfolgte Zweck für die Folter als Menschenwürdeverletzung spielt.

a) Verletzung der körperlichen Integrität

Hinsichtlich der Verletzung der körperlichen Integrität muss zwischen dem Verletzungs*erfolg* und der Verletzungs*handlung* unterschieden werden, um die Folter gegen andere Integritätsverletzungen, insbesondere gegen verwandte Misshandlungsformen abgrenzen zu können. Gemeint sind mit den anderen Misshandlungsformen vor allem die in den völkerrechtlichen Verboten aufgeführten grausamen, unmenschlichen und erniedrigenden Behandlungen. Sofern dort die interne Differenzierung anhand der Schwere der Integritätsverletzung vorgenommen werden soll, ist damit regelmäßig der Integritätsverletzungs*erfolg* angesprochen, indem es auf die Intensität der Wirkung der Integritätsverletzung ankommen soll. Die Abgrenzung anhand des Verletzungs*erfolgs* war allerdings bereits als ungeeignet, weil zu vage, kritisiert worden.[172] Einen ertragreicheren Ansatz bietet das Abstellen auf die Verletzungs*handlung*.

aa) Integritätsverletzungserfolg

Die „körperliche Unversehrtheit" i.S.d. Art. 2 Abs. 2 S. 1 GG schließt neben der physischen auch die psychische Integrität ein.[173] Dies ergibt sich daraus, dass der menschliche Körper nicht bloß eine Substanz ist, sondern vielmehr eine phy-

---

171 Vgl. *Wolff*, JZ 2006, 925 (926 f.).

172 S.o. Teil 1 Kapitel 1 I. 1. b) cc).

173 Vgl. *Kunig*, in: v. Münch/Kunig, GG, Art. 2 Rn. 63; *Bungenberg*, in: Heselhaus/Nowak (Hrsg.), Handbuch der Europäischen Grundrechte, § 12 Rn. 13.

sisch-psychische Funktionseinheit.[174] In diesem Sinne können auch Angstzustände und eine hochgradige Nervosität Beeinträchtigungen der körperlichen Integrität darstellen.[175] Um einer unbestimmten Uferlosigkeit entgegenzuwirken, ist allerdings zu verlangen, dass der psychische Schmerz dem physischen nahe kommt.[176]

Im Hinblick auf die Folter ist fraglich, ob die Integritätsverletzung – wie im Völkerrecht verlangt – den Grad einer „*besonderen* Schwere" erreichen muss. Wie oben gesehen wird im Völkerrecht die „besondere Schwere" gefordert, um die Folter gegen andere Misshandlungsformen abzugrenzen.[177] Allerdings hat die Analyse der Spruchpraxis des *EGMR* auch verdeutlicht, dass die Schwere der Integritätsverletzung als maßgebliches Abgrenzungskriterium für die Misshandlungsformen des Art. 3 EMRK in der Praxis zu nicht unerheblichen Abgrenzungsschwierigkeiten führt.[178] Zudem hat die Bestandsaufnahme der rechtsinternen und -externen Ansätze zur Phänomenologie der Folter gezeigt, dass diese erfolgsbezogene Differenzierung ein Spezifikum des Völkerrechts darstellt. Weder die (national-) rechtsinternen noch die rechtsexternen philosophischen und soziologischen Ansätze zur Phänomenologie der Folter kennen eine solche Unterscheidung. Und das aus gutem Grund. Denn für die Verletzung der Menschenwürde – und auf eben jene kommt es als Kern des phänomenologischen Unrechts der Folter maßgeblich an – ist die Schwere des Integritätsverletzungserfolgs nicht entscheidend, da die Integritätsverletzung lediglich den Referenzpunkt für die Verletzung der Menschenwürde bildet. Erforderlich ist insofern nur, dass durch die Beeinträchtigung der körperlichen Integrität die Verletzung der Menschenwürde manifestierbar vermittelt werden kann. Im Ergebnis besagen letztlich auch die völkerrechtlichen Misshandlungsverbote nichts anderes, indem sie alle körperintegritätsbezogenen Misshandlungsformen einem einheitlichen Schutzbereich, nämlich dem Schutzbereich der Menschenwürde zuordnen.

Zu einem anderen Ergebnis kommt *Hilgendorf*, der das völkerrechtliche Modell aufgreift und die Abgrenzung anhand der Intensität der Integritätsverletzung vornimmt. *Hilgendorf* geht dementsprechend davon aus, dass Handlungen wie beispielsweise das Verdrehen des Handgelenks oder das Überdehnen der Arme, unterhalb der Schwelle zur Erheblichkeit der Folter anzusiedeln seien und damit mangels besonderer Schwere des Verletzungserfolgs nicht als Folter

---

174 *Kunig*, in: v. Münch/Kunig, GG, Art. 2 Rn. 63; *Maihold*, HFR 2004, Beitrag 11, S. 2; *Spirakos*, Folter als Problem des Strafrechts, S. 142 f.

175 Vgl. *Kunig*, in: v. Münch/Kunig, GG, Art. 2 Rn. 63.

176 Vgl. *Kunig*, in: v. Münch/Kunig, GG, Art. 2 Rn. 63.

177 S.o. Teil 1 Kapitel 1 I. 1. a)-c).

178 Vgl. oben Teil 1 Kapitel 1 I. 1. b) cc).

zu qualifizieren seien.[179] Dieser Ansatz ist jedoch zu kritisieren. Zwar gibt *Hilgendorf* vor, die Menschenwürde grundsätzlich als Maßstab für die Zulässigkeit und das Verbot der Folter beizubehalten,[180] jedoch ist dies in Wirklichkeit nicht der Fall. Sein Ansatz zeigt vielmehr in geradezu beispielhafter Deutlichkeit die Gefahr der Überlagerung des materiellen Unrechtsgehalts durch die unpräzise Verwendung von Begrifflichkeiten. Denn tatsächlich orientiert sich *Hilgendorf* mit seinem Modell nicht mehr am materiellen Unrecht der Folter – namentlich der Verletzung der Menschenwürde –, sondern vielmehr an reinen Begrifflichkeiten. Die Behauptung, für das Folterverbot auf die Menschenwürde abzustellen, hält *Hilgendorf* nicht konsistent durch. So bleibt *Hilgendorf* insbesondere die Erklärung dafür schuldig, wie eine Grenzziehung allein durch die bloße Quantifizierung der Eingriffsintensität gelingen können soll. Und er stellt umgekehrt nicht dar, warum die Eingriffe von geringerer Intensität ein anderes *qualitatives* Unrecht verkörpern als die von ihm als Folter anerkannten Misshandlungen. Sein Ansatz ist daher als ein Versuch der formalbegrifflichen Umgehung des materiellen Unrechtsgehalts abzulehnen.

bb) Integritätsverletzungshandlung

Anstelle des Integritätsverletzungs*erfolgs* ist für die Phänomenologie der Folter die Art und Weise der Integritätsverletzungs*handlung* maßgeblich. Nicht nur, dass auf diesem Wege die gebotene Abgrenzung der Folter zu anderen menschenwürderelevanten Integritätsverletzungen besser erreicht werden kann. Zudem kann auf dieser Ebene das Problem der phänomenologischen Einordnung der *Androhung* von Folter angemessen geklärt werden.

(1) Gewalt gegen die Person

Zu den speziellen Charakteristika der Folter gehört, dass die Verletzung der Menschenwürde nicht durch jede beliebige Integritätsverletzung, sondern nur durch eine Integritätsverletzung *mittels der Anwendung von Gewalt gegen die Person* herbeigeführt wird. Auch die Rechtsprechung des *EGMR* zeigt, dass die Folter i.S.v. Art. 3 EMRK notwendig die Ausübung von Gewalt gegen die Person des Betroffenen erfordert. Dagegen spielt die Art und Weise der Beibringung der Integritätsverletzung für die erniedrigende Behandlung i.S.v. Art. 3 EMRK grundsätzlich keine Rolle, solange nur überhaupt eine physische oder psychische Beeinträchtigung von gewisser Mindestschwere eintritt.[181] Und eine

179 *Hilgendorf*, JZ 2004, 331 (338). In die gleiche Richtung geht die Argumentation von *Schmitt Glaeser*, FS-Isensee, S. 507 (521 ff.).

180 *Hilgendorf*, JZ 2004, 331 (337 f.).

181 Vgl. *Price ./. Vereinigtes Königreich*, Urt. des EGMR vom 10.07.2001, in dem eine erniedrigende Behandlung darin gesehen wurde, dass sich eine an den Rollstuhl gefesselte Frau bei der Körperhygiene von männlichem Personal helfen lassen musste.

unmenschliche Behandlung kann auch in der Zerstörung von Sachen, die zur Existenzgrundlage des Betroffenen gehören[182], liegen.

„Folter" kann daher nur die menschenwürderelevante Integritätsverletzung durch die Überwindung eines körperlichen Widerstandes des Opfers sein. Was mit Blick auf die völkerrechtlichen Folterverbote fraglich bleibt, ist freilich der Bereich der potenziellen Schnittmenge zwischen der Folter und denjenigen unmenschlichen Behandlungen, die ebenfalls durch Gewalt gegen die Person verwirklicht werden. Hier bliebe, wenn man an einer Unterscheidung festhalten wollte, als Kriterium tatsächlich vor allem die objektive Schwere des Integritätsverletzungserfolgs. Da diese wegen ihrer Unbestimmtheit aber kein geeignetes Abgrenzungskriterium bilden kann, liegt es aufgrund der phänomenologischen Untrennbarkeit näher, den Begriff der „Folter" auch auf diese Misshandlungen zu erstrecken. Damit reicht das hiesige Folterverständnis letztlich zwar weiter als die völkerrechtlichen Begriffsbestimmungen zur Folter. Aber es vermeidet die evidente Gefahr vager und im äußersten Fall auch inkonsistenter Bewertungen. Zumindest für eine allgemeine Phänomenologie der Folter aus der *ex ante*-Perspektive ist dieses tendenziell offenere Verständnis der Folter daher angemessener. Freilich wird dadurch auf der anderen Seite die völkerrechtliche Abgrenzung – abgesehen von den geäußerten Bedenken bezüglich der Trennschärfe – nicht grundsätzlich in Frage gestellt. Denn die Unterscheidung zwischen den einzelnen Misshandlungsformen wird dort immer aus der *ex post*-Perspektive und unter Berücksichtigung der Umstände des konkreten Einzelfalls getroffen. Obgleich so eine gewisse Beliebigkeit der Beurteilung nicht gänzlich ausgeschlossen werden kann, kann das grundsätzliche Festhalten an einer solchen Unterscheidung im Völkerrecht allerdings insofern sinnvoll sein, als dadurch das nachvollziehbare Bedürfnis der Stigmatisierung bestimmter Handlungen als Folter bedient wird.

(2) Androhung von Folter

Die besondere Gewichtung der Integritätsverletzungshandlung ermöglicht auch eine angemessene Auseinandersetzung und Beurteilung der äußerst strittigen Frage nach der phänomenologischen Einordnung der Androhung von Folter.

Teilweise wird gefordert, die Androhung aus dem Geltungsbereich des absoluten Verbots der Folter herauszunehmen.[183] *Herzberg* etwa argumentiert diesbezüglich mit dem Wortlaut des Art. 1 Abs. 1 FoK, der nur von der Zufügung, nicht aber von der Androhung spreche, so dass *e contrario* die Androhung von Folter nicht absolut verboten sei.[184] Und auch die Äußerungen des

182 Vgl. *Selçuk und Asker ./. Türkei*, Urt. des EGMR vom 24.04.1998, Z. 77.

183 *Herzberg*, JZ 2005, 321 (325 f.); *Horlacher*, Auskunftserlangung mittels Folter, S. 28 ff.; *Merkel*, FS-Jakobs, S. 375 (401 f.).

184 *Herzberg*, JZ 2005, 321 (325 f.). *Roxin*, FS-Nehm, S. 205 (212 f.) nennt dies eine „Halbierungslösung".

EGMR sehen, wörtlich genommen, eine unterschiedliche phänomenologische Bewertung von Folterausführung und -androhung vor. Denn der *EGMR* geht davon aus, dass die Androhung von Folter unter Umständen immerhin als „unmenschliche“ oder zumindest „erniedrigende“ Behandlung (sc. nicht aber als „Folter“) einzustufen sei.[185]

Diesen Ansichten ist jedoch entgegenzuhalten, dass sie ihre Beurteilung nicht an dem entscheidenden materiellen Unrechtsgehalt der Folter ausrichten, sondern an formellen Begrifflichkeiten.[186] Obgleich die Ausführung und die Androhung von Folter zwar zwei unterschiedliche Stadien der Folter darstellen, gehören beide zu ein- und demselben Phänomen.[187] Zu Recht wird mitunter der historische Vergleich zur *„territio verbalis“* (= dem Zeigen der Folterinstrumente als der ersten Stufe der Tortur) bemüht.[188] Zuletzt bleibt auch das gewichtige rechtspolitische Argument, das *Prittwitz* auf den Punkt bringt: „Wer Folter androht, aber – im Klein- oder gar Großgedruckten – mitteilt, tatsächlich zugefügt worden wäre die Folter nicht, der meint die Folterandrohung entweder nicht ernst (und lässt das erkennen), was die Anwendung des Folterverbotes sinnlos werden lässt, oder er lässt seine Bevölkerung, zu der eben auch die einer Straftat Beschuldigten gehören, (mindestens) im Zweifel, ob er das Folterverbot wirklich respektiert. Die listige Replik, nach außen und für alle bleibe das Folterverbot unangetastet, nur im stillen Kämmerlein der Vernehmung dürfe man schon einmal so tun, als ob das Folterverbot nicht gelte, ist normativ nicht durchzuhalten – und entspricht letzten Endes – nur in einem anderen, weniger schrecklich anmutenden Kontext – der Bigotterie von Folterstaaten.“[189] Vor diesem Hintergrund kann auch das von *Horlacher* angeführte Argument, die Androhung von Folter könne durchaus sinnvoll sein, da davon auszugehen sei, dass kaum ein Straftäter die Vorschriften für das Handeln der Polizei in Notsituationen so genau kenne,[190] nicht ins Feld geführt werden; jedenfalls nicht, ohne dadurch zugleich die Ablehnung der Folter an sich im Zweifel zu lassen. In einem das Mittel der Folter ablehnenden Rechtsstaat darf eine solche Ausnutzung der Unwissenheit der Bürger jedenfalls keinen Platz finden.

---

185 Vgl. *Gäfgen ./. Deutschland*, Urt. des EGMR vom 30.06.2008, Z. 66; *Campbell und Cosans ./. Vereinigtes Königreich*, Urt. des EGMR vom 25.02.1982, Z. 26.

186 Als Kritik betrifft dies freilich allein die Argumentation *Herzbergs*, da die Unterscheidung der Misshandlungsformen des Art. 3 EMRK durch den *EGMR* ja keineswegs eine Strategie zur Unterminierung des Misshandlungsverbots darstellt

187 Vgl. *Prittwitz*, FS-Herzberg, S. 515 (520 f.).

188 Dieses Argument nennen *Saliger*, ZStW 116 (2004), 35 (41 f.) und *Kretschmer*, RuP 2003, 102 (106).

189 *Prittwitz*, FS-Herzberg, S. 515 (521).

190 *Horlacher*, Auskunftserlangung mittels Folter, S. 33.

Nach allem ist daher offensichtlich, dass auch die Androhung von Folter zum Phänomen der Folter gehört, und alle gegenteiligen Behauptungen nichts weiter als „sprachtheoretische Spielchen“[191] sind.

cc) Zusammenfassung

Mit Blick auf die Integritätsverletzung als ein Merkmal der Folter hat sich gezeigt, dass zwischen dem Integritätsverletzungserfolg und der Integritätsverletzungshandlung unterschieden werden muss. Dabei ist hinsichtlich des Integritätsverletzungserfolgs deutlich geworden, dass die Folter sowohl die Verletzung der physischen als auch der psychischen Integrität einschließt. Eine phänomenologische Abgrenzung der Folter zu anderen Misshandlungsformen ist zwar – entgegen den völkerrechtlichen Folterverboten – nicht anhand der Schwere des Integritätsverletzungserfolgs möglich. Jedoch lässt sich die gebotene Präzisierung über die Spezifizierung der Integritätsverletzungshandlung erreichen. Denn zur Phänomenologie der Folter gehören nur solche menschenwürderelevanten Integritätsverletzungen, die durch Gewalt gegen die Person des Opfers hervorgerufen werden. Zudem wird anhand der Berücksichtigung der Verletzungshandlung erkennbar, dass auch die Androhung von Folter phänomenologisch der Folter zuzuordnen ist, so dass das Folterverbot auch für sie in vollem Umfang gilt.

b) Amtsträgereigenschaft des Täters

Nach allen rechtsinternen[192] und rechtsexternen Ansätzen zur Phänomenologie der Folter ist erforderlich, dass die menschenwürderelevante Integritätsverletzung von einem Amtsträger vorgenommen wird, um als Folter qualifiziert werden zu können. Dass das Merkmal der Amtsträgereigenschaft des Täters zu Recht eingefordert wird, lässt sich dadurch untermauern, dass der Menschenwürdesatz des Art. 1 Abs. 1 S. 1 GG in S. 2 im Unterschied zu den (anderen) individualisierbaren grundrechtlichen Gewährleistungen der Art. 2 bis 19 GG ein *allein an den Staat adressiertes* Postulat darstellt, indem es „alle staatliche Gewalt“ zur Achtung und zum Schutz der Würde verpflichtet.[193] Gleichwohl wird die Beschränkung des Täterkreises auf Amtsträger teilweise mit dem Argument angezweifelt, dass sie ein zu enges Verständnis von Folter fördere.

---

191 *Düx/Schroeder*, ZRP 2003, 180.

192 Die Ausnahme bildet Art. 7 Abs. 1 lit. f IStGH-Statut, der nach der Definition von Folter gemäß Art. 7 Abs. 2 lit. e IStGH-Statut die Amtsträgereigenschaft des Täters nicht vorausgesetzt.

193 Vgl. *Enders*, Die Menschenwürde in der Verfassungsordnung, S. 501 ff.; *ders.*, Die Menschenwürde als Recht auf Rechte – die missverstandene Botschaft des Bonner Grundgesetzes, in: Seelmann (Hrsg.), Menschenwürde als Rechtsbegriff, S. 49 ff.; *Stübinger*, in: Institut für Kriminalwissenschaften und Rechtsphilosophie Frankfurt a.M. (Hrsg.), Jenseits des rechtsstaatlichen Strafrechts, S. 277 (279).

Vielmehr müssten auch Misshandlungen ohne staatliche Beteiligung (sog. Privatfolter) als Folter zu qualifizieren sein.[194]

aa) Abgrenzung der reinen Privatfolter von der mittelbar-staatlichen Privatfolter

Zunächst muss geklärt werden, was überhaupt mit „Privatfolter" genau gemeint ist. Zu unterscheiden ist hier nämlich zwischen der rein privaten und der mittelbar-staatlichen Folter. Bei der zweitgenannten wird die unmittelbare Ausführung der Misshandlung zwar durch eine Privatperson vorgenommen, jedoch wird das Unrecht der Handlung dem Staat zugerechnet, wenn und soweit er die Misshandlung veranlasst oder zumindest geduldet hat. Zur „Folter" wird eine Misshandlung in diesem Fall erst durch den hoheitlichen Bezug. Dogmatisch entspricht diese Figur der staatlichen Schutzpflichtenlehre, die sowohl im Völkerrecht[195] als auch im nationalen Recht – für die Menschenwürde sogar *expressis verbis* in Art. 1 Abs. 1 S. 2 GG – anerkannt ist. Letztlich handelt es sich bei der mittelbar-staatlichen Folter also nicht wirklich um eine „Privatfolter". Bei Misshandlungen ohne jegliche staatliche Beteiligung liegt dagegen nicht nur die Ausführungshandlung in privater Hand, sondern es fehlt auch am hoheitlichen Zurechnungszusammenhang, d.h. die Rechtsfolgen treffen allein die misshandelnde Privatperson. Damit ist nur diese „reine" Privatfolter auch wirklich eine *Privat*folter im begrifflichen Sinne. Klammert man vor diesem Hintergrund die mittelbar-staatliche Folter aus, bleibt für die Privatfolter letztlich nur ein kleines Anwendungsfenster. Denn die in diesem Zusammenhang häufig als Argument für die Ausdehnung des Folterbegriffs über die Amtsträger hinaus genannten Misshandlungen durch nicht-staatliche kriminelle Vereinigungen, wie z.B. Paramilitärs oder Guerillaorganisationen, sind in aller Regel als mittelbar-staatliche Folterungen von der staatlichen Schutzpflichtdogmatik erfasst, wenn und soweit dem Staat die Existenz dieser Gruppen bekannt ist und er für die Verhinderung menschenrechtswidriger Zustände, die durch diese Gruppen herbeigeführt werden, zu sorgen hat. Als Privatfolter kommen also nur diejenigen Fälle in Betracht, in denen es einer Privatperson aus persönlichen Gründen um mehr geht als nur die körperliche Verletzung eines anderen Menschen, etwa wenn eine Privatperson einen anderen Menschen aus Rache quält, oder wenn die Familie eines Entführungsopfers den Entführer vor der Polizei in die Hände bekommt und

---

194 *Perron*, FS-Weber, S. 143 (150 ff.); *Kretschmer*, RuP 2003, 102 (108 ff.); *Jerouschek/Kölbel*, JZ 2003, 613 (619).

195 Für die EMRK vgl. *Frowein/Peukert*, Europäische Menschenrechtskonvention, Art. 1 Rn. 10 ff.; *Peters*, Einführung in die Europäische Menschenrechtskonvention, S. 15 f. Vgl. dazu auch die Urteile *M.C. ./. Bulgarien*, Urt. des EGMR vom 04.12.2003, Z. 149 ff.; *D.P. und J.C. ./. Vereinigtes Königreich*, Urt. des EGMR vom 10.10.2002, Z. 109; *A. ./. Vereinigtes Königreich*, Urt. des EGMR vom 23.09.1998, Z. 22. Und für den IPbpR vgl. *UN-MRA*, General Comment No. 20, Z. 2; *Nowak*, CCPR Commentary, Art. 7 Rn. 7.

auf eigene Faust versucht, mittels Zufügung von Schmerzen, von ihm den Aufenthaltsort des Opfers zu erfahren.[196]

bb) Privatfolter als Folter

Gegen die Gleichstellung der Privatfolter und der staatlichen Folter spricht vor allem, dass sich der materielle Unrechtsgehalt der Folter, nämlich die Verletzung der Menschenwürde, überhaupt nur im Staat-Bürger-Verhältnis entfalten kann.[197] Auf das Bürger-Bürger-Verhältnis lässt sich das Menschenwürdeargument nicht übertragen. Denn die für die Verletzung der Menschenwürde erforderliche Verobjektivierung des Betroffenen kann überhaupt nur dort eintreten, wo die Subjektqualität des Opfers negiert werden kann. Und dies ist allein im Staat-Bürger-Verhältnis möglich. Schließlich können nur in diesem Verhältnis die Grundrechte der Person faktisch aufgehoben werden. Zwar kann freilich auch im Bürger-Bürger-Verhältnis eine Integritätsverletzung mit dem Ziel vorgenommen werden, den Anderen zu einem bloßen Mittel der eigenen Interessen zu machen. Jedoch wird dadurch nicht die Subjektqualität der Person als solche in Frage gestellt. Dies wird am Fall der Folter besonders deutlich. Denn das Opfer einer rein privaten Misshandlung darf und kann stets auf die Hilfe des Staats hoffen, und zwar sowohl in präventiver, gefahrenabwehrender als auch in repressiver, strafverfolgender Hinsicht.[198] Steht dagegen auf der Täterseite ein Amtsträger, befindet sich das Opfer der Misshandlung in der Lage einer besonderen Schutz- und Hilflosigkeit.[199] Denn die einzige Institution, die dazu in der Lage ist, dem Opfer qualifizierten präventiven Schutz vor der Verletzung seiner Grundrechte zu bieten, steht hier gerade auf der Täterseite.[200] Zudem sind in repressiver Hinsicht Straftaten von Amtsträgern regelmäßig schwerer verfolgbar.[201] Die Gefahr der Verdunkelung ist hier besonders signifikant.[202] Der

---

196 Theoretisch ist so etwas zwar denkbar, praktisch ist es aber eher unwahrscheinlich, da die Polizei aufgrund ihrer Qualifikation in der Regel die besseren Ermittlungsmöglichkeiten hat, vgl. *Kinzig*, ZStW 115 (2003), 791 (807); *Polzin*, Strafrechtliche Rechtfertigung der „Rettungsfolter", S. 158.

197 Vgl. EGMR im Fall *Tyrer ./. UK*, Urt. des EGMR vom 25.04.1978, Z. 33. Unter Rekurs auf die politische Historie der Menschenwürde betont dies auch *Prittwitz*, FS-Herzberg, S. 515 (537). Ausführlich zu dieser Thematik *Fahl*, Jura 2007, 743 (748 f.).

198 Vgl. *Perron*, FS-Weber, S. 143 (152); *Saladin*, in: Riklin (Hrsg.), Internationale Konventionen gegen die Folter, S. 131 (132); *Fahl*, JR 2004, 182 (187); *Bruha/Steiger*, Das Folterverbot im Völkerrecht, S. 25 f.

199 Vgl. *Saladin*, in: Riklin (Hrsg.), Internationale Konventionen gegen die Folter, S. 131 (132); *Fahl*, JR 2004, 182 (187).

200 Vgl. *Perron*, FS-Weber, S. 143 (152); *Saladin*, in: Riklin (Hrsg.), Internationale Konventionen gegen die Folter, S. 131 (132); *Fahl*, JR 2004, 182 (187).

201 Vgl. *Singelnstein*, in: Deutsches Institut für Menschenrechte (Hrsg.), Prävention von Folter und Misshandlung in Deutschland, S. 213 ff.

202 So auch *Saladin*, in: Riklin (Hrsg.), Internationale Konventionen gegen die Folter, S. 131 (132).

„*Fall Daschner*" bestätigt dies. Es dürfte nämlich kaum zu bestreiten sein, dass die Ermittlungen gegen *Daschner* ungleich schwerer gewesen wären, wenn dieser die Anordnung der Androhung von Schmerzen nicht in das offizielle Vernehmungsprotokoll eingetragen hätte. Zwischen staatlicher Folter und Privatfolter, die mangels „Folter"-Qualität auch genauer als private Misshandlung zu bezeichnen ist, besteht daher ein entscheidender qualitativer Unterschied. „Folter" setzt als Menschenwürdeverletzung deshalb die Amtsträgereigenschaft des Täters notwendig voraus.

c) Degradierung des Betroffenen zum bloßen Objekt

Nachdem sich die Folter bislang als eine Verletzung der Menschenwürde in Gestalt eines Eingriffs in die körperliche Integrität des Betroffenen herausgestellt hat, bleibt nach der Objektformel der Aspekt der Verobjektivierung des Betroffenen zu untersuchen. Nicht jede Verletzung der körperlichen Integrität eines Bürgers durch einen Amtsträger stellt generell eine Missachtung der Menschenwürde dar. Vielmehr sind und müssen Integritätsverletzungen auch im Staat-Bürger-Verhältnis grundsätzlich zulässig sein, wenn der Staat bei der Wahrnehmung seiner Aufgabe, ein friedliches und freiheitliches Leben aller Bürger zu ermöglichen, nicht paralysiert sein soll.[203] Eine Folterhandlung kann vor diesen Hintergrund nur dann vorliegen, wenn der Amtsträger mit der Integritätsverletzung nicht mehr die Herstellung eines freiheitlichen Zusammenlebens aller Bürger verfolgt, sondern der Eingriff auf das persönliche Verhältnis des Amtsträgers zum Betroffenen beschränkt wird, und dieser durch die Gewalt gegen seine Person zu einem bloßen Objekt degradiert wird. Dieser Aspekt ist besonders wichtig, um die Folter als eine Verletzung der Menschenwürde gegen andere Integritätsverletzungen abgrenzen zu können[204], die aufgrund ihrer strukturellen Ähnlichkeit mit der Folter zwar regelmäßig als Argumente in den Folterdiskurs eingeflochten werden, die aber nicht notwendig die Menschenwürde betreffen, und die daher anders zu bewerten sind.

Um zu ermitteln, was genau zu der Verobjektivierung eines Menschen führt, ist eine objektive Betrachtungsweise einzunehmen. Anders als im Völkerrecht und auch ursprünglich vom *BVerfG*[205] angenommen, ist es daher nicht die subjektive Zwecksetzung des Täters, sondern allein die objektive Negierung der Subjektqualität des Betroffenen, die darüber entscheidet, ob der Betroffene als Mittel zum Zweck missbraucht wird. Gleichwohl ist zu konstatieren, dass in der aktuell virulenten Debatte über die Rettungsfolter gerade auf die subjektive Mo-

203 *Enders*, in: Nitschke (Hrsg.), Rettungsfolter im modernen Rechtsstaat?, S. 133 (136 f.).

204 Namentlich betriff dies vor allem den so genannten finalen Rettungsschuss und den Abschuss eines allein mit Terroristen besetzten Flugzeugs, das zum Zwecke eines terroristischen Anschlags eingesetzt werden soll.

205 Vgl. BVerfGE 30, 1 (26), wonach für die Verletzung der Menschenwürde eine „willkürliche Missachtung" verlangt wird.

tivation des Täters, namentlich den „guten“ Zweck der Lebensrettung, rekurriert wird, um diese Fälle aus dem Bereich der absolut verbotenen Menschenwürdeverletzungen herauszulösen. Diese Debatte bedarf einer besonderen Betrachtung, da es gerade die Rettungsfolter war, die den Folterdiskurs in Deutschland in Gang gesetzt und die Problematik der strafgesetzlichen Absicherung des Folterverbots aufgedeckt hat. Daher wird auch hierauf nachfolgend eingegangen werden.

aa) Objektive Abgrenzung der Folter als menschenwürderelevante Integritätsverletzung von nicht-würderelevanten Integritätsverletzungen

Die Frage, ob es sich bei einer Integritätsverletzung durch einen Amtsträger um eine menschenwürderelevante Folter oder um eine nicht-menschenwürderelevante „einfache“ Körperverletzung handelt, hängt davon ab, ob sich das Unrecht der Maßnahme in der Integritätsverletzung erschöpft, oder ob darüber hinaus die Subjektstellung des Betroffenen negiert wird.[206]

Unproblematisch liegt ein Verstoß gegen die Pflicht zur Achtung der Menschenwürde vor, wenn das Opfer mittels der Integritätsverletzung zu einer Aussage genötigt werden soll. Denn in diesem Fall wird der Betroffene zweifellos auf einen bloßen Informationsträger reduziert, der insoweit nur noch Objektcharakter hat.[207] Ungleich schwieriger gestaltet sich die Beurteilung derjenigen Konstellationen, die der Folter zwar nach ihrer äußeren Erscheinung ähnlich sind, im Gegensatz zu ihr aber geltendes Recht sind oder zumindest waren. Angesprochen sind damit der so genannte finale Rettungsschuss[208] und der tödliche Abschuss eines Flugzeugs, das als Mittel eines terroristischen Anschlags eingesetzt werden soll (§ 14 Abs. 3 LuftSiG a.F.), wobei § 14 Abs. 3 LuftSiG a.F. mittlerweile vom *BVerfG* für den Fall, dass sich unschuldige Passagiere an Bord befinden, für verfassungswidrig erklärt worden ist.[209] Hier stellt sich durchaus die Frage, warum die Folter stets eine menschenwürdemissachtende Körperverletzung sein soll, während insbesondere beim finalen Rettungsschuss *de lege lata* sogar die Tötung eines Menschen zur Rettung eines anderen Menschen gerade keine Missachtung der Menschenwürde darstellt.

Hinsichtlich des *finalen Rettungsschusses* wird immer wieder darauf verwiesen, dass hier zwar in das Grundrecht auf Leben eingegriffen werde, die

206 Vgl. auch *Enders*, in: Nitschke (Hrsg.), Rettungsfolter im modernen Rechtsstaat?, S. 133, (138 f.).

207 Vgl. *Eisenhardt*, Das nemo tenetur-Prinzip: Grenze körperlicher Untersuchungen beim Beschuldigten, S. 216.

208 Vgl. für Hessen § 60 Abs. 2 S. 2 HSOG: „Ein Schuss, der mit an Sicherheit grenzender Wahrscheinlichkeit tödlich wirken wird, ist nur zulässig, wenn er das einzige Mittel zur Abwehr einer gegenwärtigen Lebensgefahr oder einer gegenwärtigen Gefahr einer schwerwiegenden Verletzung der körperlichen Unversehrtheit ist.“

209 BVerfGE 115, 118 ff.

Menschenwürde aber nicht angetastet werde.[210] Auf den ersten Blick erscheint diese Differenzierung zweifelhaft. Und zwar erst Recht, wenn man mit *Gebauer* für den Rettungsschuss noch nicht einmal die Tötung des Opfers voraussetzt, sondern, auf den allgemeinen unmittelbaren Zwang abstellend, in folgender Weise fragt: „Warum sollte es mit der Menschenwürde vereinbar sein, den Geiselnehmer ins Bein zu schießen, damit dieser das Entführungsopfer loslässt *(vis absoluta)*, jedoch nicht, ihn ins Bein zu schießen, damit er den Aufenthaltsort des Opfers verrät *(vis compulsiva)*? In beiden Konstellationen ist der körperliche Eingriff identisch. Beide Male wird der Wille des Täters gebrochen“[211]. Bei näherem Hinsehen verfängt dieser Vergleich aber nicht. Denn bereits der unterschiedliche situative Kontext beider Handlungen spricht für eine differenzierende Bewertung: Während der Rettungsschuss innerhalb einer zugespitzten Situation erfolgt, in der mit an Sicherheit grenzender Wahrscheinlichkeit der rechtswidrige Zustand beendet wird, bleibt bei der Folter häufig offen, welche Möglichkeiten noch zur Verfügung stehen und ob die Folter überhaupt den gewünschten Erfolg bringt.[212] Dieser Kontext macht deutlich, dass es bei dem finalen Rettungsschutz letztlich „nur“ um den Eingriff in die äußere Sphäre des Betroffenen geht. Die Maßnahme „erschöpft“ sich in der Verletzung des Körpers bzw. des Lebens des Betroffenen.[213] Und sowohl die körperliche Integrität als auch das Leben sind nach Art. 2 Abs. 2 GG unter Gesetzesvorbehalt gestellt. Das in diesem Zusammenhang immer wieder bemühte Gegenargument, das Leben bilde die vitale Basis der Würde und mache damit die Würde mittelbar zum Verletzungsgegenstand, verfängt nicht. Denn damit würde die Verletzung des Lebens mit der Verletzung der Würde gleichgesetzt, und der Unterschied zwischen Leben und Würde würde aufgehoben.[214] Ferner liefe eine solche Verwendung des Menschenwürdegrundsatzes in argumentationstheoretischer Hinsicht Gefahr, das Menschenwürdeargument omnipräsent zu machen und damit

---

210 *Ziegler*, KritV 2004, 50 (57); *Wilhelm*, in: Liebl (Hrsg.), Vernehmungen in schwierigen Feldern, S. 91 (123 f.); *Schild*, in: Gehl (Hrsg.), Folter – Zulässiges Instrument im Strafrecht?, S. 59 (70 f.).

211 *Gebauer*, NVwZ 2004, 1405 (1407). Einen ähnlichen Vergleich bemüht *Merkel*, FS-Jakobs, S. 375 (399).

212 *Kinzig*, ZStW 115 (2003), 791 (806 f.); *Saliger*; ZStW 116 (2004), 35 (47). Zur Erfolgstauglichkeit der Folter auch: *Baum*, in: Liebl (Hrsg.), Vernehmung in schwierigen Feldern, S. 133 (152 ff.); *Wilhelm*, in: Liebl (Hrsg.), Vernehmung in schwierigen Feldern, S. 91 (121).

213 Vgl. auch *Saliger*, ZStW 116 (2004), 35 (47); *Ebel*, Kriminalistik 1995, 825 (827); *Wilhelm*, in: Liebl (Hrsg.), Vernehmung in schwierigen Feldern, S. 91 (117), sieht in dem finalen Rettungsschuss „bloß“ die Neutralisierung der von dem Betroffenen ausgehenden Gefahr, während im Gegensatz dazu durch die Rettungsfolter der Betroffene instrumentalisiert werde.

214 Vgl. zur Auseinandersetzung mit dieser Argumentation unten Teil 1 Kapitel 2 I. 2. c) bb) (1) (b).

zur kleinen Münze geraten zu lassen. Freilich soll trotz alledem nicht in Abrede abgestellt werden, dass die gesetzliche Regelung des finalen Rettungsschusses in höchstem Maße problematisch ist. Jedoch wurzelt die Problematik dieser Konstellation weniger im Bereich der Menschenwürde als vielmehr in der besonderen Sensibilität des Rechtsguts Leben.

Anders verhält sich die Abgrenzung bei § 14 Abs. 3 LuftSiG a.F., demzufolge die unmittelbare Einwirkung mit Waffengewalt gegen ein Luftfahrzeug (nur) zulässig sein sollte, wenn nach den Umständen davon auszugehen war, dass das Luftfahrzeug gegen das Leben von Menschen eingesetzt werden sollte und sie das einzige Mittel zur Abwehr dieser gegenwärtigen Gefahr war. Mittlerweile hat das *BVerfG* hierzu entschieden, dass diese Norm mit der Verpflichtung des Staats zur Achtung der Menschenwürde unvereinbar ist.[215] Allerdings soll dies nach Ansicht der Richter nur gelten, sofern sich „unschuldige“ Passagiere an Bord befinden. Denn nur diese würden im Falle des Abschusses zum bloßen Mittel zum Zweck der Rettung anderer Menschen degradiert. Wenn das Flugzeug dagegen nur mit Tätern besetzt sei, missachte der Staat mit dem Abschuss und der Tötung der Täter seine Verpflichtung zur Achtung von deren Würde nicht, da es gerade dem aus der Würde folgenden Selbstbestimmungsrecht geschuldet sei, dass jeder Mensch sein Handeln zu verantworten und die entsprechenden Konsequenzen zu tragen habe.[216] Im Gegensatz zu den unschuldigen Passagieren, die durch den Abschuss als Mittel zum Zweck der Rettung anderer Menschen verobjektiviert würden, erschöpfe sich bei den Tätern der Eingriff in das Recht auf Leben. Dieser Argumentationsgang könnte nun in folgender Weise auf die Folter, d.h. zumindest auf die Rettungsfolter zu übertragen sein: Wenn der Terrorist sich weigert, das Versteck der von ihm gelegten Bombe zu nennen oder der Entführer den Aufenthaltsort des Entführungsopfers nicht verrät, verschuldet er seine Lage selbst und muss dementsprechend die Verantwortung und die Konsequenzen seines Handelns tragen.[217] Diese Argumentation verfängt aber nicht. Sie verkennt den situationsbezogenen Unterschied zwischen Flugzeugabschuss und Folter. Bei dem tödlichen Abschuss des Flugzeugs erschöpft sich der Eingriff in der äußeren Verletzung des Körpers bzw. des Lebens des betroffenen Täters, ohne dass darüber hinaus weitere Interessen tangiert werden. Und über die Rechtsgüter Leib und Leben kann der jeweilige Rechtsgutsträger frei disponieren. Bei der Rettungsfolter verfängt das „Verantwortungsargument“ dagegen nicht. Denn hier ist die Verletzung der körperlichen Integrität des Betroffenen nur ein Durchgangsstadium zum eigentlich entscheidenden Zugriff auf das *forum internum* des Betroffenen, so dass hier durch den Eingriff in die Körperintegrität zugleich die Subjektqualität des Betroffenen aufgehoben wird.

---

215 BVerfGE 115, 118 (139 ff.).

216 BVerfGE 115, 118, (161).

217 In diese Richtung argumentieren *Elsner/Schobert*, DVBl 2007, 278 (281).

bb) Der subjektive Zweck als Rechtfertigung (Rettungsfolter)

Obgleich die Beurteilung der Menschenwürderelevanz einer Handlung nach der Objektformel aus einer objektiven Betrachtung heraus zu erfolgen hat, wird neuerdings versucht, bestimmte Verletzungen der körperlichen Integrität aus dem Bereich der menschenwürderelevanten Integritätsverletzung auszuklammern bzw. ihnen eine gesonderte rechtliche Bewertung zukommen zu lassen, auch wenn durch sie das Opfer objektiv zu einem bloßen Mittel herabgesetzt wird. Angesprochen ist damit die Konstellation der Rettungsfolter, also die Misshandlung eines Menschen durch einen Amtsträger mit der Motivation der Erlangung von Informationen, die zur Rettung anderer, unschuldiger Menschen erforderlich sind. Die Frage, ob diese Konstellation als eine Verletzung der Menschenwürde dem Phänomen der Folter zugehörig ist oder nicht, ist eine wichtige Frage. Denn schließlich hat gerade diese Konstellation anlässlich des *„Fall Daschner"* und der Bedrohung durch den internationalen Terrorismus die Folterdebatte in Deutschland revitalisiert. Für eine Untersuchung der Gesamtphänomenologie der Folter ist es daher wichtig zu überprüfen, ob auch die Rettungsfolter als eine Verletzung der Menschenwürde dem Phänomen der Folter zugehörig ist, oder ob es sich um ein qualitatives *Aliud* handelt, das die Menschenwürde gerade nicht berührt.

Die Ursprünge der Überlegungen, zur Rettung von Menschenleben zu foltern, liegen noch nicht lange zurück. Bis in die zweite Hälfte des 20. Jh. hinein wurde die Folter ausschließlich als Mittel zur Geständniserzwingung im repressiven Strafverfahren, als so genannte „Inquisitionsfolter", verstanden.[218] Und eben jene Inquisitionsfolter war nach ihrer Abschaffung im 19. Jh.[219] zu einem absoluten Tabu geworden.[220] Sie galt nur noch in totalitären Staaten als existent.[221] Erst durch den angesichts der zunehmenden Bedrohung durch die Organisierte Kriminalität und den (internationalen) Terrorismus erfolgten Paradigmenwechsel von der Freiheit hin zur Sicherheit – dogmatisch dokumentiert durch die von *Isensee* bereits 1983 erhobene Forderung eines Grundrechts auf Sicherheit[222] –, sowie durch die Entkoppelung von der repressiven „Inquisition"

218 Die Bezeichnung als „Inquisitionsfolter" im Zusammenhang mit dem Strafverfahren mag in heutiger Zeit irritierend und anachronistisch anmuten, da der Begriff „Inquisition" Assoziationen mit der Bekämpfung von Ketzern durch die Kirche im Mittelalter erweckt. Im rechtsgeschichtlichen Sinne aber meint „Inquisition" nichts anderes als „öffentliche Untersuchung". Mit „Inquisitionsfolter" ist also die Folter zur Erlangung eines Geständnisses im Rahmen einer öffentlichen Untersuchung gemeint (*Baldauf*, Die Folter, S. 65).

219 Eine Übersicht zur Abschaffung der Folter in den deutschen Territorien findet sich bei *Baldauf*, Die Folter, S. 201.

220 Vgl. *Lüderssen*, FS-Rudolphi, S. 691 (693); *Hilgendorf*, JZ 2004, 331 (333).

221 *Lüderssen*, in: FS-Rudolphi, S. 691 (693); *Hilgendorf*, JZ 2004, 331 (333); *Franke*, in: Nitschke (Hrsg.), Rettungsfolter im modernen Rechtsstaat?, S. 51 (53).

222 *Isensee*, Das Grundrecht auf Sicherheit, 1983.

unter gleichzeitiger Hinwendung zum Gefahrenabwehrrecht, ist das Tabu der Folter ins Wanken geraten. *Kiesow* beschreibt die Wiederkehr der Debatte über die Folter in ihrer Gestalt als Rettungsfolter vor diesem Hintergrund ebenso zynisch wie treffend: „[…] nun […] klopft die Folter wieder an die Tür des Rechts und begehrt, eingelassen zu werden. Der unerwartete Gast hat sich fein gemacht, ist elegant gekleidet, hat sich die Hände mit exquisiter Seife gewaschen. Und er hat – wie es sich gehört – ein Mitbringsel dabei: seinen alten Kompagnon Wahrheit“[223].

Erstmals in Deutschland publik wurde das Phänomen der Rettungsfolter im Jahre 1976 als gedankliches Konstrukt in der Dissertationsschrift „Der Staat – Idee und Wirklichkeit“ von *Ernst Albrecht*. In dem Teil, der den idealen Staat beschreibt, unterscheidet *Albrecht* absolute Rechte und nicht absolute Rechte danach, dass es bei absoluten Rechten keine höheren Interessen geben könne, die einen Eingriff des Staates in die absoluten Rechte rechtfertigen, wohingegen Eingriffe in nicht absolute Rechte zum Schutze höherrangiger Interessen durchaus geboten sein könnten.[224] Die Folter zählt *Albrecht* zu den nicht absoluten Rechten und begründet dies damit, dass in den „ticking-bomb“-Fällen das sittliche Gebot bestehen *könne*, die Folter anzuwenden.[225] Den nächsten Impuls gab der Soziologe *Luhmann* 1992 mit einem Vortrag, unter dem Titel „Gibt es in unserer Gesellschaft noch unverzichtbare Normen?“.[226] Die Einleitung seines Vortrags bildete dabei das so genannte „ticking-bomb-Szenario“. Die Antwort auf die eingangs gestellte Frage ließ *Luhmann* bewusst offen. Rekurrierend auf *Luhmanns* Vortrag trat 1995 dann der Heidelberger Rechtsgelehrte und Rechtsphilosoph *Brugger* für die Rettungsfolter ein. *Brugger* hat seitdem die wohl prominenteste Apologie der Rettungsfolter entwickelt, die darin gipfelt, dass der Staat in manchen Situationen sogar zur Rettungsfolter greifen *müsse*.[227]

Wenngleich das Phänomen „Rettungsfolter“ also zwar schon seit einigen Jahren nicht ganz unbekannt war, verließ es doch den Horizont der theoretischen Wissenschaft so lange nicht und erschütterte auch die Rechts*realität* so lange nicht, bis im Jahre 2003 das Vorgehen des damaligen stellvertretenden Frankfurter Polizeipräsidenten *Daschner* bekannt wurde. Erst seit diesem Ereignis wird

---

223 *Kiesow*, Rechtsgeschichte 2003, 98 (106).

224 *E. Albrecht*, Der Staat, S. 172 f. Die Unterscheidung von absoluten und nicht absoluten Rechten hängt also nicht vom Rang des Rechtsguts ab, sondern vom Verhältnis der Staatstätigkeit. Es geht um die Reichweite der Einschränkung der Staatstätigkeit durch die Rechte.

225 *E. Albrecht*, Der Staat, S. 174. *E. Albrechts* Vorstellungen von der Zulässigkeit der Gefahrenabwehr lösten damals heftige Kritik aus und führten dazu, dass das Buch noch im selben Jahr in einer zweiten Auflage ohne die umstrittene Folterpassage erschien.

226 *Luhmann*, Gibt es in unserer Gesellschaft noch unverzichtbare Normen, 1993.

227 *Brugger*, VBlBW 1995, 414 f., 446 ff.; *ders.*, Der Staat 35 (1996), 67 ff.; *ders.*, JZ 2000, 165 ff.; *ders.*, in: Nitschke (Hrsg.), Rettungsfolter im modernen Rechtsstaat, S. 107 ff.

die Rettungsfolter umfangreich und vor allem ergebnisoffen diskutiert.[228] In der Rechtswissenschaft lässt sich die Tragweite der Auswirkungen dieses Ereignisses vor allem an einem Wandel in der Kommentarliteratur beobachten. So geht *Herdegen* in der Neukommentierung des Art. 1 GG der von *Maunz* und *Dürig* begründeten Grundgesetzkommentierung von der möglichen Zulässigkeit der Folter in der Konstellation der Rettungsfolter aus.[229] Auch *Starck* tritt in seiner Kommentierung des Art. 1 Abs. 1 GG für die Zulässigkeit der Rettungsfolter in einem eng umgrenzten Rahmen ein.[230] Und im Strafrecht hält *Kühl* in der Fortführung des von *Lackner* begründeten StGB-Kommentars eine Rechtfertigung in den Fällen der Rettungsfolter zumindest nicht für ausgeschlossen.[231]

(1) Ansätze zur Begründung eines qualitativen Unterschieds zwischen Rettungsfolter und Folter

Ausgehend von dem Zweck der Rettung von Menschenleben sind mannigfaltige Strategien entwickelt worden, um einen qualitativen Unterschied zwischen der Folter und der speziellen Konstellation der Rettungsfolter zu begründen. Überzeugen kann dies allerdings nur, wenn das für den Folterdiskurs zentrale Argument des Verstoßes gegen die Menschenwürde überwunden wird. Dies wird von den Apologeten der Rettungsfolter auf zweierlei Weise versucht: Zum einen wird vertreten, dass der mit der Misshandlung verfolgte Zweck der Lebensrettung dazu führe, dass die Menschenwürde bereits gar nicht tangiert sei (normimmanente Reduktion des Menschenwürdegehalts)[232] – dann kann genau genommen schon terminologisch gar nicht von Rettungs*folter* gesprochen werden[233] –, und zweitens wird angeführt, dass der Verstoß gegen die Menschenwürde, der immerhin als solcher konzediert wird, ausnahmsweise verfassungsrechtlich gerechtfertigt sei (interne Rechtfertigung der Menschenwürdeverletzung)[234]. Eine dritte, nicht aus der Verfassungsdogmatik stammende, der

228 Vgl. etwa *Trapp*, Folter oder selbstverschuldete Rettungsbefragung?, 2006; *Beestermöller/Brunkhorst* (Hrsg.): Rückkehr der Folter, 2006; *Gehl* (Hrsg.), Folter – Zulässiges Instrument im Strafrecht?, 2005; *Jerouschek*, JuS 2005, 296 ff.; *Herzberg*, JZ 2005, 321 ff.; *Lüderssen*, FS-Rudolphi, S. 691 ff.; *Saliger*, ZStW 116 (2004), 35 ff.; *Jahn*, KritV 2004, 24 ff.; *Hilgendorf*, JZ 2004, 331 ff.; *Gebauer*, NVwZ 2004, 1405 ff.; *Neuhaus*, GA 2004, 521 ff.; *Kretschmer*, RuP 2003, 102 ff.; *Kinzig*, ZStW 115 (2003), 791 ff.; *Jerouschek/Kölbel*, JZ 2003, 613 ff.; *W. Hecker*, KJ 2003, 210 ff.

229 *Herdegen*, in: Maunz/Dürig, GG (2005), Art. 1 Abs. 1 Rn. 45 ff.

230 *Starck*, in: v. Mangoldt/Klein/Starck, GG, Art. 1 Abs. 1 Rn. 79.

231 *Lackner/Kühl*, StGB, § 32 Rn. 17a.

232 *Herdegen*, in: Maunz/Dürig, GG (2005), Art. 1 Abs. 1 Rn. 43 ff.

233 Hier ist dann besser von einer Rettungs*befragung* unter Anwendung unmittelbaren Zwangs zu sprechen, vgl. insoweit etwa *Trapp*, Folter oder selbstverschuldete Rettungsbefragung?, 2006.

234 *Brugger*, VBlBW 1995, 414 f., 446 ff.; *ders.*, Der Staat 35 (1996), 67 ff.; *ders.*, JZ 2000, 165 ff.; *ders.*, in: Nitschke (Hrsg.), Rettungsfolter im modernen Rechtsstaat?,

Vollständigkeit aber gleichwohl zu diskutierende Möglichkeit zur qualitativen Unterscheidung zwischen Folter und Rettungsfolter bietet die differenzierende strafrechtliche Bewertung[235].

(a) Normimmanente Reduktion des Menschenwürdegehalts (Herdegen)

Eine Möglichkeit zur Ausklammerung der Konstellation der Rettungsfolter aus dem Gesamtphänomen der Folter liegt in der normimmanenten Reduktion des Menschenwürdegehalts. Diese Ansicht wird von *Herdegen* vertreten. *Herdegen* geht davon aus, dass die Anwendung unmittelbaren Zwangs durch Amtsträger zur Erlangung von Informationen, die für die Rettung von Menschenleben erforderlich sind, nicht zwangsläufig die Menschenwürde verletzt und daher auch nicht zwangsläufig als Folter einzustufen ist.[236] Konsequenterweise müsste sich *Herdegen* bereits gegen die Verwendung des Terminus „Rettungs*folter*" für diese Konstellation wenden und sie stattdessen etwa als „Rettungs*befragung*" unter Anwendung unmittelbaren Zwangs bezeichnen.[237]

Kennzeichnend für *Herdegens* Konzeption ist, dass er die Menschenwürde aus ihrer geistesgeschichtlichen Verankerung löst. Statt eines metaphysisch aufgeladenen Verständnisses macht er sich für eine Rationalisierung der Menschenwürde stark.[238] Die Menschenwürde, so seine Überzeugung, müsse so behandelt werden wie jede andere Verfassungsnorm auch.[239] Vor diesem Hintergrund unterteilt *Herdegen* die Menschenwürde in zwei Schichten, die jeweils unterschiedlich intensiven Schutz genießen sollen, und zwar zum einen den „Würdekern" und zum anderen den „Würdehof". Unantastbar soll nur der Würde*kern* sein, „dessen Verletzung rein gegenständlich-modal durch die Art der Behandlung in Abstraktion von weiteren Umständen begründet" werde.[240] Im Bereich des Begriffs*hofs* allerdings ergebe sich die Verletzung oder Nichtverletzung der Menschenwürde erst aus der Finalität der konkreten Maßnahme. Die Verletzung der Menschenwürde, so *Herdegen*, lasse sich hier nur unter Berücksichtigung der Umstände des Einzelfalls durch eine wertende Gesamtbetrachtung, *„eine bilanzierende Gesamtwürdigung"*, ermitteln.[241] Dies solle nicht etwa heißen, dass die Menschenwürde gegen andere Verfassungsgüter abgewogen werde. Vielmehr gehe es umgekehrt gerade darum, das Maß des Achtungs-

---

S. 107 ff.; *ders.*, APuZ 2006, 9 ff.; *H. Götz*, NJW 2005, 953 ff.; ähnlich *Wittreck*, DÖV 2003, 873 ff.

235 *Erb*, Jura 2005, S. 24 ff.; *ders.*, NStZ 2005, 593 ff.

236 *Herdegen*, in: Maunz/Dürig, GG (2005), Art. 1 Abs. 1 Rn. 45 ff.

237 Vgl. insoweit etwa *Trapp*, Folter oder selbstverschuldete Rettungsbefragung?, 2006.

238 *Hanschmann*, in: Brunkhorst/Beestermöller (Hrsg.), Rückkehr der Folter, S. 130 (131).

239 *Herdegen*, in: Maunz/Dürig, GG (2005), Art. 1 Abs. 1 Rn. 17.

240 *Herdegen*, in: Maunz/Dürig, GG (2005), Art. 1 Abs. 1, Rn. 43.

241 *Herdegen*, in: Maunz/Dürig, GG (2005), Art. 1 Abs. 1, Rn. 43 f.

anspruchs überhaupt erst zu ermitteln. Und dieser habe sich eben auch am Vorverhalten des Täters zu orientieren.[242]

Die Abhängigkeit des Begriffshofs von der Gesamtabwägung bildet für *Herdegen* das Einfallstor für die Relativierung des Folterverbots in den Fällen der präventiven Rettungsbefragung unter Anwendung unmittelbaren Zwangs. Seiner Ansicht nach kann die willensbeugende Gewalt eben nicht „in völliger Abstraktion vom intendierten Lebensschutz“ beurteilt werden.[243] Vielmehr müsse diese Intention bilanzierend berücksichtigt werden. Im Ergebnis soll danach auch die Möglichkeit bestehen, dass eine bilanzierende Gesamtwürdigung der willensbeugenden Gewalt und der finalen Ausrichtung auf die Rettung von Menschenleben zu dem Ergebnis kommt, dass eine Pflicht zur Achtung der Würde gerade nicht besteht, und dementsprechend auch kein Verstoß gegen die Achtungspflicht vorliegt.

Die Kritik an *Herdegen*s Auffassung liegt auf der Hand: Mit der Unterscheidung zwischen Begriffskern und Begriffshof, die sich dem Wortlaut des Art. 1 Abs. 1 GG in keiner Weise entnehmen lässt, durchbricht er das in (Verfassungs-) Rechtsprechung und Lehre vorherrschende Unabwägbarkeitsdogma, dass *jede* Beeinträchtigung zugleich auch eine Verletzung der Menschenwürde darstellt.[244] Die Behauptung, die Menschenwürde werde dadurch einer Abwägung nicht preisgegeben, sondern vielmehr überhaupt erst ermittelt, entpuppt sich vor diesem Hintergrund als eine „fadenscheinige dogmatische Akrobatik“.[245] Denn die als Konkretisierung etikettierte interne Relativierung der Menschenwürde führt zwangsläufig auch zu einer Relativierung der externen Unabdingbarkeit der Würde.[246] *Herdegens* Versuch, die Menschenwürde aus ihrem historischen und geistesgeschichtlichen Kontext zu lösen und zu einem allgemeinen Rechtsbegriff zu erklären, bleibt die Erklärung schuldig, nach welchen Kriterien die Verletzung der Menschenwürde letztlich zu beurteilen sein soll.[247] *Nolens volens* gibt *Herdegen* damit die Menschenwürde der Abwägung preis.

Doch selbst wenn man sich auf eine Trennung zwischen Begriffskern und Begriffshof einließe, bleibe immer noch die Frage, warum die Folter nicht dem Kern sondern dem Hof zugeordnet werden soll. Denn immerhin ist dic Folter eines der schwersten Menschenrechtsverbrechen, für das entsprechend enge und scharfe Regeln gelten.[248] Auch der *EGMR* stellt klar, dass selbst besondere Um-

---

242 *Herdegen*, in: Maunz/Dürig, GG (2005), Art. 1 Abs. 1, Rn. 45.

243 *Herdegen*, in: Maunz/Dürig, GG (2005), Art. 1 Abs. 1, Rn. 45.

244 *Hanschmann*, in: Beestermöller/Brunkhorst (Hrsg.), Rückkehr der Folter, S. 130 (133).

245 *Hanschmann*, in: Beestermöller/Brunkhorst (Hrsg.), Rückkehr der Folter, S. 130 (133).

246 *Böckenförde*, Die Würde des Menschen war unantastbar, in: FAZ vom 03.09.2003, S. 33.

247 *R. Marx*, KJ 2004, 278 (290).

248 Vgl. *Polzin*, Strafrechtliche Rechtfertigung der „Rettungsfolter“, S. 145.

stände, wie etwa die Bekämpfung des Terrorismus, Eingriffe in den Schutzbereich des Art. 3 EMRK nicht zu rechtfertigen vermögen.[249] Gleichwohl die Menschenwürdeverletzungswirkung durch die Folter in den Bereich des Begriffshofs zu verlagern, kann daher nur von dem Bestreben einer Abwägungsoffenheit getragen sein, die eine Berücksichtigung der Verfolgung des „guten" Zwecks ermöglicht.

(b) Interne Rechtfertigung der Verletzung der Menschenwürde (Brugger)

Eine weitere Möglichkeit, die Rettungsfolter aus dem Phänomenbereich der Folter auszuklammern, besteht darin, die Rettungsfolter zwar grundsätzlich als Angriff auf die Menschenwürde anzuerkennen und damit auch als Folter zu qualifizieren, diesen Angriff aber gleichwohl zu rechtfertigen.[250] Dies setzt allerdings eine Durchbrechung des Unantastbarkeits- und Unabwägbarkeitsdogmas der Menschenwürde voraus. Denn Unantastbarkeit ist schließlich nur durch den kategorischen Ausschluss einer möglichen Rechtfertigung etwaiger Eingriffe zu erlangen.

Der prominenteste Vertreter dieses Ansatzes ist *Brugger*. Davon ausgehend, dass die Verfassung dem Staat unter bestimmten Umständen die Anwendung unmittelbaren Zwangs nicht nur grundsätzlich erlaube, sondern dabei sogar so weit gehe, die Tötung von Menschen zu gestatten (= finaler Rettungsschuss), stelle es, so *Brugger*, unter bestimmten Voraussetzungen[251] einen Wertungswiderspruch dar, wenn gleichzeitig der gefahrenabwehrrechtlich motivierten Aussageerzwingung die Zulässigkeit versagt bleibe. Diesbezüglich bestehe in der Rechtsordnung eine Wertungslücke.[252] Zwar erkennt *Brugger* durchaus die strukturelle Andersartigkeit von Rettungsschuss und Rettungsfolter an[253], jedoch unterstellt er gleichwohl eine prinzipielle Vergleichbarkeit beider Konstellationen. Bei der Beurteilung der Folter, so *Brugger*, müsse Justitia beide Augen öffnen und auch die Belange der Opfer des zu Folternden angemessen berücksich-

---

249 *Selmouni ./. Frankreich*, Urt. des EGMR vom 28.07.1999, Z. 95.

250 *Brugger*, VBlBW 1995, 414 f., 446 ff.; *ders.*, Der Staat 35 (1996), 67 ff.; *ders.*, JZ 2000, 165 ff.; *ders.*, in: Nitschke (Hrsg.): Rettungsfolter im modernen Rechtsstaat?, S. 107 ff.; *ders.*, APuZ 2006, 9 ff.; *Wittreck*, DÖV 2003, 873 ff.; *H. Götz*, NJW 2005, 953 ff.

251 *Brugger*, JZ 2000, 165 (167) verlangt, dass (kumulativ) eine (1.) klare, (2.) unmittelbare, (3.) erhebliche Gefahr für (4.) das Leben oder die körperliche Integrität einer unschuldigen Person vorliegt, (5.) die Gefahr durch einen identifizierbaren Störer verursacht ist, (6.) der Störer die einzige Person ist, die die Gefahr beseitigen kann, indem er sich in die Grenzen des Rechts zurückbewegt, (7.) er dazu auch verpflichtet und (8.) die Anwendung körperlichen Zwangs das einzige erfolgversprechende Mittel zur Informationserlangung ist.

252 *Brugger*, JZ 2000, 165 (167 f.); *ders.*, Der Staat 35 (1996), 67 (74 ff.).

253 *Brugger*, Der Staat 35 (1996), 67 (77); *ders.*, VBlBW 1995, 446 (448).

tigen.[254] Immerhin sei deren Leben in Gefahr. Und da das Leben nach der Rechtsprechung des *BVerfG*[255] als die „vitale Basis der Würde" deren Voraussetzung sei, sei seine Schutzbedürftigkeit gleichermaßen hoch einzustufen.[256] Zudem sei in den in Rede stehenden Situationen ohnehin auch die Würde der Opfer des zu Folternden in Gefahr.[257] Insofern stünden sich das Leben bzw. die Integrität und die Würde des Opfers auf der einen und die Integrität und die Würde des zu Folternden auf der anderen Seite gleichgewichtig gegenüber, so dass den Staat gleichermaßen die Verpflichtung zur Achtung der Würde des Täters wie auch die Pflicht zum Schutz der Würde des Opfers treffe und er dementsprechend eine Abwägung zur Lösung dieser Kollision vornehmen müsse.[258] In dieser Abwägung könne nun aber keineswegs dem Verfassungstext ein Vorrangverhältnis dergestalt entnommen werden, dass die Achtungspflicht schwerer wiege als die Schutzpflicht.[259] Vielmehr sprächen die besseren Argumente – namentlich vor allem der Umstand, dass der zu Folternde sich selbst in die Situation gebracht habe, und es auch an ihm allein liege, diesen Zustand zu beenden – dafür, dass die Achtungspflicht im konkreten Fall weniger wiege als die Schutzpflicht.[260] Der unmittelbare Zwang ihm gegenüber diene nur dazu, ihn „in den ihm zustehenden Rechtsraum zurückzudrängen, den er eigenmächtig und in Verletzung individueller Rechte anderer überschritten" habe, so dass „kantisch gesprochen … der Zwang nur ausgeübt [werde], um den Freiheitsgebrauch aller wieder kompatibel zu machen"[261].

Der Ansatz *Bruggers* fordert gleich in mehrerlei Hinsicht zum Widerspruch heraus. Schon die Situation, auf der *Brugger* seine Argumentation aufbaut, nämlich das gleichzeitige Vorliegen der acht Voraussetzungen[262], ist problematisch. Nicht nur, dass Zweifel an der Justiziabilität und der hinreichenden Bestimmtheit dieser Merkmale anzumelden sind. Ein solches Szenario ist zudem auch in

254 *Brugger*, JZ 2000, 165 (169); *ders.*, in: Nitschke (Hrsg.), Rettungsfolter im modernen Rechtsstaat?, S. 107, (110 f.).

255 BVerfGE 39, 1 (42); 72, 105 (115); 109, 279 (311); 115, 118 (152).

256 *Brugger*, VBlBW 1995, 446 (450); *ders.*, Der Staat 35 (1996), 67 (79). *Kloepfer* in: Starck (Hrsg.), Bundesverfassungsgericht und Grundgesetz, Bd. 2, S. 405 (412); *Kloepfer*, in: Badura (Hrsg.): Festschrift 50 Jahre Bundesverfassungsgericht, Bd. 2, S. 77 ff., geht sogar noch einen Schritt weiter und sieht das Leben als das höchste Verfassungsgut an, und gewichtet seine Schutzbedürftigkeit schwerer als die der Menschenwürde.

257 *Brugger*, VBlBW 1995, 446 (450); *ders.*, Der Staat 35 (1996), 67 (79); *ders.*, in: Nitschke (Hrsg.), Rettungsfolter im modernen Rechtsstaat?, S. 107 (112); *ders.*, APuZ 2006, 9 (12).

258 *Brugger*, in: Nitschke (Hrsg.), Rettungsfolter im modernen Rechtsstaat?, S. 107 (112).

259 *Brugger*, VBlBW 1995, 446 (450); *ders.*, Der Staat 35 (1996), 67 (80).

260 *Brugger*, VBlBW 1995, 446 (450); *ders.*, JZ 2000, 165 (169). So auch *Starck*, in: v. Mangoldt/Klein/Starck, GG, Art. 1 Abs. 1 Rn. 79; *Wittreck*, DÖV 2003, 873 (879 ff.); *H. Götz*, NJW 2005, 953 (955 f.).

261 *Brugger*, JZ 2000, 165 (169).

262 S.o. Fn. 250.

höchstem Maße fiktiv.[263] *Inhaltlich* ist gegen seinen Ansatz vor allem anzuführen, dass *Bruggers* Ermittlung des Unrechtsgehalts nicht überzeugen kann. Seine These, die Rechtsgüter von Opfer und zu Folterndem seien gleichermaßen angegriffen, stützt er im Wesentlichen darauf, dass der Schutz des Lebens als ebenso schutzwürdig anzusehen sei wie die Menschenwürde. Das ist aber nicht der Fall. Denn das Leben ist zwar ein hoher Wert, aber nicht der Höchstwert der Verfassungsordnung.[264] Schließlich kennt das Recht auf Leben gemäß Art. 2 Abs. 2 S. 3 GG Einschränkungen, wohingegen die Würde „unantastbar" ist und damit keinen Beschränkungen unterliegt.[265] Kann demnach die interne Rechtfertigung der Antastung der Würde nicht auf den Schutz von Menschenleben gestützt werden, bleibt immer noch das von *Brugger* ebenfalls behauptete Patt zwischen der Würde des zu Folternden, die es zu achten gelte, und der Würde von dessen Opfern, die geschützt werden müsse. Doch auch in dieser Hinsicht vermag *Bruggers* Ansicht nicht zu überzeugen. Die drohende Verletzung der Würde des Opfers des zu Folternden wird bei *Brugger* letztlich nicht erläutert. *Brugger* unterscheidet nicht klar zwischen Menschenwürde und Leben. Vielmehr nimmt er eine Vermengung in der Weise vor, dass er eigentlich mit dem Lebensschutz argumentiert und die Würde nur als „Steigbügelhalter" ins Spiel bringt, „der dem Lebensrecht auf die gewünschte „Augenhöhe" mit der Würde des Täters [sc. des zu Folternden] verhilft"[266]. Und selbst wenn man trotz alledem im Anschluss daran davon ausginge, dass bei der Rettungsfolter tatsächlich sowohl die Würde des Opfers und des zu Folternden betroffen sind, müsste dennoch die von *Brugger* behauptete Gleichwertigkeit von Achtungs- und Schutzpflicht bestritten werden. Denn die Pflicht zur Achtung kann nur in einer einzigen Weise erfüllt werden, nämlich durch die Nichtvornahme einer (verletzenden) Handlung. Folglich ist die Achtungspflicht umgekehrt zwangsläufig verletzt, wenn der Staat handelt. Zur Erfüllung der Schutzpflicht stehen dagegen mehrere mögliche Handlungen zur Auswahl, wobei grundsätzlich der Staat die Entscheidung über die Verwendung der Mittel in eigener Verantwortung zu treffen hat.[267] Die Schutzpflicht ist vor diesem Hintergrund nur verletzt, wenn „Schutzvorkehrungen entweder überhaupt nicht … [getroffen] werden oder … offensichtlich die getroffenen Regelungen und Maßnahmen gänzlich ungeeignet oder völlig unzulänglich sind, das Schutzziel zu erreichen"[268].[269] Schon von da

263 *Schlink*, in: Grimm/Schlink/Brugger, HFR 2002 Beitrag 4, S. 6.

264 *Wilhelm*, in: Liebl (Hrsg.), Vernehmung in schwierigen Feldern, S. 91 (123). Vgl. auch *Saliger*, ZStW 116 (2004), 35 (46); *Kretschmer*, RuP 2003, 102 (108); *Ziegler*, KritV 2004, 50 (57).

265 *Schmidt-Jortzig*, DÖV 2001, 925 (926); *v. Bernstorff*, Der Staat 47 (2008), 21 (35 f.).

266 *Wittreck*, DÖV 2003, 873 (878).

267 Vgl. BVerfGE 46, 160 (164).

268 BVerfGE 77, 170 (215).

269 Aus den unterschiedlichen Anforderungen an die Einhaltung und Verwirklichung der Achtungs- und der Schutzpflicht wird zugleich deutlich, dass beiden Pflichten grund-

aus wird sich eine Kollision gleichwertiger Pflichten nur in den seltensten Fällen ergeben. Aber auch wenn nur noch ein einziges Mittel zur Erfüllung der Schutzpflicht zur Verfügung steht, würde schließlich dennoch die Achtungspflicht gewichtiger wiegen als die Schutzpflicht.[270] Denn die Achtungspflicht formuliert zugleich die Grenze der Schutzpflicht. Zur Erfüllung seiner Schutzpflichten darf der Staat sich nur solcher Maßnahmen bedienen, die mit der Verfassung in Einklang stehen.[271] Es gilt der Satz: Wozu der Staat nicht befugt ist, dazu kann er auch nicht verpflichtet sein.[272]

(c) Strafrechtliche Rechtfertigung der Folter (Erb)

Ein dritter Ansatz zur Privilegierung der Rettungsfolter gegenüber der (Inquisitions-) Folter liegt in der Trennung zwischen der verfassungsrechtlichen und der strafrechtlichen Beurteilung des Rettungsfolterverhaltens. Die Besonderheit dieses von *Erb* vertretenen[273] Ansatzes besteht darin, dass das verfassungsrechtliche Verbot der Folter und auch der Rettungsfolter nicht bestritten wird, sondern allein die Bestrafung des Rettungsfolterers entfallen soll. Es soll allein das Verhalten des Täters in der konkreten Situation in strafrechtlicher Hinsicht beurteilt werden.

Ausgangspunkt für dieses Konzept ist nach *Erb* das Notwehrrecht des § 32 StGB, das sowohl die Notwehr als auch die Nothilfe gegen gegenwärtige und rechtswidrige Angriffe erlaubt. *Erb* wendet sich damit gegen die ganz überwiegende Auffassung in der Literatur, die die Rechtfertigung der Folter durch einen Amtsträger unter Hinweis darauf ausschließt, dass jede Notwehr- und Nothilfehandlung zuletzt auch geboten sein müsse, was wiederum dann

---

sätzlich unterschiedliche Konstellationen zugrundeliegen. Während die Achtungspflicht im unmittelbaren Einflussbereich des Staats liegt, indem zu ihrer Verwirklichung dem Staat die Vorname bestimmter Handlungen untersagt ist, tritt im Rahmen der Wahrnehmung der Schutzpflicht eine dritte Person hinzu, von der Gefährdungen für die zu schützende Person ausgehen, die einen menschenwürdeverletzenden Zustand herbeizuführen drohen. In dieser Konstellation nimmt der Staat die Rolle eines mittelbaren „Mediators" ein, vgl. *v. Bernstorff*, Der Staat 47 (2008), 21 (34 f.). Zu Recht folgert *Classen*, DÖV 2009, 689 (694), aus dieser Differenzierung ein „unterschiedliche[s] Maß der staatlichen Verantwortung".

270 A.A. *Wittreck*, DÖV 2003, 873 (879 ff.); tendenziell auch *Merkel*, FS-Jakobs, S. 375 (398 ff.).

271 *Hermes*, Das Grundrecht auf Schutz von Leben und Gesundheit, S. 248; *Isensee*, Das Grundrecht auf Sicherheit, S. 46; *Roxin*, FS-Eser, S. 461 (466); *Merten*, JR 2003, 404 (407); *Wilhelm*, in: Liebl (Hrsg.), Vernehmung in schwierigen Feldern, S. 91 (115).

272 *Hermes*, Das Grundrecht auf Schutz von Leben und Gesundheit, S. 248; *Stübinger*, in: Institut für Kriminalwissenschaften Frankfurt a.M. (Hrsg.), Jenseits des rechtsstaatlichen Strafrechts, S. 277 (304). Ähnlich *Lübbe*, in: Lenzen (Hrsg.), Ist Folter erlaubt?, S. 67 (74): „Eine Würdeverletzung (…), die zu Recht geschieht, kann es nicht geben. Was zu recht geschieht, das verstößt nicht gegen die Menschenwürde."

273 *Erb*, Jura 2005, 24 ff.; *ders.*, NStZ 2005, 593 ff.

nicht der Fall sei, wenn die Rechtsordnung der Bewährung durch die Abwehr des Angriffs nicht bedürfe.[274] Mit Blick auf die absolute Pflicht zur Achtung der Menschenwürde wird von da aus ganz überwiegend[275] die Rechtfertigung eines die Würde des Opfers verletzenden Amtsträgers mit dem Argument abgelehnt, dass die Rechtsordnung eine Würdeverletzung durch einen Amtsträger unter keinen Umständen zulasse und die Rechtsordnung in diesem Fall nicht zu bewähren sei. Genau an dieser Stelle schlägt *Erb* einen anderen Weg ein. Grundlegend für seine Ansicht ist, dass der Amtsträger strafrechtlich nicht als Amtsträger sondern als Privatperson zu behandeln sein soll. *Erb* begründet dies damit, dass ein Bürger nicht unter Strafandrohung zur Einhaltung eines absoluten Prinzips verpflichtet sein könne, dem sich der Staat nur selbst unterworfen habe. Wenn staatliche Hilfe des Opfers gegen seinen Angreifer nicht zu erwarten sei, befänden sich Opfer, Angreifer und Nothelfer im „Naturzustand", nämlich in der Situation, als ob es keinen Staat gebe – denn schließlich habe der Staat ja nur sich selbst zum Verbot der Folter verpflichtet. [276] Werde der Nothelfer unter Strafandrohung davon abgehalten, Hilfe zu leisten, bedeute dies, so *Erb*, dass der Staat durch dieses Verbot dann aber die Verteidigung des Opfers vereitle und damit den Angreifer schütze.[277] Dies sei letztlich nicht anders zu bewerten als eine Beihilfe zum Angriff auf das Opfer, durch die der Staat sich in die Nähe eines Menschenrechtsverstoßes bringe[278]. Dabei sei es völlig unerheblich, ob der Nothelfer eine Privatperson oder ein Amtsträger sei. Die Auswirkung sei faktisch die gleiche.

An eben jener behaupteten Gleichartigkeit der Nothilfe durch einen Amtsträger und durch eine Privatperson muss die Kritik an *Erbs* Ansicht ansetzen. Die Amtsträgereigenschaft des Täters macht durchaus einen Unterschied. Der Grundgedanke der Notwehr ist nämlich, dass die Abwehr von Angriffen auf private Rechtsgüter grundsätzlich durch den Staat zu verfolgen hat und nur, aber auch nur dann durch den Bürger selbst vorgenommen werden darf, wenn staatliche Hilfe nicht rechtzeitig zu erwarten ist. Nicht gemeint ist aber, dass die Notwehr eingreift, wenn ein Handeln dem Staat von vornherein verboten und nur dem Bürger erlaubt ist.[279] Es gilt der Satz: „Was der Staat sich im Rahmen seines Gewaltmonopols versagt, tritt er nicht etwa an Private ab"[280]. In diesem Zusammenhang bleibt auch fraglich, wen oder was *Erb* meint, wenn er die Gültigkeit der Unterwerfung unter ein absolutes Prinzip nur für den Staat, nicht aber für die Bürger annimmt. Der Staat selbst, als Konstrukt, kann sich keinem Prin-

274 *Wessels/Beulke*, AT, Rn. 342.
275 Vgl. *Roxin*, AT I, § 15 Rn. 106 f. mw.N.
276 *Erb*, Jura 2005, 24 (27).
277 *Erb*, NStZ 2005, 593 (594).
278 *Erb*, NStZ 2005, 593 (594).
279 *Lüderssen*, FS-Rudolphi, S. 691 (705).
280 *Lüderssen*, FS-Rudolphi, S. 691 (705).

zip unterwerfen. Er kann nur seine Repräsentanten, die die ihm als Konstrukt übertragenen Aufgaben erfüllen, nämlich die Amtsträger in ihrer Funktion als Amtsträger zur Einhaltung der Achtungspflicht verpflichten. Dann aber bindet das Prinzip auch Bürger, nämlich diejenigen Bürger, die in der Funktion als Amtsträger handeln. Aus eben jener Funktion treten sie dann aber auch nicht plötzlich heraus, wenn sie in einer Situation handeln, in der faktisch hoheitliche Gewalt ausgeübt wird, etwa in einer polizeilichen oder strafprozessualen Befragung[281]. In diesem Zusammenhang trägt auch der Verweis auf den Naturzustand nicht. Denn die in Rede stehende Situation, nämlich die polizeiliche Vernehmung, wäre unter den Bedingungen des Naturzustands in aller Regel nicht zustande gekommen. Schon die Ermittlung und die Festnahme des Täters sind regelmäßig nur dem Staat aufgrund seines Ermittlungsapparats, nicht aber einer Privatperson möglich. Die Ermittlung und Festnahme als staatlichen Akt anzusehen, dann aber ab dem Zeitpunkt, ab dem man mit den Mitteln des Staats im Verhör nicht mehr weiter kommt, einen plötzlichen Verfall in den Naturzustand anzunehmen, ist daher inkonsequent. Ist die Entscheidung für ein staatliches Handeln gefallen, muss diese Entscheidung auch als solche bestehen und müssen die entsprechenden Vor- und Nachteile ertragen werden. Überdies riskiert *Erb* mit der Rechtfertigung der Rettungsfolter das wenig plausible Ergebnis, dass die Folter verfassungsrechtlich absolut verboten ist, ein Verstoß gegen dieses Verbot aber keine strafrechtlichen Konsequenzen nach sich zieht.

(2) Argumente für die Zugehörigkeit der Rettungsfolter zum Phänomenbereich der Folter

Die auf den ersten Blick überzeugende Wertung, dass es sich bei der Rettungsfolter um ein qualitatives *Aliud* zur Folter – verstanden im traditionellen Sinne als „Inquisitionsfolter" – handelt, und sie dementsprechend nicht zum Phänomen der Folter gehört, verfängt bei genauerem Hinsehen nicht. Die hierzu vorgetragenen Ansätze – namentlich vertreten von *Brugger*, *Herdegen* und *Erb* – können jedenfalls nicht überzeugend darlegen, dass sich der Unrechtsgehalt der Rettungsfolter von dem der Folter, nämlich der Verletzung der Pflicht zur Achtung der Menschenwürde, wesentlich unterscheidet. Von formal-dogmatischer Seite aus gesehen überrascht dieser Befund nicht. Denn der Umstand, dass der verfolgte Zweck ein „guter" ist, ändert schließlich nichts daran, dass eben ein Zweck verfolgt und dadurch der Betroffene zu einem bloßen Objekt – namentlich zu einem Informationsträger – verobjektiviert wird.

Allerdings soll es mit der Widerlegung der Ansätze von *Herdegen*, *Brugger* und *Erb* und dem formal-dogmatischen Argument nicht sein Bewenden haben. Die behauptete Wesensverschiedenheit von (Inquisitions-) Folter und Rettungsfolter lässt sich auch aus anderen Gründen bestreiten. Ausgangspunkt hierfür ist die Einsicht, dass die Stärke der Überzeugungskraft der Rettungsfolter im We-

281 *Roxin*, FS-Nehm, S. 205 (210).

sentlichen allein daraus folgt, dass sie das Mittel zur Befriedigung eines intuitiven Gerechtigkeitsbegehrens darstellt, indem sie in einer dramatisch zugespitzten Lage – etwa dem unmittelbar drohenden Tod des Entführungsopfers oder der Explosion einer von Terroristen gelegten Bombe – als die letzte Waffe aus dem gesamten Arsenal der Gefahrabwendungsmittel erscheint.[282] Die Gleichung, die dabei aufgemacht wird, ist – situationsbedingt – einfach: Dem Täter, der die Lage selbst verschuldet hat, müssen zur Rettung seiner unschuldigen Opfer Schmerzen zugefügt werden dürfen, da er selbst als Aggressor die Situation herbeigeführt hat und es an ihm liegt, diesen Zustand zu beenden. Eine solchermaßen aufgestellte Gleichung führt allerdings zu einer Verkürzung der Rettungsfolterproblematik, die zwangsläufig deren Dimension nicht hinreichend erfasst und in der Folge am Kern der Problematik vorbeigeht. Schon diese simple Codierung „gut/böse" verfängt nicht. Das vor allem aus dem Gefahrenabwehrrecht bekannte „Verantwortungsprinzip"[283], das dem „verantwortlichen Störer" erhöhte Eingriffsduldungspflichten auferlegt, kann auf den Bereich der menschenwürderelevanten Misshandlung nicht übertragen werden. Denn bei der Rettungsfolter geht es nicht (nur) um die Triade zwischen Staat, Entführer (= *verantwortlicher* Störer) und Entführungsopfer bzw. Staat, Terrorist und Terroropfer[284] – und erst recht nicht um die Dyade zwischen Täter und Opfer –, sondern auch und vor allem um die Auswirkungen des staatlichen Handelns auf die gesamte Gesellschaft.[285] Die Entscheidung zwischen „bösem Täter" und „gutem Opfer" erweist sich daher als die falsche Fragestellung. Versagt sich der Staat den Griff zur Misshandlung, dann tut er das nicht etwa, weil er dem Entführer den Vorrang vor dem Entführungsopfer oder dem Terrorist den Vorrang vor den Terroropfern einräumt,[286] sondern er tut es allein deshalb, weil – in fernwirkender Dimension – das gesellschaftliche Selbstverständnis, das der Staat zu repräsentieren hat, das Mittel der Folter verbietet.[287] Treffend formuliert dies die Verfassungsrichterin *Lübbe-Wolff*: Eine Rechtsordnung, die keine Möglichkeit der Rettungsfolter zulässt, „verschläft nicht die Möglichkeit eines Ausnahmezustands, sie weigert sich nur, für diesen Fall die Aufhebung ihrer selbst

282 *R. Marx*, KJ 2004, 278 (296).

283 Vgl. *Haurand/Vahle*, NVwZ 2003, 513 (514); *Merkel*, FS-Jakobs, S. 375 (390).

284 *Jerouschek/Kölbel*, JZ 2003, 613 (618).

285 Vgl. *Jerouschek/Kölbel*, JZ 2003, 613 (618); *R. Marx*, KJ 2004, 278 (301); *Brieskorn*, in: Brunkhorst/Beestermöller (Hrsg.), Rückkehr der Folter, S. 45 (50); *Ekardt*, Neue Justiz 2/2006, 64 (66).

286 Insoweit ist es der Sache nach unzutreffend, wenn *H. Götz*, NJW 2005, 953 (956 f.) von einer „Absolutierung des Rechts des Täters auf Schutz seiner Würde" spricht oder eine „ausschließlich täterschutzorientierte Interpretation des Art. 1 I GG" annimmt.

287 *Chr. Jäger*, FS-Herzberg, S. 539 (546), spricht in diesem Zusammenhang von der „Würde des Staates", die ein unbedingtes Festhalten am absoluten Folterverbot verlange.

anzubieten"[288]. Will man gleichwohl, ungeachtet der zu bedenkenden Auswirkungen auf das gesamtgesellschaftliche Selbstverständnis, der Rettungsfolter Vorschub leisten, ist der Weg zu einem Zwei-Klassen-Recht – strafrechtlich von *Jakobs* auf den Punkt gebracht: zu einer Unterscheidung zwischen „Bürger- und Feindstrafrecht"[289] – bereitet; der Boden des Rechtsstaats ist damit allerdings verlassen.

Bereits die verkürzte Argumentation mit dem Verantwortungsprinzip zeigt, dass die Rettungsfolter nicht bloß als situative Dramatik begriffen und beurteilt werden darf, sondern dass in die Gleichung auch weiterreichende Folgen integriert werden müssen, wenn man die Rettungsfolter als Mittel zur Gefahrabwendung ernst nimmt.[290] Es müssen dann abstrakte, bindende Maßstäbe benannt werden, nach denen sich das Ob und Wie des Einsatzes der Rettungsfolter zu richten haben. Ein Rechtsvakuum in dem Sinne „Gesetzliche Folter nein, aber in bestimmten Ausnahmen in bestimmten (irgendwie) Fällen doch!" ist in der Realität nicht tragbar. Wie aber, so die naheliegende Anschlussfrage, könnte eine solche Generalisierung aussehen? Dass eine strikte Eingrenzung nicht möglich ist, lässt sich wohl kaum bestreiten. Denn dass Folter – zu welchem Zweck und mit welcher Rechtfertigung auch immer – nicht maßvoll betrieben werden kann, sofern das Tor erst einmal aufgestoßen ist, zeigen gerade die „Leitlinien zu Verhörtechniken" des US-Militärs im Irak.[291] Es wäre ernsthaft eine Ausuferung der Folter, ein Dammbruch des Folterverbots zu befürchten.[292]

Letztlich entpuppt sich der Begriff „Rettungs-Folter" daher nach allem als ein gefährlicher Euphemismus[293], der nicht nur eine Abwägbarkeit zwischen Leben (= Lebensrettung) und Folter suggeriert, die so nicht möglich ist, sondern der zudem durch die besondere Betonung des „guten" Zwecks eine faktische Umkehr der Rechtfertigungslast zu bewirken droht, indem sich neuerdings scheinbar die Illegitimität der Folter gegenüber dem legitimen Zweck zu rechtfertigen hat und nicht anders herum.[294] Aus den genannten Gründen darf diesem

---

288 *Lübbe-Wolff*, zitiert nach: Heribert Prantl, Rettungsfoltern; Die Bewährung des Rechtsstaats in der Stunde der Not, Süddeutsche Zeitung 2004, S. 13.

289 S.o. Fn. 125.

290 Vgl. *Welsch*, BayVBl 2003, 481 (485); *Weßlau*, in: Paech/Rinken/Schefold/Weßlau (Hrsg.), Völkerrecht statt Machtpolitik, S. 390 (401 ff.).

291 *Poscher*, in: Beestermöller/Brunkhorst (Hrsg.), Rückkehr der Folter, S. 75 (84).

292 *Weßlau*, in: Paech/Rinken/Schefold/Weßlau (Hrsg.), Völkerrecht statt Machtpolitik, S. 390 (400 ff.); *Roxin*, FS-Nehm, S. 205 (215); *Poscher*, JZ 2004, 756 (760 ff.); *Bielefeldt*, APuZ 2006, 3 (5); *R. Marx*, KJ 2004, 278 (296); *Merkel*, FS-Jakobs, S. 375 (379 f.).

293 *Krasmann/Wehrheim*, MSchrKrim 2006, 265; vgl. auch *Günther*, in: Beestermöller/Brunkhorst (Hrsg.), Rückkehr der Folter, S. 101 (104).

294 In die gleiche Richtung geht die Analyse von *Ladeur/Augsberg*, Die Funktion der Menschenwürde im Verfassungsstaat, S. 37 ff., die in der induktiven Annäherung an die Diskussion über Folter und Menschenwürde vom zugespitzten Einzelfall aus bereits ei-

Weg aber nicht gefolgt werden. Es muss dabei bleiben: „Genauso wie die Tötung in Notwehr eine Tötung bleibt, so bleibt auch die Folter [...] zur Gefahrenabwehr [...] begrifflich Folter“[295].

3. Zusammenfassung

Davon ausgehend, dass der Kern der Phänomenologie der Folter in der Verletzung der Menschenwürde gesehen wird, hat eine allgemeine Betrachtung der Menschenwürde gezeigt, dass aus Art. 1 Abs. 1 GG kein subjektives Recht, sondern ein objektives, an den Staat adressiertes Postulat folgt, das diesen zur Achtung der Menschenwürde verpflichtet. Dies bedeutet nach der Objektformel, dass der Staat durch grundrechtsrelevante Eingriffe nicht die Subjektqualität des Betroffenen negieren und diesen damit zu einem bloßen Objekt herabsetzen darf. Den Anknüpfungspunkt für dieses Postulat bildet bei der Folter das Grundrecht auf körperliche Unversehrtheit, so dass von Folter dann zu sprechen ist, wenn durch die Verletzung der körperlichen Integrität zugleich die Subjektstellung des Betroffenen in Frage gestellt wird. Auf die besondere Schwere des Integritätsverletzungserfolgs kommt es dabei nicht an. Entscheidend ist stattdessen, dass der Integritätsverletzungserfolg durch die Anwendung von Gewalt gegen die Person des Betroffenen bewirkt wird. Und da es sich bei dem Menschenwürdegrundsatz um ein an den Staat adressiertes Postulat handelt, ist zwingend erforderlich, dass auf der Täterseite ein Amtsträger steht. Rein private Misshandlungen können dagegen mangels Menschenwürdeverletzung nicht den Unrechtsgehalt der Folter erfüllen. Zuletzt hat sich noch gezeigt, dass die subjektive Motivation des Täters, einen „guten“ Zweck zu verfolgen, die Qualifizierung einer Integritätsverletzung als Folter nicht verhindert, so dass auch die Rettungsfolter als Menschenwürdeverletzung Bestandteil des Gesamtphänomens der Folter ist.

II. Folter als Verletzung des Grundsatzes der Rechtsstaatlichkeit staatlichen Handelns

Neben der Menschenwürde tangiert die Folter auch den Grundsatz der Rechtsstaatlichkeit staatlichen Handelns.[296] Dies folgt zwangsläufig aus der Charakterisierung des Menschenwürdesatzes als ein allein an den Staat adressiertes Postulat. Denn durch die Verletzung der Menschenwürde *dis*qualifziert sich der folternde Staat als ein Unrechtsstaat (*Un*-Rechtsstaat) und kann nicht länger das Prädikat der „Rechtsstaatlichkeit“ für sich beanspruchen. Die Achtung der Menschenwürde verlangt naturgemäß die Konstruktion eines Staats als Rechtsstaat,

---

ne „Verfehlung der Fragestellung“ erblicken und zu Recht darauf hinweisen, dass das legislative Recht stets von Normalfall und nicht vom – auf sog. hard cases zugespitzten - Ausnahmefall her gedacht und konzipiert sein muss.

295 *Saliger*, ZStW 116 (2004), 35 (41).

296 S.o. Teil 1 Kapitel 1.

der sich zum rechtsstaatlichen Handeln gegenüber den Bürgern verpflichtet.[297] Nur im Rechtsstaat wird die Menschenwürde garantiert.[298] Damit kommt dem Aspekt der Rechtsstaatlichkeit auch und gerade für den Folterdiskurs eine wichtige Bedeutung zu. Um diesen Gedanken zu präzisieren, muss allerdings zunächst kurz darauf eingegangen werden, was sich überhaupt hinter dem Begriff des „Rechtsstaats" verbirgt.

1. Grundsatz der Rechtsstaatlichkeit staatlichen Handelns

Die Entwicklung des Rechtsstaatsprinzips, das heute überwiegend[299] hauptsächlich als in Art. 20 Abs. 3 GG verankert gesehen wird,[300] geht zurück auf die liberale Bewegung zu Beginn des 19. Jh.[301] Der Begriff „Rechtsstaat" explizierte damals die Abkehr vom voluntaristischen Machtstaat.[302] Ziel war es, dem Souverän bei der Ausübung seiner Macht Schranken zu setzen.[303] Es ging um die Sicherung der bürgerlichen Freiheit.[304] Hierzu wurden rein formale Garantien wie die Gewaltenteilung, die Bindung von Justiz und Verwaltung an das Gesetz, das Erfordernis einer gesetzlichen Ermächtigung für Eingriffe in die Freiheits- oder Eigentumssphäre der Bürger und die Möglichkeit der gerichtlichen Kontrolle des Handelns der Exekutive entwickelt (= *formelles* Rechtsstaatsverständnis).[305] Dadurch sollte gewährleistet werden, dass die Staatsmacht nicht mehr ist als die Instanz zur stellvertretenden Wahrnehmung der Interessen der Bürger, die - im Gegensatz zur Selbstjustiz - ein gewisses Maß an Neutralität besitzt. Es sollte verhindert werden, dass die Bürger, für die und durch die der Staat existiert, durch die Übertragung der Gewalt zur Durchsetzung ihrer Interessen auf den Staat schlechter gestellt sind als sie es sonst wären. Allerdings zeigten vor allem die schrecklichen Erfahrungen mit dem Unrecht im Nationalsozialismus in Deutschland, dass allein formale Prinzipien wegen der Gefahr ihrer Instrumentalisierung keinen hinreichenden Schutz vor staatlicher Willkür zu bieten vermögen. Als Reaktion auf das nationalsozialistische Unrecht wurde der Begriff der Rechtsstaatlichkeit bei der Entwicklung des Grundgesetzes daher um

297 So auch ganz deutlich, weil schon im Titel zum Ausdruck bringend: *Enders*, die Würde des Rechtsstaats liegt in der Würde des Menschen – Das absolute Verbot staatlicher Folter, in: Nitschke (Hrsg.), Rettungsfolter im modernen Rechtsstaat?, S. 133 ff.

298 Vgl. *Stübinger*, in: Institut für Kriminalwissenschaften (Hrsg.), Jenseits des rechtsstaatlichen Strafrechts, S. 277 (279).

299 Vgl. BVerfGE 92, 365 (409); 93, 99 (107); 95, 64 (82).

300 Die verfassungsrechtliche Grundlage ist unklar. Vgl. zu diesem Problemkreis *Maurer*, Staatsrecht I, § 8 Rn. 4 m.w.N.

301 *Stern*, Staatsrecht I, § 20 I 2 b).

302 *Vesting*, in: Kokott/Vesting (Hrsg.), Die Staatsrechtslehre und die Veränderung ihres Gegenstands, S. 41 (43).

303 *Degenhart*, Staatsrecht I, Rn. 257.

304 *Degenhart*, Staatsrecht I, Rn. 257.

305 *Stern*, Staatsrecht I, § 20 I 2.

materielle, den Staat zur Gewährleistung und Verwirklichung inhaltlicher Werte verpflichtende Elemente erweitert. Ausdruck fanden und finden diese Werte vor allem durch die Grundrechte und die in ihnen inkorporierten Menschenrechte,[306] wobei die Menschenwürde in Art. 1 Abs. 1 GG eine besondere Rolle einnimmt, indem sie als – nach Art. 79 Abs. 3 GG mit einer „Ewigkeitsgarantie" versehener – unverbrüchlicher Kern der Rechtsstaatlichkeit den staatlichen Aufgaben in jeder Situation vorgeordnet ist und diese wenigstens mittelbar beeinflusst[307] (= *materielles* Rechtsstaatsverständnis). Im Gegensatz zum formellen Rechtsstaat zeichnet sich der materielle Rechtsstaat mithin dadurch aus, dass die Freiheit aktiv durch die Umsetzung inhaltlicher Werte gesichert werden soll. Entsprechend der Materialisierung ist das heutige Rechtsstaatsverständnis der Bundesrepublik Deutschland ein gemischt formell-materielles. Beide Elemente wirken als dialektische Einheit zusammen.[308] Rechtsstaatlichkeit staatlichen Handelns bedeutet danach, „dass die Ausübung staatlicher Macht nur auf der Grundlage der Verfassung und von formell und materiell verfassungsmäßig erlassenen Gesetzen mit dem Ziel der Gewährleistung von Menschenwürde, Freiheit, Gerechtigkeit und Rechtssicherheit zulässig ist"[309].

2. Verletzung des Grundsatzes der Rechtsstaatlichkeit staatlichen Handelns durch die Folter

Vor diesem Hintergrund erweist sich die Anwendung oder Androhung von Folter als ein Verstoß gegen den Grundsatz der Rechtsstaatlichkeit staatlichen Handelns. Denn ein Staat ist nach alledem nur dann ein Rechtsstaat, solange er nicht von allen Mitteln Gebrauch macht, die ihm kraft seines Gewaltmonopols faktisch zur Verfügung stehen, sondern er in der Menschenwürde seine absolute Grenze anerkennt. Dementsprechend ist der Grundsatz der Rechtsstaatlichkeit verletzt, wenn der Staat sich über eben jene Grenze hinwegsetzt. Das ist vor allem dann der Fall, wenn das hoheitliche Handeln sich nicht mehr am positiven Recht, und zwar insbesondere am Verfassungsrecht, orientiert, sondern andere Maßstäbe, etwa Nützlichkeitserwägungen, zur Handlungsgrundlage gemacht werden.[310] Und eben dies ist bei der Folter der Fall, und zwar unabhängig davon, zu welchem Zweck sie erfolgt. Durch die Folter wird die Rechtsfähigkeit des Bürgers negiert. Das Charakteristikum eines Rechtsstaats, dass nämlich dem Bürger „stets ein Minimum an Resistenzmöglichkeit" gegen das staatliche

306 *Stern*, Staatsrecht I, § 20 IV 2 a); *Bielefeldt*, in: Nitschke (Hrsg.), Rettungsfolter im modernen Rechtsstaat?, S. 95 (106); *Degenhart*, Staatsrecht I, Rn. 258.

307 *Schmidt-Aßmann*, in: Isensee/Kirchhof (Hrsg.), Handbuch des Staatsrechts, Bd II, § 26, Rn. 30.

308 *Šarčević*, Der Rechtsstaat, S. 302.

309 *Stern*, Staatsrecht I, § 20 III 3.

310 *Enders*, in: Nitschke (Hrsg.), Rettungsfolter im modernen Rechtsstaat?, S. 133 (136).

Handeln verbleiben muss, wird bei der Folter dispensiert.[311] Auch wenn es, wie bei der Rettungsfolter, „nützlich" wäre, ja sogar moralisch nachvollziehbar und vertretbar sein mag, darf der Staat gleichwohl nicht allein ergebnisorientiert denken und handeln. Es ist vielmehr Ausdruck der Stärke des Rechtsstaats, dass der Zweck eben nicht die Mittel heiligt. Oder anders gewendet: Es ist gerade Ausdruck des Rechtsstaats, dass die Beziehung zwischen Staat und Bürger eine kommunikative ist, in der der Staat den Bürger als gleichberechtigten Interaktionspartner ernst nimmt.[312] Wird diese Grenze aber, wie bei der Folter, überschritten, wandelt sich die kommunikative Beziehung in eine mechanische.[313] Der Boden der Rechtsstaatlichkeit ist dann verlassen.

III. Zusammenfassung

Die vorangegangenen Ausführungen haben gezeigt, dass im Zentrum der Phänomenologie der Folter die Verletzung der Menschenwürde steht. Da die Menschenwürde als solche aber ein Abstraktum ist, und auch das aus ihr folgende, an den Staat adressierte Postulat der absoluten Pflicht zur Achtung der Menschenwürde, welches dem Staat verbietet, einen Menschen zum bloßen Objekt zu degradieren, keine subjektiv-rechtliche Gewährleistung bildet, an die konkrete rechtliche Regelungen und Folgen angeknüpft werden können, muss die Menschenwürde - d.h. genauer: das Postulat der Pflicht zur Achtung der Menschenwürde - zur Manifestation an eine konkrete, greifbare Individualgewährleistung angeseilt werden. Diesen Referenzpunkt bildet bei der Folter das Individualgrundrecht der körperlichen Integrität. Denn die Folter ist notwendig mit einem Eingriff in die Körperintegrität des Opfers verbunden. Entgegen der in den völkerrechtlichen Folterverboten aus Gründen der Stigmatisierung getroffenen Unterscheidung zwischen mehreren Misshandlungsformen anhand der Schwere der Integritätsverletzung ist aber nicht ein besonders intensiver Integritätsverletzungs*erfolg* notwendig. Denn nicht nur, dass eine solche erfolgsbezogene Differenzierung mangels klarer Konturen schlechterdings nicht möglich ist, ist sie mit Blick auf den phänomenologischen Kern der Folter als einer Verletzung der Menschenwürde zudem auch nicht erforderlich. Eine Eingrenzung kann stattdessen über die Integritätsverletzungs*handlung*, d.h. über die Art und Weise der Beibringung der Körperverletzung, erreicht werden. Die für die Folter erforderliche Integritätsverletzung findet in diesem Zusammenhang als „Gewalt gegen die Person des Betroffenen" Ausdruck, wobei die Androhung von Gewalt eingeschlossen wird. Aus dem Charakter des Menschenwürdegrundsatzes als ein an den Staat adressiertes Postulat folgt darüber hinaus, dass als Täter der Folter überhaupt nur Amtsträger in Betracht kommen können. Zumindest muss eine mittelbare Verantwortlichkeit eines Amtsträgers für eine als Folter zu qualifi-

311 *Reemtsma*, in: Beestermöller/Brunkhorst (Hrsg.), Rückkehr der Folter, S. 69 (72).
312 *Maihold*, HFR 2004, Beitrag 11, S. 2.
313 *Spirakos*, Folter als Problem des Strafrechts, S. 12.

zierende Misshandlung bestehen. Weiterhin muss der Betroffene, dem Postulat der Pflicht zur Achtung der Menschenwürde entsprechend, durch die Verletzung der Körperintegrität zu einem Objekt degradiert werden, d.h. er muss als bloßes Mittel zur Erreichung eines bestimmten Zwecks missbraucht werden. Ob dies der Fall ist, ist letztlich – anders als in der Folterdefintion des Art. 1 Abs. 1 FoK, die insoweit eine entsprechende (subjektive) Absicht des Täters verlangt – aus einer objektiven Perspektive zu beurteilen. Gerade durch diesen Aspekt kann die Folter gegen ähnliche Phänomene abgegrenzt werden, etwa gegen den sog. finalen Rettungsschuss oder den Abschuss eines Passagierflugzeugs, das als Mittel eines terroristischen Anschlags eingesetzt werden soll. Und da die Motivation des Täters für die Frage der Qualifizierung einer Misshandlung als Folter keine entscheidende Rolle spielt, sondern für die Beurteilung der Verobjektivierung des Opfers allein auf die objektive Betrachtung abzustellen ist, ist auch die sog. Rettungsfolter als Folter anzusehen. Denn auch in dieser Konstellation wird der Betroffene zu einem Mittel, nämlich einem bloßen Informationsträger, herabgesetzt.

Vor dem Hintergrund dieser Ergebnisse kann Folter daher allgemein beschrieben werden als die Verletzung des Grundsatzes der Verpflichtung zur Achtung der Menschenwürde durch die Anwendung oder Androhung von Gewalt gegen eine Person, die von einem Amtsträger vorgenommen, veranlasst oder zumindest geduldet wird.

Teil 2: Pönalisierung der Folter *de lege lata*

Nachdem in Teil 1 mit der Vergewisserung über die Phänomenologie der Folter herausgearbeitet worden ist, *was* als Pönalisierungs*gegenstand* im Fokus der strafgesetzgeberischen Untersuchung steht, soll nun überprüft werden, inwieweit dieses solchermaßen bestimmte Phänomen der Folter aktuell unter Strafe gestellt ist, und wo diesbezüglich eventuelle Strafbarkeitslücken bestehen. Da die Folter ein universelles Phänomen ist, lohnt es sich, neben der nationalen Strafgesetzeslage auch einen kurzen rechtsvergleichenden Blick auf die Pönalisierung der Folter in anderen Staaten zu richten.

Kapitel 1: Pönalisierung der Folter im StGB

Die Pönalisierung von Verhaltensweisen findet Ausdruck in den Tatbeständen des Besonderen Teils des StGB. *Jescheck* und *Weigend* stellen insoweit fest: „Der Tatbestand der strafbaren Handlung entsteht durch die Zusammenfassung der den Unrechtsgehalt der betreffenden Deliktsart begründenden Merkmale. Die Bausteine des Tatbestands sind das Rechtsgut, das Handlungsobjekt, der Täter, die Handlung und der Erfolg, jeweils mit ihren sie näher kennzeichnenden Merkmalen“[314].

Im Anschluss an diese Formulierung und entsprechend der bereits im Rahmen der phänomenologischen Untersuchung in Teil 1 vorgenommenen Differenzierung zwischen dem materiellen Unrechtsgehalt und den zur äußeren Beschreibung verwendeten begrifflichen Merkmalen unter gleichzeitiger Berücksichtigung der interdependenten Wechselbeziehung dieser beiden Aspekte liegt die Funktion des Tatbestands darin, den hinter ihm stehenden Unrechtsgehalt durch die entsprechende Verwendung der diesen Unrechtsgehalt kennzeichnenden Merkmale zum Ausdruck zu bringen. Den Referenzpunkt für den strafrechtlichen Unrechtsgehalt bildet dabei nach überwiegender Auffassung die Lehre vom Rechtsgüterschutz,[315] so dass durch den Tatbestand schließlich die deliktsspezifische Beeinträchtigung eines Rechtsguts durch das im Tatbestand mittels der dort verwendeten Tatbestandsmerkmale beschriebene Verhalten zum Ausdruck gebracht wird (*de lege lata*) bzw. zu bringen ist (*de lege ferenda*).[316] Demzufolge muss bei der anschließenden Untersuchung der Pönalisierung der Folter *de lege lata* sowohl auf die Rechtsgüterschutzrichtung der einschlägigen Tatbestände als auch auf die zur Beschreibung verwendeten äußeren Tatbestandsmerkmale eingegangen werden. Von einer hinreichenden Pönalisierung der Folter kann vor diesem Hintergrund nur dann gesprochen werden, wenn ein

---

314 *Jescheck/Weigend*, AT, S. 256.

315 Vgl. *Roxin*, AT I, § 2 Rn. 1 ff. m.w.N.

316 Vgl. zum Gedanken des Rechtsgüterschutzes im Strafrecht unten Teil 3 Kapitel 2 I. 1.

Tatbestand das phänotypische äußere Folterverhalten beschreibt, und dabei zugleich auch den speziellen Unrechtsgehalt der Folter zum Ausdruck bringt.

Als für die Pönalisierung der Folter einschlägige Tatbestände des Besonderen Teils des StGB kommen die Aussageerpressung (§ 343 StGB), die Körperverletzung im Amt (§ 340 StGB) und die Nötigung in besonders schwerem Fall (§ 240 Abs. 1, 2, 4 Nr. 3 StGB) in Betracht.

I. Aussageerpressung (§ 343 StGB)

Bei § 343 StGB handelt es sich um denjenigen Tatbestand, der dem Phänomen der Folter im dargelegten Sinne am nächsten kommt. Gemäß § 343 StGB wird bestraft,

> „wer als Amtsträger, der zur Mitwirkung an (1.) einem Strafverfahren, einem Verfahren zur Anordnung einer behördlichen Verwahrung (2.) einem Bußgeldverfahren oder (3.) einem Disziplinarverfahren oder einem ehrengerichtlichen oder berufsgerichtlichen Verfahren berufen ist, einen anderen körperlich misshandelt, gegen ihn sonst Gewalt anwendet, ihm Gewalt androht oder ihn seelisch quält, um ihn zu nötigen, in dem Verfahren etwas auszusagen oder zu erklären oder dies zu unterlassen."

1. Rechtsgüterschutz

Für ein besseres Verständnis der Rechtsgüterschutzrichtung des § 343 StGB ist es hilfreich, zuerst kurz auf die allgemeinen Grundsätze des Rechtsgüterschutzes bei Amtsdelikten einzugehen.

a) Rechtsgüterschutz der Amtsdelikte

Allen Amtsdelikten des 30. Abschnitts des StGB, d.h. denjenigen Delikten, bei denen notwendig ein Amtsträger (oder eine ihm gleichgestellte amtsnahe Person) beteiligt sein muss,[317] ist gemein, dass sie wegen ihres hoheitlichen Charakters einen überindividuellen, kollektiven Unrechtsgehalt aufweisen. Da aber die einzelnen Amtsdelikte in unterschiedlichen Zusammenhängen des Amtshandelns stehen und ihnen dementsprechend auch unterschiedliche Funktionen zugeschrieben werden, sind die Versuche ihrer Homogenisierung durch die Festlegung eines einheitlichen Kollektivrechtsguts aller Amtsdelikte zum Scheitern verurteilt.[318] Zwar nehmen alle Amtsdelikte Rekurs auf einen gemeinsamen Topos, den man, auf den kleinsten gemeinsamen Nenner gebracht, als „Ordnungsgemäßheit der Amtsführung"[319] bezeichnen kann. Was aber damit genau gemeint ist, hängt von den jeweiligen Kontexten und Ausrichtungen der unterschiedlichen Tatbestände ab.

Ferner schützen nicht alle Amtsdelikte allein die kollektive „Ordnungsgemäßheit der Amtsführung" (in der je nach Tatbestand konkretisierten Form),

317 *Heinrich*, Der Amtsträgerbegriff im Strafrecht, S. 172 f.

318 Ausführlich dazu *Heinrich*, Der Amtsträgerbegriff im Strafrecht, S. 219 ff.

319 *Jescheck*, in: LK-StGB, Vor § 331 Rn. 8.

sondern darüber hinaus teilweise auch Individualrechtsgüter des konkret durch die „nicht ordnungsgemäße Amtsführung" betroffenen Bürgers. Beide Schutzdimensionen können also in einem Tatbestand zusammenfallen. Dann stellt sich die Frage nach dem Konkurrenzverhältnis der beiden Rechtsgüterschutzrichtungen. Für die Aufklärung dieses Verhältnisses ist von Bedeutung, ob es sich bei dem konkreten Tatbestand um ein echtes oder unechtes Amtsdelikt handelt. *Echte* Amtsdelikte sind solche, bei denen nur ein Amtsträger Täter sein kann, so dass die Amtsträgereigenschaft strafbegründende Wirkung hat[320], z.B. Vorteilsannahme (§ 331 StGB), Bestechlichkeit (§ 332 StGB) oder Rechtsbeugung (§ 339 StGB). *Unechte* Amtsdelikte verkörpern dagegen ein Unrecht, das nicht an hoheitliche Befugnisse gebunden ist, sondern das von jedermann verwirklicht werden kann, so dass bei einem entsprechenden Verhalten eines Amtsträgers die Amtsträgereigenschaft nicht etwa strafbegründend wirkt, sondern „nur" strafschärfend.[321] Ein Beispiel hierfür ist die Körperverletzung im Amt (§ 340 StGB), die als „einfache" Körperverletzung für jedermann gemäß §§ 223 ff. StGB strafbar ist. Im Gegensatz zu den echten Amtsdelikten resultiert das Unrecht der unechten Amtsdelikte nicht originär aus dem Bezug zur Staatstätigkeit, sondern aus dem Unrecht des für jedermann verwirklichbaren Grunddelikts. Durch die Amtsträgereigenschaft des Täters wird dieses Grunddelikt bloß um ein weiteres Unrechtselement erweitert. Für das Konkurrenzverhältnis von überindividueller und individueller Schutzrichtung lässt sich nun zwar nicht die Regel aufstellen, dass bei echten Amtsdelikten immer automatisch auch der Schutz des überindividuellen Rechtsguts dem des individuellen übergeordnet ist.[322] Primär besagt die Echtheit nur, dass die Amtsträgereigenschaft des Täters ein strafbegründendes Merkmal ist.[323] Andererseits gilt es aber zu bedenken, dass es bei den echten Amtsdelikten keinen Grund(unrechts)tatbestand gibt, auf den das Amtsdelikt aufbaut, so dass zwangsläufig auch die Unrechtscharakteristik des echten Amtsdelikts überwiegend an den Aspekt des Staatsbezugs gebunden sein muss. Zumindest eine Indizwirkung für den Vorrang der überindividuellen Rechtsgüterschutzrichtung wird sich mithin kaum bestreiten lassen.

---

320 *Heine*, in: Schönke/Schröder, StGB Vorbem §§ 331 ff. Rn. 7; *Rudolphi/Stein*, in: SK-StGB, Vor § 331 Rn 4; *Lackner/Kühl*, StGB, Vor § 331 Rn. 2, *Fischer*, StGB, Vorbemerkungen zum 30. Abschnitt Rn. 2; *Heinrich*, Der Amtsträgerbegriff im Strafrecht, S. 179 f.

321 *Heine*, in: Schönke/Schröder, StGB, Vorbem §§ 331 ff. Rn. 8; *Stein*, in: SK-StGB, Vor § 331 Rn. 4; *Lackner/Kühl*, Vor § 331 Rn. 2, Fischer, StGB, Vorbemerkungen zum 30. Abschnitt Rn. 2.

322 Vgl. *Kuhlen*, in: NK-StGB, § 343 Rn. 3.

323 Unmittelbare Auswirkungen hat dies in erster Linie für mögliche Beteiligungen an der Tat (vgl. *Rudolphi*, in: SK-StGB, vor § 331 Rn. 4; *Jescheck*, in: LK-StGB, vor § 331 Rn. 11 f.).

b) Rechtsgüterschutz des § 343 StGB

Bei § 343 StGB handelt es sich nach überwiegender Auffassung um ein *echtes* Amtsdelikt[324] mit dualer Schutzrichtung.[325] Neben der von allen Amtsdelikten erfassten, allgemein als Ordnungsgemäßheit der Amtsführung bezeichneten Schutzrichtung sollen auch die Individualrechtsgüter der körperlichen Integrität und der Willens(entschließungs)freiheit des Tatbetroffenen geschützt werden. Fraglich ist allerdings zum einen, was genau mit „Ordnungsgemäßheit der Amtsführung" im konkreten Zusammenhang mit der Aussageerpressung gemeint ist, sowie zum anderen das Rangfolgeverhältnis zwischen der überindividuellen und der individuellen Schutzrichtung.

aa) „Ordnungsgemäßheit der Amtsführung" im Kontext der Aussageerpressung

Die allgemein als „Ordnungsgemäßheit der Amtsführung" bezeichnete überindividuelle Schutzrichtung der Amtsdelikte wird für die Aussageerpressung überwiegend dahingehend konkretisiert, dass § 343 StGB die *Rechtspflege* davor bewahren soll, die Rechtsordnung mit gesetzeswidrigen Vernehmungsmethoden durchzusetzen.[326] Die Strafbewehrung der Aussageerpressung soll Übergriffen von Amtsträgern in staatlichen Verfahren strafrechtlich entgegenwirken und den ordnungsgemäßen Ablauf des Verfahrens absichern. Diese Idee der Bekämpfung staatlicher Machtexzesse durch die Zusicherung von Verfahrensgarantien ist ein Wesensmerkmal des Rechtsstaats. Die Strafbarkeit der Aussageerpressung ist daher eng mit der Idee des Rechtsstaats verknüpft.[327] Dementsprechend konkretisiert *Amelung* § 343 StGB hinsichtlich seiner Schutzrichtung auch zu einem „Rechtsstaatsdelikt", durch das „fundamentale rechtsstaatliche Verfahrensweisen" geschützt werden.[328] Auch *Wagner* sieht die Rechtsstaatlichkeit als ein durch § 343 geschütztes Rechtsgut an.[329] In der Lite-

324 Vgl. *Jescheck*, in: LK-StGB, § 343 Rn. 1; *Kuhlen*, in: NK-StGB, § 343 Rn. 18; *Horn/Wolters*, in: SK-StGB, § 343 Rn. 2; *Fischer*, StGB, § 343 Rn. 1. Nach anderer Ansicht, die davon ausgeht, dass die Aussageerpressung einen Spezialfall der (versuchten) Nötigung (§ 240 StGB) darstelle, handelt es sich bei § 343 StGB um ein unechtes Amtsdelikt (vgl. hierzu *Cramer/Sternberg-Lieben*, in: Schönke/Schröder, StGB, § 343 Rn. 1; *Lackner/Kühl*, § 343 Rn. 1; *Voßen*, in: MünchKomm-StGB, § 343 Rn. 3; *Rogall*, FS-Rudolphi, S. 511 (532)). Dies kann allerdings angesichts der Abweichungen des § 343 StGB von § 240 StGB – teilweise ist § 343 StGB weiter gefasst, teilweise aber auch enger – sowie in Ansehung der hohen Strafandrohung nicht überzeugen (vgl. *Horn/Wolters*, in: SK-StGB, § 343 Rn. 2).

325 *Jescheck*, in: LK-StGB, § 343 Rn. 1; *Kuhlen*, in: NK-StGB, § 343 Rn. 3 m.w.N.; a.A. *Geppert*, Jura 1981, 78 (81), der allein auf die Rechtspflege abstellt.

326 *Jescheck*, in: LK-StGB, § 343 Rn. 1; *Horn/Wolters*, in; SK-StGB, § 343 Rn. 2.

327 *Horn/Wolters*, in: SK-StGB, § 343 Rn. 2; *Rogall*, FS-Rudolphi, S. 511 (527).

328 *Amelung*, FS-Dünnebier, S. 487 (513); ähnlich *Wiedemann*, Die Aussagenerpressung § 343 StGB, S. 17.

329 *Wagner*, Amtsverbrechen, S. 178.

ratur wird die Anerkennung der Rechtsstaatlichkeit als durch § 343 StGB geschütztes Rechtsgut jedoch überwiegend wegen des (zu) hohen Abstraktionsgrades der Rechtsstaatlichkeit abgelehnt.[330] Zwar wird der rechtsstaatliche Kontext der Norm betont, als konkretes kollektives Rechtsgut wird indes nicht die Rechtsstaatlichkeit, sondern die „Rechtspflege"[331] bzw. – wegen des repressiven Zuschnitts der Norm[332] – genauer: die *Straf*rechtspflege[333] angesehen.

bb) Vorrang der überindividuellen Schutzrichtung

Es bleibt die Frage nach dem Rangverhältnis zwischen dem kollektiven amtsbezogenen Schutz der Rechtspflege und den ebenfalls geschützten Individualrechtsgütern der körperlichen Integrität und Willens(entschließungs)freiheit. Dabei deutet die Einordnung der Aussageerpressung als echtes Amtsdelikt auf den Vorrang des Schutzes der Rechtspflege hin. Da die Aussageerpressung keinen Spezialfall der Nötigung darstellt[334] sondern ein Delikt ist, dessen Unrechtsgehalt in engem Zusammenhang mit den staatlichen Verfahren steht, muss dieser Aspekt auch für die Bestimmung der Rechtsgüterschutzrichtung maßgeblich sein. Dementsprechend liegt der spezifische Unrechtsgehalt der Aussageerpressung primär nicht in der Verletzung der Willensfreiheit oder der körperlichen Integrität des Betroffenen, sondern zuvorderst darin, dass die Verletzung der individuellen Rechtsgüter im Rahmen bestimmter Verfahren mit einer bestimmten verfahrensbezogenen Absicht geschieht.[335] Im Rangverhältnis steht der Schutz der Rechtspflege mithin über den Individualrechtsgütern der körperlichen Integrität und Willens(entschließungs)freiheit.[336].

2. Objektiver Tatbestand

Der objektive Tatbestand des § 343 StGB setzt voraus, dass ein Amtsträger, der zur Mitwirkung an einem der in den Abs. 1 Nrn. 1 bis 3 aufgezählten Verfahren berufen ist, eine der in Abs. 1 genannten Tathandlungen begeht. Daneben ist

330 Vgl. die grundsätzlichen Bedenken zur Eignung der Rechtsstaatlichkeit als Rechtsgut bei *Heinrich*, Der Amtsträgerbegriff im Strafrecht, S. 239; *Hirsch*, ZStW 88 (1976), 752 (776); *Spirakos*, Folter als Problem des Strafrechts, S. 168.

331 *Jescheck*, in: LK-StGB, § 343 Rn. 1; *Horn/Wolters*, in: SK-StGB, § 343 Rn. 2; *Kuhlen*, in: NK-StGB, § 343 Rn. 3; *Voßen*, in: MünchKomm-StGB, § 343 Rn. 1.

332 Vgl. dazu Teil 2 Kapitel 1 I. 2. c) sowie Teil 3 Kapitel 2 III. 2. a) bb).

333 *Wagenläder*, Zur strafrechtlichen Beurteilung der Rettungsfolter, S. 102; *Voßen*, in: MünchKomm-StGB, § 343 Rn. 1.

334 A.A. *Cramer/Sternberg-Lieben*, in: Schönke/Schröder, StGB, § 343, Rn. 1.

335 *Rogall*, FS-Rudolphi, S. 511 (528).

336 *Jescheck*, in: LK-StGB, § 343 Rn. 1; *Fischer*, StGB, § 343 Rn. 1; *Horn/Wolters*, in: SK-StGB, § 343 Rn. 2; *Rogall*, FS-Rudolphi, S. 511 (524 ff., 528). A.A. *Cramer/Sternberg-Lieben*, in: Schönke/Schröder, StGB, § 343 Rn. 1; und *Voßen*, in: MünchKomm-StGB, § 343 Rn. 2, die davon ausgehen, das § 343 StGB alternativ die Rechtspflege und die Körperintegrität schützt, so dass es bereits ausreiche, wenn ein Angriff auf das Individualrechtsgut der körperlichen Integrität vorliege.

– obgleich nicht ausdrücklich vom Wortlaut der Norm verlangt – erforderlich, dass die Tathandlung innerhalb eines der in den Nrn. 1 bis 3 genannten Verfahren erfolgt (= Prinzip der „Innerprozessualität“).[337]

a) Amtsträger, der zur Mitwirkung an einem Verfahren i.S.d. § 343 Abs. 1 Nrn. 1 bis 3 StGB berufen ist

Als Täter der Aussageerpressung kommen nur Amtsträger in Betracht, die zur Mitwirkung an einem Verfahren i.S.d. Abs. 1 Nrn. 1 bis 3 berufen sind. Dabei ist nicht erforderlich, dass eine konkrete Zuständigkeit des Amtsträgers für den betreffenden Einzelfall besteht. Es genügt, dass „der Täter aufgrund seiner Amtsstellung und seines Aufgabenkreises allgemein an Verfahren der betreffenden Art auf Seiten der Verfahrensführung (also nicht als Verteidiger, Sachverständiger oder Zeuge) mitzuwirken hat“[338].

b) Tathandlung

Als mögliche Tathandlungen nennt § 343 StGB die körperliche Misshandlung, die Gewaltanwendung, die Gewaltandrohung und das seelische Quälen. Der Begriff der *körperlichen Misshandlung* ist an den des § 223 StGB angelehnt, wobei ein unmittelbarer körperlicher Kontakt nicht vorausgesetzt wird.[339] In Betracht kommen daher z.B. auch der Schlafentzug, das Anstrahlen mit grellem Scheinwerferlicht oder auch das Hungern- und Durstenlassen.[340] Unter die Alternative der *Gewaltanwendung* fällt zunächst die körperliche Misshandlung als gesetzlicher Beispielsfall („... körperlich misshandelt, *sonst* Gewalt gegen ihn anwendet ...“).[341] Darüber hinaus orientiert sich der Gewaltbegriff des § 343 StGB an dem des § 240 StGB. Maßgeblich ist daher, „ob zur Überwindung eines geleisteten oder erwarteten Widerstandes körperlich wirkender Zwang auf das Opfer ausgeübt wird“[342]. Anders als bei § 240 StGB gilt bei § 343 StGB die Einschränkung, dass nur diejenige Gewalt erfasst wird, die sich gegen die Person des Betroffenen richtet. Im Gegensatz zu § 240StGB[343] scheidet mithin Gewalt gegen Sachen aus dem Tatbestand des § 343 StGB aus.[344] Bei der *Gewalt-*

337 *Rogall*, FS-Rudolphi, S. 511 (537); *Kuhlen*, in: NK-StGB, § 343 Rn. 6; *Jescheck*, in: LK-StGB, § 343 Rn. 2; *Cramer/Sternberg-Lieben*, in: Schönke/Schröder, StGB, § 343 Rn. 2.

338 *Jescheck*, in: LK-StGB, § 343 Rn. 3. vgl. auch *Fischer*, StGB, § 343 Rn. 2; *Lackner/Kühl*, § 343 Rn. 2; *Kuhlen*, in: NK-StGB, § 343 Rn. 4.

339 *Jescheck*, in: LK-StGB, § 343 Rn. 8; *Cramer/Sternberg-Lieben*, in: Schönke/Schröder, StGB, § 343 Rn. 9; *Horn/Wolters*, in: SK-StGB, § 343 Rn. 6; *Voßen*, in: MünchKomm-StGB, § 343 Rn. 24.

340 Vgl. *Cramer/Sternberg-Lieben*, in: Schönke/Schröder, StGB, § 343 Rn. 9.

341 *Horn/Wolters*, in: SK-StGB, § 343 Rn. 7.

342 *Kuhlen*, in: NK-StGB, § 343 Rn. 8.

343 Vgl. *Träger/Altvater*, in: LK-StGB, § 240, Rn. 8.

344 *Kuhlen*, in: NK-StGB, § 343 Rn. 8; *Cramer/Sternberg-Lieben*, in: Schönke/Schröder, StGB, § 343 Rn. 10; *Voßen*, in: MünchKomm-StGB, § 343 Rn. 25.

androhung ist zu beachten, dass als angedrohtes Übel nur die Anwendung von Gewalt in Betracht kommt und insofern die Drohung mit einem sonstigen Übel nicht erfasst ist.[345] Mit *seelischem Quälen* ist schließlich „die Zufügung längerdauernder oder sich wiederholender seelischer Schmerzen oder Leiden [gemeint], die über die unvermeidbare seelische Belastung durch die Vernehmung hinausgehen"[346] und den Betroffenen „seelischen Peinigungen aussetzen, die seine geistigen und seelischen Widerstandskräfte zermürben"[347].

c) Prinzip der Innerprozessualität

Mit einem Teil der Literatur ist als weiteres (ungeschriebenes) Merkmal des objektiven Tatbestands der Aussageerpressung zu verlangen, dass die Tathandlung innerhalb eines der in Abs. 1 Nrn. 1 bis 3 genannten Verfahren erfolgen muss (= Prinzip der „Innerprozessualität").[348] Objektiv tatbestandsmäßig ist ein Verhalten demgemäß nur dann, wenn ein Amtsträger, der zur Mitwirkung in einem Verfahren i.S.d. § 343 StGB berufen ist, auch *innerhalb eines Verfahrens i.S.d. § 343 StGB* gegenüber einer anderen Person Gewalt androht oder anwendet.

aa) § 343 StGB als innerprozessuales Delikt

Die Notwendigkeit des Tatbestandsmerkmals der Innerprozessualität ergibt sich aus der Konnexität zwischen der besonderen Tätereigenschaft und der subjektiven speziellen Nötigungsabsicht. Ist nämlich der Tatbestand nur verwirklicht, wenn ein Amtsträger, der zur Mitwirkung an einem (repressiven) Verfahren berufen ist, gegenüber einer anderen Person Gewalt anwendet oder androht, um sie zu einer Aussage in dem (repressiven) Verfahren zu nötigen, so impliziert dies, dass auch die Tathandlung innerhalb eines solchen Verfahrens erfolgen muss, zu dessen Mitwirkung der Amtsträger berufen ist und innerhalb dessen der Betroffene zu einer Aussage genötigt werden soll.[349/350] Andernfalls unterfiele dem tatbestandlichen Anwendungsbereich zumindest theoretisch auch die – schlechter-

345 *Cramer/Sternberg-Lieben*, in: Schönke/Schröder, StGB, § 343 Rn. 11; *Jescheck*, in: LK-StGB, § 343 Rn. 10.

346 *Jescheck*, in: LK-StGB, § 343 Rn. 11.

347 BT-Dr. 7/550, S. 279.

348 *Kuhlen*, in: NK-StGB, § 343 Rn. 6; *Jescheck*, in: LK-StGB, § 343 Rn. 2; *Cramer/Sternberg-Lieben*, in: Schönke/Schröder, StGB, § 343 Rn. 2; *Rogall*, FS-Rudolphi, S. 511 (536 ff.).

349 Vgl. auch *Kuhlen*, in: NK-StGB, § 343 Rn. 6.

350 Versteht man „Innerprozessualität" in diesem Sinne, sind auch die von *Prittwitz*, FS-Herzberg, S. 515 (526), geäußerten Bedenken ausgeräumt, dass die Innerprozessualität dazu verleiten könnte, den Verfahrensbezug vom subjektiven auf den objektiven Tatbestand zu verlagern und in der Folge auf die spezielle Nötigungsabsicht zu verzichten. In einem solchen Fall bestünde in der Tat die Gefahr einer Ausdehnung des Tatbestands in Fällen einer objektiv doppelfunktionellen Maßnahme, da dann wegen des auch-repressiven Bezugs die Tatbestandsmäßigkeit zu bejahen wäre und im subjektiven Tatbestand nur der diesbezügliche Vorsatz zu prüfen wäre.

dings praktisch nicht denkbare[351] – eigentümliche Konstellation, dass innerhalb eines rein präventiven Verfahrens ein zur Mitwirkung an einem repressiven Verfahren berufener Amtsträger zum Zwecke der Erlangung einer repressiv zu verwertenden Aussage Gewalt anwendet oder androht. Dies stünde aber im Widerspruch zur Rechtsgüterschutzrichtung der Norm, die nämlich auf den Schutz der Strafrechtspflege abzielt.

bb) Anwendungsbereich des § 343 StGB als innerprozessualer Tatbestand

Nach dem Prinzip der Innerprozessualität muss die Tathandlung innerhalb eines der in § 343 Abs. 1 Nrn. 1 bis 3 StGB genannten Verfahren vorgenommen werden. Allen dort aufgezählten Verfahren ist gemein, dass sie repressiven Charakters sind. Nicht erfasst sind dagegen präventive Verfahren, wie z.B. das polizeiliche Gefahrenabwehrverfahren. Misshandlungen innerhalb solcher Verfahren sind daher schon nicht objektiv-tatbestandsmäßig i.S.d. § 343 StGB. Dies ist mit Blick auf die (bisweilen propagierte) Unterscheidung zwischen (repressiver) Inquisitionsfolter und (präventiver) Rettungsfolter insoweit von Bedeutung, als sich in der Literatur nicht wenige Stimmen finden, die schon aus diesem Grund die Einschlägigkeit des § 343 StGB für die Rettungsfolter ablehnen, und damit die Rettungsfolter als bereits nicht objektiv-tatbestandsmäßig i.S.d. § 343 StGB beurteilen.[352] Diese Argumentation greift aber in dieser pauschalen Form zu kurz. Dagegen spricht schon die faktische Situation, in der es zur Rettungsfolter kommen kann. Diese sieht in der Regel nämlich so aus, dass der Betroffene sich als Beschuldigter einer Straftat[353] in Polizeigewahrsam befindet, und ein Ermittlungsverfahren eingeleitet ist. Und da unter den Begriff „Strafverfahren" i.S.d. § 343 Abs. 1 Nr. 1 Alt. 1 StGB „alle Verfahrensarten [fallen], die „abstrakt" die Möglichkeit zulassen, dass (auch) auf Strafe (...) anerkannt wird (einschließlich der hierauf gerichteten polizeilichen oder staatsanwaltschaftlichen Ermittlungs- und Vorermittlungsverfahren)"[354], ist auch die Rettungsfolter – sofern sie im Zusammenhang mit dem Ermittlungsverfahren steht – vom objektiven Tatbestand des § 343 StGB erfasst.

Von da aus stellt sich nun die Frage, ob die Rettungsfolter tatsächlich innerhalb des repressiven Ermittlungsverfahrens erfolgt. Denn andernfalls, wenn es sich um eine – als solche abgrenzbare – rein präventiv-verfahrensrechtliche Maßnahme handelte, fiele sie nicht in den Anwendungsbereich des § 343 StGB.

351 Sobald ein Polizeibeamter oder sonst ein zur Mitwirkung an einem repressiven Verfahren berufener Amtsträger von dem Betroffenen repressiv verwertbare Informationen zu erlangen versucht, vernimmt er diesen automatisch als Beschuldigten, so dass in der Folge ein (zumindest auch-) repressives Verfahren vorliegt.

352 *Wagenländer*, S. 108 ff.; *Erb*, Jura 2005, 24; *Rogall*, FS-Rudolphi, S. 511 (536 ff.); *Steinke*, Kriminalistik 2004, 325 (326).

353 Für den Entführer etwa §§ 239 (a); 240; 223 (ff.) StGB und für den Terroristen des „ticking-bomb-Szenarios" etwa §§ 211, 22, 23 Abs. 1; 129a, b StGB.

354 *Horn/Wolters*, in: SK-StGB, § 343 Rn. 4.

Faktisch ist bei Maßnahmen, die sowohl zur repressiven Strafverfolgung als auch zur präventiven Gefahrenabwehr geeignet sind (sog. doppelfunktionelle Maßnahmen[355]), eine Abgrenzung äußerst schwierig. Für ihre *rechtliche* Bewertung sind im Rahmen des § 343 StGB im Wesentlichen drei Lösungswege gangbar. Erstens kann das Verhältnis zwischen Repression und Prävention *temporal* bestimmt werden, so dass eine präventive Maßnahme die Repressivität des Verfahrens unberührt lässt, solange sie zu diesem in einem temporalen Kontext steht, also *währenddessen* oder *bei Gelegenheit dessen* geschieht.[356] Erfolgt die Rettungsfolterhandlung also zeitlich während eines Ermittlungsverfahrens, geht darüber der repressive Charakter des Verfahrens nicht verloren und der objektive Tatbestand des § 343 StGB ist erfüllt. Zweitens kann *funktional* nach dem Schwerpunkt des Verfahrenscharakters abgegrenzt werden.[357] Liegt der Schwerpunkt der in Rede stehenden Maßnahme auf der Repression, handelt es sich auch bei dem Verfahren um ein repressives Verfahren, und der objektive Tatbestand des § 343 StGB ist erfüllt. Trägt das Verfahren aufgrund der Ausrichtung der Maßnahme hingegen schwerpunktmäßig präventive Züge, liegt kein repressives Verfahren mehr vor, so dass der objektive Tatbestand des § 343 StGB nicht mehr einschlägig ist. Nach dieser Ansicht ist das Nebeneinander von Repression und Prävention lediglich faktischer Natur. Rechtlich hingegen stehen Repression und Prävention zueinander im Verhältnis der Exklusivität. Und zuletzt kann man sich auf den Standpunkt stellen, dass der repressive Charakter eines Verfahrens jedenfalls nicht allein dadurch verloren geht, dass eine bestimmte Maßnahme präventive Ziele verfolgt.[358] Wo der Schwerpunkt der Maßnahme liegt, ist danach unerheblich. Repression und Prävention schließen sich nicht gegenseitig aus, sondern bestehen sowohl faktisch als auch rechtlich nebeneinander.

Die Entscheidung über den Charakter eines Verfahrens allein unter temporalen Gesichtspunkten ist unsachgemäß. Denn die rechtliche Bewertung darf nicht allein davon abhängig gemacht werden, zu welchem Zeitpunkt eine Handlung erfolgt ist. Sie muss sich vielmehr vorrangig an der materiellen Qualität der Handlung messen lassen. Diesbezüglich besteht nun aber wiederum für § 343 StGB kein Grund, Prävention und Repression in Exklusivität zu setzen, so wie es die Schwerpunkttheorie tut. Ungeachtet des Umstands nämlich, dass eine solche Abgrenzung schon deshalb problematisch ist, weil kein Konsens über die Kriterien für die Ermittlung des Schwerpunkts herrscht[359], schließt auch der his-

---

355 *V. Götz*, Allgemeines Polizei- und Ordnungsrecht, Rn. 546.

356 So vor allem *Neuhaus*, GA 2004, 521 (523).

357 So etwa *Rogall*, FS-Rudolphi, S. 511 (538 f.).

358 BGHSt 29, 230 (232). Zustimmend *Ellbogen*, Jura 2005, 339 (339 f.); *Neuhaus*, GA 2004, 521 (522 f.). Vgl. hierzu auch die Analyse der Rechtsprechungshistorie bei *Möhlenbeck*, Das absolute Folterverbot, S. 87 ff.

359 *Schenke*, Polizei- und Ordnungsrecht, Rn. 423.

torische Zweck, der in dem Schutz der (Straf-) Rechtspflege besteht,[360] ein Nebeneinander von Repression und Prävention für den objektiven Tatbestand des § 343 StGB nicht aus. Denn im Falle einer Gemengelage von repressivem (Straf-) und präventivem (Polizei-) Recht stehen naturgemäß *auch* die (repressiv-) strafrechtlichen Interessen auf dem Spiel,[361] indem durch die rechtsstaatswidrige Erlangung einer Aussage zum Zwecke der Gefahrenabwehr zugleich die Gefahr der Kontaminierung des Ermittlungsverfahrens besteht. Schließlich stellt die erpresste Aussage regelmäßig zugleich auch in repressiver Hinsicht ein Geständnis der Straftatbegehung dar.[362] Eine selektive Trennung der Informationen nach Prävention und Repression ist aus *objektiver* Perspektive nicht möglich. Daher muss der objektive Tatbestand des § 343 StGB wegen des (auch-) repressiven Effekts auch eine solche, gleichermaßen präventive wie repressive Maßnahme einschließen.

3. Subjektiver Tatbestand: Die spezielle Nötigungsabsicht

Der subjektive Tatbestand des § 343 StGB verlangt vom Täter neben dem auf die Verwirklichung der objektiven Tatbestandsmerkmale gerichteten Vorsatz[363] zusätzlich eine spezielle Nötigungsabsicht. Vorausgesetzt wird, dass der Täter die Tathandlung mit „Absicht" im technischen Sinne des *dolus directus I*, d.h. unter Dominanz des voluntativen Vorsatzelements,[364] vornimmt, um das Opfer zu nötigen, eine Aussage oder Erklärung abzugeben oder zu unterlassen.

---

360 Vgl. hierzu ausführlich *Rogall*, FS-Rudolphi, S. 511 (513 ff.).

361 *Jerouschek/Kölbel*, JZ 2003, 613 (619).

362 Vgl. hierzu im Anschluss an die Folterandrohung im „Frankfurter Fall" *LG Frankfurt a.M.* StV 2003, 327 f.

363 Ein spezielles Folgeproblem der Innerprozessualität der Norm ist mit Blick auf die Konstellation der Rettungsfolter die Frage, wie es sich auswirkt, wenn der Amtsträger annimmt, es handele sich bei der Tathandlung um eine Maßnahme in einem präventiven und nicht in einem repressiven Verfahrens. Er könnte sich dann nämlich in einem vorsatzausschließenden Tatumstandsirrtum gemäß § 16 Abs. 1 S. 1 StGB befinden. Dagegen spricht allerdings, dass § 16 Abs. 1 S. 1 StGB nur eingreift, wenn der Täter sich über die Tatumstände als die „Element[e] eines Lebenssachverhalts" (*Kühl*, AT, § 13 Rn. 9) irrt, die den Tatbestand begründen. Dies aber ist bei einer doppelfunktionellen Maßnahme wie der Rettungsfolter schlechterdings nicht denkbar. Der tatsächliche Umstand, dass ein repressives Verfahren vorliegt, wird den vernehmenden Beamten bekannt sein. Möglich ist nur, dass der Täter diesen Umstand falsch interpretiert, er also davon ausgeht, dass das Verfahren zum Zeitpunkt der Rettungsfoltermaßnahme rein präventiv ist und nicht (auch-) repressiv und damit tatbestandsmäßig i.S.v. § 343 StGB. Dies aber ist kein Irrtum bei der Bildung des Sachverhalts, also auf tatsächlicher Ebene, sondern es ist ein Irrtum bei der Subsumtion. Der Täter subsumiert falsch (so genannter Subsumtionsirrtum). Ein Subsumtionsirrtum lässt aber den Vorsatz unberührt und führt gerade nicht zu einem Vorsatzausschluss nach § 16 Abs. 1 S. 1 StGB (*Kühl*, AT, § 5 Rn. 95).

364 *Kühl*, AT, § 5 Rn. 34.

Fraglich ist in diesem Zusammenhang mit Blick auf die besondere Konstellation der Rettungsfolter, ob auch solchermaßen präventiv-motivierte, weil allein auf die Rettung eines Menschenlebens abzielende Misshandlungen vom Normbereich des § 343 StGB erfasst werden. Dies wird überwiegend mit dem Hinweis darauf verneint, dass die Absicht auf die Erzwingung einer Aussage in einem der in den Nrn. 1 bis 3 genannten Verfahren gerichtet sein müsse, und diese Verfahren allesamt repressiver Natur seien, wohingegen das Motiv der Rettung von Menschenleben präventiv determiniert sei.[365]

Unbestritten ist diese Auffassung allerdings nicht. So geht *Wagenländer* davon aus, dass, wenn im objektiven Tatbestand von einem repressiven Verfahren ausgegangen werde, dies auch für den subjektiven Tatbestand gelten müsse, da sonst eine untragbare Inkonsistenz der Verwendung des Begriffs „Verfahren" innerhalb des objektiven und des subjektiven Tatbestands entstünde[366]. Zuzustimmen ist dem natürlich insoweit, als eine unterschiedliche Bestimmung einund desselben Merkmals innerhalb einer Norm grundsätzlich ausgeschlossen ist. Jedoch ist dieses Argument im vorliegenden Fall insofern undifferenziert, als es der unterschiedlichen Perspektive von objektivem und subjektivem Tatbestand geschuldet ist (objektiv: Sicht eines Dritten, subjektiv: Sicht des konkreten Täters), die Tätervorstellung von der objektiven Betrachtung zu unterscheiden.[367] Dass die Handlung innerhalb eines (auch-) repressiven Verfahrens stattfindet und dies dem handelnden Amtsträger auch bewusst ist, schließt daher nicht aus, dass eine bestimmte Maßnahme innerhalb des repressiven Verfahrens alleine aus präventiven Motiven vorgenommen wird.

a) Auflösung der Unterscheidung von dolus directus I und II nach Bung

Gewichtiger sind die Einwände, die *Bung* erhebt. In einer rechtsphilosophisch grundierten Stellungnahme stellt *Bung* die Ausklammerung der präventiv motivierten Misshandlung aus dem subjektiv-tatbestandlichen Anwendungsbereich des § 343 StGB in Frage, indem er die traditionelle Unterscheidung zwischen den beiden Vorsatzformen des *dolus directus I* und *II* auflöst.[368] Seine Grundthese lautet, dass vor allem in denjenigen Fällen, in denen durch die Handlung präventive und repressive Effekte gleichzeitig bewirkt werden, die herkömmliche Unterscheidung zwischen *dolus directus I* und *II* nicht tragfähig sei. Mit dieser These stellt sich *Bung* gegen die von der Rechtsprechung und vom überwiegenden Teil der Literatur befürwortete Konzeption der abgestuften Vorsatz-

---

365 Vgl *LG Frankfurt a.M.* NJW 2005, 692 (695); *Cramer/Sternberg-Lieben*, in: Schönke/Schröder, StGB, § 343, Rn. 16 m.w.N.

366 Vgl. *Wagenländer*, Zur strafrechtlichen Beurteilung der Rettungsfolter, S. 106 f. Damit entscheidet sich *Wagenländer* für eine Lesart der Innerprozessualität des § 343 StGB, vor der *Prittwitz*, FS-Herzberg, S 515 (526), mit Blick auf eine unzulässige Ausdehnung des tatbestandlichen Anwendungsbereichs zu Recht warnt, vgl. hierzu auch o. Fn. 349.

367 *Prittwitz*, FS-Herzberg, S. 515 (529).

368 *Bung*, KritV 2005, 67 ff.

formen, nach der die voluntativ überdeterminierte Absicht als *dolus directus I* vom kognitiv überdeterminierten *dolus directus II* abzugrenzen ist. Den Maßstab bildet dabei im Zweifel die Frage, ob der vorhergesehene Eintritt des Erfolgs aus der Sicht des Täters ein notwendiges Zwischenziel zur Erreichung des Endziels war – dann hat der Täter auch bezüglich dieses Erfolgs mit Absicht gehandelt –, oder ob es sich bloß um eine unerwünschte Nebenfolge handelt – dann hat der Täter diesen Erfolg nicht absichtlich herbeigeführt.[369] Übertragen auf die Aussageerpressung heißt das: Ist der zwangsläufig mit der Nötigung zur Erlangung der lebensrettenden Information verbundene repressive Effekt[370] eine zwar sicher vorhergesehene, gleichwohl aber nicht erwünschte Nebenfolge des Handelns, handelt der Täter ohne die erforderliche spezielle Absicht und damit subjektivtatbestandslos. Genau an dieser Stelle setzt *Bungs* Kritik an. *Bung* wendet sich gegen die traditionelle Dogmatik und geht stattdessen von einer „unteilbaren Absicht" aus. Unter Aufhebung der Unterscheidung zwischen *dolus directus I* und *II* kommt er unabhängig von der „volitionalen Überdeterminierung im Sinne des ‚Darauf-ankommens'" zu einer Bejahung der Nötigungsabsicht. Wer, so *Bung*, um die Verwirklichung des Nebenerfolgs durch sein Handeln sicher wisse und trotz dieses Wissens handle, der verwirkliche auch den Nebenerfolg absichtlich. Alles andere als eine solche Deutung sei reine „Lyrik"[371]. Wisse der Täters des § 343 StGB, dass er den präventiven Effekt der Aussagenötigung nicht ohne

369 Nach Ansicht der Rechtsprechung (vgl. BGHSt 16, 1 (6); *BGH* NStZ 2003. 264; *OLG Köln* JR 1970, 468 (469); *OLG Köln* NJW 1987, 2095 f.; *BayObLG* JZ 1994, 584) und einem Teil der Literatur (*Lackner/Kühl*, § 263 Rn. 58; *Welzel*, NJW 1962, 20 ff.) kommt es für die Absicht darauf an, ob der durch die Handlung bewirkte Effekt ein notwendiges Zwischenziel auf dem Weg zum (End-) Ziel ist, oder ob er eine bloße Nebenfolge der Handlung darstellt. Während ein Zwischenziel untrennbar mit dem Ziel verbunden ist, indem die Erreichung des Endziels ohne die Verwirklichung des Zwischenziels nicht möglich ist, und dieses deshalb vom Absichtsbegriff eingeschlossen sein soll, soll bei den Nebenfolgen aufgrund ihrer gegenständlichen Unabhängigkeit vom Endziel die Einordnung von der Einstellung des Täters zu dem Nebeneffekt abhängig sein. Erscheint die vom Täter als sicher vorausgesehene Nebenfolge diesem „als peinliche oder lästige Folge seines Handelns", die er nur hinnimmt, weil er glaubt, sonst sein mit der Handlung angestrebtes Ziel zu verfehlen, soll diese Nebenfolge aus dem Bereich der Absicht herausfallen. Ist sie ihm dagegen erwünscht, so ist auch sie beabsichtigt. *Lackner/Kühl*, StGB, § 263 Rn. 58, und *Welzel*, NJW 1962, 20 (22) gehen sogar noch weiter, indem sie auf das Kriterium der Unerwünschtheit des Nebenziels verzichten.

370 Durch die abgenötigte Aussage legt der Beschuldigte zugleich ein Geständnis über die Tat ab, welches ihm im Strafprozess entgegengehalten werden kann. Nennt beispielsweise der einer Entführung Beschuldigte den Aufenthaltsort des Entführungsopfers, so dass dieses vor dem Verdursten oder Verhungern gerettet werden kann, liefert er zugleich den entscheidenden Beweis dafür, dass er der Täter der Entführung war, vgl. *Roxin*, FS-Eser, S. 461 (463).

371 *Bung*, KritV 2005, 67 (75 f.).

den repressiven Effekt erlangen kann, handele er mit einer beide Effekte gleichermaßen einschließenden, unteilbaren Absicht und damit absichtlich im Sinne des § 343 StGB.

b) Kritik an der Auflösung der Unterscheidung von dolus directus I und II

Der Konzeption von *Bung* ist, aufbauend auf die Argumentation von *Hefendehl*, schon im Grundsatz entgegenzusetzen, dass bei der speziellen Absicht der Absichtsdelikte (End- oder Zwischen-) Ziel und Nebenfolge gegenständlich nicht identisch sind und deshalb der Schluss vom Wissen um die Verwirklichung der Nebenfolge auf einen entsprechenden Willen unzulässig ist.[372] Wenn aber das Ziel des Täters und die Nebenfolgen, die sich aus dem zielgerichteten Handeln des Täters ergeben, gegenständlich auseinander fallen, dann muss auch die Möglichkeit bestehen, dass der Täter beiden Gegenständen unterschiedlich intentional gegenüberstehen kann. Und noch ein weiteres, dogmatisches Argument, das aus der Eigenart der Absichtsdelikte folgt, kann für die Unterscheidung zwischen *dolus directus I* und *II* ins Feld geführt werden. Es besteht darin, dass das tatbestandliche Unrecht der Absichtsdelikte nicht bloß objektiv zu bestimmen ist, sondern es sich auch aus der subjektiven Beziehung des Täters zum Unrecht ergibt, wobei – mit einem Teil der Literatur[373] – weiter zu differenzieren ist zwischen jenen Absichtsdelikten, bei denen die überschießende Innentendenz konstitutiv für die Verletzung des durch den Tatbestand geschützten Rechtsguts ist, und jenen, bei denen sich die Rechtsgutsverletzung schon allein aus dem objektiven Verhalten des Täters ergibt. Bei letzteren bliebe die Bedeutung der Absicht fraglich, wenn man sie auf ein „sicheres Vorhersehen" reduzierte; man könnte sie dann allenfalls als eine „Redundanz des Gesetzeswortlauts" ansehen[374]. Das ist aber nicht der Fall. Die Funktion der Absicht liegt in diesen Fällen darin, „aus dem großen Kreis vollzogener Rechtsgutsverletzungen einige besonders motivierte als strafbar hervorzuheben"[375]. Letztlich geht es also um die Modifikation des Deliktstyps.[376] Ein Beispiel für die erstgenannte Gruppe, bei der die Absicht eine unrechtskonstituierende Funktion erfüllt, ist § 263 StGB. Während hier nach der Verwirklichung des objektiven Tatbestands das tatbestandlich zu schützende Rechtsgut, nämlich das Vermögen, bereits geschädigt ist, ist gleichwohl das Unrecht des § 263 StGB noch nicht vollständig verwirklicht. Dies wird erst durch die spezielle Bereicherungsabsicht erreicht. Erst durch die spezielle Absicht wird klargestellt, dass der Betrug „kein Fall lis-

---

372 *Hefendehl*, in: MünchKomm-StGB, § 263 Rn. 725.

373 *Roxin*, AT I, § 12 Rn. 13 ff.; *Lenckner*, NJW 1967, 1890 (1893 ff.); *Samson*, JA 1989, 449 (453).

374 So tendenziell *Bung*, KritV 2005, 67 (78).

375 *Samson*, JA 1989, 449 (453). Vgl. auch die beispielhaften Ausführungen dazu bei *Roxin*, AT I, § 12 Rn. 13 f.

376 *Roxin*, AT I, § 12 Rn. 13.

tiger Vermögensschädigung, sondern ein Bereicherungsdelikt" ist.[377] § 343 StGB ist demgegenüber der zweitgenannten Gruppe der Absichtsdelikte zuzuordnen. Die durch § 343 StGB geschützten Rechtsgüter – namentlich die (Straf-) Rechtspflege, die körperliche Integrität und die Willensfreiheit – sind bereits durch die Verwirklichung der objektiven Tatbestandsmerkmale verletzt. Insbesondere durch die Innerprozessualität des Tatbestands wird klargestellt, dass bereits durch die Gewaltanwendung innerhalb eines repressiven Verfahrens die Reinheit der (Straf-) Rechtspflege verletzt wird. Das Einfordern der speziellen Absicht des Täters führt daher nicht zu einer Spezifizierung der Verletzung der tatbestandlichen Rechtsgüter. Mithin kann die Absicht hier nur als zielgerichteter Willen im Sinne des *dolus directus I*, als Ausdruck einer besonderen Motivation des Täters, verstanden werden. Die Verletzung des Rechtsguts „(Straf) Rechtspflege" soll daher nur dann strafbar sein, wenn die Motivation des Täters zur Verletzung dieses Rechtsguts darin bestand, repressiv verwertbare Informationen zu erlangen.

Ungeachtet der beiden angeführten dogmatischen Argumente bleibt die Frage zu beantworten, wie es sich auswirkt, dass bei § 343 StGB der repressive und präventive Effekt der Handlung zusammenfallen, indem hier das Ziel (= Gefahrenabwehr) und die Nebenfolge (= Strafverfolgung) der Handlung identisch sind, da es sich um ein- und dieselbe Aussage handelt. Damit läuft jedenfalls das von *Hefendehl* angeführte Grundsatzargument für die mögliche Teilbarkeit der Absicht leer. Gleichwohl lässt sich auch hier die Möglichkeit des intentionalen Bezugs des Täters auf nur einen der beiden gleichzeitig bewirkten und vorhergesehenen Effekte nicht einfach leugnen. Dass ein gleichzeitiges Wissen und Wollen um beide Effekte vorliegt, schließt nicht aus, dass das Wollen unterschiedlich stark ausgeprägt sein kann.[378] Der *„Fall Daschner"* liefert hierfür den Beweis. *Daschner* hatte in einem Aktenvermerk vor der Androhung der Schmerzen festgehalten: „Die Befragung des G. dient nicht der Aufklärung einer Straftat sondern ausschließlich der Rettung des Lebens des entführten Kindes."[379] Wie anders soll dies zu verstehen sein, als dass es ihm allein auf den präventiven Effekt ankam und er dafür bereit war, die Verfehlung des repressiven Zwecks hinzunehmen.[380] Eine „sachgedankliches Mitabsicht" existiert nicht.[381] Nach den vorangegangenen Ausführungen muss es daher dabei bleiben, dass die spezielle Nötigungsabsicht des subjektiven Tatbestands des § 343 StGB ausscheidet, wenn der Amtsträger allein aus präventiven Motiven heraus handelt.

377 *Roxin*, AT I, § 12 Rn. 13.
378 So auch *Beutler*, Strafbarkeit der Folter zu Vernehmungszwecken, S. 160.
379 Zitiert nach *Steinke*, Kriminalistik 2004, 325 (326).
380 So auch die Argumentation des *LG Frankfurt a.M.* NJW 1995, 692 (695) in der Urteilsbegründung.
381 *Prittwitz*, FS-Herzberg, S. 515 (530).

4. Pönalisierung der Folter durch § 343 StGB

Obgleich der Wortlaut des § 343 StGB auf den ersten Blick auf die Pönalisierung der Folter zugeschnitten zu sein scheint, zeigt sich bei genauerem Hinsehen, dass § 343 StGB zwar einen wichtigen, aber eben nur einen Teil des Phänomens der Folter abdeckt. Die Lücken des § 343 StGB ergeben sich aus der rein repressiven Ausrichtung der Norm.

Hinsichtlich der zu schützenden Rechtsgüter weist § 343 StGB durch seine dualistische Schutzkonzeption in die Richtung des Unrechtsgehalts der Folter. Zweifel scheinen jedoch insoweit angebracht, als ein unmittelbarer Schutz der Menschenwürde als Rechtsgut durch § 343 StGB in der Literatur von niemandem behauptet wird[382], und auch die vereinzelten Versuche, die Rechtsstaatlichkeit zum durch § 343 StGB unmittelbar geschützten Rechtsgut zu erklären[383], in der Literatur überwiegend auf Kritik stoßen.[384] Ungeachtet dessen greift der Rechtsgüterschutz des § 343 StGB aber jedenfalls insoweit zu kurz, als – bedingt durch die repressive Orientierung der Norm – speziell die *Straf*rechtspflege als geschützt angesehen wird.[385] Denn bei der Folter handelt es sich schließlich nicht um ein repressiv-prozessakzessorisches, ja noch nicht einmal überhaupt um ein prozessakzessorisches Phänomen.

Die aus dem repressiven Zuschnitt des § 343 StGB folgende Unzulänglichkeit des Tatbestands als eine Pönalisierung der Folter hat Auswirkungen auch auf die Tatbestandsmerkmale. Dies gilt zum einen für die vorausgesetzte Innerprozessualität. Dadurch unterfallen dem tatbestandlichen Anwendungsbereich nämlich nur solche Misshandlungen, die innerhalb eines repressiven Verfahrens vorgenommen werden. Mögliche Folterhandlungen, die innerhalb eines nicht repressiven Verfahrens oder gar außerhalb jeglichen Verfahrens erfolgen (z.B. die Misshandlungen in Abu Ghraib), werden durch die Norm demzufolge nicht erfasst. Und schließlich verlangt auch das subjektive Merkmal der speziel-

382 Allein *Wiedemann*, Die Aussagenerpressung § 343 StGB, S. 17, geht davon aus, dass durch § 343 StGB „der Einzelne im Strafverfahren hinsichtlich seiner Person und seiner Menschenwürde vor für ihn schwerwiegenden staatlichen Übergriffen geschützt werden [soll]“. Ähnlich argumentiert *Schneidewin*, JZ 1955, 26, dass „wohl keine andere Vorschrift des StGB wie gerade diese [sc. § 343 StGB] den Gedanken des Vorrangs der Menschenwürde betont“, ohne dass er dabei aber die Menschenwürde zum durch die Norm zu schützenden Rechtsgut erklärt. Auch *Herzog/Roggan*, GA 2008, 142 (145), stellen einen Zusammen zwischen § 343 StGB und der Menschenwürde her. Allerdings wird von niemandem die Menschenwürde als durch § 343 StGB zu schützendes Rechtsgut im dogmatischen Sinne bezeichnet.

383 *Wagner*, Amtsverbrechen, S. 178.

384 Vgl. die grundsätzlichen Bedenken zur Eignung der Rechtsstaatlichkeit als Rechtsgut bei *Heinrich*, Der Amtsträgerbegriff im Strafrecht, S. 239; *Hirsch*, ZStW 88 (1976), 752 (776); *Spirakos*, Folter als Problem des Strafrechts, S. 168.

385 S.o. *Wagenläder*, Zur strafrechtlichen Beurteilung der Rettungsfolter, S. 102; *Voßen*, in: MünchKomm-StGB, § 343 Rn. 1.

len Nötigungsabsicht eine repressive Motivation des Amtsträgers im Sinne eines *dolus directus I.* Fehlt es an dieser Absicht, scheidet eine Strafbarkeit gem. § 343 StGB selbst dann aus, wenn die Misshandlung eine doppelfunktionelle, also nicht bloß rein repressive Maßnahme darstellt. Versuche, die Norm trotz ihres repressiven Zuschnitts auch auf präventiv ausgerichtete Misshandlungen wie die Rettungsfolter auszudehnen, müssen als dogmatische Glasperlenspiele contra legem abgelehnt werden.[386]

II. Körperverletzung im Amt (§ 340 StGB)

Ein weiterer Tatbestand des Besonderen Teils des StGB, der für die Pönalisierung der Folter in Betracht kommt, ist die Körperverletzung im Amt gemäß § 340 StGB. Nach § 340 StGB wird bestraft, wer als Amtsträger während der Ausübung seines Dienstes oder in Beziehung auf seinen Dienst eine Körperverletzung begeht oder begehen lässt.

1. Rechtsgüterschutz

Bei § 340 StGB handelt es sich nach überwiegender Auffassung in der Literatur um ein unechtes Amtsdelikt,[387] das vorrangig das Individualrechtsgut der körperlichen Integrität schützt.[388] Die körperliche Integrität wird dabei in einem somatischen Sinne verstanden, so dass für ihre Verletzung der Nachweis der Verschlechterung des organischen Status quo erbracht werden muss.[389] Daneben soll § 340 StGB aber auch das kollektive Rechtsgut der ordnungsgemäßen Amtsführung schützen.[390] Ebenso wie § 343 StGB wird auch § 340 StGB im Hinblick auf die überindividuelle Rechtsgüterschutzrichtung zwar mit dem Grundsatz der Rechtsstaatlichkeit in Verbindung gebracht, da es schließlich ein elementares Kennzeichen des Rechtsstaats ist, körperlichen Übergriffen staatlicher Organe strafrechtlich entgegenzutreten.[391] Jedoch wird aus demselben Grund wie bei § 343 StGB, nämlich wegen des zu hohen Abstraktionsgrades, auch bei § 340 StGB die Rechtsstaatlichkeit nicht zum unmittelbar tatbestandlich geschützten Rechtsgut erhoben.[392] Teilweise wird sogar die dualistische Schutzrichtung des § 340 StGB überhaupt in Abrede gestellt und stattdessen an-

---

386 Zutreffend *Prittwitz*, FS-Herzberg, S. 515 (529 f.).

387 Die Einordnung der Körperverletzung im Amt (§ 340 StGB) als unechtes Amtsdelikt ist unstr. (vgl. *Hirsch*, in: LK-StGB, § 340 Rn. 1; *Cramer/Sternberg-Lieben*, in: Schönke/Schröder, StGB, § 340 Rn. 1; *Horn/Wolters*, in: SK-StGB, § 340 Rn. 2 b; *Fischer*, StGB , § 340 Rn. 1).

388 Vgl. *Horn/Wolters*, in: SK-StGB, § 340, Rn. 2 b.

389 *Paeffgen*, in: NK-StGB, § 223, Rn. 3.

390 *Horn/Wolters*, in: SK-StGB. § 340, Rn. 2 b. Ähnlich *Hirsch*, in: LK-StGB, § 340, Rn. 1, der das „Interesse der Allgemeinheit an einer korrekten Amtsführung" als überindividuelles Rechtsgut des § 340 StGB ansieht.

391 *Hirsch*, in: LK-StGB, § 340 Rn. 1.

392 A.A. *Wagner*, Amtsverbrechen, S. 150.

genommen, § 340 StGB schütze allein die körperliche Unversehrtheit.[393] Dem kann allerdings nicht gefolgt werden. Dagegen spricht schon die systematische Verortung der Norm im 30. Abschnitt des StGB,[394] deren Wichtigkeit der Gesetzgeber durch die Verwerfung des Vorschlags des Regierungsentwurfs zum 6. StrRG, § 340 StGB zu streichen und stattdessen in die §§ 223 ff. StGB aufzulösen,[395] noch einmal unterstrichen hat.[396] Alle Tatbestände des 30. Abschnitts sollen die Ordnungsgemäßheit der Amtsführung bzw. die Rechtspflege schützen. Folgerichtig muss die Bewährung dieses kollektiven Interesses auch für § 340 StGB gelten.[397] Denn nur so lässt sich die systematische Trennung § 223 StGB und § 340 StGB erklären.[398]

2. Objektiver Tatbestand

Als Qualifikation zu §§ 223 ff. StGB verlangt der objektive Tatbestand des § 340 StGB das Vorliegen der Voraussetzungen des Grundtatbestands sowie die qualifizierenden Merkmale der Amtsträgereigenschaft des Täters und der Begehung der Tat während der Ausübung des Dienstes oder in Beziehung auf den Dienst.

a) Tatbestandlicher Erfolg

Der Grundtatbestand des § 223 StGB setzt als tatbestandlichen Erfolg entweder eine körperliche Misshandlung oder eine Gesundheitsschädigung beim Opfer voraus. Unter einer *körperlichen Misshandlung* versteht man eine üble und unangemessene Behandlung, durch die das körperliche Wohlbefinden nicht nur unerheblich beeinträchtigt wird.[399] Dem somatischen Körperverletzungsbegriff entsprechend, werden *nur physische Misshandlungen* erfasst, so dass rein psychische Beeinträchtigungen des Opfers – „die Folter seines Geistes“[400] – nicht eingeschlossen sind.[401] In diesem Sinne als „physisch“ gelten vor allem Substanzverletzungen, Ausfälle oder Herabsetzungen körperlicher Funktionen oder Verunstaltungen. Ein Schmerzempfinden ist dagegen nicht erforderlich.[402] *Seelische Misshandlungen* unterfallen dem tatbestandlichen Anwendungsbereich vor

---

393 *Fischer*, StGB, § 340 Rn. 1; tendenziell zustimmend *Kuhlen*, in: NK-StGB, § 343 Rn. 5.

394 *Hirsch*, in: LK-StGB, § 343 Rn. 1; *Horn/Wolters*, in: SK-StGB, § 343 Rn. 2 b; *Duttge*, Jura 2006, 15 (19); *Chr. Jäger*, JuS 2000, 31 (38).

395 BT-Dr. 13/8587, S. 6, 15.

396 *Chr. Jäger*, JuS 2000, 31 (38).

397 *Duttge*, Jura 2006, 15 (19).

398 Vgl. *Duttge*, Jura 2006, 15 (19).

399 Statt aller *Lackner/Kühl*, § 223 Rn. 4.

400 *Lilie*, in: LK-StGB, § 223 Rn. 8.

401 *Lilie*, in: LK-StGB, § 223 Rn. 8; *Eser*, in: Schönke/Schröder, StGB, § 223 Rn. 4; *BGH* NStZ 1986, 166; *BGH* NStZ 1997, 123.

402 *Lilie*, in: LK-StGB, § 223 Rn. 7 Für das Abschneiden von Haaren *BGH* NJW 1953, 1440.

diesem Hintergrund zumindest dann, wenn sie sich gleichzeitig körperlich, etwa durch einen Kollaps, manifestieren.[403] Andererseits darf die psychosomatische Auswirkung, die fast jede seelische Misshandlung mit sich bringt, aber nicht als Einfallstor für die Ausdehnung des Tatbestands auch auf psychische Verletzungen dienen. Dagegen spricht bereits, dass die Intensität des Verletzungserfolgs eine gewisse Erheblichkeitsschwelle überschreiten muss.[404] Bei der Anwendung des Tatbestands auf psychische Beeinträchtigungen mit physischen Auswirkungen ist daher Restriktion geboten[405]. Eine *Gesundheitsschädigung* ist jedes Hervorrufen oder Steigern eines krankhaften (pathologischen) Zustandes.[406] Ebenso wie die körperliche Misshandlung ist auch diese erfolgsbezogene Alternative nicht an ein Schmerzempfinden gebunden.[407] Erforderlich ist indes, dass die Beeinträchtigung einen Heilungsprozess notwendig macht.[408] Als Gesundheitsschädigung können danach auch psychische krankhafte Zustände angesehen werden.[409] Allerdings wird hierfür, ebenso wie bei der körperlichen Misshandlung, eine körperliche Auswirkung der psychischen Auswirkung verlangt (= somatischer Krankheitsbegriff)[410]. Zudem wurde in der Rechtsprechung für solche Fälle auch immer eine gewisse Dauerhaftigkeit oder Wiederholung der Handlung eingefordert, um die notwendige Erheblichkeit der psychischen Schädigung zu bejahen[411].

403 *Lilie*, in: LK-StGB, § 223 Rn. 8.

404 *Paeffgen*, in: NK-StGB, § 223 Rn. 9; *Joecks*, in: MünchKomm-StGB, § 223 Rn. 20.

405 Vgl. hierzu die Auflistung der Beispiele bei *Lilie*, in: LK-StGB, § 223 Rn. 8, sowie bei *Joecks*, in: MünchKomm-StGB, § 223 Rn. 20 ff.

406 Statt aller *Eser*, in: Schönke/Schröder, StGB, § 223 Rn. 5.

407 *Lilie*, in: LK-StGB, § 223 Rn. 12; *Lackner/Kühl*, § 223 Rn. 5; *Wessels/Hettinger*, BT 1, Rn. 257; BGHSt 25, 277; 36, 1 (6).

408 *Lilie*, in: LK-StGB, § 223 Rn. 13; in diesem Sinne auch *Kindhäuser*, BT 1, § 7 Rn. 8.

409 *Eser*, in: Schönke/Schröder, StGB, § 223 Rn. 6.

410 *Lilie*, in: LK-StGB, § 223 Rn. 15; *Lackner/Kühl*, § 223 Rn. 5; *Fischer*, StGB, § 223 Rn. 6; *Paeffgen*, in: NK-StGB, § 223 Rn. 3, 15; *Wessels/Hettinger*, BT 1, Rn. 258; *Kindhäuser*, BT 1, § 7 Rn. 8. Von dem somatischen Krankheitsbegriff bei der Gesundheitsschädigung abweichend *Eser*, in: Schönke/Schröder, StGB, § 223 Rn. 6, sowie tendenziell auch *Joecks*, in: MünchKomm-StGB, Vor § 223 Rn. 4 ff. und § 223 Rn. 27.

411 Als erhebliche Gesundheitsschädigung wurden im Anschluss daran etwa folgende physisch vermittelte Verletzungen der psychischen Integrität angesehen: Beeinträchtigungen durch *lang andauernden* und heftigen Fabriklärm, die zur Verschlimmerung einer Neurose führten (*OLG Koblenz* ZMR 1965, 223: Verschlimmerung einer Neurose) oder *ständiges* nächtliches Hundegebell, das beeinträchtigende Schlafstörungen des Opfers verursachte (*AG Hannover* ZMR 1965, 223 (224): Schlafstörungen). Nicht ausreichend soll dagegen die Erzeugung rein psychischer Empfindungen wie z.B. eines Angst- oder Panikgefühls sein (vgl. *BGH* NStZ 1997, 123 f.; *BGH* NJW 2003, 150 ff.).

b) Amtsbezug

Das Unrecht des Grunddelikts wird dadurch qualifiziert, dass der Täter die Körperverletzung als Amtsträger während der Ausübung seines Dienstes oder in Beziehung auf seinen Dienst begeht. Wer Amtsträger ist, ergibt sich aus der Legaldefinition des § 11 Abs. 1 Nr. 2 StGB. Durch das weitere Erfordernis der Begehung „während" oder „in Beziehung auf seinen Dienst" wird zudem ein innerer sachlicher Zusammenhang mit der Amtstätigkeit gefordert.[412] Für die Variante „in Beziehung auf seinen Dienst" ergibt sich das schon aus dem Wortlaut. Bei der Alternative „während seines Dienstes" muss dies dagegen über den Telos der Amtsdelikte, der im Missbrauch der Amtsgewalt liegt[413], hineingelesen werden. Es reicht danach nicht aus, dass ein allein zeitlicher Zusammenhang zwischen der Körperverletzung und der Dienstausübung besteht. Vielmehr muss ein zeitlicher und sachlich-innerer Zusammenhang bestehen.[414] Für die Abgrenzung der beiden Varianten „während des" und „in Beziehung auf" den Dienst ist auf den äußeren Zusammenhang der Begehung zur Dienstausübung abzustellen.[415] Steht die Handlung in äußerem und innerem Zusammenhang zur Dienstausübung, so ist sie „während" der Dienstausübung begangen. Liegt dagegen nur ein innerer, aber kein äußerer Zusammenhang vor, so ist sie „in Beziehung auf" den Dienst begangen.

3. Pönalisierung der Folter durch § 340 StGB

Ebenso wie § 343 StGB verfolgt auch § 340 StGB eine dualistische Schutzkonzeption. Neben dem individuellen Rechtsgut der körperlichen Unversehrtheit soll § 340 StGB auch das überindividuelle Rechtsgut der ordnungsgemäßen Amtsführung schützen. Gleichwohl bildet die Rechtsgüterschutzrichtung des § 340 StGB das Unrecht der Folter nicht hinreichend ab. Dies ist zum einen darauf zurückzuführen, dass im Verhältnis der tatbestandlich geschützten Rechtsgüter ganz überwiegend dem individuellen Rechtsgut der körperlichen Unversehrtheit eine Vorrangstellung gegenüber dem kollektiven Rechtsgut der ordnungsgemäßen Amtsführung eingeräumt wird. Zum anderen entspricht auch die Konkretisierung des amtsbezogenen Kollektivrechtsguts nicht dem Unrechtsgehalt der Folter. Denn durch das Interesse an einer ordnungsgemäßen Amtsführung wird zwar mittelbar auch eine Verbindung zu der für die Folter prägenden

---

412 *Hirsch*, in: LK-StGB, § 340 Rn. 5; *Cramer/Sternberg-Lieben*, in: Schönke/Schröder, StGB, § 340 Rn. 3; *Horn/Wolters*, in: SK-StGB, § 340 Rn. 5; *Lackner/Kühl*, § 340 Rn. 2; a.A. *Fischer*, StGB § 340 Rn. 2, der einen sachlichen Zusammenhang für die Variante „*während* der Ausübung seines Dienstes" als verzichtbar ansieht und dort nur auf einen zeitlichen Zusammenhang abstellt.

413 *Hirsch*, in: LK-StGB, § 340 Rn. 5.

414 *Hirsch*, in: LK-StGB, § 340 Rn. 5.

415 *Hirsch*, in: LK-StGB, § 340 Rn. 5 f.; *Cramer/Sternberg-Lieben*, in: Schönke/Schröder, StGB, § 340 Rn. 3.

Rechtsstaatlichkeit hergestellt, jedoch wird diese nicht selbst zum direkten Schutzgegenstand der Norm erhoben. Das für den Unrechtsgehalt der Folter zentrale Element der Verletzung der Menschenwürde wird im Zusammenhang mit § 340 StGB bereits gar nicht thematisiert. Zuletzt weist § 340 StGB aber auch im Hinblick auf die Androhung von Folter eine Schutzlücke auf. Da § 340 StGB als Erfolgsdelikt ausgestaltet ist, wird die Androhung von Folter nur dann als vollendete[416] Körperverletzung bestraft, wenn sie den tatbestandlichen Erfolg verursacht hat. Dieser setzt aber nach dem somatischen Körperintegritätsbegriff eine physische oder zumindest physisch vermittelte Verletzung voraus. Bleibt es hingegen – wie etwa im *„Fall Daschner"* – bei einer rein psychischen Beeinträchtigung, scheidet eine Bestrafung wegen vollendeter Körperverletzung im Amt gemäß § 340 StGB aus.[417]

III. Nötigung (§ 240 StGB)

Zuletzt kommt als Tatbestand des StGB für die Pönalisierung der Folter die Nötigung gemäß § 240 StGB in Betracht. Diese setzt voraus, dass der Täter einen Menschen mittels Gewalt oder Drohung mit einem empfindlichen Übel zu einem Tun, Dulden oder Unterlassen zwingt. In der Strafzumessungsregel des § 240 Abs. 4 Nr. 3 StGB wird zusätzlich in Form eines Regelbeispiels der „Missbrauch der Befugnisse oder der Stellung als Amtsträger" als besonders schwerer Fall der Nötigung aufgeführt. Die Besonderheit des § 240 StGB liegt in seiner Charakteristik als so genannter „offener Tatbestand". Abweichend von dem Grundsatz, dass die Tatbestandsmäßigkeit die Rechtswidrigkeit indiziert, muss bei § 240 StGB die Rechtswidrigkeit wegen des extensiven Anwendungsbereichs des Tatbestands materiell begründet werden, und zwar mittels der so genannten Verwerflichkeitsklausel des Abs. 2.[418]

1. Rechtsgüterschutz

§ 240 StGB schützt nach überwiegender Auffassung die Freiheit der Willensbildung und -betätigung.[419] Die Schutzrichtung ist somit eindimensional auf den Individualrechtsgüterschutz ausgerichtet.

---

416 Wird durch die Androhung der Körperverletzungserfolg nicht hervorgerufen, bleibt es nach § 340 Abs. 2 StGB bei der Strafbarkeit des Versuchs, der freilich gemäß § 23 Abs. 2 StGB milder bestraft werden kann als die Vollendung. Allerdings setzt die Strafbarkeit des Versuchs zudem das unmittelbare Ansetzen zur Verwirklichung des Tatentschlusses voraus, das, wenn die Grenzen zwischen strafloser Vorbereitungshandlung und strafbarem Versuch nicht eingerissen werden sollen, einer allzu weiten Auslegung nicht zugänglich ist.

417 *Schild*, in: Gehl (Hrsg.), Folter – Zulässiges Instrument im Strafrecht?, S. 59 (64).

418 *Träger/Altvater*, in: LK-StGB, § 240 Rn. 75.

419 *Lackner/Kühl*, StGB, § 240 Rn. 1; *Träger/Altvater*, in: LK-StGB, § 240 Rn. 2; *Eser*, in: Schönke/Schröder, StGB, § 240 Rn. 1; *Fischer*, StGB, § 240 Rn. 2 (jeweils m.w.N.).

2. Objektiver Tatbestand

Der Tatbestand der Nötigung verlangt die Verursachung eines Nötigungserfolgs durch eine spezielle Nötigungshandlung. Der Nötigungserfolg besteht in einem Tun, Dulden oder Unterlassen des Opfers. Als Nötigungshandlung kommen die Anwendung von Gewalt und die Drohung mit einem empfindlichen Übel in Frage. Dabei sieht sich der Gewaltbegriff des § 240 StGB vor dem Hintergrund des aus Art. 103 Abs. 2 GG und § 1 StGB folgenden Bestimmtheitserfordernisses seit jeher dem Dilemma ausgesetzt, entweder eng und bestimmt gefasst zu sein, was aber zu einer teleologisch nicht gewollten Einschränkung des Tatbestands führen würde, oder aber zugunsten eines weiten Anwendungsbereichs bewusst den Konflikt mit dem Bestimmtheitsgebot in Kauf zu nehmen. In der Folge ist um den Gewaltbegriff eine umfangreiche Diskussion entsponnen, ohne dass ein Ende in Sicht ist. Der Streit dreht sich im Kern um die Frage, inwieweit unter den Gewaltbegriff auch psychische Zwangsakte zu subsumieren sein sollen. Nachdem der ursprüngliche, rein physisch definierte Gewaltbegriff, der auf die Kraftentfaltung des Täters abstellte[420], zwischenzeitlich „entmaterialisiert“[421] und zugunsten eines schwerpunktmäßig psychischen Verständnisses aufgegeben worden war, das auch – eine geringe Kraftentfaltung auf Täterseite vorausgesetzt – eine psychische Zwangswirkung beim Opfer ausreichen ließ[422], geht der Trend nunmehr zurück in Richtung einer stärkeren Gewichtung der physischen Komponente.[423/424] Auf eine kurze Formel gebracht, kann Gewalt nach allem definiert werden als „der (zumindest auch) physisch vermittelte Zwang zur Überwindung eines geleisteten oder erwarteten Widerstandes“[425]. Gewalt kann sich dabei in zwei Erscheinungsformen äußern, nämlich zum einen als unmittelbare körperliche Einwirkung auf den Genötigten (*vis absoluta*) und zum anderen als mittelbare Gewalt durch die Einwirkung auf Willen des Betroffenen, die diesen in eine bestimmte Richtung lenkt (*vis compulsiva*).[426] Die Nötigungshandlung der *Drohung mit einem empfindlichen Übel* setzt voraus, dass der Täter dem Opfer ein Übel in Aussicht stellt, auf dessen Eintritt er Einfluss hat oder

420 RGSt 56, 87 (88); 64, 113 (115); 73, 343 (344 f.).

421 *Träger/Altvater*, in: LK-StGB, § 240 Rn. 13.

422 BGHSt 23, 46 (54).

423 BVerfGE 92, 1 (14 ff.); 104, 92 (101 ff.).

424 Jenseits der beiden Fronten der physischen und psychischen Zwangswirkung schlägt *R.-P. Calliess*, Der Begriff der Gewalt im Systemzusammenhang der Straftatbestände, S. 13 ff., 20, 31, eine teleologisch orientierte Definition des Gewaltbegriffs vor und definiert Gewalt in diesem Sinne als die „Herstellung einer *Situation* der primär physisch vermittelten *sozialen Interaktion*“.

425 *Fischer*, StGB, § 240 Rn. 8.

426 *Träger/Altvater*, in: LK-StGB, § 240 Rn. 7.

zumindest zu haben vorgibt.[427] Ein Übel ist dabei jeder Nachteil oder jede Einbuße an Werten,[428] mithin jede als nachteilig empfundene Veränderung der Außenwelt.[429]

3. Verwerflichkeit der Nötigung i.S.d. § 240 Abs. 2 StGB

Eine Besonderheit der Nötigung gemäß § 240 StGB liegt darin, dass die Tatbestandsmäßigkeit keine abschließende Präsumtion des Unrechts ermöglicht. Der Tatbestand nimmt durch seine „Offenheit" auch eine Vielzahl sozialadäquater Alltagshandlungen ins Visier, die aus kriminalpolitischer Sicht keinesfalls als strafwürdig einzustufen sind. Eine strafbare rechtswidrige Nötigung liegt daher gemäß § 240 Abs. 2 StGB nur dann vor, wenn die Anwendung des Nötigungsmittels zu dem angestrebten Zweck als verwerflich anzusehen ist. Diese so genannte „Verwerflichkeitsklausel" übernimmt die Funktion eines „Korrektivs zur Begrenzung der Strafbarkeit"[430] gemäß § 240 StGB.

Aufgrund des teleologischen Zusammenhangs zwischen der Verwerflichkeitsklausel und dem tatbestandlich beschriebenen Unrecht ist schon die dogmatische Einordnung dieser Klausel im Verbrechenssystem umstritten.[431] Während teilweise gefordert wird, sie als ein zusätzliches, korrektives Tatbestandsmerkmal anzusehen, tendiert die überwiegende Meinung dazu, die Verwerflichkeitsklausel in der Rechtswidrigkeit zu verorten.[432] Dem ist zuzustimmen. Schon der Wortlaut „*Rechtswidrig* ist die Tat, wenn …" legt dies nahe.[433] Vor allem aber streitet dafür das Argument, dass ansonsten das unstimmige Ergebnis möglich wäre, dass eine (tatbestandlich) verwerfliche Tat gleichwohl gerechtfertigt sein könnte.[434]

---

427 *Toepel*, in: NK-StGB, § 240 Rn. 94; vgl. auch *Gropp/Sinn*, in: MünchKomm-StGB, § 240 Rn. 67; *Träger/Altvater*, in: LK-StGB, § 240 Rn. 56.

428 *Träger/Altvater*, in: LK-StGB, § 240 Rn. 57; *Eser*, in: Schönke/Schröder, StGB, § 240 Rn. 9.

429 *Toepel*, in: NK-StGB, § 240 Rn. 103.

430 BVerfGE 73, 206 (247, 253 f.).

431 Besondere Relevanz hat diese Frage für die Behandlung der Irrtümer und auf das Verhältnis der Verwerflichkeit zu den allgemeinen Rechtfertigungsgründen, vgl. *Gropp/Sinn*, in: Münch/Komm-StGB, § 240 Rn. 106 ff., 117.

432 Für die Qualifizierung als Tatbestandsmerkmal vgl. *Eser*, in: Schönke/Schröder, StGB, § 240 Rn. 16 m.w.N. Für die Qualifizierung als Rechtswidrigkeitsbestandteil vgl. etwa BGHSt 2, 194 (196); 35, 270 (275 f., 279); *Träger/Altvater*, in: LK-StGB, § 240 Rn. 68; *Lackner/Kühl*, StGB, § 240 Rn. 25. Vermittelnd *Toepel*, in: NK-StGB, § 240 Rn. 139, der die Verwerflichkeit als „gesamttatbewertendes Merkmal" ansieht, bei dem die Verwerflichkeitsvoraussetzungen das Nötigungsunrecht konstituieren und damit Tatbestandsmerkmale sind, und das abschließende Gesamturteil der Verwerflichkeit zur Rechtswidrigkeit gehört.

433 *Träger/Altvater*, in: LK-StGB, § 240 Rn. 68.

434 *Träger/Altvater*, in: LK-StGB, § 240 Rn. 68.

Fraglich ist überdies, was genau unter „Verwerflichkeit" i.S.d. § 240 Abs. 2 StGB zu verstehen ist. Gesicherte Aussagen hierzu sind nicht möglich, da sich der Begriff der Verwerflichkeit als ein in höchstem Maße normativ aufgeladener Begriff einer subsumtionstauglichen Definition entzieht. Als Maßstab für die Konkretisierung der Verwerflichkeit ist die Funktion der Klausel anzulegen, die darin besteht, die aus der Zweck-Mittel-Relation folgende „Sozialwidrigkeit/soziale Unerträglichkeit"[435] des Verhaltens bzw. eine entsprechend „sittliche Missbilligung"[436] des Verhaltens zum Ausdruck zu bringen.[437] Nach ganz h.M. ist dies durch eine „umfassende Abwägung unter Berücksichtigung sämtlicher Umstände des Einzelfalls" zu ermitteln.[438] Auch über die infrage kommenden Kriterien für die Beurteilung der Verwerflichkeit herrscht keine Einigkeit.[439] Als mögliche Abwägungstopoi kommen jedenfalls die Intensität des angewendeten Zwangs, die Güter und Interessen von Täter und Opfer sowie die Motivation des Täters, die zumindest die bezweckten Nahziele einschließt, in Betracht.[440] Unter dem Vorbehalt der vom konkreten Einzelfall abhängigen Umstände gilt daher abstrakt die Formel: Je billigenswerter der verfolgte Zweck, umso tolerierbarer ist der angewendete Zwang.[441]

4. Pönalisierung der Folter durch § 240 StGB

§ 240 StGB kann eine hinreichende Pönalisierung der Folter aus mehreren Gründen nicht gewährleisten. Hauptsächlich steht entgegen, dass die Rechtsgüterschutzrichtung des § 240 StGB das Unrecht der Folter nicht widerspiegelt. Daneben hindert aber auch die Verwerflichkeitsklausel des § 240 Abs. 2 StGB eine umfassende Pönalisierung der Folter.

a) Rechtsgüterschutz und Strafzumessung

Dass § 240 StGB eine angemessene Strafbewehrung der Folter nicht leisten kann, wird bereits an der Rechtsgüterschutzrichtung des Tatbestands sichtbar. Denn § 240 StGB zielt einzig auf den Schutz des Individualrechtsguts Willens-

---

435 *Roxin*, JuS 1966, 373 (376); *Träger/Altvater*, in: LK-StGB, § 240 Rn. 69; *Horn/Wolters*, in: SK-StGB, § 240 Rn. 39 f.

436 BGHSt 17, 328 (331 f.); 18, 389 (391); 19, 263 (268) .

437 *Eser*, in: Schönke/Schröder, StGB, § 240 Rn. 17; *Gropp/Sinn*, in: MünchKomm-StGB, § 240 Rn. 124; *Träger/Altvater*, in: LK-StGB, § 240 Rn. 69; *Toepel*, in: NK-StGB, § 240 Rn. 145 ff.

438 *BVerfG* NJW 1991, 971 (972); 1992, 2688 (2689).

439 Vor allem *Roxin*, JuS 1966, 373 (376 f.), hat sich um den Versuch verdient gemacht, einen entsprechenden Katalog von Ordnungsprinzipien zu erstellen. Dazu gehören nach seiner Ansicht das Rechtswidrigkeitsprinzip, das Güterabwägungsprinzip, das Geringfügigkeitsprinzip, das Autonomieprinzip, sowie die Prinzipien des Vorrangs staatlicher Zwangsmittel und das des mangelnden Zusammenhanges.

440 *Gropp/Sinn*, in: MünchKomm-StGB, § 20 Rn. 122.

441 *Gropp/Sinn*, in: MünchKomm-StGB, § 20 Rn. 122.

bildungs- und -betätigungsfreiheit ab. Die für die Folter entscheidende überindividuelle Dimension des Unrechtsgehalts wird von § 240 StGB nicht abgedeckt. Als einem Delikt, das von jedermann verwirklicht werden kann, mangelt es der Nötigung an der für die Folter erforderlichen subordinativen Beziehung zwischen Täter und Opfer.[442] Zudem handelt es sich bei § 240 StGB um einen Auffangtatbestand der Delikte gegen die persönliche Freiheit[443], der dementsprechend so offen konzipiert ist, dass er auch Handlungen wie z.B. das Ausbremsen eines anderen Fahrzeugs oder das dichte Auffahren zur Erzwingung des Überholens[444] einschließt. Dies macht deutlich, dass § 240 StGB keinesfalls eine angemessene Pönalisierung der Folter als einer der schwersten Menschenrechtsverletzungen darstellen kann.[445] Dazu kommt, dass der dementsprechend niedrige Strafrahmen auch praktische Folgen für die Strafverfolgungverjährung hat. Diese setzt nach drei Jahren ein. Bliebe danach die Bestrafung eines Folterers allein über § 240 StGB möglich hieße das, dass eine der schwersten Menschenrechtsverletzungen nach fünf Jahren nicht mehr verfolgt werden könnte.

b) Verwerflichkeit der Folter i.S.d. § 240 Abs. 2 StGB

Soweit es die Konstellation der Rettungsfolter betrifft, steht auch die Verwerflichkeitsklausel des § 240 StGB einer umfassenden Pönalisierung der Folter entgegen, da nicht generell ausgeschlossen werden kann, dass im Einzelfall eine Rettungsfolterhandlung als nicht verwerflich zu qualifizieren ist. Der These *Jeßbergers*, „Folter ist stets verwerflich"[446], kann – jedenfalls in dieser Pauschalität – nicht zugestimmt werden. Schließlich muss die Verwerflichkeit stets im Rahmen einer Abwägung unter Berücksichtigung aller Umstände des Einzelfalls ermittelt werden. Die Verwerflichkeit der Folter kategorisch zu unterstellen, liefe vor diesem Hintergrund letztlich auf ein „Sonderstrafrecht für der Folter oder Folterandrohung Beschuldigte" hinaus.[447] Dass sich dies nicht nur verbietet sondern auch die Fragestellung verzerrt, wird deutlich, wenn man sich anstelle des konnotativ belegten Begriffs „Folter" am Gesetzeswortlaut des § 240 StGB ori-

---

442 Daran ändert sich auch nichts durch die Strafzumessungsregel des § 240 Abs. 4 S. 2 Nr. 3 StGB. Denn als Strafzumessungsregel unterliegt sie – mangels Tatbestandscharakters – keinem Anwendungszwang. Sie *kann* strafschärfend berücksichtigt werden, muss es aber nicht. Auch im „Fall Daschner" hat das *LG Frankfurt a.M.* NJW 1995, 692 (695), von der Anwendung des Regelbeispiels abgesehen, da es nach den Umständen des Falls keine „besondere Schwere" der Nötigung gegeben sah. In der Folge wirkt sich der Umstand der Amtsträgereigenschaft des Täters auch nicht konstitutiv auf das tatbestandliche Unrecht aus.

443 *Joecks*, StGB, § 240 Rn. 51.

444 Vgl. *OLG Köln*, NStZ-RR 2006, 280 f.

445 Vgl. *Herzog/Roggan*, GA 2008, 142 (148); *Fischer-Lescano*, in: Beestermöller/Brunkhorst (Hrsg.), Rückkehr der Folter, S. 142 (146).

446 *Jeßberger*, Jura 2003, 711 (714).

447 *Prittwitz*, FS-Herzberg, S. 515 (532).

entiert und demnach nicht nach der Verwerflichkeit der Folter sondern nach der Verwerflichkeit der konkreten Nötigungshandlung unter Berücksichtigung aller Umstände des konkreten Falls fragt. Vor diesem Hintergrund kommt *Prittwitz* zumindest für die Androhung von Folter – die Ausführung der Folter hält auch er für stets verwerflich – im konkreten *„Fall Daschner"* unter Berücksichtigung der dortigen speziellen Umstände zu einer Ablehnung der Verwerflichkeit.[448] Freilich darf dieses Ergebnis nicht als allgemeine Rechtfertigung der Rettungsfolter verstanden werden. Vielmehr baut *Prittwitz'* Argumentation speziell auf den Umständen des konkreten *„Fall Daschner"* auf. Und erst Recht darf dieses Ergebnis nicht als eine allgemeine Legitimierung der Folter gedeutet werden,[449] da damit bereits der Unterschied zwischen Verbot und Strafbarkeit verkannt würde. Andererseits aber ist der Grat, auf dem *Prittwitz* zu diesem Ergebnis kommt, sehr schmal. Denn – wie *Prittwitz* selbst betont[450] – die Behauptung eines wirksamen Folterverbots verliert an Überzeugungskraft, wenn gleichzeitig eine (strafrechtliche) Rechtfertigung der Folter gestattet wird. Dem ist natürlich entgegenzusetzen, dass aus der Beurteilung der Verwerflichkeit – im Gegensatz zu allen (anderen) Rechtfertigungsgründen, die stets nur zusammen mit der Verfassungsordnung gelesen werden können[451] – keine allgemeingültige Aussage über die gesamte Rechtsordnung folgt, sondern durch sie nur den besonderen Umständen des Einzelfalls Rechnung getragen wird. Jedoch ist die Gefahr nicht von Hand zu weisen, dass die Verwerflichkeitsklausel nach dem „slippery slope-Prinzip" als Einfallstor für die strafrechtliche Rechtfertigung der Rettungsfolter missbraucht wird, und damit die Absolutheit des Folterverbots zu einem bloßen Lippenbekenntnis verkommen lässt. Zumindest aber macht die Argumentation von *Prittwitz* deutlich, dass sich selbst aus dem Auffangtatbestand des § 240 StGB – jedenfalls mit Blick auf die Androhung von Folter – keine absolute Pönalisierung der Folter ableiten lässt.

IV. Zusammenfassende Würdigung der Pönalisierung der Folter in Deutschland *de lege lata*

Die vorangegangenen Ausführungen haben gezeigt, dass keiner der einschlägigen Tatbestände des StGB das Phänomen der Folter als solches hinreichend unter Strafe stellt, da entweder die Rechtsgüterschutzrichtung der Norm dem Unrechtsgehalt der Folter nicht (angemessen) entspricht, oder aber der Anwendungsbereich des Tatbestands aufgrund der Art und Weise der Verwendung

448 *Prittwitz*, FS-Herzberg, S. 515 (531 ff.).

449 So aber *P.-A. Albrecht*, in: Institut für Kriminalwissenschaften (Hrsg.), Jenseits des rechtsstaatlichen Strafrechts, S. 3 (17).

450 *Prittwitz*, FS-Herzberg, S. 515 (531).

451 Vgl. etwa für § 32 StGB die „Gebotenheit" der Verteidigung, für § 34 StGB die „Angemessenheit" der Gefahrabwendung, sowie im Übrigen den Verhältnismäßigkeitsgrundsatz.

der unrechtsbeschreibenden Merkmale zu eng gefasst ist. Es fällt auf, dass die *überindividuelle* Verletzungsrichtung der Folter im Rechtsgüterschutz der einschlägigen Tatbestände kaum Ausdruck findet. Keiner dieser Tatbestände wird von der Literatur oder der Rechtsprechung mit dem Schutz der Menschenwürde unmittelbar in Verbindung gebracht. Allein bei § 343 StGB wird teilweise auf die Absicherung der Menschenwürde verwiesen.[452] Und auch die Rechtsstaatlichkeit staatlichen Handelns wird nur von *Wagner* bei § 343 StGB und § 340 StGB als geschütztes Rechtsgut angesehen.[453]

Über den Rechtsgüterschutzgedanken hinaus führt auch die Beschreibung des jeweils tatbestandsmäßigen Verhaltens zu einer bloß fragmentarischen Erfassung des Phänomens der Folter. § 343 StGB ist aufgrund der repressiv-prozessakzessorischen Einbindung der Tathandlung und der erforderlichen Aussagenötigungsabsicht auf einen bestimmten Ausschnitt des Gesamtphänomens der Folter beschränkt. Auch § 340 StGB schützt die hinter der Norm stehenden Rechtsgüter der ordnungsgemäßen Amtsführung und der körperlichen Integrität nicht gegen alle Verhaltensweisen, sondern nur gegen solche, die zu einer physischen oder physisch vermittelten psychischen Integritätsverletzung führen. Damit aber ist vor allem die Einbeziehung der Androhung von Folter nicht sichergestellt, wenn diese keine physischen Auswirkungen nach sich zieht. In der Folge bleibt allein die allgemeine Nötigung gemäß § 240 StGB. Diese erfasst durch die Handlungsalternative „Drohung mit einem empfindlichen Übel“ zwar unproblematisch die folterrelevante Androhung einer Misshandlung. Und durch den Gewaltbegriff sind zusammen mit der Drohungsalternative – vorbehaltlich der einzelfallabhängigen Verwerflichkeitsprüfung – letztlich auch alle denkbaren Folterhandlungen unter die Norm subsumierbar.[454] Im Hinblick auf die Folter ist diese Norm aber evidentermaßen zu unspezifisch und kann damit nicht als eine angemessene Pönalisierung der Folter qualifiziert werden.

Es bleibt damit festzuhalten, dass vor dem Hintergrund des dualen Charakters der Pönalisierung, der neben der äußeren Beschreibung des unter Strafe zu stellenden Verhaltens auch und vor allem die von diesem Verhalten ausgehende Rechtsgutsbeeinträchtigung als den materiellen Kern der Pönalisierung berücksichtigen muss, eine angemessene Pönalisierung der Folter *de lege lata* nicht gewährleistet ist. Dieser duale Charakter steht auch insbesondere dem Argument entgegen, dass jedenfalls durch § 240 StGB grundsätzlich alle Folterhandlungen strafrechtlich erfasst werden. Denn erst durch die spezielle Relation zwischen dem Rechtsgut und dem rechtsgutsbeeinträchtigenden Verhalten erhält das Un-

---

452 Vgl. *Wiedemann*, Die Aussagenerpressung § 343 StGB, S. 17; *Schneidewin*, JZ 1955, 26; *Herzog/Roggan*, GA 2008, 142 (145). Vgl. dazu oben Teil 2 Kapitel 1 I. 4.

453 *Wagner*, Amtsverbrechen, S. 142 ff., 178. Für § 343 StGB tendenziell zustimmend *Amelung*, FS-Dünnebier, S. 487 (514).

454 Vgl. *Gromes*, Präventionsfolter, S. 97.

terstrafestellen eines (Unrechts-) Verhaltens seinen normativen Sinn.[455] Dies wird am Beispiel der Folter besonders deutlich. Als eine der schwersten Menschenrechtsverletzungen muss sie *als solche* umfassend unter Strafe gestellt sein. Dagegen ist es unzureichend, wenn sie nur *irgendwie*, d.h. durch ein undifferenziertes und unspezifisches Geflecht von Rechtsgut/Rechtsgütern und Angriffsverhalten pönalisiert wird.[456] Damit müssen nämlich Urteile wie das des *LG Frankfurt a.M.* vom 20.12.2004 im *„Fall Daschner"* in Kauf genommen werden, die die Problematik der (straf-) rechtlichen Bewertung der Folter mehr vernebeln als aufklären. Zu Recht hat auf diese Unzulänglichkeit jüngst auch die *Große Kammer des EGMR* in aller Deutlichkeit hingewiesen.[457]

Das Ergebnis der Untersuchung der aktuellen Gesetzeslage ist von folgenreicher Bedeutung. Denn eine solchermaßen verkürzte Pönalisierung der Folter steht im Verdacht, jedenfalls hinter dem normativen Anspruch der strafrechtlichen Absicherung des Folterverbots zurückzubleiben und die aus dem expliziten Pönalisierungsgebot des Art. 4 Abs. 1 FoK folgenden Anforderungen nicht zu erfüllen.

---

455 Vgl. die Ausführungen in Teil 3 Kapitel 2 I. 1. b).

456 *Fischer-Lescano*, in: Beestermöller/Brunkhorst (Hrsg.), Rückkehr der Folter, S. 142 (146).

457 Vgl. *Gäfgen ./. Deutschland*, Urt. der Großen Kammer des EGMR vom 01.06.2010, Z. 123.

Kapitel 2: Pönalisierung der Folter in anderen Staaten

Da es sich bei der Folter um ein universelles Phänomen handelt, lohnt es sich – insbesondere im Hinblick auf den zu entwickelnden Vorschlag einer Pönalisierung der Folter in Deutschland *de lege ferenda* –, eine kurze rechtsvergleichende Betrachtung der Pönalisierung der Folter in anderen Staaten anzustellen. Hierzu werden nachfolgend die Strafgesetzeslagen in Frankreich, Griechenland und der Türkei analysiert. Die Vergleiche sind insbesondere deshalb von besonderem Interesse, weil sich diese Staaten ebenso wie Deutschland als Vertragsstaaten der Anti-Folter-Konvention[458] gemäß Art. 4 Abs. 1 FoK dazu verpflichtet haben, alle Folterhandlungen nach ihrem Strafrecht als Straftaten anzuerkennen und mit angemessenen Strafen zu bedrohen.

I. Frankreich

Der Blick auf die Pönalisierung der Folter in Frankreich liegt nahe, weil Frankreich in der Historie des Menschenrechtsschutzes stets eine tragende Rolle gespielt hat. Bereits in der Erklärung der Rechte des Menschen und Bürgers aus dem Jahre 1789 – der ersten Menschenrechtserklärung in Europa – war in Art. 7 eine Bestrafung für willkürliche Justizakte vorgesehen.[459] Mit dieser Verknüpfung von Menschenrechten und strafrechtlicher Ahndung ihrer Verletzungen nahm Frankreich sogar die Vorreiterrolle in der Geschichte des Menschenrechtsschutzes weltweit ein.[460]

1. Strafgesetzeslage

Die Folter ist im französischen code pénal unter dem Kapitel „Verletzungen der körperlichen oder seelischen Unversehrtheit der Person“[461] gemäß Art. 222-1 bis 222-6 code pénal explizit als solche unter Strafe gestellt. In Art. 222-1 code pénal, dem Grundtatbestand, heißt es:

> „Wer eine Person foltert oder brutal misshandelt, wird mit 15 Jahren Zuchthaus bestraft.“

458 In allen drei Staaten gilt die UN-Anti-Folter-Konvention (in Frankreich seit dem 26.06.1987, in Griechenland seit dem 05.11.1988 und in der Türkei seit dem 01.03.1988). In Deutschland ist die Konvention am 31.10.1990 in Kraft getreten.

459 Vgl. die Ausführungen bei *Neubacher*, Kriminologische Grundlagen einer internationalen Strafgerichtsbarkeit, S. 49.

460 *Neubacher*, Kriminologische Grundlagen einer internationalen Strafgerichtsbarkeit, S. 49.

461 Systematisch eingeordnet ist dieses Kapitel in Buch II („Verbrechen und Vergehen gegen die Person“), Titel II („Angriffe gegen Menschen“).

Die darauf folgenden Art. 222-2 bis 222-6 code pénal sehen zahlreiche Strafschärfungen für kasuistisch formulierte erfolgs-, begehungsbezogene oder sonstige Umstände vor, die das Unrecht des Art. 222-1 code pénal erhöhen. Unter anderem wird die Strafe nach Art. 222-3 Nr. 7 code pénal zugemessen, wenn die Folter bei einer oder anlässlich der Ausübung eines Amts vorgenommen wird:

> „Die in Art. 222-1 bezeichnete Straftat wird mit 20 Jahren Zuchthaus bestraft, wenn sie begangen wird (Nr. 7) von einer Person, die Inhaber öffentlicher Gewalt oder die mit einer öffentlichen Aufgabe betraut ist, bei oder anlässlich der Ausübung ihres Amtes oder der Erfüllung ihrer Aufgabe."

2. Auffälligkeiten

Die Pönalisierung der Folter nach Art. 222 code pénal lässt sowohl im Hinblick auf den hinter Art. 222-1 bis 222-6 code pénal stehenden Unrechtsgehalt als auch hinsichtlich der für die Tatbestandsformulierung und -konkretisierung verwendeten Merkmale Auffälligkeiten erkennen.

a) Schutzrichtung

Bereits die systematische Platzierung der Folter in Buch II Titel I Kapitel II des code pénal verdient besonderes Augenmerk. Gegenstand dieses Kapitels sind diejenigen Delikte, die eine Verletzung der körperlichen oder seelischen Unversehrtheit der Person darstellen. Dass die Folter gerade dort verortet wird, muss überraschen, da der code pénal mit Kapitel V in Buch II, Titel II auch einen eigenen Abschnitt für „Verletzungen der Würde der Person" enthält. Zu diesen Verletzungen der Würde zählen nach dem Gesetz beispielsweise „Diskriminierungen", „Zuhälterei" oder „Beschäftigung und Unterbringung unter menschenunwürdigen Bedingungen"; nicht aber die Folter, obgleich nach allgemeiner Ansicht die Verletzung der Menschenwürde den Schwerpunkt des materiellen Unrechts der Folter bildet. Die Zuordnung im code pénal erstaunt umso mehr, als die systematische Unterteilung in Verletzungen gegen die körperliche Unversehrtheit und Verletzungen gegen die Würde erst im Zuge der Reformierung des code pénal zwischen 1976 und 1992[462] unternommen wurde[463]. Zu diesem Zeitpunkt aber war die völkerrechtliche Charakterisierung der Folter als einer Verletzung der Menschenwürde insbesondere durch die UN-Anti-Folter-Konvention[464] und durch die Rechtsprechung des *EGMR* zu Art. 3 EMRK[465] be-

---

462 Der aktuell geltende „nouveau code pénal" als das Ergebnis der Reformbemühungen ist am 01.03.1994 in Kraft getreten.

463 Vgl. *Hübner/Constantinesco*, Einführung in das französische Recht, S. 131, 137 ff.

464 Zwar wurde die FoK erst 1984 verabschiedet. Die Entstehungsgeschichte reicht jedoch zurück in die 1970er-Jahre (vgl. zur Geschichte der FoK *Raess*, Der Schutz vor Folter im Völkerrecht, S. 119 ff.).

465 Vgl. etwa *Tyrer ./. Vereinigtes Königreich*, Urt. des EGMR vom 25.03.1993, Z. 33; *Bati und andere ./. Türkei*, Urt. des EGMR vom 03.06.2004, Z. 119; *Ribitsch ./. Österreich*,

reits bekannt, so dass die Zuordnung der Folter in die Deliktsgruppe der Menschenwürdeverbrechen folgerichtig gewesen wäre.

b) Merkmale

Als Tatbestandsmerkmale werden in Art. 222-1 code pénal allein die Folter und die brutale Misshandlung genannt. Eine verbindliche Definition der Begriffe „Folter“ und „brutale Misshandlung“ i.S.d. Art. 222-1 code pénal fehlt jedoch. Da das französische Rechtssystem monistischer Natur ist[466] – d.h. völkerrechtliche Vorschriften sind im innerstaatlichen Recht unmittelbar anwendbar, so dass das nationale und das internationale Recht eine Einheit bilden[467] –, kann als Maßstab auf die völkerrechtlichen Begriffsbestimmungen, und hier insbesondere auf Art. 1 Abs. 1 FoK, zurückgegriffen werden. Im Hinblick die Unterschiede bei den einzelnen völkerrechtlichen Begriffsbestimmungsansätzen[468] stellen sich aber zwangsläufig Bedenken ein, ob durch die Rezeption der völkerrechtlichen Folterdefinitionen in das nationale (Straf-) Recht die Begriffe „Folter“ und „brutale Misshandlung“ – und hier insbesondere auch die Abgrenzung dieser beiden Begriffe voneinander – ein hinreichendes Maß an Bestimmtheit erlangen können. Als Ansatz für eine nationalrechtliche Definition der Folter existiert in Frankreich lediglich ein Rundschreiben der französischen Regierung, in dem festgestellt wird, dass es zwar keine eindeutige Definition von Folter gebe, gleichwohl aber „jede Handlung, mit der einer Person vorsätzlich akute Schmerzen oder Leiden psychischer wie physischer Natur zugefügt werden, als Folter eingestuft werden“[469]. Sofern man diese Definition als Maßstab anlegt, ergeben sich vor allem bei dem Merkmal „*akute* Schmerzen“ Schwierigkeiten hinsichtlich der gebotenen Bestimmtheit.

aa) Beschränkung auf „akute“ Schmerzen

Durch das Abstellen auf „akute“ Schmerzen oder Leiden entspricht das Folterverständnis der französischen Regierung zwar der völkerrechtlichen Begriffsbestimmung des Art. 1 Abs. 1 FoK. Mit Blick auf die EMRK und die dortige graduelle Unterscheidung zwischen Folter, unmenschlicher und erniedrigender Behandlung greift dieses tendenziell enge Folterverständnis jedoch, insbesondere

---

Urt. des EGMR vom 04.12.1995, Z. 38; *Selmouni ./. Frankreich*, Urt. des EGMR vom 28.07.1999, Z. 99.

466 Vgl. Art. 55 der französischen Verfassung.

467 *Kunig*, in: Vitzthum (Hrsg.), Völkerrecht, 2. Abschnitt Rn. 31. Diese systematische Entscheidung zieht hier allerdings eine Inkonsistenz nach sich, da auf diese Weise mit dem völkerrechtlichen Folterverständnis, das auf den Schutz der Menschenwürde aufbaut, und dem Folterverständnis i.S.d. Art. 222-1 code pénal zwei – dem Unrechtsgehalt nach – unterschiedliche Folterverständnisse in ein- und derselben Rechtsordnung nebeneinanderstehen.

468 Vgl. hierzu die Ausführungen oben in Teil 1 Kapitel 1 I. 1.

469 *Amnesty International*, Frankreich auf der Suche nach Gerechtigkeit, S. 40.

wegen des rechtssystematischen Monismus, zu kurz. Denn sobald die Schwelle zu den *akuten* Schmerzen nicht erreicht wird, kommt eine Bestrafung nach Art. 222 code pénal nicht in Betracht. Die EMRK erfasst jedoch über die enge begriffliche Folter hinaus auch unmenschliche und erniedrigende Behandlungen. Da Art. 222 code pénal eine solche Unterscheidung aber nicht kennt – abgesehen von dem Begriff der „brutalen Misshandlung", der aber erstens ebenfalls ein sehr enges begriffliches Verständnis nahe legt und zweitens mangels verbindlicher Definition für eine Abgrenzung auch wenig geeignet ist –, und zudem in den Art. 222-2 ff. code pénal auch keine Privilegierungsregelungen gegenüber der Folter vorgesehen sind, drohen solche Misshandlungen aus dem tatbestandlichen Anwendungsbereich herauszufallen. Dies wäre aber insbesondere deswegen problematisch, weil nach der Rechtsprechung des *EGMR* zu Art. 3 EMRK eine klare Definierung der „Folter" im begrifflichen Sinne – gerade auch in Abgrenzung zu den anderen Misshandlungsformen – nicht möglich und auch nicht sinnvoll ist[470], so dass im Ergebnis die Folter und die unmenschliche Behandlung nicht klar voneinander getrennt werden können. Dieser Umstand birgt für die französische Strafgesetzeslage nun aber die Gefahr, dass unmenschliche Behandlungen mit Nähe zur Folter nicht unter Art. 222-1 code pénal zu subsumieren sind. Bestätigt wird diese These durch den Fall *Selmouni ./. Frankreich*[471]. *Ahmed Selmouni*, der wegen Drogenhandels von der französischen Polizei verhaftet worden war, war während der Polizeiverhöre schwer misshandelt worden. Die Verurteilung der Beamten wurde aber nicht auf Art. 222 code pénal gestützt. Sie wurden stattdessen wegen „Verübung organisierter und besonders schwerer Gewalttätigkeiten" verurteilt – freilich mit einem erheblich geringeren Strafmaß, als es Art. 222-1 code pénal vorsieht. Erst der *EGMR* stellte hier die Qualifizierung der Misshandlungen als „Folter" fest.[472] Letztlich wurde also eine als im Sinne des Völkerrechts als Folter zu qualifizierende Handlung nicht nach dem Folterstraftatbestand des Art. 222 code pénal abgeurteilt.

bb) Art. 222-1 code pénal als Jedermannsdelikt

Neben der Beschränkung auf die *akuten* Schmerzen fällt bei der Pönalisierung der Folter in Art. 222-1 bis 6 code pénal als Besonderheit auf, dass die Amtsträgereigenschaft des Täters nicht als konstitutiv für die Folter angesehen wird. Der „Grundtatbestand" des Art. 222-1 code pénal ist als „Jedermannsdelikt" ausgestaltet. Die Amtsträgereigenschaft führt „lediglich" nach Art. 222-3 Nr. 7 code pénal zu einer Strafschärfung. Folter ist im Sinne des code pénal danach kein genuines Amtsunrecht. Vor allem in diesem Punkt weicht das Folterverständnis des französischen code pénal entscheidend vom völkerrechtlichen

---

470 S.o. Teil 1 Kapitel 1 I. 1. b) cc).

471 *Selmouni ./. Frankreich*, Urt. des EGMR vom 28.07.1999.

472 *Selmouni ./. Frankreich*, Urt. des EGMR vom 28.07.1999, Z. 105.

Folterverständnis ab und führt insoweit hinsichtlich des rechtssytemischen Monismus von Völkerrecht und nationalem Recht zu weiteren Inkonsistenzen.

3. Beurteilung aus der Perspektive des deutschen Strafgesetzgebers

Die Pönalisierung der Folter in Frankreich ist aus der Perspektive des deutschen Strafgesetzgebers wegen ihres hohen Maßes an Unbestimmtheit kritisch zu beurteilen. In das deutsche Strafrecht ließe sich die Norm des Art. 222-1 code pénal nicht übertragen. Denn nach Art. 103 Abs. 2 GG muss eine Strafnorm hinreichend bestimmt sein, d.h. „die Voraussetzungen der Strafbarkeit [sind] so konkret zu umschreiben, dass Tragweite und Anwendungsbereich der Straftatbestände zu erkennen sind und sich durch Auslegung ermitteln lassen“[473]. Was genau aber als „Folter“ oder als „brutale Misshandlung“ anzusehen ist, lässt sich nicht präzise sagen. Auch die umfangreiche kasuistische Aufzählung einzelner Strafschärfungsgründe ist letztlich Ausdruck der Hilflosigkeit bei der Beschreibung des überaus komplexen Phänomens der Folter. Insgesamt mangelt es der Norm daher, an deutschen Maßstäben gemessen, an der erforderlichen hinreichenden Bestimmtheit.

II. Griechenland

Der Blick auf die Pönalisierung der Folter in Griechenland ist vor allem wegen der jüngeren griechischen Historie interessant. Nach einem Putsch übernahm im April 1967 das Militär die Macht in Griechenland. Während der bis zum Juli 1974 andauernden Diktatur der „Obristen“ wurde die Folter regelmäßig zur Unterdrückung des politischen Widerstands angewandt.[474] Als die Diktatur gescheitert war, sollte vor allem durch die strafrechtliche Verfolgung der Systemverbrechen, und hier insbesondere der Folterungen, Aufarbeitung geleistet und das Bekenntnis zu Demokratie und Rechtsstaatlichkeit bekräftigt werden.[475] Mangels Existenz eines expliziten Folterstraftatbestands – für die Verurteilung musste teilweise auf das Militärstrafgesetzbuch zurückgegriffen werden[476] –, wurde dem Gesetzgeber mit dem Inkrafttreten der durch die Menschenrechtsverletzungen in der Diktatur geprägten[477] neuen Verfassung im Juni 1975 durch deren Art. 7 Abs. 2 ausdrücklich ein Pönalisierungsauftrag erteilt.[478] Diesen

---

473 BVerfGE 87, 209 (223 f.).

474 *Spirakos*, Folter als Problem des Strafrechts, S. 59 f.

475 *Amnesty international*, Folter in Griechenland, S. 11.

476 *Amnesty international*, Folter in Griechenland, S. 95.

477 *Spengler*, Systemwandel in Griechenland und Spanien, S. 131.

478 In Art. 7 Abs. 2 der griechischen Verfassung heißt es: „Folter, körperliche Misshandlung, Schädigung der Gesundheit, Ausübung psychologischen Drucks sowie jegliche andere Verletzung der Menschenwürde sind verboten und werden nach Maßgabe des Gesetzes bestraft.“

Auftrag hat der Gesetzgeber durch den Erlass des § 137a StGB-GR zu erfüllen versucht.

1. Strafgesetzeslage

Die Pönalisierung der Folter nach § 137a StGB-GR steht unter der Überschrift „Folter und andere Verletzungen der Menschenwürde". Den Grundtatbestand bildet § 137a Abs. 1 StGB-GR. Danach wird bestraft, wer als

> „Beamter oder Angehöriger des Militärs, zu dessen Pflichten die Durchsuchung, die Verfolgung und die Untersuchung strafwürdiger Handlungen oder Disziplinarvergehen oder die Strafvollstreckung oder die Beaufsichtigung der Gefangenen gehört, einer Person, die seiner Macht untersteht, während seiner Pflichterfüllung Folter mit dem Ziel zufügt, a) von ihr oder einer Drittperson ein Geständnis, Aussage, Information oder Erklärung, insbesondere Desavouierungs- oder Zusageerklärung politischer oder anderer Ideologie zu erlangen; b) sie zu bestrafen; c) sie oder eine Drittperson einzuschüchtern".

Eine Definition des Begriffs „Folter" enthält Abs. 2. „Folter" ist danach

> „jede systematische Verursachung schwerer körperlicher Schmerzen oder körperlicher Erschöpfung, die gefährlich für die Gesundheit sind, oder psychischer Schmerzen oder Leiden, die geeignet sind, einen ernsten psychischen Schaden herbeizuführen, ebenso wie jede gesetzeswidrige Verwendung von chemischen, narkotischen oder künstlichen Mitteln, die geeignet sind, den Willen des Opfers zu beugen".

Wie sich aus der Definition von § 137a Abs. 2 StGB-GR ergibt, werden als „Folter" i.S. von § 137a Abs.1 StGB-GR nur solche Handlungen erfasst, die einer anderen Person *schwere* Schmerzen zufügen. Um diesbezüglich einerseits keine Lücken entstehen zu lassen, andererseits aber die Folter als besonders strafwürdig zu kennzeichnen, werden durch § 137a Abs. 3 StGB-GR weniger gravierende Schmerzzufügungen gesondert unter Strafe gestellt. Dort heißt es:

> „Körperliche Misshandlung, Gesundheitsschädigung, Ausübung gesetzwidriger körperlicher Gewalt oder psychischen Drucks sowie jede andere ernste Verletzung der Menschenwürde, die von den Personen, unter den Umständen und mit den Zielen begangen wird, die Abs. 1 vorsieht, falls sie nicht Folter im Sinne des Abs. 2 ist, wird mit Gefängnis nicht unter drei Jahre bestraft, wenn sie nicht nach anderer Vorschrift schwerer zu bestrafen ist. Als Verletzung der Menschenwürde gelten besonders a) die Anwendung von Lügendetektoren; b) die lang dauernde Isolation; c) die ernste Verletzung der Geschlechtswürde."

2. Auffälligkeiten

Bei der Pönalisierung der Folter und der anderen Menschenwürdeverletzungen nach § 137a StGB-GR war der griechische Strafgesetzgeber – anders als der französische Gesetzgeber bei Art. 222-1 code pénal – ganz offensichtlich um ein möglichst hohes Maß an Bestimmtheit der Norm bemüht. Die Präzisierungen der Norm sind dabei im Wesentlichen Ausfluss der Erfahrungen mit der Obristendiktatur. Sie stellen insoweit eine Reaktion auf das Regimeunrecht dar. Deutlich wird dies etwa bei der expliziten Inklusion „moderner" Foltermethoden, wie z.B. der Verwendung chemischer Mittel (Abs. 2) oder des Lügendetektors (Abs. 3). Durch die Präzisierungen sollte ganz offenbar die Wahrscheinlichkeit der praktischen Anwendbarkeit der Norm erhöht und damit dem möglichen Vorwurf einer bloßen Symbolwirkung der Norm entgegengewirkt werden.

a) Schutzrichtung

Die Schutzrichtung des § 137a StGB-GR ist durch den Normtitel „Folter und andere Verletzungen der Menschenwürde" klar vorgegeben. Neben der Menschenwürde soll der Tatbestand aber auch die Teilnahme des Einzelnen am Staat schützen. Gemeint ist damit die organisatorische Fähigkeit des Einzelnen, mit Amtsträgern in kommunikative Beziehungen zu treten, um Einfluss auf den Staat – beispielsweise in einem Strafverfahren – zu nehmen.[479] Durch diesen Aspekt soll die Charakteristik der Folter und Menschenwürdeverletzung als Amtsunrecht unterstrichen werden.

b) Merkmale

Aus dem Streben nach Bestimmtheit der Normformulierung resultieren mit Blick auf die Tatbestandsmerkmale einige Auffälligkeiten. Schwierigkeiten ergeben sich dabei insofern, als die Präzisierungsversuche maßgeblich auf die Erfahrungen mit dem Regimeunrecht zurückzuführen sind und durch diese Beschränkung des Blickwinkels das Phänomen der Folter teilweise verkürzt abgebildet wird.

aa) Schmerzzufügung

Besonders deutlich tritt der Zusammenhang zwischen dem Streben nach einem möglichst hohen Grad an Präzision und der unmittelbaren Unrechtserfahrung bei dem Merkmal der Schmerzzufügung zutage, indem hier durch die beispielhafte Aufzählung bestimmter Verletzungshandlungen, wie z.B. der Verwendung von chemischen Mitteln (Abs. 2) oder eines Lügendetektors (Abs. 3) typische Foltermethoden des totalitären Machtapparats beschrieben werden. Durch deren explizite Benennung sollte klargestellt werden, dass sich die Möglichkeiten zur Misshandlung von Menschen den chemischen und technischen Möglichkeiten der Zeit angepasst haben und auch diese Methoden als Folter zu qualifizieren sind. Ob diese Beispielstechnik zu einer Erhöhung der Transparenz führt, kann mit guten Argumenten bezweifelt werden. Ebenso kann man das Zur-Regel-Machen von Beispielen nämlich auch und gerade als Hilflosigkeit bei der Konkretisierung des abstrakten Phänomens der Folter deuten. In diesem Sinne spricht der Konkretisierungsversuch gerade für die Unbestimmtheit des Tatbe-

479 *Spirakos*, Folter als Problem des Strafrechts, S. 195.

stands. Vor allem dadurch, dass die Aufzählung der Beispiele nicht abschließend ist, und die Beispiele durchaus gravierend voneinander abweichen[480], wird die Unbestimmtheit geradezu demonstrativ zur Schau gestellt. Wenn dieser Gesetzgebungstechnik also eine Aussage entnommen werden kann, dann nicht etwa, dass es sich bei der Folter um einen hinreichend bestimmten Rechtsbegriff handelt, sondern dass es sich gerade um einen unbestimmten Rechtsbegriff handelt und damit letztlich jede Handlung, sofern sie *dem Kontext nach* eine Menschenwürdeverletzung darstellt, dem Anwendungsbereich des Tatbestands unterfällt.

bb) Amtsträgereigenschaft des Täters

Auch die Beschreibung des Täterkreises erweist sich als nicht unproblematisch. Täter der Folter kann danach zunächst nur ein Beamter oder Angehöriger des Militärs mit besonderen Amtspflichten sein. Durch § 137a Abs. 1 S. 2 StGB-GR wird der Täterkreis allerdings auch auf andere Beamte erstreckt, die auf Befehl ihres Vorgesetzten oder freiwillig handeln. Zudem muss der Amtsträger die Tathandlung (= Schmerzzufügung) auch innerhalb seiner Pflichterfüllung begehen. Durch diesen Kontext wird eine bestimmte Tatsituation gefordert. Außerhalb dieses Zusammenhangs stehende Schmerzzufügungen werden vom Tatbestand dagegen nicht erfasst.

cc) Zweckverfolgung

Zuletzt setzt die Strafbarkeit sowohl wegen Folter gemäß § 137a Abs. 1 StGB-GR als auch wegen einer anderen Verletzung der Menschenwürde gemäß § 137a Abs. 3 StGB-GR die Verfolgung eines bestimmten Zwecks voraus, obwohl die Definition der Folter gemäß § 137a Abs. 2 StGB-GR einen solchen Zweck nicht einfordert. Als mögliche Zwecke werden die Aussageerlangung, die Bestrafung und die Einschüchterung angeführt. Da die Aufzählung nicht beispielhaft sondern enumerativ ist, muss einer dieser Zwecke erfüllt sein, um das tatbestandsmäßige Handeln i.S.d. § 137a Abs. 1, 3 StGB-GR bejahen zu können. Dies ist insofern problematisch, als im Zweifelsfall entweder der Begriff „einschüchtern" so weit auszulegen ist, dass er unbestimmt wird, oder aber bestimmte phänomenologisch als „Folter" zu qualifizierende Misshandlungen (z.B. solche Misshandlungen wie die in Abu Ghraib) aus dem tatbestandlichen Anwendungsbereich herausfallen. Misshandlungen wie in Abu Ghraib hatte der griechische Gesetzgeber 1975 freilich nicht im Blick. Vielmehr erfolgten die Formulierung des Tatbestands und die Definition der Folter vor dem Hintergrund der Erfahrungen mit dem eigenen Unrechtsregime. Und diesbezüglich war die Folter als Systemunrecht ganz überwiegend vorgenommen worden, um Regimegegner zu Geständnissen bzw. Aussagen zu bewegen, sie zu bestrafen

480 Vgl. etwa in Abs. 3 die Verwendung des Lügendetektors, die Geschlechtswürde und die Isolationshaft.

oder aber um sie einzuschüchtern. Gemessen an der Gesamtphänomenologie der Folter greift die Begriffsbestimmung des § 137a StGB-GR damit zu kurz.

3. Beurteilung aus der Perspektive des deutschen Strafgesetzgebers

Die Berteilung des § 137a StGB-GR aus der Perspektive des deutschen Strafgesetzgebers muss zwischen der Pönalisierung der Folter nach Abs. 1, 2 und der Pönalisierung der „anderen Verletzungen der Menschenwürde" nach Abs. 3 unterscheiden. Die Pönalisierung der Folter durch § 137a Abs. 1, 2 StGB-GR weist offensichtlich Schnittmengen mit dem deutschen Tatbestand der Aussageerpressung nach § 343 StGB auf. Der entscheidende Unterschied zwischen beiden Normen liegt jedoch darin, dass § 343 StGB ein repressiv-prozessakzessorisches Amtsverbrechen ist, während § 137a StGB-GR einen solchen Zusammenhang nicht voraussetzt. Damit reicht § 137a StGB-GR wesentlich weiter als § 343 StGB.

Aus der Perspektive des nationalen Strafgesetzgebers ist vor allem die Pönalisierung der „anderen ernsthaften Verletzungen der Menschenwürde" nach § 137a Abs. 3 StGB-GR auffällig. Denn eine solche Auffangregelung, die den Schutzbereich des Tatbestands vor jedwedem Eingriff schützen soll, ist dem deutschen StGB fremd. Dort kommt als Flankierung des § 343 StGB unter den Amtsdelikten nur § 340 StGB in Betracht, der aber sowohl im Hinblick auf den Rechtsgüterschutz als auch hinsichtlich des tatbestandsmäßigen Verhaltens erheblich von § 343 StGB abweicht. Dogmatisch auffällig ist darüber hinaus die Verwendung der Verletzung der Menschenwürde als Tatbestandsmerkmal bei § 137a Abs. 3 StGB-GR.[481] Dem tatbestandlichen Unrecht der Menschenwürdeverletzung entsprechend, erfasst § 137a Abs. 3 StGB-GR die gesetzes*widrige* Zufügung von Schmerzen, da eine gesetz*mäßige* Zufügung freilich nicht gegen die Menschenwürde verstoßen kann. Dogmatisch hat dies zur Konsequenz, dass die Rechtswidrigkeit der Handlung bereits auf Tatbestandsebene geprüft werden muss und damit die Rechtswidrigkeit zum Tatbestandsmerkmal erhoben wird.[482]

III. Türkei

Ein Blick auf die Pönalisierung der Folter in der Türkei lohnt aus rechtsvergleichender Sicht deswegen, weil die dortigen Folter-Strafnormen noch jungen Datums sind, und die Strafgesetzeslage daher gewissermaßen als aktueller strafrechtlicher Spiegel der Phänomenologie der Folter angesehen werden kann. Die Bedeutung der Pönalisierung der Folter in der Türkei erhellt sich jedoch erst vor dem historisch-politischen Kontext, nämlich den Verhandlungen über den Bei-

---

481 Vgl. hierzu unten Teil 3 Kapitel 2 II. 2. a) cc) (1) (a) (dd) sowie Teil 3 Kapitel 2 II. 2. c).

482 Vgl. insoweit auch die dogmatischen Ausführungen zum Vorschlag eines *de lege ferenda* zu schaffenden deutschen Straftatbestands der Folter unter Teil 3 Kapitel 2 II. 2. b) bb) (2) (b) (aa).

tritt der Türkei in die EU. Jeder EU-Beitrittskandidat muss die so genannten „Kopenhagener Kriterien“[483] erfüllen, um in die EU aufgenommen werden zu können. Dazu gehört gemäß Art. 49 S. 1 EU-Vertrag (EUV) i.V.m. Art. 6 Abs. 1 EUV die (nachweisbare) Anerkennung und Achtung der Grundsätze der Freiheit, der Demokratie, der Menschenrechte und Grundfreiheiten sowie der Rechtsstaatlichkeiten. Im Dezember 1999 erhielt die Türkei den offiziellen Status eines Beitrittskandidaten. Auf dem Gipfel von Kopenhagen 2002 beschloss die EU, im Dezember 2004 über die Aufnahme von Beitrittsverhandlungen zu entscheiden – vorausgesetzt, die Türkei erfülle bis dahin die „Kopenhagener Kriterien“. Durch diese Aussicht bedingt entstand ein politisches Klima, das in der Türkei umfangreiche Verfassungsänderungen und eine wesentliche Reform des Straf- und Strafprozessrechts ermöglichte.[484] In der Folge trat am 01.06.2005 das reformierte Strafgesetzbuch in Kraft, das mit Blick auf die Folter gründlich verändert wurde und diese nun ausdrücklich unter Strafe stellt.

1. Strafgesetzeslage

Den Grundtatbestand der Folter bildet Art. 94 Abs. 1 StGB-T. Dort heißt es:

> „Mit Freiheitsstrafe von drei Jahren bis zu zwölf Jahren wird bestraft, wer als Amtsträger Handlungen gegenüber einer Person vornimmt, die mit der Menschenwürde unvereinbar sind und die dazu führen, dass die Person körperliche oder seelische Schmerzen erleidet, ihre Wahrnehmungs- und Willensfähigkeit beeinträchtigt wird und die Person erniedrigt wird.“

In Abs. 2 werden Umstände aufgezählt, die das Unrecht der Tat und damit den Strafrahmen erhöhen, Art. 95 StGB-T regelt die erfolgsqualifizierte Folter. Zudem umfasst Art. 96 StGB-T als Tatbestand der „Quälerei“ im Wesentlichen diejenigen Misshandlungen, die mangels Amtsträgereigenschaft des Täters nicht unter die §§ 94, 95 StGB-T subsumiert werden können.

2. Auffälligkeiten

Ebenso wie § 137a StGB-GR stellt Art. 94 StGB-T explizit die Menschenwürde als den Kern des Unrechts der Folter in den Mittelpunkt der Pönalisierung. Vorausgesetzt wird, dass das Opfer körperliche oder seelische Schmerzen erleidet. Eine besondere Schwere der Verletzung, wie sie im Völkerrecht für die Folter im begrifflichen Sinne gefordert wird, verlangt Art. 94 StGB-T nicht. Täter der Folter muss nach dem Wortlaut des Art. 94 StGB-T ein Amtsträger sein. Nicht

483 Als „Kopenhagener Kriterien“ werden diejenigen Kriterien bezeichnet, deren Erfüllung vom Europäischen Rat auf dem Gipfeltreffen am 22.06.1993 in Kopenhagen als unverzichtbare Voraussetzung für die Aufnahme eines Beitrittskandidaten in die EU angesehen wurde (vgl. http://ue.eu.int/ueDocs/cms_Data/docs/pressData/de/ec/72924.pdf).

484 *Aras*, ZEuS 2007, 219 (228); *Tellenbach*, Reformen in Strafrecht, Strafprozessrecht und Strafvollzugsrecht – Ein erster Überblick über die türkischen Reformgesetze des Jahres 2004, S. 1.

erforderlich ist, dass der Amtsträger eine besondere Stellung innehat oder in einer bestimmten Funktion handelt. Vielmehr kommt als Täter *jeder* Amtsträger in Betracht. Zudem verlangt Art. 94 StGB-T nicht, dass mit der Verletzung der körperlichen Integrität ein bestimmter Zweck verfolgt wird.

3. Beurteilung aus der Perspektive des deutschen Strafgesetzgebers

Bei der Pönalisierung der Folter in der Türkei fällt zunächst auf, dass die der Pönalisierung zugrunde liegende Phänomenologie der Folter im Wesentlichen mit dem oben in Teil 1 entwickelten Verständnis von Folter deckt. Primär wird auf den Unrechtsgehalt – und hier vor allem auf die Verletzung der Menschenwürde – abgestellt. Daran anknüpfend wird mit einem im Vergleich zum Völkerrecht tendenziell offenen Begriff von Folter gearbeitet, der weder dem Grad der zugefügten Schmerzen oder Leiden noch der Verfolgung eines bestimmten Zwecks eine konstitutive Bedeutung für die Menschenwürdeverletzung beimisst. Andererseits aber wird vor allem durch die begriffliche und tatbestandliche Differenzierung zwischen „Folter" und „Quälerei" die Unverzichtbarkeit der Amtsträgereigenschaft des Täters betont. Strafgesetzgebungsspezifisch müssen sich aus Sicht des deutschen Strafgesetzgebers gleichwohl Bedenken einstellen. Indem nämlich gefordert wird, dass die Handlung „unvereinbar mit der Menschenwürde ist", „sie zu einer Beeinträchtigung der Willensfähigkeit der Person führen muss", und „sie zu einer Erniedrigung der Person führen muss", werden drei Erfolgsbeschreibungen zu Tatbestandsmerkmalen erhoben, die in hohem Maße abstrakt und somit – gemessen an den aus Art. 103 Abs. 2 GG erwachsenden Anforderungen – zu unbestimmt sind.

IV. Zusammenfassung

Auffällig an der Betrachtung der Pönalisierung der Folter in Frankreich, Griechenland und der Türkei ist, dass im Gegensatz zum deutschen Strafrecht in allen drei Rechtsordnungen der Begriff „Folter" verwendet wird – wenngleich auch in unterschiedlichem systematischem Zusammenhang und in unterschiedlicher Weise. Auch ist in diesen Strafrechtssystemen die Menschenwürde als Schutzgegenstand der strafrechtlichen Norm explizit anerkannt, und wird – mit Ausnahme des französischen code pénal[485] – die Folter als Menschenwürdeverletzung unter Strafe gestellt. Damit verglichen ist die Art und Weise der Pönalisierung der Folter in Deutschland eher defensiv und indirekt. Schließlich wird der Begriff „Folter" im StGB weder genannt, noch wird bei den einschlägigen Tatbeständen auf die Menschenwürde als Schutzgegenstand rekurriert. Damit scheint auf den ersten Blick die strafrechtliche Absicherung des Folterverbots in Deutschland weniger umfassend und effektiv zu sein als in den verglichenen Rechtsordnungen. Ob dies aber auch tatsächlich der Fall ist, darf angesichts

485 S.o. Teil 2 Kapitel 2 I.

Anwendungsdefizite der „Folternormen“ in diesen Ländern allerdings bezweifelt werden.[486] Zudem ist der deutsche Strafgesetzgeber durch das aus Art. 103 Abs. 2 GG folgende Bestimmtheitsgebot gebunden, das ihn dazu verpflichtet, Straftatbestände so zu beschreiben, dass Tragweite und Anwendungsbereich der Straftatbestände zu erkennen sind und demnach die Strafbarkeit eines Verhaltens voraussehbar ist.[487] Eine Pönalisierung der Folter als solcher, ohne eine definitorische Erläuterung – wie etwa in Frankreich – kann es daher im deutschen Strafrecht nicht geben. Trotz dieser Unterschiede lassen sich aber – gerade mit Blick auf eine *de lege ferenda*-Pönalisierung der Folter in Deutschland – einige interessante Aspekte aus den verglichenen Rechtsordnungen entnehmen, auf die später zurückzukommen sein wird, wie z.B. die Verwendung des Angriffs auf die Menschenwürde als Tatbestandsmerkmal[488] oder die Verwendung der Rechtswidrigkeit als Tatbestandsmerkmal[489].

---

486 Für Frankreich wird dies deutlich an dem *„Fall Selmouni“*, in dem erst durch den *EGMR* das Verhalten der französischen Polizeibeamten als Folter qualifiziert wurde, vgl. *Selmouni ./. Frankreich*, Urt. des EGMR vom 28.07.1999, Z. 105. Zur mangelhaften Effektivität der Pönalisierung der Folter in Griechenland vgl. v.a. die Ausführungen von *Spirakos*, Folter als Problem des Strafrechts, S. 86 ff., sowie von *Pfeiffer*, in: Amnesty International (Hrsg.), Folter, S. 15 ff. Eine Bewertung der Effektivität der Pönalisierung der Folter in der Türkei von belastbarer Aussagekraft ist kaum möglich, da die Strafgesetzeslage erst seit drei Jahren gilt. Bislang aber üben sich die Gerichte bei der Anwendung der Norm tendenziell eher in Zurückhaltung.

487 BVerfGE 75, 329 (342); 87, 209 (223 f.).

488 Vgl. hierzu unten Teil 3 Kapitel 2 II. 2. a) cc) (1) (a) (dd) sowie Teil 3 Kapitel 2 II. 2. c).

489 Vgl. hierzu unten Teil 3 Kapitel 2 II. 2. b) bb) (2) (b).

Teil 3: Pönalisierung der Folter *de lege ferenda*

Nachdem in Teil 2 festgestellt wurde, dass die Folter in Deutschland *de lege lata* nicht nur nicht als solche unter Strafe gestellt ist, sondern auch die einschlägigen Tatbestände das Phänomen der Folter nicht vollständig abdecken, indem sie entweder nicht alle phänotypischen Verhaltensweisen erfassen oder aber den Unrechtsgehalt der Folter als einer Verletzung der Menschenwürde und der Rechtsstaatlichkeit nicht hinreichend zum Ausdruck bringen, soll nun in Teil 3 der Versuch unternommen werden, eine „optimale" Pönalisierung der Folter *de lege ferenda* zu entwickeln. Der Begriff „*optimale* Pönalisierung" ist dabei in einem gesetzgebungstechnischen Sinne zu verstehen und meint die möglichst präzise strafrechtliche Spiegelung des spezifischen Unrechtsgehalts der Folter unter gleichzeitiger Berücksichtigung aller möglichen Verhaltensweisen, die dieses spezielle Unrecht betreffen. Hierfür müssen zuerst die allgemeinen Grundlagen der Pönalisierung als Akt der Strafgesetzgebung ermittelt werden. Es muss geklärt werden, unter welchen Voraussetzungen und innerhalb welcher Grenzen eine legitime Pönalisierung überhaupt möglich und zulässig ist. Anschließend sind diese Grundsätze dann auf den konkreten Fall der Folter zu übertragen, mit dem Ziel, einen konkreten Vorschlag zur Optimierung der Strafgesetzeslage zu unterbreiten.

Kapitel 1: Grundlagen der Pönalisierung

Die Legitimität einer Pönalisierung hängt im Wesentlichen von zwei Aspekten ab. Zum einen muss der konkret in Rede stehende Pönalisierungsgegenstand in inhaltlicher Hinsicht den an die Strafgesetzgebung gestellten Anforderungen genügen. Und zum anderen ist zu klären, mit welcher Dringlichkeit der Gesetzgeber zur Umsetzung der Pönalisierung aufgerufen ist. Hinsichtlich beider Aspekte muss der Gesetzgeber dabei sowohl nationale als auch völkerrechtliche Erwägungen und Vorgaben berücksichtigen.

I. Pönalisierungssequenzen

Mit Blick auf die möglichen Pönalisierungsinhalte und die -bedingungen lassen sich die Voraussetzungen einer legitimen Strafgesetzgebung auf drei Fragen zuspitzen: erstens „was *darf* unter Strafe gestellt werden?", zweitens „was *kann* unter Strafe gestellt werden?", und drittens „(inwieweit) *soll* oder gar *muss* das, was unter Strafe gestellt werden darf und kann, auch unter Strafe gestellt werden?". Anknüpfend an die bei *Sax*[490] angelegte grundsätzliche Unterscheidung zwischen Strafwürdigkeit und Strafbedürftigkeit lassen sich die ersten beiden Fragen unter dem Oberbegriff „Pönalisierungs*würdigkeit*" zusammenfassen, während die dritte Frage die „Pönalisierungs*bedürftigkeit*" betrifft. Es sind damit

490 *Sax*, in: Bettermann/Nipperdey/Scheuner (Hrsg.), Die Grundrechte, Bd. III/2, S. 909 ff.

zwei Kategorien, die als unterschiedliche Pönalisierungssequenzen über die Legitimität einer Pönalisierung entscheiden.[491]

1. Pönalisierungswürdigkeit

Der Sequenz der Pönalisierungswürdigkeit wurden die beiden Fragen „was *darf* unter Strafe gestellt werden?" und „was *kann* unter Strafe gestellt werden?" zugeordnet. In dieser Weise erfüllt die Pönalisierungs*würdigkeit* einen doppelten Zweck. Neben der normativen Dimension der *Werthaftigkeit* des in Rede stehenden Verhaltens als Gegenstand der Strafgesetzgebung ist zudem die dogmatische Dimension der *Möglichkeit* zur Umsetzung dieses als pönalisierungswerthaft anerkannten Verhaltens in einen Straftatbestand angesprochen.

Ausgangspunkt der Pönalisierungswürdigkeitserwägungen muss dabei die Pönalisierungswerthaftigkeit sein. Es muss zuerst geklärt werden, ob die inhaltliche Qualität eines Verhaltens die normative Zuordnung zu dem Bereich des Strafrechts überhaupt trägt. Nur wenn dies der Fall ist, ist anschließend im Rahmen der Pönalisierungs*möglichkeit* – losgelöst von teleologischen Erwägungen – zu untersuchen, ob oder inwieweit dieses Verhalten unter Berücksichtigung der dogmatischen Regeln auch rechtstatsächlich unter Strafe gestellt werden kann. In diesem Kontext nimmt dann das gemäß Art. 103 Abs. 2 GG verfassungsrechtlich verankerte Bestimmtheitsgebot eine zentrale Rolle ein. Es verpflichtet den Gesetzgeber dazu, Straftatbestände so konkret zu beschreiben, dass Tragweite und Anwendungsbereich der Straftatbestände zu erkennen sind und demnach die Strafbarkeit eines Verhaltens voraussehbar ist.[492] Die Pönalisierungsmöglichkeit erfüllt so gegenüber der normativen Werthaftigkeit intern die Funktion eines originär strafgesetzgebungs*kritischen* Moments, indem sie die Bedeutung der allgemeinen strafrechtlichen Werthaftigkeit einschränkt und die Pönalisierungswürdigkeit um die speziellen straf*gesetzgebungs*dogmatischen Bedingungen erweitert.

2. Pönalisierungsbedürftigkeit

Gegenstand der zweiten Pönalisierungssequenz, der Pönalisierungsbedürftigkeit, ist die Frage, ob und inwieweit der Gesetzgeber das jeweilige Verhalten, das grundsätzlich unter Strafe gestellt werden darf und kann, auch unter Strafe stellen *soll* oder gar *muss*. Diese Kategorie bildet den instrumentellen Teil der Strafgesetzgebung, indem hier die Strafdrohung als Mittel zu dem ihr im Sinne der Pönalisierungswürdigkeit vorgegebenen Zweck diskutiert wird.[493] Davon ausgehend, dass dem Gesetzgeber generell ein Ermessen in der Entscheidung über das Ob und Wie einer Pönalisierung zusteht,[494] ist dies der Ort, an dem die

491 Vgl. insoweit auch *Voß*, Symbolische Gesetzgebung, S. 140 ff.

492 BVerfGE 75, 329 (342); 87, 209 (223 f.).

493 *Voß*, Symbolische Gesetzgebung, S. 148.

494 Vgl. etwa BVerfGE 39, 1 (44).

kriminalpolitischen Argumente über das Für und Wider des konkreten Pönalisierungsakts anzubringen sind. Aus deren Überzeugungskraft folgt dann die Dringlichkeit des Auftrags zur Pönalisierung.

II. Quellen für die möglichen Inhalte und Bedingungen einer legitimen Pönalisierung

Die inhaltliche Ausgestaltung der beiden Pönalisierungssequenzen kann aus zweierlei Richtungen beeinflusst werden, nämlich der nationalen und der internationalen. Vorrangig und dem Grundsatz nach ist die Strafgesetzgebung (noch?[495]) eine nationale Angelegenheit,[496] d.h. die Pönalisierungsgegenstände folgen aus nationalen Erwägungen, und die Bedingungen ihrer Umsetzung in geltendes Strafrecht sind nach nationalen Maßstäben zu bemessen. Zunehmend aber drängt sich – vor allem mit Blick auf die wachsende Bedeutung der Europäisierung von Politik und Recht, aber auch mit Blick auf die Globalisierung über die Grenzen Europas hinaus – die Frage auf, welchen Einfluss die supranationalen Entwicklungen und Verflechtungen auf die nationale Strafgesetzgebung haben.[497] Besonders virulent ist diese Frage naturgemäß auf den Feldern der Bekämpfung von grenzüberschreitender organisierter Kriminalität und Menschenrechtsverletzungen. Auch für die Pönalisierung der Folter müssen somit neben nationalen Erwägungen internationale Einflüsse eine Rolle spielen, da die Folter als universelles Phänomen Gegenstand mehrerer völkerrechtlicher Verträge ist[498].

Dass die Existenz zweier Einflussrichtungen auf die nationale Strafgesetzgebung großes Konfliktpotenzial für diejenigen Fälle birgt, in denen die beiden Einflussrichtungen dem Strafgesetzgeber inkongruente Aufträge erteilen, ist wegen des dadurch unvermeidbar entstehenden Spannungsverhältnisses zwischen der internationalen politischen Verflechtung auf der einen Seite und der nationalen (Strafgesetzgebungs-) Souveränität auf der anderen Seite evident.[499] Auf die

495 Zu den Chancen eines internationalen Strafrechts *Prittwitz*, Jahrbuch für Recht und Ethik 11 (2003), 469 ff.

496 Ausnahmen zu diesem Grundsatz gibt es bereits jetzt schon. Zu nennen ist hier vor allem das echte Völkerstrafrecht des IStGH-Statuts. Praktisch größere Auswirkungen für das deutsche Strafrecht hat jedoch die mittelbare Beeinflussung durch das Recht der Europäischen Union. So wurde beispielsweise infolge der Geldwäscherichtlinie des Rates vom 10.06.1991 mit § 261 StGB eigens ein Straftatbestand in das Strafgesetzbuch eingefügt, vgl. hierzu *Braum*, Europäische Strafgesetzlichkeit, S. 161 ff.

497 Vgl. hierzu vor allem die Monographien von *Satzger*, Die Europäisierung des Strafrechts, 2001, *Braum*, Europäische Strafgesetzlichkeit, 2003, *Neubacher*, Kriminologische Grundlangen einer internationalen Strafgerichtsbarkeit, 2005 und *Deutscher*, Die Kompetenzen der Europäischen Gemeinschaften zur originären Strafgesetzgebung, 2000.

498 S.o. Teil 1 Kapitel 1 I. 1.

499 Ausführlich hierzu *Köhler*, Jahrbuch für Recht und Ethik 11 (2003), 435 ff.

folgerichtige Anschlussfrage nach einem möglichen Vorrangverhältnis zwischen beiden Einflüssen gibt es (noch) keine allgemeine und verbindliche Antwort. Diesen Streit auf allgemeiner Ebene zu führen, geschweige denn ihn zu entscheiden, kann im Rahmen der vorliegenden Untersuchung allerdings nicht unternommen werden. Dies würde den Rahmen der Untersuchung überstrapazieren und zwangsweise zu einer thematischen Verlagerung des Schwerpunkts führen. Daher kann und wird darauf nur so weit eingegangen werden, als dies für den konkreten Fall der Pönalisierung der Folter entscheidungserheblich ist.[500]

Kapitel 2: Pönalisierungswürdigkeit der Folter

Im Rahmen der Pönalisierungswürdigkeit gilt es zu klären, inwieweit die Folter unter Strafe gestellt werden *darf* und *kann*. Dafür müssen zuerst auf abstrakter Ebene die diesbezüglichen nationalen und völkerrechtlichen Maßstäbe ermittelt werden, ehe diese dann anschließend auf den konkreten Fall der Folter angewendet werden können.

I. Nationale und internationale Maßstäbe der Pönalisierungswürdigkeit

Bei der Erörterung der nationalen und internationalen Strafgesetzgebungseinflüsse ist zuerst der nationale Bezugsrahmen zu untersuchen, ehe dann anschließend die völkerrechtlichen Vorgaben erörtert werden. Schließlich ist die Strafgesetzgebung überwiegend nach wie vor eine nationale Angelegenheit.

1. Nationaler Bezugsrahmen: Die Rechtsgüterschutzlehre

Ob ein Verhalten nach nationalen Maßstäben als pönalisierungswürdig zu qualifizieren ist, hängt im Anschluss an den *materiellen Verbrechensbegriff* von der *inhaltlichen Qualität* des Verhaltens ab.[501] Diese inhaltlichen Voraussetzungen strafbaren Handelns bemessen sich wiederum danach, was – ganz allgemein – als legitime Aufgabe des Strafrechts anzusehen ist.[502] In den Fokus des Strafgesetzgebers darf nur dasjenige Verhalten gelangen, für welches das Strafrecht seiner Aufgabenbestimmung nach auch zuständig ist. Umgekehrt muss sich die Strafgesetzgebung außerhalb des strafrechtlichen Aufgabenkreises mit Legitimationsdefiziten konfrontiert sehen. Die Legitimität der Strafgesetzgebung korrespondiert daher mit der Aufgabe des Strafrechts.

---

500 Vgl. dazu unten Teil 3 Kapitel 2 II. 1. sowie Teil 3 Kapitel 3 II. 3. b).

501 *Appel*, Verfassung und Strafe, S. 337; *Roxin*, AT I, § 2 Rn. 1. Im Gegensatz dazu ist nach dem formellen Verbrechensbegriff dasjenige Verhalten als straf- und pönalisierungswürdig anzusehen, das vom geltenden Recht zum Verbrechen erklärt wird, vgl. *Appel*, Verfassung und Strafe, S. 337.

502 *Roxin*, JuS 1966, 377 (381); *Sternberg-Lieben*, in: Hefendehl/v. Hirsch/Wohlers (Hrsg.), Die Rechtsgutstheorie, S. 65; *M. Marx*, Zur Definition des Begriffs „Rechtsgut“, S. 25.

Als Aufgabe des Strafrechts werden in der Literatur etwa die „Ermöglichung der freien Entfaltung der Persönlichkeit aller Bürger durch das Bewusstsein allgemeiner Sicherheit und allgemeiner Achtung der Menschenrechte“[503] oder die „Schaffung der Voraussetzungen für ein gedeihliches Zusammenleben freier Staatsbürger“[504] angesehen. Sie ist folglich eng verknüpft mit dem Zweck des Staats überhaupt[505] und muss daher an diesen Zweck angelehnt werden. Der Zweck des Staats nun liegt – nach einer Formulierung *Roxins* – darin, „einer im Staatsverband zusammengefassten Gruppe nach außen und innen die Bedingungen einer ihren Lebensbedürfnissen gerecht werdenden Existenz zu schaffen und zu sichern“[506]. Konkretisiert man diese Bedingungen als „Güter“[507], so folgt daraus, dass der Staat als Zentralgewalt den Bürgern diejenigen Güter zugänglich machen und ihre Nutzung sicherstellen muss, die für eine den Bedürfnissen der Bürger gerecht werdende Existenz notwendig sind. Übertragen auf das Strafrecht liegt dessen Aufgabe als Mittel des Staats zur Verwirklichung dieses Auftrags mithin, auf den Punkt gebracht, im Rechtsgüterschutz.[508] Dabei ist das Strafrecht innerhalb der Gesamtrechtsordnung speziell für diejenigen rechtsgutsbeeinträchtigenden Verhaltensweisen zuständig, die dem sozialen Ordnungsgefüge in besonders gravierender Weise zuwiderlaufen und in diesem Sinne als *sozialschädlich* zu gelten haben, weil sie die Dyade von Beeinträchtigendem und Beeinträchtigtem überschreiten und von Belang für die gesamte Gesellschaft sind[509]. Als Teil des Gesamtsystems der sozialen Kontrolle[510] soll das Strafrecht dabei nicht nur Konflikte wegen bereits begangener gravierender Rechtsgutsbeeinträchtigungen bewältigen, sondern auch und vor allem entsprechende Beeinträchtigungen für die Zukunft verhindern. Da das Strafrecht aber wegen seiner erheblichen Eingriffswirkung in die Freiheitssphäre der Bürger das schärfste Schwert der sozialen Kontrolle darstellt, muss es auf *sozialschädliche*, d.h. besonders gravierende Rechtsgutsbeeinträchtigungen beschränkt

---

503 *Jescheck/Weigend*, AT, S. 3; *Sternberg-Lieben*, in: Hefendehl/v. Hirsch/Wohlers (Hrsg.), Die Rechtsgutstheorie, S. 65 (67).

504 *Rudolphi*, FS-Honig, S. 151 (160).

505 *Roxin*, JuS 1966, 377 (381); *Sternberg-Lieben*, in: Hefendehl/v. Hirsch/Wohlers (Hrsg.), Die Rechtsgutstheorie, S. 65.

506 *Roxin*, JuS 1966, 377 (381).

507 Vgl. v.a. *Birnbaum*, Archiv des Criminalrechts n.F., 1834, 149 (175 f.).

508 Vgl. *Roxin*, AT I, § 2 Rn. 1 ff. m.w.N. Kritisch zum Begriff des Rechtsgüter*schutzes* *Prittwitz*, in: Neumann/Prittwitz (Hrsg.), „Personale Rechtsgutslehre“ und „Opferorientierung im Strafrecht“, S. 97 (Fn. 16), der diese Formulierung für ungenau hält, soweit sie impliziere, dass der Schutz eines Rechtsguts durch Strafrecht als empirische Feststellung nachgewiesen sei.

509 *Hassemer/Neumann*, in: NK-StGB, vor § 1 Rn. 70.

510 Vgl. hierzu v.a. *Hassemer*, Theorie und Soziologie des Verbrechens, S. 196 ff.; *Hassemer/Steinert/Treiber*, in: Hassemer/Lüderssen (Hrsg.), Sozialwissenschaften im Studium des Rechts, Bd. III, S. 1 (45 ff.).

bleiben. Als *ultima ratio* des Rechtsgüterschutzes darf es nur zur „Verarbeitung der schwersten Konflikte mit den schärfsten Mitteln“[511] herangezogen werden.[512]

Indem man also über die allgemeine Aufgabe des Strafrechts den *Rechtsgüterschutzgedanken* als Zentraltopos der Pönalisierungswürdigkeit zu einem entscheidenden materiellen Kriterium legitimer Strafgesetzgebung erhebt und ihm damit eine über die systemimmanente Funktion als Auslegungshilfe hinausgehende systemkritische Bedeutung zuweist[513], erwächst daraus zwangsläufig die Pflicht, konkret zu benennen, was genau mit dem Credo „Rechtsgüterschutz durch Strafrecht“ gemeint ist, und was genau sich hinter dem Begriff des Rechtsguts verbirgt. Der mögliche Schärfegrad der Konturierung des Rechtsgutsbegriffs und des Rechtsgüterschutzgedankens entscheidet somit zugleich über das Ausmaß des strafgesetzgebungskritischen Potenzials dieser Konzeption.[514] Je profilierter Begriff und Konzeption sind, desto klarer kann die Grenze zwischen pönalisierungswürdigem und nicht pönalisierungswürdigem Verhalten gezogen werden, und umso höher ist die gesetzgebungskritische Wirkungskraft der Konzeption. Umgekehrt sinkt mit mangelnder Möglichkeit der Differenzierung die strafgesetzgebungskritische Eignung des Konzepts. Vor diesem Hintergrund muss es als das Hauptproblem der Rechtsgüterschutzlehre angesehen werden, dass über den Inhalt des Rechtsgüterschutzgedankens und über den Begriff des Rechtsguts nach wie vor kein Konsens besteht.[515]

Der nachfolgende Versuch einer Klärung des Inhalts des Rechtsgüterschutzgedankens erfolgt über zwei Schritte. Zunächst wird untersucht, was genau sich

---

511 *Hassemer*, Einführung in die Grundlagen des Strafrechts, S. 319.

512 Zum *ultima ratio*-Prinzip *Prittwitz*, in: Institut für Kriminalwissenschaften Frankfurt a.M. (Hrsg.), Vom unmöglichen Zustands des Strafrechts, S. 387 (391 f.).

513 Die Begriffe „systemimmanent“ und „systemkritisch“ gehen zurück auf *Hassemer*, Theorie und Soziologie des Verbrechens, S. 19 ff.

514 Vgl. *Hassemer*, in: Duttge (Hrsg.), Gedächtnisschrift für Ellen Schlüchter, S. 133 (153).

515 Zu den unterschiedlichen Rechtsgutsverständnissen *Roxin*, AT I, § 2 Rn. 2 ff. m.w.N. Es ist noch nicht einmal unbestritten, dass das Rechtsgüterschutzkonzept überhaupt der Gradmesser legitimer Strafgesetzgebung ist (zu den abweichenden Ansichten s. *Roxin*, AT I, § 2 Rn. 103 ff. m.w.N.). Strafgesetzgebungskritik durch Rechtsgüterschutzdogmatik ist daher keine Selbstverständlichkeit; diese Konzession müssen die Anhänger dieser Lehre machen. Da eine ausführliche Auseinandersetzung mit diesen beiden Fundamentalkritikpunkten aber – sofern eine solche überhaupt möglich ist – den Rahmen des Untersuchungsgangs der vorliegenden Arbeit sprengen würde, muss hier auf sie verzichtet werden. Weder kann eine ausführliche Verteidigung der Rechtsgutslehre gegen andere mögliche gesetzgebungskritische Konzepte vorgenommen werden, noch kann eine hinreichende Würdigung sämtlicher zum Rechtsgüterschutz und Rechtsgutsbegriff vertretenen Ansichten erfolgen. Die nachfolgenden Ausführungen stellen daher nicht den Anspruch, sich gegenüber anderen Rechtsgutsansätzen durchzusetzen, sondern sie sind vielmehr das Produkt der Entwicklung eines möglichst präzisen und realitätsnahen gesetzgebungskritischen Konzepts.

hinter dem Begriff des Rechtsguts verbirgt und wann demzufolge „Etwas" die Qualität eines Rechtsguts zukommt. Anschließend wird auf die möglichen strafrechtlich relevanten Beeinträchtigungen der so ermittelten Rechtsgüter eingegangen. Diese zweigeteilte Betrachtungsweise erscheint insofern geboten, als „Rechtsgüter*schutz*" notwendig voraussetzt, dass die Rechtsgüter gegen „Etwas" zu schützen sind und geschützt werden können, nämlich gegen bestimmte Beeinträchtigungen durch menschliches Verhalten.

a) Begriff des Rechtsguts

Der Begriff des Rechtsguts ist äußerst umstritten.[516] Von seiner formalen Deutung als „rechtlich geschütztes Gut"[517] ausgehend, bietet sich für eine Annäherung die Zerlegung in seine Bestandteile „Recht" und „Gut" an. Beide sprechen zwei unterschiedliche Aspekte des Gesamtbegriffs an, nämlich einen wertbezogenen (Recht) und einen seinsbezogenen (Gut).[518]

aa) Rechts-*Gut (Wertaspekt)*

Mit dem Wertaspekt ist die teleologische Komponente des Rechtsguts angesprochen. Es geht hier darum zu ermitteln, welche Inhalte überhaupt als *Rechts*güter durch das Strafrecht zu schützen sein sollen. Anzuknüpfen ist dabei an die allgemeine Aufgabe des Strafrechts. Aus dieser lassen sich entsprechende Aussagen für den strafrechtlichen Begriff des Rechtsguts sowohl aus der negativen Abgrenzung zu nicht strafwürdigen Inhalten als auch aus positiven Vorgaben gewinnen.

(1) Negativ-abgrenzende Dimension des Wertaspekts

Die negativ-abgrenzende Dimension des Wertaspekts des Rechtsgutsbegriffs knüpft an den Grundsatz an, dass für den Einsatz des Strafrechts als des schärfsten Schwertes der sozialen Kontrolle eine restriktive Handhabung geboten ist. Strafrechtlicher Schutz kann danach überhaupt nur für die wichtigsten Werte in Betracht kommen; diejenigen also, die für ein friedliches Zusammenleben und die freie Entfaltung der Bürger unabdingbar sind[519]. Im Umkehrschluss kann daraus negativ gefolgert werden, dass in jedem Fall rein moralische oder ideologische Vorstellungen gerade nicht als strafrechtliche *Rechts*güter in Betracht kommen können, da sie nicht existenziell für ein friedliches und freiheitliches Zusammenleben der Bürger sind.[520] Zu Recht wurde deshalb die Strafbarkeit der Homosexualität (§ 175 StGB. a.F.) abgeschafft, deren Legiti-

---

516 Vgl. Die Nachweise bei *Roxin*, AT I, § 2 Rn. 2 ff.

517 *Hefendehl*, Kollektive Rechtsgüter im Strafrecht, S. 18; *Rudolphi*, in: SK-StGB, vor § 1 Rn. 4.

518 *M. Marx*, Zur Definition des Begriffs „Rechtsgut", S. 9 f.; *Sina*, Die Dogmengeschichte des strafrechtlichen Begriffs „Rechtsgut", S. 93.

519 Vgl. oben Teil 3 Kapitel 2 I. 1. a) aa).

520 *Roxin*, AT I, § 2 Rn. 13, 17 ff.; *Hohmann*, Das Rechtsgut der Umweltdelikte, S. 138.

mität lange Zeit auf moralische Vorstellungen gestützt wurde.[521] Und ebenso zu Recht hat *Hassemer* in seinem Sondervotum zur Entscheidung des *BVerfG* über die Verfassungsmäßigkeit des „Inzeststraftatbestands" (§ 173 StGB)[522] eine rechtsgutsgestützte Legitimierung dieses Straftatbestands ausgeschlossen.[523] Werden solche Werte zum Schutzgegenstand strafrechtlicher Normen erhoben, wird zu Recht von einem illegitimen *Schein*rechtsgüterschutz gesprochen.[524]

(2) Positiv-abgrenzende Dimension des Wertaspekts

Eine positive Abgrenzung des Rechtsgutsbegriffs über den Wertaspekt lässt sich dadurch erreichen, dass man inhaltlich festlegt, für welche Werte überhaupt strafrechtlicher Schutz in Betracht kommen soll. Es liegt nahe, diesbezüglich als Anknüpfungspunkt auf die Verfassung zu rekurrieren. Schließlich sind in ihr die wesentlichen Wertentscheidungen unserer Gesellschaft festgelegt.[525] Zwar trifft die Verfassung mit Ausnahme von Art. 26 Abs. 1 GG keine unmittelbaren Aussagen über mögliche Inhalte des Strafrechts. Jedoch wird immerhin mittelbar, insbesondere aus den Grundrechten, ersichtlich, welche Werte von so zentraler Bedeutung für den Bürger und die Gesellschaft sind, dass sie eines besonders intensiven Schutzes bedürfen. Mithin liegt die Annahme nahe, dass diese Werte auch strafrechtlich zu schützen sind.[526] Freilich darf dies nicht so verstanden werden, als seien die Grundrechte in entsprechende Strafdrohungen zu verlängern.[527] Vielmehr dienen sie bloß als Anhaltspunkte für möglicherweise durch das Strafrecht zu schützende Inhalte.

Über die Grundrechte hinaus lassen sich auch aus dem der Verfassung zugrunde liegenden *Leitbild* Aussagen über die Teleologie des strafrechtlichen Rechtsgutsbegriffs gewinnen. Denn mit der Grundnorm des Art. 1 Abs. 1 GG wird der Mensch in den Mittelpunkt gestellt und dadurch ein anthropozentrisches Leitbild der Verfassung konstituiert, das in den nachfolgenden Grundrechten sowie durch die Verfassungsprinzipien – namentlich die Prinzipien der Demokratie, der Republik, der Rechtsstaatlichkeit sowie der Sozialstaatlichkeit – gefestigt und konkretisiert wird.[528] Übertragen auf das einfachgesetzliche (Straf-) Recht heißt das, dass strafrechtlich schutzwürdig in werthafter Hinsicht Dasjenige ist, was der *Mensch* benötigt, um in Freiheit leben und

521 Vgl. *Roxin*, AT I, § 2 Rn. 17.

522 BVerfG, 2 BvR 392/07, Beschluss vom 26.02.2008.

523 BVerfG, 2 BvR 392/07, Beschluss vom 26.02.2008, Z. 73 ff.

524 Vgl. etwa *Hefendehl*, Kollektive Rechtsgüter im Strafrecht, S. 27 ff.; *Hohmann*, Das Rechtsgut der Umweltdelikte, S. 137 ff.

525 Vgl. *M. Marx*, Zur Definition des Begriffs „Rechtsgut", S. 63; *Koriath*, GA 1999, 561 (581); *Rudolphi*, FS-Honig, S. 151 (158); *Hassemer*, in: Hefendehl/v. Hirsch/Wohlers (Hrsg.), Die Rechtsgutstheorie, S. 57 (58); *J. Vogel*, StV 1996, 110 ff.

526 *Hassemer/Neumann*, in: NK-StGB, vor § 1 Rn. 64.

527 *Hassemer/Neumann*, in: NK-StGB, vor § 1 Rn. 65.

528 *Schmidt-Jortzig*, FS-Isensee, S. 491 (501 f.).

sich selbst entfalten zu können. Dem entsprechend ist jede (straf-) rechtliche Teleologieerwägung an den Bedürfnissen des Menschen auszurichten, wobei dem Umstand Rechnung zu tragen ist, dass der Mensch ein Gemeinschaftswesen ist und sich nicht als Individuum jeweils für sich entfaltet, sondern im Rahmen einer Gemeinschaft mit anderen Mitmenschen. Diese intersubjektive Ausrichtung bringt man begrifflich dadurch zum Ausdruck, dass man den Menschen im rechtlichen Kontext als „Person" bezeichnet.[529]

Zusammenfassend folgt aus der Verfassung und speziell aus den Grundrechten also, dass als strafrechtlich zu schützende Güter solche Werte in Betracht kommen, die dem Inhalte nach der Person dienen.[530] Die allgemeine teleologische Schutzrichtung des Strafrechts besteht mithin im Schutz personaler *Rechts*güter.[531]

(3) Gesetzgebungskritische Konsequenzen der personalen Ausrichtung des Wertaspekts

Aus den vorangegangenen Überlegungen erhellt sich, dass der Wertaspekt für den Rechtsgutsbegriff nur ein geringes systemkritisches Potenzial beinhaltet. In negativer Hinsicht vermag der Wertaspekt bloß als Grobfilter zu fungieren. In positiver Hinsicht wird die Abgrenzungswirkung erheblich dadurch beschränkt, dass die personal ausgerichtete Teleologie des *Rechts*gutsbegriffs zwar eine generelle Richtungsentscheidung erkennen lässt, diese aber gleichwohl die Möglichkeit eines numerus clausus von strafrechtlich zu schützenden Werten ausschließt, da die Person an der Gesellschaft hängt, und die Gesellschaft dem Wandel unterworfen ist. Dadurch sind in der Folge nämlich auch die personalen *Rechts*-Güter – jedenfalls partiell – der historischen Kontingenz ausgeliefert.[532] Mit Blick auf die systemkritische Funktion des Rechtsgüterschutzgedankens bedeutet das im Ergebnis, dass der Wertaspekt insgesamt nur eine geringe Profilschärfung des Rechtsgutsbegriffs bewirken kann, da sich aus ihm kaum eindeutige Aussagen für legitime Strafgesetzgebungsinhalte gewinnen lassen.[533]

---

529 Ausführlich hierzu *Günther*, in: Neumann/Prittwitz (Hrsg.), „Personale Rechtsgutslehre" und „Opferorientierung im Strafrecht", S. 15 (17 ff.).

530 *Sternberg-Lieben*, in: Hefendehl/v. Hirsch Wohlers (Hrsg.), Die Rechtsgutstheorie, S. 65 (67).

531 Zur personalen Rechtsgutslehre vgl. *M. Marx*, Zur Definition des Begriffs „Rechtsgut", 1972 sowie v.a. *Hassemer*, Theorie und Soziologie des Verbrechens und *ders.*, in: FS-Kaufmann, S. 85 ff.

532 *Hassemer*, Theorie und Soziologie des Verbrechens, S. 106; *M. Marx*, Zur Definition des Begriffs „Rechtsgut", S. 62.

533 Zutreffend stellt *Dubber*, ZStW 117 (2005), 485 (508), mit Blick auf die Rechtsgutstheorie von *Roxin*, der die hier vertretene Ansicht hinsichtlich des Wertaspekts des Rechtsgutsbegriffs nahe steht, fest, dass durch einen so verstandenen Rechtsgutsbegriff lediglich solche Tatbestände herausgefiltert werden können, die „entweder exotisch oder obsolet" sind.

Schließlich kann vor dem skizzierten Hintergrund nahezu jeder Wert – mit Ausnahme freilich offensichtlicher Moralvorstellungen und der Ideologien – auf ein personales Interesse zurückgeführt werden.[534] Die personale Teleologie kann daher aufs Ganze gesehen allenfalls (de-) legitimations*indizierende* Wirkung entfalten, indem die strafrechtliche Schutzwürdigkeit abnimmt, je weiter dieser sich von der Person entfernt, und je mehr Schritte notwendig sind, um den personalen Bezug herzustellen.[535]

bb) Rechts-Gut *(Seinsaspekt)*

Während der Wertaspekt die teleologische Ausrichtung des Rechtsguts betrifft, geht es bei dem Seinsaspekt um die Ermittlung des gemeinsamen Substanzgehalts aller dem Wertaspekt nach zu schützenden Inhalte.[536] Ziel ist es, über die gemeinsame Substanz eine einheitliche Form zu finden, die die schutzwürdigen Werte zu schutzwürdigen *Gütern* macht. In der Literatur konkurrieren diesbezüglich unterschiedliche Beschreibungen, wie z.B. „Zustand"[537], „Gegenstand"[538], „Objekt"[539], „Funktionseinheit"[540] oder auch „Interesse"[541].

Es ist nicht verwunderlich, dass vor allem dieser Aspekt des Rechtsgutsbegriffs besonders umstritten ist. Schließlich ist es gerade die Substanz, die über den möglichen Schärfegrad der Profilierung des Rechtsgutsbegriffs und damit über die Tauglichkeit des Rechtsgüterschutzkonzepts überhaupt als Maßstab für die Beurteilung der Pönalisierungswürdigkeit von Verhaltensweisen entscheidet. Denn erst über die gemeinsame Substanz erfolgt die Systematisierung der schutzwürdigen Werte zu einem einheitlichen Konzept.[542] Und nur mit einem systematisch geschlossenen Konzept können Strafgesetzgebungsakte legitimiert

534 Dies erkennt auch *Hassemer*, ZRP 1992, 378 (381), der diese Art der Argumentation als Kennzeichen des „modernen Strafrechts" ansieht, die sich aber mit dem traditionellen Rechtsgutsverständnis nicht verträgt. Sein Vorschlag geht dahin, „diejenigen Probleme, moderner Gesellschaften, die zur Modernisierung des Strafrechts geführt haben, in einem besonderen „Interventionsrecht" zu regeln, das zwischen Strafrecht und Recht der Ordnungswidrigkeiten, zwischen Zivil- und Öffentlichem Recht angesiedelt ist, das zwar über weniger anspruchsvolle Garantien und Verfahrensregelungen verfügt als das Strafrecht, aber dafür auch mit weniger intensiven Sanktionen gegenüber einzelnen ausgestattet ist", vgl. *Hassemer*, ZRP 1992, 378 (383).

535 Vgl. *Hohmann*, Das Rechtsgut der Umweltdelikte, S. 142; *Stächelin*, in: Lüderssen (Hrsg.), Aufgeklärte Kriminalpolitik oder Kampf gegen das Böse, Bd. I, S. 239 (254).

536 Vgl. *Sina*, Die Dogmengeschichte des strafrechtlichen Begriffs „Rechtsgut", S. 93; *H. Jäger*, Strafgesetzgebung und Rechtsgüterschutz bei Sittlichkeitsdelikten, S. 9 f.

537 *H. Mayer*, AT, S. 53.

538 *M. Marx*, Zur Definition des Begriffs „Rechtsgut", S. 9 f.

539 *Manoledakis*, in: Prittwitz/Manoledakis (Hrsg.), Strafrecht und Menschenwürde, S. 9 (11).

540 *Rudolphi*, FS-Honig, S. 151 (163).

541 *Hassemer*, FS-Kaufmann, S. 85 (91).

542 *H. Jäger*, Strafgesetzgebung und Rechtsgüterschutz bei Sittlichkeitsdelikten, S. 9 f.

werden und kann umgekehrt auch Strafgesetzgebungskritik betrieben werden. Vor diesem Hintergrund erweist es sich als folgenschwerer Nachteil, dass die generelle Schwierigkeit einer jeden Systematisierung, nämlich die Ermittlung eines gemeinsamen Nenners aller Partikularbestandteile, auch bei der Suche nach dem gemeinsamen Substanzgehalt der strafrechtlich schutzwürdigen Werte Platz greift. Aufgrund ihrer Heterogenität (z.B. Leben, Leib, Freiheit, Ehre, Vermögen) ist eine gemeinsame Seinssubstanz aller zu schützenden personalen Werte schwer auszumachen. Die Folge ist ein offensichtliches Dilemma: Je strenger die Anforderungen sind, die an die Substanz des Guts gestellt werden, desto klarer kann zwar festgestellt werden, welcher Wert als strafrechtlich schutzwürdiges *Gut* in Betracht kommt und welcher nicht – und umso höher ist folgerichtig das kritische Potenzial des Rechtsgutsbegriffs. Allerdings ist dieser Profilgewinn nur zum Preis der Selektion der schutzwürdigen Werte zu haben; mit der Gefahr, dass die teleologische Komponente des Rechtsgutsbegriffs zu stark unterdrückt wird, und an sich schutzwürdige Werte nicht in den Katalog der Rechtsgüter aufgenommen werden. Umgekehrt ist die Erstellung eines vollständigen Katalogs der strafrechtlich schutzwürdigen *Güter* nur durch eine Anhebung des Abstraktheitsniveaus hinsichtlich der gemeinsamen Substanz möglich; mit der Folge, dass die Grenze zwischen strafschutzwürdigen Gütern und nicht strafschutzwürdigen Werten zwangsweise unscharf wird. Dies wiederum zieht jedoch einen Verlust an gesetzgebungskritischer Wirkungskraft der Rechtsgutslehre als Maßstab der Pönalisierungswürdigkeit nach sich.

(1) Realität und Materialität des „Guts“

Wenn das Konzept des Rechtsgüterschutzes als zentraler Legitimationstopos der Pönalisierungswürdigkeit Wirkungsmacht entfalten soll, ist im Hinblick auf den Seinsaspekt erforderlich, dass die Rechtsgüter eine *reale* Substanz aufweisen. Rechts*güter* müssen Realitätsausschnitte sein.[543] Denn um seine Funktion als Mittel der sozialen Kontrolle erfüllen zu können, muss das Strafrecht auf die Wirklichkeit rekurrieren.[544] In der Folge müssen sämtliche strafrechtlichen Regelungen an reale Substanzen anknüpfen. Umgekehrt haben alle diejenigen Deutungen des Seinsaspekts auszuscheiden, die diesen im Bereich des Ideellen verorten.[545] Dies ist im Übrigen auch insofern konsequent, als nicht-reale, ideelle

543 *Hohmann*, Das Rechtsgut der Umweltdelikte, S. 114 f.; *Hefendehl*, Kollektive Rechtsgüter, S. 28 ff.; *Hassemer*, in: AK-StGB, vor § 1 Rn. 258; *Wohlers*, Deliktstypen des Präventionsstrafrechts, S. 225 f.; *Graul*, Abstrakte Gefährdungsdelikte und Präsumtionen im Strafrecht, S 67; *Kindhäuser*, in: Schünemann/Suárez (Hrsg.), Bausteine des europäischen Wirtschaftsstrafrechts, S. 125 (129).

544 *Hassemer*, Theorie und Soziologie des Verbrechens, S. 100 ff.

545 So z.B. die Ansätze von *Baumann/Weber/Mitsch*, AT, § 3 Rn. 18 (Rechtsgut als vergeistigter ideeller Wert) und *Jescheck/Weigend*, AT, S. 257 f. (Rechtsgut als abstrakter Wert der Sozialordnung).

Werte bereits kausalgesetzlich verletzungsunanfällig sind und mithin nicht geschützt werden müssen.[546]

Es bleibt die Frage, was genau unter der „realen" Substanz des Rechts*guts* zu verstehen ist. Einen ersten Schritt dahin ermöglicht die Einsicht, dass zwischen der Realität des Rechtsguts und dessen Materialität, also der „handfesten"[547] Körperlichkeit zu unterscheiden ist.[548] Dass Realität und Materialität keine Synonyme sind, ist schon der Einsicht geschuldet, dass die Realität evidentermaßen nicht bloß aus körperlichen Gegenständen, sondern vielmehr auch aus nichtmateriellen Zusammenhängen und Umständen besteht.[549] Vor diesem Hintergrund drängt sich die weitere Frage auf, ob und inwieweit die spezielle Kategorie der nichtmateriellen Realitätsausschnitte in ein Gesamtsystem der Rechtsgüter integriert werden kann. Die Antwort auf diese Frage führt unweigerlich in das Dilemma, zwischen einem tendenziell vagen und einem selektiven Rechtsgutsbegriff entscheiden zu müssen.[550]

Auf der einen Seite steht der nichtmaterielle Rechtsgutsbegriff. Dieser kann zwar für sich beanspruchen, den Gegebenheiten der Realität Rechnung zu tragen. Jedoch hat er gleichzeitig mit zwei gewichtigen Problemen zu kämpfen. Das erste ist rechtstechnischer Natur und wurzelt im Bereich der Pönalisierungs*möglichkeit.* Es betrifft den Nachweis der Beeinträchtigungs- und Schutzmöglichkeit des Rechtsguts. Die Funktion des Rechtsgüterschutzes kann das Strafrecht nur dort erfüllen, wo auch tatsächlich nachweisbar die Möglichkeit einer realen Beeinträchtigung sowie eines dazu äquivalenten realen Schutzes des Rechtsguts gegen solche Beeinträchtigungen besteht. Daraus folgt, dass die Substanz des Rechtsguts hinreichend manifest, d.h. nach außen hin wahrnehmbar sein muss, um diesen Nachweis zu ermöglichen. Der Manifestationsnachweis wird aber zunehmend schwieriger, je weiter man sich von der Materialität entfernt. In der Folge droht sich der Rechtsgutsbegriff im Hinblick auf seine Substanz so weit ins Abstrakte aufzulösen, dass eine klare Abgrenzung zwischen strafrechtlich schutzwürdigen, d.h. nachweisbar real beeinträchtigbaren und schützbaren Rechts*gütern* und nicht strafrechtlich schutzwürdigen, d.h. nicht nachweisbar real beeinträchtigbaren und schützbaren Werten schlechterdings nicht getroffen werden kann. Im Ergebnis kann der Rechtsgutsbegriff

546 Vgl. *Hefendehl*, Kollektive Rechtsgüter im Strafrecht, S. 29; *Graul*, Abstrakte Gefährdungsdelikte und Präsumtionen im Strafrecht, S. 71.

547 *Hassemer*, FS-Kaufmann, S. 85 (89).

548 Vgl. v.a. *Hefendehl*, Kollektive Rechtsgüter im Strafrecht, S. 28; *ders.*, GA 2002, S. 21 (23).

549 *Hefendehl*, Kollektive Rechtsgüter im Strafrecht, S. 28; *Wohlers*, Deliktstypen des Präventionsstrafrechts, S. 226; *Stratenwerth*, FS-Lenckner, S. 377 (380).

550 Vgl. *Hassemer*, FS-Kaufmann, S. 85 (89); *Stächelin*, in: Lüderssen (Hrsg.), Aufgeklärte Kriminalpolitik oder Kampf gegen das Böse?, Bd. I, S. 239 (250). Ausführlich zu dieser Problematik *Wohlers*, Deliktstypen des Präventionsstrafrechts, S. 223 ff.

dann keine gesetzgebungskritische Wirkung mehr entfalten.[551] Gewichtiger als dieser rechtstechnische Einwand wiegt jedoch das zweite Problem, dass nämlich jenseits der körperlich-gegenständlichen Materialität eine Abgrenzung zwischen Realitätsausschnitten *mit* Guts-Qualität und solchen *ohne* Guts-Qualität nicht mehr deskriptiv sondern nur noch normativ möglich ist, indem die *Guts*-Qualität einem Wert *zugeschrieben* wird oder eben nicht. Da es aber keine verbindlichen Vorgaben dafür gibt, nach welchen Kriterien die Zuschreibung zu erfolgen hat, sondern diese vielmehr von den Prämissen des jeweils Zuschreibenden abhängen, wird der Rechtsgutsbegriff notwendig subjektiv und damit kontingent. Dahingehend müssen sich die Anhänger des nichtmateriellen Rechtsgutsbegriff der Kritik stellen, dass es sich bei dem entmaterialisierten Rechtsgutsbegriff um eine inhaltsleere Hülse handelt, deren Inhalt von außen herangetragen werden muss und deshalb keine eigenständige Aussagekraft von kritischem Potenzial hat.[552]

Auf der anderen Seite steht der materielle Rechtsgutsbegriff, demzufolge Rechts*güter* eine körperlich-gegenständliche Substanz aufweisen müssen. Im Hinblick auf das gesetzgebungskritische Potenzial hat dieses Verständnis zwar die beiden Vorzüge, dass der materielle Rechtsgutsbegriff erstens eine klare deskriptive Grenze zwischen Realitätsausschnitten *mit* Rechtsgutsqualität und Realitätsausschnitten *ohne* Rechtsgutsqualität zu ziehen imstande ist, und zweitens in aller Regel die Möglichkeit der Beeinträchtigung und des Schutzes der materiellen Realitätsausschnitte ohne größere Schwierigkeiten kausalgesetzlich nachweisbar ist.[553] Der Nachteil liegt jedoch in der Ausgrenzung der nichtkörperlichen Realitätsausschnitte. Diese Konzeption führt daher offensichtlich zu einer realitätsfremden Selektion des Rechtsgüterkatalogs.

Will man trotz des skizzierten Dilemmas am Rechtsgüterschutzgedanken als Maßstab für die Pönalisierungswürdigkeit festhalten, muss eine Entscheidung zwischen dem materiellen und dem nichtmateriellen Rechtsgutsbegriff getroffen werden, obgleich aufgrund der vorangegangenen Ausführungen feststeht, dass die Rechtsgutslehre als Pönalisierungswürdigkeitsmaßstab dadurch so oder so an kritischer Wirkungskraft einbüßt. Dennoch ist eine Entscheidung unausweichlich, da eine allgemeingültige und mögliche kategoriale Substanzform der Rechtsgüter, die gleichermaßen vollständig wie konkret und inkontingent ist, nicht existiert. So vor die Entscheidung gestellt, muss die Wahl auf den vagen nichtmateriellen Rechtsgutsbegriff fallen. Denn die bewusste Ausblendung eines wesentlichen Teils der Realität, oder anders gewendet: die Beschränkung auf nur einen bestimmten Ausschnitt der Realität, würde eine unsachgemäße Verkürzung der Regelungszusammenhänge bedeuten. Gleichwohl ist noch einmal in

551 *Müssig*, Schutz abstrakter Rechtsgüter und abstrakter Rechtsgüterschutz, S. 1 ff.

552 Vgl. *Rüdiger*, Schutzinteresse und Deliktsstruktur der „Bestechungsdelikte" (§§ 331 ff. StGB), S. 203.

553 *Wohlers*, Deliktstypen des Präventionsstrafrechts, S. 224.

aller Offenheit zu konzedieren, dass mit der Entscheidung für die Vagheit die im Folgenden zu entwickelnde Konzeption mitnichten den Anspruch erheben kann, auf „*das* richtige" Rechtsgutsverständnis aufzubauen. Diese Konzeption kann und muss sich vielmehr allein durch das Gewicht ihrer Argumente gegenüber anderen möglichen Ansätzen behaupten.

(2) Realsubstanz des Rechts-Guts

Nach der Entscheidung für einen Rechtsgutsbegriff, der auch die nichtmateriellen Realitätsausschnitte einschließt, muss nun geklärt werden, worin genau die reale Substanz des Rechts*guts* bestehen soll.

(a) Das Rechts-Gut *als verobjektiviertes Interesse*

Eine bestimmte kategoriale *Form* der Substanz der Rechts*güter*, die die materiellen und nichtmateriellen Realitätsausschnitte gleichzeitig und gleichermaßen erfasst, wird nirgends als bereits existent vorgegeben. Daher muss der Substanzgehalt argumentativ entwickelt werden. Hierfür liegt es nahe, an den Wertaspekt als die gemeinsame Basis aller in Betracht kommenden Rechtsgüter anzuknüpfen.[554] Mit anderen Worten: Der Seinsaspekts des Rechtsguts ist über den Wertaspekt zu entwickeln. Als Vehikel hierfür am besten geeignet ist das „Interesse".[555] Schließlich ist das Interesse eng mit dem Zentralbegriff des Wertaspekts, nämlich der „Person", verknüpft.[556] Denn Werte werden nicht um ihrer selbst willen geschützt, sondern nur in Bezug auf die Person, die ein Interesse am Erhalt oder Bestand der Werte hat. Das Interesse ist damit – abstrakt definiert – ein auf einen bestimmten Gegenstand gerichteter personaler Wunsch[557], wobei der Begriff „Gegenstand" in diesem Zusammenhang nicht im körperlichen Sinne sondern in einem weiter gefassten Sinne, nämlich als allgemeine Beschreibung von etwas Seiendem, zu verstehen ist.[558] Da Interessen als personale Wünsche aber gerade nicht an die Realität gebunden sind und auch kausalgesetzlich nicht beeinträchtigt werden können[559], können sie selbst noch keine schutzwürdigen „Güter" sein, sondern allenfalls ein Kriterium dafür liefern, was als schutzwürdiges *Gut* in Betracht kommt.[560] Um nun zu einem *Gut* zu werden, muss ein Interesse verobjektiviert werden. Es muss von der subjektiven Person gelöst und

---

554 *Hassemer*, Theorie und Soziologie des Verbrechens, S. 105 ff.; *M. Marx*, Zur Definition des Begriffs „Rechtsgut", S. 62.

555 *Stächelin*, Strafgesetzgebung im Verfassungsstaat, S. 60 ff.; *Hassemer*, FS-Kaufmann, S. 85 (91).

556 *Stächelin*, Strafgesetzgebung im Verfassungsstaat, S. 60.

557 *Stächelin*, Strafgesetzgebung im Verfassungsstaat, S. 61.

558 Vgl. *M. Marx*, Zur Definition des Begriffs „Rechtsgut", S. 9 f.

559 *Hefendehl*, Kollektive Rechtsgüter im Strafrecht, S. 30; *Stratenwerth*, FS-Lenckner, S. 377 (380).

560 *Koriath*, GA 1999, 561 (565).

allgemein als gesellschaftlich relevant anerkannt werden.[561] Diese Notwendigkeit folgt daraus, dass der Mensch ein vergesellschaftetes Wesen ist, und die Interessen des Einzelnen mit denen von anderen Personen konfligieren können.[562] Der personale Wunsch des Einzelnen muss daher, um die Qualität eines strafrechtlich schützenswerten Rechtsguts zu erlangen, gesamtgesellschaftlich verallgemeinerbar sein. Diese Verobjektivierung der Interessen geschieht wiederum durch „normative gesellschaftliche Verständigung, durch gesellschaftliche Werterfahrung“[563]. Durch den Prozess der Anerkennung des verobjektivierten Interesses manifestiert sich dieses Interesse als Ausschnitt der Realität, der in den Grenzen seiner Anerkennung als „Gut“ zu schützen ist. Zu einem *straf*rechtlich schutzwürdigen Gut wird es darüber hinaus, wenn es so elementar für die freie Entfaltung der Person ist, dass seine Verteidigung durch Strafbewehrung gesichert werden muss.[564]

Als Ergebnis ist damit festzuhalten, dass die reale Substanz, die materielle und nichtmaterielle Realitätsausschnitte zu strafrechtlich schutzwürdigen Rechts-*Gütern* macht, nicht in einer bestimmten *vorgegebenen* Form besteht, in die sich alle diese Ausschnitte einpassen lassen müssen, sondern dass die Realsubstanz *prozedural* aus der Verständigung über die Schutzwürdigkeit entwickelt wird, und zwar anhand der personalen Interessen.

(b) Das reale Rechts-Gut als Referenzpunkt für Beeinträchtigungen und Regelungen

Das im Vorangegangenen skizzierte realitätsorientierte Rechtsgutsverständnis stößt mit Blick auf den rechtstechnischen Aspekt des erforderlichen Nachweises der realen Beeinträchtigungs- und Schutzmöglichkeit dieses Rechtsguts auf Probleme. Denn die Nachweisbarkeit von Verletzung und Schutz des Rechtsguts setzt die Manifestation des Rechtsguts als Teil der Realität voraus. Nur über die Manifestation des Rechtsguts kann der Nachweis der realen Beeinträchtigungs- und Schutzmöglichkeit erbracht werden. Dies ist aber nur im Bereich der materiellen Realitätsausschnitte ohne größere Schwierigkeiten möglich, da diese sich durch ihre körperliche Gestalt ohne weiteres wahrnehmbar in der Realität manifestieren, und sich demnach auch der Nachweis ihrer reale Beeinträchtigungs- und Schutzmöglichkeit über die kausalgesetzliche Veränderbarkeit ihrer Gestalt weitestgehend mühelos erbringen lässt[565]. Ungleich schwieriger gestaltet sich dies bei den nichtmateriellen Realitätsausschnitten. Denn durch die Entwicklung des Seinsaspekts über den Wertaspekt ist der Gesamt-

561 *Stächelin*, Strafgesetzgebung im Verfassungsstaat, S. 61.

562 *Stächelin*, Strafgesetzgebung im Verfassungsstaat, S. 61.

563 *Hassemer*, in: AK-StGB, vor § 1 Rn. 283. Ausführlich dazu *Hassemer*, Theorie und Soziologie des Verbrechens, S. 151 ff., 221 ff.

564 *Stächelin*, Strafgesetzgebung im Verfassungsstaat, S. 63.

565 *Wohlers*, Deliktstypen des Präventionsstrafrechts, S. 224.

begriff des Rechtsguts zwangsläufig von einer überschießenden Werttendenz und einer äquivalenten Einbuße auf Seiten des Seinsaspekts gekennzeichnet, was gerade im Bereich der nichtmateriellen Realitätsausschnitte dazu führt, dass auch tendenziell abstrakte Realitätsausschnitte dem Rechtsgutsbegriff zugänglich gemacht werden, so dass auch abstrakte Rechtsgüter als Legitimationsbasis strafrechtlicher Normen in Betracht kommen. Freilich können Realitätsausschnitte, die überhaupt kein manifestes Realsubstrat aufweisen, nicht als strafrechtliche Rechtsgüter in Betracht kommen. Werden sie gleichwohl als „Rechtsgüter" etikettiert, müssen sie sich den Vorwurf des Scheinrechtsgüterschutzes gefallen lassen. Gleichwohl ist aber die Existenz abstrakter Rechtsgüter im Grundsatz nicht zu bestreiten. Die folgerichtige Frage muss lauten, wo die Grenze zwischen noch zulässigen abstrakten Rechtsgütern und nicht mehr zulässigen abstrakten Werten verläuft. Es geht mithin darum zu ermitteln, ab wann sich der in Rede stehende Realitätsausschnitt nicht mehr hinreichend in der Realität manifestiert.[566]

Eine tragende Rolle für die Manifestation der realen Substanz abstrakter Rechtsgüter spielt das Verhältnis zwischen Rechtsgut und Handlungsobjekt. Während das Rechtsgut der Realitätsausschnitt ist, auf den sich die Schutzwirkung der Norm bezieht[567], bildet das Handlungsobjekt den Gegenstand der Tat, auf den durch das Täterverhalten unmittelbar eingewirkt wird.[568] Rechtsgut und Handlungsobjekt können sich insoweit (zumindest teilweise) decken,[569] müssen es aber nicht.[570] Für den Schutz von tendenziell abstrakten Rechtsgütern, denen die nichtmateriellen Rechtsgüter naturgemäß zuzuordnen sind, ist das Auseinanderfallen von Rechtsgut und Handlungsobjekt kennzeichnend, d.h. zwischen beiden besteht weder eine formale noch eine inhaltliche Übereinstimmung.[571] Als Beispiel hierfür kann § 113 StGB (Widerstand gegen Vollstreckungsbeamte) genannt werden, bei dem die „rechtmäßige Betätigung des Staatswillens" das Rechtsgut und der „Amtsträger" das Handlungsobjekt bildet[572]. In diesem Fall übernimmt das Handlungsobjekt gegenüber dem Rechtsgut die Funktion eines Repräsentanten, der dem Rechtsgut „als Stellvertreter" nach außen hin eine wahrnehmbare Manifestation vermittelt.[573] Freilich sind Rechtsgut und Handlungsobjekt nicht miteinander zu verwechseln,[574] so dass das mate-

566 *Wohlers*, Deliktstypen des Präventionsstrafrechts, S. 225.

567 *Müssig*, Schutz abstrakter Rechtsgüter und abstrakter Rechtsgüterschutz, S. 10.

568 *Wessels/Beulke*, AT, Rn. 8.

569 Z.B. § 263 StGB (Rechtsgut und Handlungsobjekt ist das Vermögen [= formale und inhaltliche Übereinstimmung]) oder § 212 StGB (Rechtsgut ist das Leben, Tatobjekt der Mensch [= inhaltliche Übereinstimmung]).

570 *Hefendehl*, Kollektive Rechtsgüter im Strafrecht, S. 40.

571 *Hefendehl*, Kollektive Rechtsgüter im Strafrecht, S. 40.

572 Beispiel nach *Anastasopoulou*, Deliktstypen zum Schutz kollektiver Rechtsgüter, S. 56.

573 *Hefendehl* im Anschluss an *Maurach*, AT, S. 216.

574 *Hefendehl*, Kollektive Rechtsgüter im Strafrecht, S. 41.

rielle Handlungsobjekt keine materielle Substanz bei einem nichtmateriellen Rechtsgut erzeugen kann[575]. Gleichwohl aber kann über die Repräsentantenbeziehung zwischen Rechtsgut und Handlungsobjekt der nichtmaterielle Realitätsausschnitt nach außen hin wahrnehmbar manifestiert und die Abstraktheit damit bis zu einem gewissen Maße kompensiert werden.[576] Dies wiederum kann jedoch nur gelingen, soweit auch überhaupt die spezielle Repräsentationsbeziehung zwischen Rechtsgut und Handlungsobjekt ausgemacht werden kann. Die von *Hefendehl* hierzu negativ formulierte These: „Gelingt es nicht, zwischen dem Handlungsobjekt und dem Rechtsgut … eine hinreichend enge Beziehung herzustellen, lässt sich nicht mehr von einem Repräsentanten sprechen“[577], kann danach positiv so formuliert werden: „Gelingt es, zwischen dem Handlungsobjekt und dem Rechtsgut eine hinreichend enge Beziehung herzustellen, lässt sich von einem Repräsentanten sprechen“. Ob diese besondere, enge Repräsentationsbeziehung besteht oder hergestellt werden kann, ist freilich eine Frage, die von der jeweiligen konkreten Norm abhängt und dort unter Berücksichtigung der spezifischen Deliktsstruktur ermittelt werden muss.[578]

cc) Zusammenfassung

Die vorangegangenen Ausführungen haben gezeigt, dass der Begriff des Rechtsguts in der Praxis mit großen Schwierigkeiten konfrontiert ist. Den Grund dafür bringt *Seher* zutreffend auf den Punkt, indem er feststellt, dass die Rechtsgutsdebatte sich nur scheinbar um den Begriff des Rechtsguts dreht, während in Wirklichkeit hinter dem Begriff die divergierenden Ansichten zur legitimen Reichweite des Strafrechts, und damit grundsätzliche Überzeugungen, stehen, für die der Begriff des Rechtsguts nur die inhaltliche Verpackung liefert.[579] Mit dieser Funktion muss der Begriff des Rechtsguts zwangsläufig überfordert sein. Der Einwand, dass es sich bei dem Rechtsgutsbegriff um eine leere Begriffshülse handle, deren Inhalt von außen herangetragen werden müsse, so dass mit diesem Begriff keine Strafgesetzgebungskritik betrieben werden könne,[580] ist insofern nicht ganz fern liegend. Gleichwohl zwingt diese Problematik nicht dazu, die Eignung des Rechtsgüterschutzgedankens als Kriterium der Pönalisierungswürdigkeit in Abrede zu stellen. Denn davon ausgehend, dass es einen alleinigen allgemeingültigen Maßstab für die Pönalisierungswürdigkeit eines Verhaltens nicht gibt, kann ein solcher nur im Wege der rationalen Argumentation entwickelt werden. Seine Eignung ist dann aber folgerichtig auch nicht anhand der

575 Vgl. *Anastasopoulou*, Deliktstypen zum Schutz kollektiver Rechtsgüter, S. 56; *Wohlers*, Deliktstypen des Präventionsstrafrechts, S. 223.

576 Vgl. *Wohlers*, GA 2002, 15 (16 f.).

577 *Hefendehl*, Kollektive Rechtsgüter im Strafrecht, S. 41.

578 Vgl. *Hefendehl*, Kollektive Rechtsgüter im Strafrecht, S. 40 f.

579 *Seher*, in: Hefendehl/v. Hirsch/Wohlers (Hrsg.), Die Rechtsgutstheorie, S. 39 (45).

580 Vgl. *Rüdiger*, Schutzinteresse und Deliktsstruktur der Bestechungsdelikte, S. 203.

Kategorien „richtig/falsch“ sondern anhand der Kategorien „(rational) argumentativ überzeugend/nicht überzeugend“ zu beurteilen. Und vor diesem Hintergrund bietet die Lehre vom Rechtsgüterschutz nach wie vor den fruchtbarsten Ausgangspunkt für eine umfassende Systematisierung möglicher legitimer Pönalisierungsinhalte.[581]

Auch wiegt der Vorwurf der tendenziellen Vagheit des Rechtsgutsbegriffs nicht schwer genug, um den Rechtsgüterschutzgedanken als Pönalisierungswürdigkeitskriterium zu dispensieren. Denn die Entscheidung für die Vagheit ist der notwendige Schritt zum Ausweg aus dem Realität-Materialität-Dilemma des Rechtsgutsbegriffs. In diesem Zusammenhang ist über den Begriff des Interesses ein realitätsbezogenes Rechtsgutsverständnis zu entwickeln. Danach sind Rechtsgüter zu definieren als die (ver-) objektivierten und verallgemeinerten Interessen am Bestand oder Erhalt von unverzichtbaren Voraussetzungen für die personelle Entfaltung (= Wert), deren strafrechtliche Schutzwürdigkeit allgemein anerkannt ist. Vor dem Hintergrund, dass Rechtsgüter reale Gegebenheiten sein müssen, deren reale Beeinträchtigungs- und Schutzmöglichkeit auch tatsächlich nachweisbar sein muss, lässt sich diese Formulierung folgendermaßen ergänzen und vollenden: Strafrechtliche Rechtsgüter sind (ver-) objektivierte und verallgemeinerte Interessen am Bestand oder Erhalt von unverzichtbaren Voraussetzungen für die personelle Entfaltung (= Wert), deren strafrechtliche Schutzwürdigkeit allgemein anerkannt ist. Für den Begriff des Rechtsguts folgt daraus im Ergebnis folgende Begriffsbestimmung des Rechtsguts: Strafrechtliche Rechtsgüter sind (ver-) objektivierte und verallgemeinerte Interessen am Bestand oder Erhalt von unverzichtbaren Voraussetzungen für die personelle Entfaltung (= Wert), deren strafrechtliche Schutzwürdigkeit allgemein anerkannt ist, und deren reale Beeinträchtigungs- und Schutzmöglichkeit auch tatsächlich nachweisbar ist.

Freilich ist die Entscheidung für diesen tendenziell vagen Rechtsgutsbegriff unweigerlich mit einer Einbuße an kritischer Wirkungskraft verbunden, da sich durch die Vagheit automatisch das Niveau der Abstraktheit erhöht und in der Folge das Ein-, Aus- und Abgrenzpotenzial sinkt. Gleichwohl wird der Rechtsgutsbegriff als Zentralkriterium der Pönalisierungswürdigkeit dadurch nicht obsolet. Diese Konzession bedeutet erst einmal nur, dass der *Begriff des Rechtsguts* nicht hinreichend bestimmt ist, um aus ihm positiv ein abschließendes Programm für die Strafgesetzgebung ableiten zu können – ein Anspruch, der allerdings auch von keinem Anhänger der Rechtsgutslehre erhoben wird[582]. Inner-

581 Vgl. v.a. *Hefendehl*, GA 2007, 1 (2), sowie *Neumann*, in: Neumann/Prittwitz (Hrsg.), „Personale Rechtsgutslehre“ und „Opferorientierung im Strafrecht“, S. 85 ff., der dies schon in dem Titel des Aufsatzes („ ‚Alternativen: keine‘. – Zur Kritik an der personalen Rechtsgutslehre“) klarstellt.

582 Vgl. *Hassemer/Neumann*, in: NK-StGB, vor § 1 Rn. 146; *Hefendehl*, GA 2002, 1 (2); *Neubacher*, Jura 2000, 514 (518).

halb der Rechtsgutsdogmatiker herrscht vielmehr Konsens darüber, dass das Rechtsgut nur einen Argumentationstopos darstellt,[583] und dass sein gesetzgebungskritisches Potenzial allein in der Negativkontrolle der Strafgesetzgebung liegt[584], indem zumindest solche Nomen als illegitim gekennzeichnet werden können, die keine Rechtsgüter schützen. Dieser Funktion der Negativkontrolle passt sich die gesetzgebungskritische Wirkung des Rechtsgutsbegriffs an. Ausgehend davon, dass sie wegen der beschriebenen Schwierigkeiten des Rechtsgutsbegriffs grundsätzlich gering ist, nimmt sie jedoch zu, je manifester das Realsubstrat des Seinsaspekts ist. Mit anderen Worten: Je manifester und besser wahrnehmbar die zu schützenden nichtmateriellen Realitätsausschnitte sind, und je rationaler der dahinter stehende Begründungsprozess ist, desto größer ist das kritische Potenzial des Rechtsgutsbegriffs. In diesem Zusammenhang stellen die Schilderung des Prozesses der Konstituierung des Rechtsguts über die personalen Interessen und die Unterscheidung zwischen Rechtsgut und Handlungsobjekt wichtige Schritte dar. Weitere Schritte sind notwendig, aber auch möglich. Schließlich wird der Gedanke des Rechtsgüterschutzes allein mit dem Begriff des Rechtsguts nicht vollständig abgebildet. Es müssen vielmehr darüber hinaus auch die Beeinträchtigungen, vor denen die Rechtsgüter geschützt werden sollen, berücksichtigt werden.

b) Beeinträchtigung des Rechtsguts

Mit der Qualifizierung eines bestimmten Wertes als schutzwürdiges Rechtsgut ist zunächst nicht mehr gewonnen als die Erkenntnis, dass eine Absicherung dieses Wertes durch das Strafrecht prinzipiell in Frage kommt. Strafgesetzgebungskritik lässt sich mit dem Rechtsgutsbegriff allein aber aus den dargelegten Gründen nur in begrenztem Umfang betreiben. Ein Konzept, das diesen Anspruch verfolgt, kann daher nicht an dieser Stelle stehen bleiben, sondern muss durch eine weitere Profilschärfung auf ein höheres Maß an kritischem Potenzial hin zuarbeiten. Diesbezüglich ist als zweites Moment zu berücksichtigen, *wovor* bzw. *wogegen* die Rechtsgüter geschützt werden sollen; nämlich gegen die Beeinträchtigung durch bestimmte menschliche Verhaltensweisen. Dieser Aspekt ist im Hinblick auf das strafgesetzgebungskritische Potenzial des Rechtsgüterschutzgedankens als Maßstab der Pönalisierungswürdigkeit von doppelter Bedeutung. Zum einen ermöglicht dieser Aspekt eine Konkretisierung der Pönalisierungs*werthaftigkeit*. Zum anderen liefert er wichtige Aufschlüsse für das Moment der Pönalisierungs*möglichkeit*.

583 *Hassemer/Neumann*, in: NK-StGB, vor § 1 Rn. 146.

584 *Hassemer*, in: Hefendehl/v. Hirsch/Wohlers (Hrsg.), Die Rechtsgutstheorie, S. 57 (61).

aa) Berücksichtigung des Beeinträchtigungsverhaltens in außerdeutschen Rechtskreisen („harm principle" und „Offensivitätsprinzip")

Dass der besonderen Berücksichtigung des Beeinträchtigungsverhaltens in der nationalen Debatte über die Rechtsgüterschutzlehre nach wie vor kaum Beachtung geschenkt wird[585], ist umso erstaunlicher, als diesem Aspekt in anderen Rechtskreisen durchaus eine wichtige Bedeutung für die Legitimation von Strafnormen beigemessen wird. In diesem Zusammenhang sind vor allem das aus dem anglo-amerikanischen Rechtskreis stammende *„harm principle"*[586] sowie das insbesondere in Italien und Portugal diskutierte „Offensivitätsprinzip"[587] als entsprechende Ansätze zu nennen.

Im anglo-amerikanischen Strafnormlegitimationsdiskurs spielt das Rechtsgut keine Rolle. Die Rechtsgutstheorie ist dort fremd. Stattdessen wird die Legitimität der Strafgesetzgebung überwiegend anhand des auf *Mill*[588] zurückgehenden und von *Feinberg*[589] weiterentwickelten *harm principle* beurteilt.[590] Dessen Grundaussage lautet, dass Gegenstand des Strafrechts nur *schädigende Handlungen* sein können.[591] Dabei soll eine Handlung immer dann schädigend sein, wenn sie ein Interesse verletzt.[592] Welche Anforderungen an die Qualität des Interesses im Zusammenhang mit dem *harm principle* zu stellen sind, ist freilich das Kernproblem dieser Konzeption.[593]

Dem *harm principle* ähnlich, mit ihm aber nicht identisch, ist das „Offensivitätsprinzip". Im Gegensatz zum *harm principle* steht das Offensivitätsprinzip in engem Zusammenhang mit der Rechtsgutslehre.[594] Ausgehend davon, dass

---

585 *Stächelin*, Strafgesetzgebung im Verfassungsstaat, S. 90. Neben *Stächelin*, Strafgesetzgebung im Verfassungsstaat, S. 55 ff., 90 ff., sowie *ders.*, in: Lüderssen (Hrsg.), Aufgeklärte Kriminalpolitik oder Kampf gegen das Böse, Bd. I, S. 239 ff., wird vor allem von *v. Hirsch*, GA 2002, 2 ff., und von *Seher*, ansatzweise in: Liberalismus und Strafe, S. 70 ff., vor allem aber in: Hefendehl/v. Hirsch/Wohlers (Hrsg.), Die Rechtsgutstheorie, S. 39 (46 ff.), zunehmend die Berücksichtigung sowohl des Rechtsguts als auch des Beeinträchtigungsverhaltens durch eine Verbindung des Rechtsguts mit dem *harm principle* gefordert.

586 Vgl. *v. Hirsch*, GA 2002, 2 ff. m.w.N.

587 Für Italien vgl. die Nachweise bei *Manes*, ZStW 114 (2002), 720 ff. Für Portugal vgl. die Nachweise bei *D'Avila*, Das Unrecht der Umweltdelikte. Einige Reflexionen über den Angriff auf Rechtsgüter im Bereich des Umweltstrafrechts, 2006.

588 *Mill*, Über Freiheit, S. 16 ff.

589 *Feinberg*, The moral limits of the criminal law, Vol. 1: Harm to others, 1984.

590 Als weitere mögliche Legitimationstopoi werden im Anschluss an *Feinberg*, The moral limits of the criminal law, Vol 1 – 4, 1984 – 1988, das „offence principle" sowie das Prinzip des "legal paternalism" diskutiert, vgl. hierzu *v. Hirsch*, GA 2002, 2 (11).

591 *Feinberg*, Harm to others, S. 31.

592 *Feinberg*, Harm to others, S. 33.

593 Vgl. *v. Hirsch*, GA 2002, 2 (6).

594 Vgl. *Manes*, ZStW 114 (2002), 720 (720 f.); *D'Avila*, Das Unrecht der Umweltdelikte, S. 2.

die Aufgabe des Strafrechts im Schutz von Rechtsgütern liege, könne sich die Legitimität der Strafgesetzgebung darin aber nicht erschöpfen. Vielmehr müsse als zweites Moment das Verhalten berücksichtigt werden, durch das das zu schützende Rechtsgut beeinträchtigt werde.[595] Erst durch die wechselseitige Beziehung beider Aspekte gewinne die Lehre vom Rechtsgüterschutz hinreichend scharfe Konturen und würden etwa Konkretisierungen in den Bereichen des Schutzes abstrakter Rechtsgüter und im abstrakten Rechtsgüterschutz (v.a. im Gefährdungsstrafrecht) möglich.[596] In die gleiche Richtung wie die Anhänger des Offensivitätsprinzips stoßen vereinzelte Stimmen im nationalen Diskurs, wie etwa *Hohmann*[597] und *Stächelin*[598]. Besonders deutlich kommt dieser Ansatz bei *Stächelin* zum Tragen, der sich von der differenzierten Betrachtung der „Angriffswege" und der Rechtsgüter sowie der Wechselwirkung beider Komponenten eine Konkretisierung des Rechtsgüterschutzkonzeptes im Ganzen verspricht.[599]

bb) Interdependenz von Rechtsgut und Beeinträchtigungsverhalten

Dass dem Beeinträchtigungsverhalten eine besondere Rolle im Rahmen einer strafgesetzgebungskritischen Rechtsgüterschutzkonzeption zukommen muss, erscheint zwingend. Schließlich sollen die Rechtsgüter durch das Strafrecht allein vor *Beeinträchtigungen durch menschliches Verhalten* geschützt werden.[600] Darüber hinaus entspricht es auch dem Prinzip der Fragmentarietät des Strafrechts[601], dass grundsätzlich kein Rechtsgut vollumfänglich, sondern immer nur gegen bestimmte Verhaltensweisen strafrechtlich geschützt wird.[602] Fraglich kann daher nicht das Ob sondern allenfalls das Wie der Kombination von Rechtsgut und Beeinträchtigungsverhalten sein.

Für dieses Wie ist nun entscheidend, dass im Verhältnis der beiden Komponenten zueinander dem Rechtsgut gegenüber dem Beeinträchtigungsverhalten der Vorrang eingeräumt werden muss. Anders also als bei den auf das *harm principle* gestützten Kombinationsansätzen etwa von *von Hirsch*[603] und *Seher*[604],

---

595 *D'Avila*, Das Unrecht der Umweltdelikte, S. 2.

596 *D'Avila*, Das Unrecht der Umweltdelikte, S. 2 ff.; *Manes*, ZStW 114 (2002), 720 (722).

597 *Hohmann*, Das Rechtsgut der Umweltdelikte, S. 139 ff.

598 *Stächelin*, Strafgesetzgebung im Verfassungsstaat, S. 55 ff.; 90 ff.; *ders.*, in: Lüderssen (Hrsg.), Aufgeklärte Kriminalpolitik oder Kampf gegen das Böse, Bd. I, S. 239 ff.

599 *Stächelin*, aaO.

600 *Stächelin*, Strafgesetzgebung im Verfassungsstaat, S. 56 f.

601 Vgl. hierzu v.a. *Prittwitz*, in: Institut für Kriminalwissenschaften Frankfurt a.M. (Hrsg.), Vom unmöglichen Zustand des Strafrechts, S. 387 (388 f.).

602 *Stächelin*, Strafgesetzgebung im Verfassungsstaat, S. 57; *ders.*, in: Lüderssen (Hrsg.), Aufgeklärte Kriminalpolitik oder Kampf gegen das Böse, Bd. I, S. 239 (253).

603 *v. Hirsch*, GA 2002, 2 ff.

604 *Seher*, in: Hefendehl/v. Hirsch/Wohlers (Hrsg.), Die Rechtsgutstheorie, S. 39 ff., kommt zu dem Ergebnis, dass das Rechtsgut kein nachweisbares „Etwas" sei, dass es nach der

die grundsätzlich an das schädigende Verhalten anknüpfen und sich des Rechtsguts lediglich zur Konkretisierung der Schädigungswirkung dieses Verhaltens bedienen, muss – vergleichbar der Offensivitätslehre[605] – eine umfassende systematische Konzeptionierung eines Programms der Pönalisierungswürdigkeit auf den Begriff des Rechtsguts als Ausgangspunkt aufbauen. Das schädigende Verhalten wird im Rahmen dieses Programms für die Rechtsgüter insoweit relevant, als dadurch die jeweilige tatbestandsspezifische Betroffenheit des Rechtsguts ermittelt werden kann, aus der sich dann wiederum vor allem Erkenntnisse für die Schutztechnik gewinnen lassen. Mit anderen Worten: Den Referenzpunkt für die Pönalisierungswürdigkeit bildet das Rechtsgut, während das Verhalten insoweit von Bedeutung ist, als es den Schutzkontext des Rechtsguts in den einzelnen Delikten konkretisiert. Würde man hingegen vorrangig auf das schädigende Verhalten abstellen, liefe dies im Ergebnis auf ein verhaltensorientiertes Pflichtverletzungsstrafrecht hinaus, das bereits aus historischen Gründen nicht zum Maßstab legitimer Strafgesetzgebung gemacht werden darf.[606]

In dem skizzierten favorisierten Sinne können weder das Rechtsgut noch das Beeinträchtigungsverhalten für sich alleine hinreichende Bedingungen der Pönalisierungswürdigkeit darstellen. Denn einerseits wohnt dem Begriff des Rechtsguts – isoliert betrachtet – nur ein geringes systemkritisches Potenzial inne. Andererseits aber liefe die Pönalisierung eines Verhaltens, das kein Rechtsgut beeinträchtigt, auf ein Pflichtverletzungsstrafrecht hinaus[607]. Das eigentlich entscheidende Moment des Rechtsgüterschutzes muss daher in der Interdependenz zwischen Rechtsgut und Beeinträchtigungsverhalten liegen. Diese Schwerpunktsetzung auf die Beeinträchtigungsrelation betrifft nicht nur die inhaltliche Ausgestaltung des Rechtsgüterschutzgedankens. Aus ihr folgen vielmehr auch wichtige Konsequenzen für dessen gesetzgebungskritisches Potenzial.

cc) Auswirkungen der interdependenzorientierten Ausrichtung auf den Inhalt der Rechtsgüterschutzlehre

Die Fokussierung auf die Interdependenz zwischen Rechtsgut und Beeinträchtigungsverhalten hat wichtige Auswirkungen auf den Inhalt des Rechtsgüterschutzgedankens, und zwar in dreierlei Hinsicht. Erstens ermöglicht sie eine normative Präzisierung der jeweiligen spezifischen Schutzrichtung eines Straftatbestands, zweitens leistet sie einen Beitrag zur Manifestation der Realsubstanz im Bereich des Schutzes abstrakter Rechtsgüter, und drittens gibt sie

---

Darlegung, dass dieses Etwas existiere, zu schützen sei, sondern dass überhaupt erst am Ende einer auf bestimmten Prinzipien – namentlich v.a. das *harm principle* – gestützten Legitimationsargumentation feststehe, dass es sich bei dem in der konkreten Situation zu schützenden Gegenstand um ein Rechtsgut handele (S. 56).

605 Vgl. *D'Avila*, Das Unrecht der Umweltdelikte, S. 1 f.; *Manes*, ZStW 114 (2002), 720.

606 Vgl. *D'Avila*, Das Unrecht der Umweltdelikte, S. 2.

607 Vgl. *D'Avila*, Das Unrecht der Umweltdelikte, S. 2.

Aufschluss über dogmatische Aspekte der Umsetzung eines Pönalisierungsvorhabens. Allen drei Effekten ist gemein, dass sie – wenngleich zum Teil nur *mittelbar* – auch einen Beitrag zur Erhöhung des gesetzgebungskritischen Potenzials des Rechtsgüterschutzgedankens leisten, indem sie genau an denjenigen Stellen einhaken, an denen der Begriff des Rechtsguts allein an die Grenzen seiner Leistungskraft stößt.

(1) Konkretisierung der Normschutzrichtung

Die Betrachtung der Interdependenz von Rechtsgut und Beeinträchtigungsverhalten fördert zunächst die Konkretisierung der Schutzrichtung einer als Pönalisierungsakt in Frage stehenden Strafnorm. Es geht hierbei vor allem um die Präzisierung der Pönalisierungs*werthaftigkeit*. Denn durch die spezielle Beeinträchtigungsrelation wird erkennbar, in welcher Hinsicht und in welchem Umfang das Rechtsgut durch das tatbestandsmäßige Verhalten betroffen ist und damit – äquivalent – durch den Tatbestand geschützt werden soll. *De lege lata* lässt sich diese Wirkung etwa anhand des Rechtsguts „Vermögen“ nachvollziehen. Obgleich das Vermögen als personales, verobjektiviertes Interesse zwar konkret fassbar ist, sind die Kontexte, in denen sich das Vermögen (straf-) rechtlich als schützenswert erweist, dagegen mannigfaltig. So steht das Vermögen als schützenswertes Rechtsgut „als Ganzes“ oder „in seinen einzelnen Erscheinungsformen“[608] nicht nur hinter Normen wie z.B. §§ 263 (Betrug), 266 (Untreue), 259 (Hehlerei), 289 (Pfandkehr) oder § 283 (Bankrott) StGB, sondern auch hinter Tatbeständen wie etwa §§ 142 (Unerlaubtes Entfernen vom Unfallort) und 316 a (Räuberischer Angriff auf Kraftfahrer) StGB. Auch wenn jeder dieser Tatbestände den Schutz des Vermögens bezweckt, erhellt sich das spezifische Unrecht des jeweiligen konkreten Tatbestands doch erst durch die spezielle Art und Weise der Beeinträchtigung des Vermögens durch das jeweilige Beeinträchtigungsverhalten, das insofern eine fragmentarische Manifestationsform der Betroffenheit des Rechtsguts darstellt. Dadurch wird klargestellt, dass das Vermögen jeweils in seiner Gestalt des spezifischen Kontextes zu schützen ist. Dieser Gedanke ist insbesondere für die hermeneutische, systemimmanente Funktion des Rechtsgutsbegriffs von Bedeutung.

(2) Verdichtung der Realsubstanz im Bereich des Schutzes nichtmaterieller Rechtsgüter

Neben der Konkretisierung der Normschutzrichtung – und damit zusammenhängend – leistet die Orientierung an der Interdependenz zwischen Rechtsgut und Beeinträchtigungsverhalten auch einen wichtigen Beitrag für die Manifestation der Realsubstanz der nichtmateriellen abstrakten Rechtsgüter. Bei der Untersuchung des Seinsaspekts des Rechtsgutsbegriffs war die Entscheidung nach der Schilderung des Realität-Materialität-Dilemmas des Rechtsgutsbegriffs zu-

608 Einteilung nach *Wessels/Hillenkamp*, BT 2, Rn. 2.

gunsten des realitätsorientierten und damit tendenziell abstrakten Rechtsgutsverständnisses gefallen.[609] Insoweit waren – zwangsläufig – Schwierigkeiten im Hinblick auf die Nachweisbarkeit der realen Beeinträchtigungs- und Schutzmöglichkeit für die die nichtmateriellen Rechtsgüter in Kauf genommen worden, da die erforderliche Manifestation der Realsubstanz eines zu schützenden nichtmateriellen Realitätsausschnitts schwerer nachzuweisen ist als die eines materiellen Realitätsausschnitts. Als wichtiges Mittel war in diesem Zusammenhang für den Manifestationsnachweis die Repräsentationsbeziehung zwischen Rechtsgut und Handlungsobjekt angeführt worden. Mit dem Beeinträchtigungsverhalten kommt daran anschließend ein weiteres Moment hinzu. Denn aus der Orientierung an der Interdependenz folgt, dass die Realsubstanz des nichtmateriellen Rechtsguts nur so weit manifestiert werden muss, als es für den Nachweis der Beeinträchtigungsmöglichkeit (sc. durch das in Rede stehende Beeinträchtigungs*verhalten*) im konkreten Kontext des jeweiligen Tatbestands überhaupt erforderlich ist. Es geht mit anderen Worten nicht um die Manifestation der Realsubstanz des Rechtsguts *als solchem*, sondern um die Manifestation des Realitätsausschnitts *im Hinblick auf die spezielle Beeinträchtigungsrelation*[610]. Dies ermöglicht es, durch eine Spezifizierung des Beeinträchtigungs- und Schutzkontextes den betroffenen Realitätsausschnitt zu konkretisieren und dadurch den Nachweis seiner realen Beeinträchtigungs- und Schutzmöglichkeit zu erleichtern. Vereinfacht gesagt wird es über die entsprechende Bewegung der beiden Koordinaten des Rechtsguts und des Beeinträchtigungsverhaltens auf der Rechtsgüterschutzskala möglich, die Abstraktheit des Rechtsguts durch eine entsprechende Konkretheit des Beeinträchtigungsverhaltens zumindest in einem gewissen Maße zu kompensieren.[611] Als Beispiel für diese Technik kann etwa das kollektive Rechtsgut der Sicherheit im Straßenverkehr (§§ 315b, c, 316 StGB) angeführt werden, das überhaupt erst durch die konkrete Beschreibung der möglichen beeinträchtigenden Verhaltensweisen eine greifbare Gestalt erhält.

(3) Konkretisierung der Schutztechnik

Zuletzt – und wiederum mit der Konkretisierung der Normschutzrichtung zusammenhängend – liefert die Orientierung an der Interdependenz zwischen Rechtsgut und Beeinträchtigungsverhalten wichtige Aufschlüsse über (strafrechts-) *dogmatische* Aspekte bei der Umsetzung des jeweiligen Pönalisierungsgegenstands in eine Strafnorm. Denn aus der speziellen Relation zwischen Rechtsgut und Beeinträchtigungsverhalten ergibt sich auch eine bestimmte Be-

609 Siehe oben Teil 3 Kapitel 2 I. 1. a) bb) (1).

610 Vgl. in diese Richtung auch *Hohmann*, Das Rechtsgut der Umweltdelikte, S. 139 ff.; *Wohlers*, Deliktstypen des Präventionsstrafrechts, S. 223 f.

611 Ähnlich auch *Stächelin*, in: Lüderssen (Hrsg.), Aufgeklärte Kriminalpolitik oder Kampf gegen das Böse?, Bd. I, S. 239 (254).

einträchtigungs*wirkung* bei dem Rechtsgut. Diese unterschiedliche, vor allem unterschiedlich intensive[612], Betroffenheit macht nun wieder unterschiedliche Techniken zum Schutz des Rechtsguts notwendig.[613] Danach entscheidet sich etwa, ob die Umsetzung der Pönalisierung als Verletzungs- oder als Gefährdungsdelikt[614] auszufallen hat.[615] Als Beispiel ist das Rechtsgut „Leben" zu nennen. Neben der Beeinträchtigungswirkung in Gestalt der tatsächlichen Schädigung, die ihren Niederschlag in §§ 211 ff. StGB findet, ist durch § 221 StGB auch eine Strafbarkeit *für bestimmte Verhaltensweisen* vorgesehen, die eine Beeinträchtigung des Rechtsguts Leben in Form von dessen Gefährdung bewirken. Über die konkrete Art und Weise der Absicherung eines bestimmten Pönalisierungsgegenstands hinaus hat die Orientierung an der Interdependenz zuletzt auch Bedeutung für allgemeine dogmatische Fragen, wie z.B. in den Bereichen Vorsatz und Fahrlässigkeit, Vorbereitung, Versuch und Vollendung, Tun und Unterlassen, oder auch Täterschaft und Teilnahme.[616]

dd) Auswirkungen der interdependenzorientierten Ausrichtung auf die strafgesetzgebungskritische Funktion der Rechtsgüterschutzlehre

Im Hinblick auf die Eignung der Rechtsgüterschutzlehre als strafgesetzgebungskritisches und strafnormlegitimierendes Konzept ermöglicht die Fokussierung auf die Interdependenz zwischen Rechtsgut und Beeinträchtigungsverhalten zwei wichtige Schlüsse. Zum einen wird dadurch klargestellt, dass die Pönalisierung eines Verhaltens, das keine Beeinträchtigungswirkung im Hinblick auf ein strafrechtlich schützenswertes Rechtsgut entfaltet, auf ein Pflichtverletzungsstrafrecht – den geborenen Feind des Rechtsgüterschutzdenkens[617] – hinausläuft und damit illegitim ist.[618] Und zum anderen wird durch die Ausrichtung an der Interdependenz verdeutlicht, dass der Gesetzgeber seine Pflicht zum Nachweis der Legitimität einer Pönalisierung nicht schon dadurch erfüllt, dass er überhaupt ein Rechtsgut als Legitimationsgrund ins Feld führt. Er ist vielmehr dazu angehalten, die *tatbestandsspezifische* Beeinträchtigung dieses Rechtsguts durch das konkrete tatbestandsmäßige Verhalten für die als Pönalisierungsgegenstand in Rede stehende Strafnorm darlegen.

Es liegt auf der Hand, dass die Herstellung der unmittelbaren Interdependenz schwieriger wird, je abstrakter das zu schützende Rechtsgut ist. Denn mit zunehmender Abstraktheit des Rechtsguts verflüchtigt sich zugleich der Refe-

---

612 *Stächelin*, in: Lüderssen (Hrsg.), Aufgeklärte Kriminalpolitik oder Kampf gegen das Böse, Bd. I, S. 239 (252).

613 *D'Avila*, Das Unrecht der Umweltdelikte, S. 2.

614 In diesem Fall muss das beeinträchtigende Verhalten mindestens den Manifestationsbereich des Rechtsguts berühren, vgl. *D'Avila*, Das Unrecht der Umweltdelikte, S. 7.

615 *D'Avila*, Das Unrecht der Umweltdelikte, S. 2 ff.; *Manes*, ZStW 114 (2002), 720 (722).

616 *Stächelin*, Strafgesetzgebung im Verfassungsstaat, S. 56.

617 *Hassemer/Neumann*, in: NK-StGB, vor § 1 Rn. 112.

618 Vgl. *D'Avila*, Das Unrecht der Umweltdelikte, S. 2.

renzpunkt für den Nachweis der Beeinträchtigungs- und Schutzmöglichkeit. Es wird dann immer schwerer, überzeugend darzulegen, dass sich durch ein bestimmtes Verhalten der Normschutzgegenstand nachteilig real verändert. Je weniger es aber gelingt, die Manifestation der Beeinträchtigung des Rechtsguts in der Realität nachzuweisen, desto größer ist die Gefahr, dass in nämlichen Fällen der Pönalisierung nicht mehr ein Rechtsgut gegen bestimmte Beeinträchtigungen geschützt wird, sondern dass bestimmte Verhaltensweisen unter Verweis auf einen abstrakten Schutzgegenstand, der bloß als „Rechtsgut" etikettiert wird, ohne aber dessen Voraussetzungen zu erfüllen, unter Strafe gestellt werden. Dann aber wird genau genommen kein Rechtsgüterschutz mehr betrieben, sondern es wird der Versuch unternommen, ein Pflichtverletzungsstrafrecht unter dem begrifflichen Deckmantel des Rechtsgüterschutzes durchzusetzen. Der Boden legitimer Strafgesetzgebung ist damit aber verlassen. Dies zeigt, dass die Ausrichtung der Strafgesetzgebung an der spezifischen Interdependenz zwischen Rechtsgut und Beeinträchtigungsverhalten einen bedeutsamen Beitrag zur Enttarnung scheinrechtsgüterschützender Pönalisierungen leisten kann.

Im Zusammenhang mit dieser Thematik sind zwei bestimmte Gesetzgebungstechniken auffällig, die den Verdacht nahe legen, dass durch die Pönalisierung nicht etwa eine reale Beeinträchtigung eines Rechtsguts unter Strafe gestellt wird, sondern in Wirklichkeit unter Verweis auf einen Wert, der zu abstrakt ist, um als real beeinträchtigbar und schützbar qualifiziert werden zu können, verhaltensbezogene Strafgesetzgebung betrieben wird. Zum einen ist dies die Fallgruppe der „doppelt abstrakten Normen", und zum anderen ist der Bereich der „Rechtsgutsderivatisierung" angesprochen.

(1) Doppelt abstrakte Normen

Zu den „doppelt abstrakten Strafnormen" gehören diejenige Tatbestände, die nicht nur ein abstraktes Rechtsgut schützen sollen, sondern die darüber hinaus auch das rechtsgutsbeeinträchtigende Angriffsverhalten in unspezifischer Weise benennen, und die damit keine hinreichenden Rückschlüsse über den konkreten Unrechtsgehalt des Tatbestands zulassen. Die Abstraktheit des tatbestandlichen Beeinträchtigungsverhaltens kann dabei in zweierlei Gestalt auftreten. Entweder wird das Angriffsverhalten bereits nicht hinreichend präzisiert[619]. Oder aber es wird eine Vielzahl einzelner Verhaltensweisen genannt, die in ihrer Gesamtbetrachtung zu heterogen sind, um eine einheitliche tatbestandsspezifische Angriffsrichtung erkennen zu lassen.[620] Im zweitgenannten Fall folgt die Abstraktheit der Angriffsrichtung aus der Diffusität der unterschiedlichen Einzelhandlungen.

---

619 Z.B. § 185 StGB: „Die *Beleidigung* … wird bestraft".

620 Z.B. § 238 Abs. 1 Nrn. 1 bis 5 StGB, der unter anderem das Aufsuchen der räumlichen Nähe, die Bestellung von Waren und die Bedrohung mit der Verletzung des Lebens einschließt.

Wenn auch auf unterschiedlichem Weg führen beide Fallgruppen zu dem gleichen Ergebnis, dass nämlich die Abstraktheit des zu schützenden Rechtsguts in Ermangelung einer korrespondierenden Konkretheit des Beeinträchtigungsverhaltens nicht mehr kompensiert werden kann. Das Rechtsgut und das Beeinträchtigungsverhalten als die beiden Koordinaten des Rechtsgüterschutzes können im Fall der beiderseitigen Abstraktheit nicht mehr weit genug aufeinander zubewegt werden, um eine hinreichend manifeste und konkrete Beeinträchtigungsrealität des Rechtsguts herzustellen.

Als praktische Hürde erweist sich in diesem Kontext das speziell für das Strafrecht geltende verfassungsrechtliche Bestimmtheitsgebot des Art. 103 Abs. 2 GG. Dieses nämlich verlangt, dass jeder Straftatbestand so konkret formuliert sein muss, dass sich aus ihm entnehmen lässt, welches Verhalten unter Strafe gestellt ist und welches nicht.[621] Wann dieses erforderliche Maß an Konkretheit erreicht ist, lässt sich wiederum vor allem aus der Interdependenz zwischen Rechtsgut und Beeinträchtigungsverhalten ableiten. Denn die tatbestandsmäßige Relevanz eines Verhaltens als strafwürdiges Unrecht wird überhaupt erst an seiner Auswirkung auf das durch den Tatbestand zu schützende Rechtsgut erkennbar. Auf den Punkt gebracht bedeutet das im Ergebnis, dass die Beschreibung des tatbestandlichen Verhaltens umso abstrakter ausfallen kann, je konkreter das zu schützende Rechtsgut und ist[622] und *vice versa*.[623] Denn je klarer umrissen bereits das zu schützende Gut ist, desto weniger problematisch ist die Darlegung der strafwürdigen Verletzung dieses Guts durch ein bestimmtes Angriffsverhalten. Umgekehrt muss im Bereich des Schutzes abstrakter Rechtsgüter das Angriffsverhalten dementsprechend präzise aus der *ex ante*-Perspektive benannt werden, um eine hinreichend bestimmte Formulierung des strafwürdigen Verhaltens zu gewährleisten.

Im ersten Fall der doppelten Abstraktheit, nämlich der nicht hinreichend konkreten Bezeichnung des Beeinträchtigungsverhaltens, liegt die Schwierigkeit der hinreichend bestimmten Beschreibung der Beeinträchtigungsrealität auf der Hand. Dies zeigt sich etwa bei der Strafbarkeit der Beleidigung gemäß § 185 StGB. Das durch die Norm zu schützende Rechtsgut „Ehre“[624] ist zweifellos ein abstraktes Rechtsgut.[625] Als Beeinträchtigung der Ehre, d.h. als entsprechendes interdependentes Angriffsverhalten, wird in § 185 StGB allein die „Be-

621 BVerfGE 75, 329 (342); 87, 209 (223 f.).

622 Z.B. ist das Rechtsgut „Leben“ so konkret, dass für den Grundtatbestand der Beeinträchtigung dieses Rechtsguts, § 212 StGB, auf eine konkrete Beschreibung der möglichen Beeinträchtigungsformen verzichtet werden kann.

623 Z.B. ist das Rechtsgut „Sicherheit des Straßenverkehrs“ der §§ 315 ff. StGB so abstrakt, dass seine Beeinträchtigung durch eine entsprechend konkrete Benennung der Beeinträchtigungshandlungen erläutert werden muss.

624 Statt aller *Lackner/Kühl*, StGB, vor § 185 Rn. 1.

625 Vgl. *Müssig*, Schutz abstrakter Rechtsgüter und abstrakter Rechtsgüterschutz, S. 4.

leidigung“ genannt – ebenfalls ein außerordentlich abstrakter Begriff. Inwiefern das Rechtsgut der Ehre durch die Beleidigung verletzt wird, und wo demnach die Grenze zwischen strafwürdigen Beleidigungen und nicht strafwürdigen ähnlichen Handlungen verläuft, ist alles andere als eindeutig. Da die Ehre schon als Realitätsausschnitt nicht hinreichend umrissen werden kann, lässt sich bereits kaum manifest wahrnehmen und nachweisen, dass sie überhaupt durch ein bestimmtes Verhalten kausal nachteilhaft verändert wird. Umso schwerer ist es, entsprechende nachteilige reale Veränderungen aufgrund bestimmter menschlicher Verhaltensweisen zu beschreiben. Allein mit dem Begriff „Beleidigung“ vermag dies nicht zu gelingen. Jenseits des intuitiven Verständnisses lassen sich keine klaren Aussagen gewinnen. Der Begriff „Beleidigung“ beinhaltet nicht die nötige Trennschärfe, um in einer Gesamtschau mit dem abstrakten Rechtsgut der Ehre aus der *ex ante*-Perspektive eine hinreichend bestimmte Beschreibung des spezifischen tatbestandlichen Unrechts unter gleichzeitiger Abgrenzung zu ähnlichen, aber nicht strafwürdigen, weil sozialadäquaten Verhaltensweisen zu gewährleisten. Um erneut das Bild des Koordinatensystems zu bemühen: Rechtsgut und Beeinträchtigungsverhalten sind beide zu wenig konkret, um in einer Weise aufeinander zu bewegt werden zu können, die dem Gedanken des Rechtsgüterschutzes und dem verfassungsrechtlichen Bestimmtheitsgebot Genüge leistet. Folgerichtig war und ist der Tatbestand des § 185 StGB auch erheblicher Kritik ausgesetzt.[626] Es erscheint daher nicht fern liegend, die These aufzustellen, dass die Strafwürdigkeit der Beleidigung in dieser vagen, extensiven Form mehr in einem intuitiven Gerechtigkeitsempfinden denn in einer gesicherten Dogmatik Rückhalt findet.

Im zweiten Fall, nämlich der Aufzählung heterogener Angriffsverhaltensweisen, ist der Vorwurf der doppelten Abstraktheit weniger offensichtlich als im ersten Fall. Im Ergebnis folgt die Abstraktheit in diesem Fall aus dem Umstand, dass keine gemeinsame, einheitliche Angriffsrichtung der aufgezählten Verhaltensweisen ausgemacht werden kann, aus der sich die tatbestandsspezifische Betroffenheit des Normschutzgegenstands ergibt. Im Ergebnis wird das zu schützende (abstrakte) Rechtsgut dadurch in unterschiedliche Kontexte gestellt, so dass unklar ist, gegen welche Einwirkungen das Rechtsgut innerhalb der tatbestandlichen Umklammerung überhaupt geschützt werden soll. Je heterogener die in der Norm beschriebenen Verhaltensweisen sind, desto mehr spricht daher für die Annahme, dass eigentlich nicht ein Rechtsgut geschützt wird, auf das hin die tatbestandsmäßigen Verhaltensweisen bezogen werden, sondern dass es vielmehr um die Pönalisierung bestimmter Verhaltensweisen geht, für deren Rechtfertigung auf einen abstrakten Wert referiert wird, der bloß als „Rechts*gut*“ etikettiert und als Klammer um diese Verhaltensweisen gespannt wird. Ein Beispiel hierfür liefert die nach § 238 StGB unter Strafe gestellte Nachstellung.

---

626 Vgl. hierzu *Ignor*, Der Straftatbestand der Beleidigung, S. 29 ff., 158 ff.

Als schützenswertes Rechtsgut wird hier der individuelle Lebensbereich angegeben[627] – ein überaus abstrakter Referenzwert. Als Angriffsverhalten werden in § 238 Abs. 1 Nrn. 1 bis 4 StGB mehrere heterogene Verhaltensweise beschrieben (z.B. Telefonanrufe, Blumensendungen, Anzeigenschaltungen, Drohung mit einer Körperverletzung), die zudem mit Nr. 5 um eine Auffangklausel erweitert werden. Eine gemeinsame Angriffsrichtung auf den individuellen Lebensbereich des Betroffenen, aus der sich die tatbestandsspezifische Betroffenheit des individuellen Lebensbereichs ergibt, lassen die Handlungen nicht erkennen. Die Folge ist, dass sich aus der Interdependenz von „Rechtsgut" und Beeinträchtigungsverhalten kein spezifisches Unrecht ergibt, sondern mangels klarer Grenzen auch Alltagshandlungen in den Normbereich einbezogen, die erst durch die Zuhilfenahme der Zusatzkriterien „Beharrlichkeit" und „Unbefugtheit" aus dem Normbereich ausgeschieden werden.[628] In der Folge ist davon auszugehen, dass es hier nicht um den tatsächlichen Schutz des „Rechtsguts des individuellen Lebensbereichs" geht, sondern dass der „individuelle Lebensbereich" nur als Klammer für die Zusammenfassung bestimmter als strafwürdig im Sinne von „strafwerthaft" erscheinender Verhaltensweisen fungiert, der dann, um der Norm den Anstrich der Legitimität zu verleihen, mit dem Terminus „Rechtsgut" belegt wird.[629]

(2) Rechtsgutsderivatisierung

Eine weitere Technik des Schutzes abstrakter Rechtsgüter, die sich vor dem Hintergrund der Orientierung an der Interdependenzdimension des Rechtsgüterschutzes als nicht unproblematisch erweist, ist die Technik der Rechtsgutsderivatisierung. Derivatisierung meint in diesem Zusammenhang, dass als das durch den Tatbestand zu schützende Rechtsgut ein aus einem konkreten Rechtsgut abgeleitetes Derivat als Schutzgegenstand der Norm angegeben und selbst als „Rechtsgut" gekennzeichnet wird. Auch hier drängt sich der Verdacht auf, dass der Referenzwert für die Pönalisierung vertauscht und in der Folge nicht mehr an das Rechtsgut sondern an das Verhalten angeknüpft wird. Ein plastisches Beispiel hierfür stellt das im Betäubungsmittelstrafrecht angeführte „Rechtsgut" der „Volksgesundheit" dar, das als eine Weiterentwicklung in Form einer qualitativen Modifizierung des Rechtsguts der körperlichen Unversehrtheit anzusehen sein soll.[630] Weitere Beispiele finden sich vor allem im Bereich des Vermögensschutzes, z.B. § 264 StGB („Funktionsfähigkeit des Subventionswesens"), § 264a StGB („Funktionsfähigkeit des Kapitalmarkts") oder §§ 298, 299 StGB

627 *Lackner/Kühl*, StGB, § 238 Rn. 1.

628 Vgl. – immer mal wieder - *v. Schenck*, myops 2/2008, S. 42 (43 ff.).

629 Zur Kritik an § 238 StGB im Hinblick auf den behaupteten Rechtsgüterschutz *v. Schenck*, myops 2/2008, S. 42 (43 ff.).

630 *Roxin*, AT I, § 2 Rn. 46. Zum Rechtsgüterschutz im Betäubungsmittelstrafrecht *Roxin*, AT I, § 2 Rn. 14 ff., 32 ff.

(„freier und redlicher Wettbewerb").[631] Wie die Beispiele zeigen, vollzieht sich diese Derivatisierung in der Regel durch die Umwandlung eines Individualrechtsguts in ein kollektives „Rechtsgut".[632]

Prinzipiell bestehen gegen die Derivatisierung von Rechtsgütern keine Bedenken. Vor allem für die systemimmanente, hermeneutische Funktion des Rechtsgutsbegriffs kann ein solches Vorgehen hilfreich sein. Die Grenze muss aber dort verlaufen, wo eine unmittelbare Beziehung zwischen dem Ursprungsrechtsgut und dem Rechtsgutsderivat nicht mehr hergestellt werden kann. Dann nämlich wird durch die Derivatisierung nicht mehr ein Rechtsgut *konkretisiert*, sondern es wird *ersetzt*. Dann bildet die Spezifizierung des Rechtsguts eine Strategie zur Vernebelung des Normschutzzwecks, und es besteht die Gefahr, dass unter dem Schutzmantel der Behauptung des Rechtsgüterschutzes das *Angriffsverhalten* den eigentlichen Pönalisierungsgrund darstellt.

c) Zusammenfassung und Ergebnis

Der Versuch, den Rechtsgüterschutzgedanken zum tauglichen Maßstab für die Beurteilung der Pönalisierungswürdigkeit zu erheben, führt bereits bei der Bestimmung des Rechtsgutsbegriffs zu Schwierigkeiten. Der Rechtsgutsbegriff droht sich nämlich zwischen den Kategorien der Realität und der Materialität aufzureiben, indem einerseits sein kritisches Potenzial mit abnehmender Materialität sinkt, andererseits aber ein gewisses Maß an Entmaterialisierung als Diktat des Realitätsbezugs notwendig in Kauf zu nehmen ist, wenn das Konzept des Rechtsgüterschutzes ein wirklichkeitsgestaltendes Konzept sein soll.

Eine erste – wenngleich auch geringe – gesetzgebungskritische Wirkung entfaltet der Rechtsgutsbegriff über seine personale Ausrichtung, die zumindest eine Ausgrenzung von so genannten Scheinrechtsgütern ermöglicht. Gegenstand des Strafrechts dürfen nämlich nur solche (verobjektivierten) Interessen sein, die für die freie Entfaltung der Person in der Gesellschaft unverzichtbar sind. Vor allem aber gewinnt der Rechtsgüterschutzgedanke durch die Fokussierung auf die tatbestandsspezifische Interdependenz zwischen dem zu schützenden Rechtsgut und dem Verhalten, das im Hinblick auf dieses Rechtsgut eine beeinträchtigende Wirkung entfaltet, an kritischer Potenz. Dieser Aspekt trägt auch zur Enttarnung des Scheinrechtsgüterschutzes bei, da sich anhand der Interdependenzorientierung erhellen lässt, ob durch eine Pönalisierung überhaupt noch ein Rechtsgut geschützt wird, oder ob nicht vielmehr an ein bestimmtes Verhalten angeknüpft und der genannte Schutzgegenstand bloß als „Rechtsgut" etikettiert wird. Ein zusätzlicher Gewinn an gesetzgebungskritischer Potenz ergibt sich aus der Kombination der Orientierung an der Interdependenz zwischen Rechtsgut und Beeinträchtigungsverhalten mit dem verfassungsrechtlichen Be-

631 Vgl. hierzu *Krüger*, Die Entmaterialisierungstendenz beim Rechtsgutsbegriff, S. 20 ff.
632 Vgl. *Kargl*, in: Neumann/Prittwitz (Hrsg.), „Personale Rechtsgutslehre" und „Opferorientierung im Strafrecht", S. 41 (56).

stimmtheitsgebot. Dadurch lässt sich Gesetzgebungskritik vor allem an solchen Normen betreiben, die in der Grauzone zwischen Strafwürdigkeit und Sozialadäquanz liegen, aber auch an solchen, bei denen ganz allgemein die Schwierigkeit in der Beschreibung des tatbestandsspezifischen Unrechts durch den Wortlaut der Norm liegt.

Am Ende bleibt trotz allem festzuhalten, dass der gesetzgebungskritische Wert der Rechtsgüterschutzlehre keinesfalls überschätzt werden darf. Mitnichten erlaubt dieses Konzept die deduktive Ableitung eines Strafgesetzgebungsprogramms. Seine Wirkung liegt vorrangig im negativen Bereich, also in der *delegitimierenden* Funktion, indem anhand dieser Dogmatik aufgezeigt werden kann, dass bestimmte Tatbestände eben keine Rechtsgüter schützen und daher auch nicht als legitim anzusehen sind. Umgekehrt gibt das Konzept des Rechtsgüterschutzes durch die skizzierten Leitlinien durchaus auch nennenswerte positive Ansätze für eine legitime Strafgesetzgebung vor. Er verlangt nämlich vom Gesetzgeber, dass dieser bei jeder Pönalisierung zunächst das durch den zu schaffenden oder zu ändernden Tatbestand geschützte Rechtsgut benennt und anschließend durch eine hinreichend bestimmte Beschreibung die spezifische Beeinträchtigung dieses Rechtsguts durch das im Tatbestand benannte Angriffsverhalten zum Ausdruck bringt.

2. Völkerrecht

Neben der nationalen Konzeption des Rechtsgüterschutzes sind bei der Ermittlung der Pönalisierungswürdigkeit eines bestimmten Verhaltens darüber hinaus auch mögliche völkerrechtliche Implikationen zu berücksichtigen, die insofern als weiterer Maßstab für die Pönalisierungswürdigkeit heranzuziehen sind. Obgleich das Strafrecht traditionell als dasjenige Rechtsgebiet gilt, in dem sich die nationale Kultur eines Staates in besonderer Weise spiegelt,[633] und daher die Kompetenz zur Strafgesetzgebung als Kernstück der nationalen Souveränität angesehen wird,[634/635] kann sich auch das Strafrecht der zunehmenden Internati-

633 Vgl. hierzu etwa *Greve*, in: Sieber (Hrsg.), Europäische Einigung und Europäisches Strafrecht, S. 107 (109 f.). Auch *Weigend*, ZStW 105 (1993), 774 (786 ff.), stellt den Internationalisierungstendenzen das Argument der nationalen Eigenheiten entgegen. Allerdings argumentiert er nicht mit der nationalen Kultur im Sinne einer rechtsgemeinschaftsspezifischen ethischen Überzeugung, sondern er verweist auf die für das Strafrecht wichtige Dimension der politischen Entscheidungen bei der Wahl der Mittel zur sozialen Kontrolle. Hier nämlich könne nur auf nationaler Ebene sinnvoll beurteilt und entschieden werden, ob zur Absicherung von Rechtsgütern das Strafrecht einzusetzen sei, oder ob nicht schon andere, weniger eingriffsintensive Mittel ausreichen (S. 789).

634 Vgl. hierzu v.a. *Deutscher*, Die Kompetenzen der Europäischen Gemeinschaften zur originären Strafgesetzgebung, S. 312 ff.

635 Zu Recht weist *Satzger*, Die Europäisierung des Strafrechts, S. 159, darauf hin, dass das Kultur- und das Souveränitätsargument – obgleich in der Literatur oftmals undifferen-

onalisierung von Recht und Politik nicht verschließen. Folgerichtig kann zumindest im Grundsatz nicht bestritten werden, dass nicht nur genuin nationale sondern auch grenzüberschreitende Belange der Absicherung durch das Strafrecht bedürfen, und sich mithin Schnittmengen zwischen Völkerrecht und Strafrecht ergeben können. Sehr wohl streitbar sind hingegen die sich daran anschließenden Fragen, *welche* völkerrechtlichen Belange überhaupt von strafrechtlicher Relevanz sein sollen, *wie* deren strafrechtliche Absicherung konkret auszugestalten ist, und *in welcher Weise* Konflikte zwischen völkerrechtlichen und nationalrechtlichen Interessen zu lösen sind. So gewendet verkompliziert sich die zunächst recht triviale Einsicht in die Notwendigkeit einer Öffnung des Strafrechts in Richtung des Völkerrechts. Denn im Gegensatz zur nationalen Pönalisierungswürdigkeitsdogmatik, die mit dem Rechtsgüterschutzgedanken einen homogenen Maßstab für die Beurteilung der Pönalisierungswürdigkeit jedweden Verhaltens bereit hält, sieht sich die Entwicklung eines einheitlichen völkerrechtlichen Pönalisierungswürdigkeitsmaßstabs mit der Schwierigkeit konfrontiert, dass die Beziehung zwischen Völkerrecht und Strafrecht überaus komplex ist. Dies hat zur Folge, dass die Entwicklung einer einheitlichen Pönalisierungswürdigkeitsdogmatik im Völkerrecht praktisch nicht möglich ist, sondern stattdessen dort jeweils den unterschiedlichen Implikationen und Kontexten zwischen Völkerrecht und Strafrecht Rechnung getragen werden muss.[636]

a) Völkerrecht und Strafrecht

Bevor konkret zur Frage der Ausgestaltung einer völkerrechtlichen Pönalisierungsdogmatik Stellung bezogen werden kann, muss zunächst die angedeutete Komplexität der Beziehung zwischen Völkerrecht und Strafrecht in den Blick genommen werden. Um die Komplexität dieser Beziehung nachvollziehen zu können, ist es methodologisch sinnvoll, drei Fragenkreise auseinanderzuhalten. Den ersten Fragenkreis, der in der Rechtspraxis den Ausgangspunkt für eine Verbindung von Völkerrecht und Strafrecht bildet, stellen die möglicherweise mit Strafe zu bewehrenden völkerrechtlichen Inhalte dar. Es geht hier darum, welche Verhaltensweisen es überhaupt rechtfertigen, auf supranationaler Ebene über Sanktionen nachzudenken. Den zweiten methodologischen Komplex bilden die Faktoren, die für die konkrete inhaltliche Ausgestaltung dieser strafrechtlich relevanten Inhalte auf völkerrechtlicher Ebene zugrunde zu legen sind (z.B. die räumliche, regionale Dimension und die völkerrechtliche Rechtsquelle des Inhalts). Und schließlich stellt sich die Frage, in welche Rechtsordnung die

---

ziert und nahezu synonym angeführt – zwar eng miteinander verbunden, nicht aber identisch sind.

636 Ausführlich zur Problematik der fehlenden Dogmatik des internationalen Strafrechts *Mylonopoulos*, ZStW 121 (2009), 68 (87 ff.), der aus dem Mangel einer Dogmatik des internationalen Strafrechts ein materielles Legitimationsdefizit der Normen des internationalen Strafrechts ableitet.

strafrechtliche Absicherung der als schützenswert qualifizierten Völkerrechtsinhalte einzuordnen ist, d.h. ob die Ausgestaltung als genuines Völker(straf)recht oder aber als völkerrechtlich beeinflusstes nationales Strafrecht zu erfolgen hat. Obgleich die skizzierten Fragestellungen in der Rechtspraxis in der eben genannten Reihenfolge relevant werden, ist es sinnvoll, die nachfolgende Erörterung dieser Komplexe in der umgekehrten Reihenfolge vorzunehmen. Mithin ist zunächst zwischen Völkerstrafrecht und (völkerrechtlich beeinflusstem) nationalem Strafrecht abzugrenzen, anschließend sind die Faktoren für die inhaltliche Ausgestaltung der konkreten Strafgesetzgebungsakte zu untersuchen, und zuletzt ist ein Blick auf die möglichen völkerrechtlichen Strafrechtsinhalte zu werfen.

aa) Völkerstrafrecht und völkerrechtlich beeinflusstes nationales Strafrecht

Die zentrale dogmatische Frage, die sich für jede Strafbewehrung völkerrechtlich relevanter Inhalte stellt, ist die Frage danach, in welcher Rechtsordnung die zu schaffende Strafnorm verankert werden soll. Zwei Möglichkeiten kommen in Betracht: Entweder es handelt sich um strafrechtsimplizierendes Völkerrecht oder aber um völkerrechtsimplizierendes (National-) Strafrecht. Im ersten Fall entsteht eine völkerrechtliche Norm mit sanktionalem Charakter, die als genuines Völkerrecht unabhängig von der nationalen Strafrechtsordnung gilt und den Bürger unmittelbar bindet.[637] Hierbei kann prinzipiell von „echtem Völkerstrafrecht" gesprochen werden, wobei der Terminus „Völkerstrafrecht" in diesem Zusammenhang insofern irreführend ist, als er in der Literatur für diejenigen Straftaten reserviert wird, die den Frieden, die Sicherheit und das Wohl der Welt bedrohen, und die deswegen die internationale Gemeinschaft als Ganzes berühren.[638] „Völkerstrafrecht" meint damit dasjenige Strafrecht, das im IStGH-Statut bzw. dem VStGB als dessen nahezu wörtlicher[639] nationaler Entsprechung kodifiziert ist. Darüber hinaus sind auch völkerrechtliche Normen denkbar, die die unmittelbare Strafbarkeit eines Individuums begründen, z.B. im Bereich des Rechts der Europäischen Union.[640] Die Kategorie dieses unmittelbar wirkenden sanktionalen Völkerrechts lässt sich da-

637 *Satzger*, Internationales und Europäisches Strafrecht, § 11 Rn. 1.

638 Vgl. den Wortlaut der Präambel des IStGH-Statuts.

639 Im Gegensatz zu Art. 7 Abs. 2 lit. e IStGH-Statut verzichtet § 7 Abs. 1 Nr. 5 VStGB auf das Erfordernis der *Vorsätzlichkeit* der Zufügung der Schäden oder Leiden, so dass dem Folterer nach dem Folterbegriff des VStGB gar nicht bewusst sein muss, dass sein Verhalten eine Folter darstellt.

640 Obgleich das europäische Recht diesen Entwicklungsstand – von wenigen Ausnahmen abgesehen (vgl. hierzu *B. Hecker*, Europäisches Strafrecht, § 7 Rn. 8 ff.) – (noch) nicht erreicht hat, ist eine unmittelbare Bindung des Individuums durch Europäisches Strafrecht gleichwohl grundsätzlich denkbar, vgl. *B. Hecker*, Europäisches Strafrecht, § 2 Rn. 83.

her mit der Bezeichnung „echtes supranationales Strafrecht“[641] präziser terminologisieren.[642] Im zweiten Fall erfolgt die Absicherung der völkerrechtlichen Inhalte durch ihre Implementierung in die nationale Strafrechtsordnung, so dass die Bindung des Individuums auch erst durch das nationale Recht erzeugt wird.

Welcher der beiden Umsetzungsmöglichkeiten der Vorrang einzuräumen ist, hängt letztlich von dem konkret in Rede stehenden Inhalt und den Faktoren für die Ausgestaltung der Absicherungsbeziehung ab. In der Praxis des internationalen Strafrechts sind beide Formen präsent, wobei freilich das echte supranationale Strafrecht die Ausnahme darstellt, und die Regel darin besteht, völkerrechtliche Interessen durch die Einflussnahme auf das nationale Strafrecht durchzusetzen. Damit soll vor allem der Souveränität der Nationalstaaten Rechnung getragen werden.

bb) Faktoren für die inhaltliche Ausgestaltung des völkerrechtlichen Strafrechts und des völkerrechtlich beeinflussten nationalen Strafrechts

Ob und vor allem *wie* ein völkerrechtlich relevanter Inhalt mit Strafe zu bewehren ist, hängt von unterschiedlichen Faktoren ab. In erster Linie ist die Natur des konkreten Inhalts selbst maßgeblich. Darüber hinaus sind jedoch auch zwei übergreifende Faktoren entscheidend, und zwar zum einen die räumliche Dimension, in der sich dieser Inhalt entfaltet, und zum anderen die völkerrechtliche Quelle, aus der der Inhalt und seine mögliche strafrechtliche Relevanz folgen.

(1) Räumliche Dimension

Ein wichtiger Faktor für das Ob und Wie der Verbindung von Völkerrecht und Strafrecht ist die räumliche Dimension des jeweils in Rede stehenden völkerrechtlichen Inhalts. Der Begriff des Völkerrechts ist diesbezüglich insofern doppelschichtig, als zwischen universellem und regionalem Völkerrecht zu unterscheiden ist.[643] Während das regionale Völkerrecht nur eine räumlich begrenzte Rechtsgemeinschaft betrifft, handelt es sich bei dem universellen Völkerrecht um gebietsübergreifendes Völkerrecht. Aus deutscher Sicht bedeutet das, dass neben den weltweiten Verstrickungen zudem auf regionaler Ebene speziell europäische Belange strafrechtliche Relevanz begründen können. Denkbar sind neben echtem universellem Völkerstrafrecht (z.B. IStGH-Statut) damit auch euro-

---

641 Vgl. *B. Hecker*, Europäisches Strafrecht, § 2 Rn. 83.

642 Freilich sind im Bereich des Internationalen Strafrechts i.w.S., d.h. überall dort, wo das Strafrecht einen – wie auch immer gearteten – Auslandsbezug aufweist (*Satzger*, Internationales und Europäisches Strafrecht, § 2 Rn. 1), infolge der Komplexität der möglichen Themenbereiche auch die Begrifflichkeiten umstritten. So versteht *Werle*, Völkerstrafrecht, Rn. 107, den Begriff des „supranationalen Strafrechts“ in einem anderen Sinne, als er hier verwendet wird, indem *Werle* dem supranationalen Recht diejenigen Strafrechtsnormen zuordnet, die durch Akte überstaatlicher Institutionen begründet werden.

643 Vgl. hierzu *Schindler*, FS-Huber, S. 609 ff.

parechtliche Strafnormen, die eine unmittelbare Strafbarkeit des Bürgers begründen.[644] Von deutlich höherer praktischer Relevanz sind jedoch die aus dem universellen und dem regionalen Völkerrecht folgenden Implikationen für das nationale Strafrecht, die das nationale Strafrecht auf unterschiedliche Weise beeinflussen können. Als Beispiele zu nennen sind etwa die Absicherung der universellen Menschenrechte des IPbpR oder die Implementierung wirtschaftsstrafrechtlicher europäischer Vorgaben wie z.B. der Geldwäscherichtlinie vom 10.06.1991, die in § 261 StGB eine nationalstrafrechtliche Implementierung erfahren hat.

(2) Völkerrechtliche Quellen

Ein weiterer Faktor für die strafrechtliche Dogmatisierung völkerrechtlicher Inhalte ist die völkerrechtliche Rechtsquelle, aus der der jeweils in Rede stehende Inhalt abgeleitet wird. Hierbei ist zwischen den *rechtlichen* und den *institutionellen* Quellen zu differenzieren.[645] Als rechtliche Quellen kommen gemäß Art. 38 Abs. 1 lit. a, b, c IGH-Statut das Völkervertragsrecht, das Völkergewohnheitsrecht sowie die allgemeinen Rechtsgrundsätze in Betracht. Mithin ist beispielsweise die Existenz echten universellen Strafrechts aus Völkergewohnheitsrecht ebenso möglich (z.B. im Bereich der Absicherung von Menschenrechten[646]) wie die Beeinflussung des nationalen Strafrechts durch regionales Völkervertragsrecht (z.B. die Einflussnahme der Europäischen Union auf das nationale Recht der Mitgliedstaaten[647]). Über diese rechtlichen Quellen hinaus kann die strafrechtliche Relevanz völkerrechtlicher Inhalte aber auch durch supranationale Institutionen, deren Errichtung und Ausgestaltung freilich wiederum auf völkerrechtlichen Vereinbarungen beruht,[648] hergestellt werden. In diesem Bereich ist die Spannung zwischen dem nationalstaatlichen Souveränitätsinteresse auf der einen Seite und der Reichweite der Kompetenzen der völkerrechtlichen Organe auf der anderen Seite besonders groß, da hier unterschiedliche *Organe* über die Strafgesetzgebungskompetenz streiten, die ja als zentraler Indikator für die Innehabung der Hoheitsgewalt angesehen wird.

---

644 Noch hat das europäische Recht diesen Entwicklungsstand – von wenigen Ausnahmen abgesehen (vgl. hierzu *B. Hecker*, Europäisches Strafrecht, § 7 Rn. 8 ff.) – allerdings nicht erreicht, vgl. *B. Hecker*, Europäisches Strafrecht, § 2 Rn. 83.

645 Zum Begriff der völkerrechtlichen Rechtsquelle vgl. *Kratzsch*, Rechtsquellen des Völkerrechts außerhalb von Art. 38 Absatz 1 IGH-Statut, S. 5 ff.

646 Vgl. hierzu *Ambos*, Straflosigkeit von Menschenrechtsverletzungen, S. 163 ff., sowie *ders.*, AVR 37 (1999), 318 ff., der auch auf die diesbezüglichen Schwierigkeiten hinweist.

647 Vgl. hierzu *Braum*, Europäische Strafgesetzlichkeit, S. 161 ff.; *Deutscher*, Die Kompetenzen der Europäischen Gemeinschaften zur originären Strafgesetzgebung, S. 351 ff.

648 Vgl. für den *EGMR* Art. 19 ff. EMRK, für den *UN-MRA* Art. 28 ff. IPbpR und für die Organe der Europäischen Union die entsprechenden Vorschriften in EGV und EUV.

cc) Völkerrechtliche Inhalte mit strafrechtlicher Relevanz

Der in den vorangegangenen Ausführungen entwickelte Torso der strafrechtlichen Absicherung völkerrechtlich relevanter Inhalte kann schließlich mit unterschiedlichen Inhalten gefüllt werden, die ihrerseits wiederum durch ihre Natur über die konkrete Gestalt des Torsos entscheiden. Zu nennen sind hier vor allem drei inhaltliche Bereiche, nämlich erstens die Menschenrechte, zweitens alle diejenigen Verhaltensweisen, die unter dem Schlagwort „grenzüberschreitende organisierte Kriminalität" zusammengefasst werden können, und drittens die Funktionsfähigkeit der Institutionen der Europäischen Union.[649]

(1) Menschenrechte

Einen möglichen durch das Strafrecht abzusichernden Ausschnitt des Völkerrechts stellen die im universellen und regionalen Völkerrecht inkorporierten Menschenrechte dar. Als Rechtsquelle für die Begründung der Absicherungsbeziehung kommen hier vor allem die auf die Gewährleistung von Menschenrechten gerichteten Völkerverträge, allen voran die EMRK und der IPbpR, in Betracht. Daneben sind die Menschenrechte aber auch – zumindest in ihrem Kern – als Bestandteile des Völkergewohnheitsrechts anerkannt.[650] Wie die völkervertraglichen Anforderungen an die Absicherung aussehen, und inwiefern eine Zuordnung zum Völkergewohnheitsrecht in Betracht kommt, ist freilich für jedes Menschenrecht separat zu ermitteln.[651]

Der Unterschied zwischen völkergewohnheitsrechtlichem und völkervertraglichem Menschenrechtsschutz liegt darin, dass die völkergewohnheitsrechtliche Strafbarkeit eines Verhaltens zwingend echtes supranationales Strafrecht darstellt, das unmittelbar das Individuum bindet und unabhängig von der nationalen Strafrechtsordnung gilt[652], wohingegen im Völkervertragsrecht grundsätzlich beide Möglichkeiten, d.h. sowohl die unmittelbare Bindung des Individuums (z.B. das IStGH-Statut) als auch die Beauftragung des nationalen Gesetzgebers zur Umsetzung der Inhalte in nationales Strafrecht, gewählt werden können. Allerdings beschränkt sich jenseits des begrifflichen „Völkerstrafrechts"[653] die strafrechtliche Relevanz des Völkerrechts im Völkervertragsrecht

---

649 Vgl. zu der Aufzählung auch *Weigend*, ZStW 105 (1993), 774 (776 ff.); *Kühl*, ZStW 109 (1997), 777 (780 ff.).

650 Vor allem bei der Entwicklung des IStGH-Statuts wurde auf völkergewohnheitsrechtliche Rechtssätze im Bereich des Menschenrechts zurückgegriffen, vgl. *Werle*, JZ 2000, 755 (766). Zudem hat sich der deutsche Gesetzgeber bei der Entwicklung des VStGB an denjenigen Stellen, an das IStGH-Statut hinter den völkergewohnheitsrechtlichen Standards zurückgeblieben ist, an eben jenem Völkergewohnheitsrecht orientiert, vgl. *Werle/Jeßberger*, JZ 2002, 725 (731).

651 Für die Folter siehe unten Teil 3 Kapitel 2 II. 1. b).

652 Auf einem anderen Blatt steht freilich die Frage, wie dieses echte supranationale völkergewohnheitsrechtliche Strafrecht vollzogen wird und somit zur Anwendung gelangt.

653 Zum Begriff des „Völkerstrafrechts" s.o. Teil 3 Kapitel 2 I. 2. a) aa).

auf die explizite oder implizite Verpflichtung der Vertragsstaaten zur Implementierung der Menschenrechte in die nationalen Strafrechtsordnungen. Besonders wichtig sind dabei die impliziten Aussagen der auf die Gewährleistung von Menschenrechten gerichteten Völkerverträge. So folgt die strafrechtliche Relevanz der Inhalte der EMRK und des IPbpR aus der beiden Verträgen zugrunde liegenden Schutz- und Gewährleistungsverpflichtung.[654]

In Art. 1 EMRK heißt es etwa:

> „Die Hohen Vertragsparteien sichern allen ihrer Hoheitsgewalt unterstehenden Personen die in Abschnitt I bestimmten Rechte und Freiheiten zu."

Und Art. 2 IPbpR sieht vor:

> „Jeder Vertragsstaat verpflichtet sich, die in diesem Pakt anerkannten Rechte zu achten und sie allen in seinem Gebiet befindlichen und seiner Herrschaftsgewalt unterstehenden Personen zu gewährleisten" (Abs. 1)
>
> „Jeder Vertragsstaat verpflichtet sich, die erforderlichen Schritte zu unternehmen, um die gesetzgeberischen oder sonstigen Vorkehrungen zu treffen, die notwendig sind, um den in diesem Pakt anerkannten Rechten Wirksamkeit zu verleihen, soweit solche Vorkehrungen nicht bereits getroffen worden sind" (Abs. 2).

Aus diesen Formulierungen wird gefolgert, dass zum Schutz der in der jeweiligen Konvention inkorporierten Menschenrechte grundsätzlich auch das Strafrecht in Betracht kommen kann.[655]

(2) Grenzüberschreitende organisierte Kriminalität

Unter dem Schlagwort „Strafrecht ohne Grenzen gegen Kriminalität ohne Grenzen"[656] werden als weitere strafrechtsrelevante Inhalte des Völkerrechts diejenigen Verhaltensweisen diskutiert, die sich unter dem Oberbegriff „grenzüberschreitende organisierte Kriminalität" zusammenfassen lassen. Hierzu gehören etwa die Bereiche des Menschenhandels, des Drogenhandels und des Umweltschutzes.[657] Auch diese Kriminalitätsphänomene sind ihrer räumlichen Dimension nach sowohl universell als auch regional präsent. Eine echte supranationale Strafbarkeit solcher Verbrechen wird jedoch nirgends gefordert. Und auch die

---

654 *Ambos*, Straflosigkeit von Menschenrechtsverletzungen, S. 166; *Schmidt*, Externe Strafpflichten, S. 141 f.

655 Vgl. für den IPbpR: *Baboeram-Adhin ./. Surinam*, Entscheidung des UN-MRA vom 04.04.1985, Z 16; *Dermit Barbato ./. Uruguay*, Entscheidung des UN-MRA vom 21.10.1982 Z. 11. Und für die EMRK: *X und Y ./. Niederlande*, Urt. des EGMR vom 26.03.1985, Z. 27; *A ./. Bulgarien*, Urt. des EGMR vom 28.10.1998, Z. 102; *Caloc ./. Frankreich*, Urt. des EGMR vom 20.07.2000, Z. 89.

656 *Weigend*, in: Zieschang/Hilgendorf/Laubenthal (Hrsg.), Strafrecht und Kriminalität in Europa, S. 57 (64).

657 Eine umfangreiche Aufzählung der möglichen Bereiche bietet *J. Vogel*, in: Zieschang/Hilgendorf/Laubenthal (Hrsg.), Strafrecht und Kriminalität in Europa, S. 29 (43 ff.).

Einflussnahme auf das nationale materielle Strafrecht wird nur im regionalen europäischen Raum ernsthaft diskutiert. Im universellen Bereich beschränken sich die Überlegungen dagegen auf die internationale Zusammenarbeit, vor allem die internationale Rechtshilfe in Strafsachen. Dies ist freilich darauf zurückzuführen, dass eine entsprechende Diskussion auf universeller Ebene in letzter Konsequenz wohl die „Utopie eines Weltstrafrechts" zur Folge hätte.[658] Auf europäischer Ebene ist es dagegen durchaus möglich, über materiellstrafrechtliche Maßnahmen zu diskutieren. Denn die Europäische Union verfügt über einen zentralen und ausgeprägten Organisationsapparat. Und mit den inhaltlichen Ausrichtungen, die sich aus der ersten und der dritten Säule der Europäischen Union ergeben, besteht auch eine sachliche Nähe zur Einflussnahme auf die nationalen Strafrechtsordnungen der Mitgliedstaaten. Wie diese Einflussnahme im Einzelnen auszusehen hat, ist höchst problematisch, da hiervon die Verteilung der Strafgesetzgebungskompetenz zwischen der Gemeinschaft und den Mitgliedstaaten berührt ist.[659] Auch hier muss die Entscheidung vom Einzelfall abhängen.

(3) Funktionieren der Institutionen der Europäischen Union

Ein weiterer, speziell europarechtlicher inhaltlicher Bereich, der unter Umständen strafrechtlich abzusichern ist, betrifft das Funktionieren der supranationalen Institution der Europäischen Union. Strafrechtliche Relevanz erlangt dieser Aspekt vor allem im Hinblick auf die Sicherung der finanziellen Mittel der Union.[660] Als Modell für diesen Bereich des Europäischen Strafrechts wurde das „Corpus Juris strafrechtlicher Regelungen zum Schutz der finanziellen Interessen der Europäischen Union", oder kurz: „Corpus Juris 2000", entwickelt, das einen Codex materiellstrafrechtlicher und strafprozessualer Vorschriften enthält.[661]

b) Völkerrechtliche Pönalisierungswürdigkeitsdogmatik

Die Komplexität der Beziehung zwischen Völkerrecht und Strafrecht bleibt für die Bildung einer völkerrechtlichen Dogmatik der Pönalisierungswürdigkeit nicht folgenlos. Aus dieser Komplexität wird nämlich deutlich, dass es – im Gegensatz zur Rechtsgüterschutzdogmatik im nationalen Rechtskreis – einen einheitlichen Maßstab für die Beurteilung der Pönalisierungswürdigkeit von Verhaltensweisen im Völkerrecht nicht nur nicht gibt, sondern auch nicht geben kann. Die völkerrechtliche Beurteilung der Pönalisierungswürdigkeit eines Verhaltens hängt vielmehr von dem als Pönalisierungsgegenstand konkret in Rede

---

658 Vgl. *Weigend*, in: Zieschang/Hilgendorf/Laubenthal (Hrsg.), Strafrecht und Kriminalität in Europa, S. 57 (65).

659 Ausführlich dazu *Braum*, Europäische Strafgesetzlichkeit, S. 161 ff., 398 ff.

660 Vgl. *B. Hecker*, Europäisches Strafrecht, § 14 Rn. 3.

661 Vgl. *Satzger*, Internationales und Europäisches Strafrecht, § 7 Rn. 34.

stehenden Inhalt ab, wobei zudem dessen völkerrechtlicher Kontext, d.h. seine räumliche Dimension und seine Verankerung in den völkerrechtlichen Quellen, berücksichtigt werden muss. Insofern gibt es im Völkerrecht anstatt *eines* allgemeinen Maßstabs für die Pönalisierungswürdigkeit mehrere unterschiedliche, partikulare Maßstäbe, deren Kriterien jeweils anhand des Einzelfalls ermittelt werden müssen.

Gerade wegen der Komplexität des Verhältnisses von Völkerrecht und Strafrecht lässt sich vor allem eine Besonderheit der völkerrechtlichen Beurteilung der Pönalisierungswürdigkeitsbeurteilung im Vergleich zum nationalen Rechtsgüterschutzgedanken herauskristallisieren, die alle partikularen völkerrechtlichen Pönalisierungswürdigkeitsmaßstäbe teilen: Während dem Aspekt der Pönalisierungs*möglichkeit* in der nationalen Pönalisierungswürdigkeitsdogmatik besondere Bedeutung beigemessen wird, spielt er im Völkerrecht durchweg keine Rolle. Die Sequenz der Pönalisierungswürdigkeit bleibt im Völkerrecht allein auf den Aspekt der Pönalisierungs*werthaftigkeit* beschränkt. Dies überrascht insofern nicht, als die Pönalisierungsmöglichkeit im nationalen Recht im Wesentlichen Ausfluss des Gesetzlichkeitsprinzips – und hier vor allem des Bestimmtheitsgebots – ist, das aber in dieser Art keine völkerrechtliche Geltung hat[662]. Gleichwohl kann die Frage der Pönalisierungsmöglichkeit mit Blick auf Art. 103 Abs. 2 GG auch für die völkerrechtliche Pönalisierungswürdigkeit eines Verhaltens virulent werden. Angesprochen ist die Konstellation der strafrechtlichen Absicherung eines völkerrechtlichen Inhalts durch dessen Implementierung in das nationale Strafrecht. In diesem Fall findet nämlich die völkerrechtliche Pönalisierungswürdigkeit im nationalen Strafgesetzlichkeitsprinzip ihre Grenze und wird damit jedenfalls insoweit von der nationalen Strafgesetzgebungsdogmatik abhängig.[663] Mit anderen Worten: die Kategorie der Pönalisierungswürdigkeit wird in der Weise geteilt, dass die Pönalisierungswerthaftigkeit durch das Völkerrecht vorgegeben wird, und sich die Pönalisierungsmöglichkeit nach den nationalrechtlichen Anforderungen, zu denen auch und vor allem Art. 103 Abs. 2 GG gehört, richtet.

Darüber hinaus kann sich die Frage der Pönalisierungsmöglichkeit aus völkerrechtlicher Perspektive auch noch in einer anderen Form stellen, nämlich im Sinne der sachlichen Kompetenz völkerrechtlicher Organe zur Ergreifung straf-

---

662 Zum völkerrechtlichen Gesetzlichkeitsprinzip vgl. *Schmidt*, Externe Strafpflichten, S. 43 ff. *Satzger*, Jus 2004, 943 (946), spricht sich in diesem Zusammenhang für eine „völkerrechtsfreundliche“ Auslegung des Bestimmtheitsgrundsatzes aus, der zufolge Art. 103 Abs. 2 GG im Wege der praktischen Konkordanz mit dem Prinzip der Völkerrechtsfreundlichkeit des Grundgesetzes in Einklang zu bringen ist.

663 In diese Richtung argumentiert auch *Mylonopoulos*, ZStW 121 (2009), 68 (86), der es im Kontext der Internationalisierung des Strafrechts als die wichtigste Aufgabe der (nationalen) Strafrechtsdogmatik ansieht, die Vereinbarkeit des importierten bzw. auferlegten Strafrechts mit den unabdingbaren Prinzipien der nationalen Rechtsordnung zu überprüfen.

gesetzgebender Maßnahmen. Dies betrifft vor allem den regionalen europäischen Bereich des Völkerrechts, und in diesem Rahmen die Kompetenzen der Europäischen Union. In diesem Sinne ist als pönalisierungs*würdig*, verstanden als pönalisierungs*möglich*, nur dasjenige Verhalten anzusehen, welches in einen Bereich fällt, innerhalb dessen die supranationale Institution überhaupt mit einer strafrechtlich relevanten Entscheidungskompetenz ausgestattet ist.[664]

II. Pönalisierungswürdigkeit der Folter nach Völkerrecht und nach nationalem Strafrechtsdenken

Nachdem im Vorangegangenen allgemeine Erwägungen zu den nationalen und völkerrechtlichen Pönalisierungswürdigkeitsmaßstäben angestellt wurden, soll nun konkret die Pönalisierungswürdigkeit der Folter nach diesen Maßstäben untersucht werden. Die erste Frage, die sich dabei stellt, ist die nach der Reihenfolge der nationalen und der völkerrechtlichen Pönalisierungswürdigkeitsmaßstäbe. Schließlich ist die Folter ein über den nationalen Rechtskreis hinaus reichendes, universelles Phänomen, so dass ihre Pönalisierung auch von beiden Richtungen aus beeinflusst wird. Als Reihenfolge bietet es sich dabei – entgegen dem Grundsatz, dass Strafgesetzgebung eine nationale Angelegenheit ist – an, mit den völkerrechtlichen Einflüssen zu beginnen, da die Folter unmittelbarer Gegenstand mehrerer völkerrechtlicher Bestimmungen ist, die den nationalen Gesetzgeber unmittelbar binden und damit von ihm zwingend zu beachten sind.

1. Pönalisierungswürdigkeit der Folter nach dem Völkerrecht

Wie gesehen[665] existiert im Völkerrecht kein allgemeiner einheitlicher Maßstab für die Beurteilung der Pönalisierungswürdigkeit von Verhaltensweisen. *Ob* und *wie* ein Verhalten aus völkerrechtlicher Sicht mit Strafe zu bedrohen ist, entscheidet sich vielmehr jeweils anhand des Inhalts des konkreten Verhaltens unter Berücksichtigung seines völkerrechtlichen Kontextes. Dementsprechend muss auch für die Folter der konkrete völkerrechtliche Kontext der Pönalisierungswürdigkeit ermittelt werden. Dabei ist zuallererst in phänomenologischer Hinsicht die hier interessierende Folter in ihrer allgemeinen Form als illegitime hoheitliche Gewaltausübung von der speziellen Folter als Verbrechen gegen die Menschlichkeit im Völkerstrafrecht abzugrenzen. Anschließend ist dann für die „allgemeine" Folter zu untersuchen, welche Aussagen in welchem Kontext über ihre Pönalisierungswürdigkeit im regionalen und universellen Völkerrecht getroffen werden, wobei als Quellen die auf die Gewährleistung

---

664 Zu Recht kritisiert *Naucke*, Strafrecht, § 4 Rn. 139, vor diesem Hintergrund die Unternehmungen in der Europäischen Union, strafrechtsrelevante Inhalte von der dritten Säule (= polizeiliche und justizielle Zusammenarbeit) in die erste Säule (= Europäische Gemeinschaften) zu ziehen, da in diesem Bereich die Möglichkeit zur Einflussnahme auf das nationale Recht größer ist.

665 S.o. Teil 3 Kapitel 2 I. 2. b).

von Menschenrechten gerichteten Völkerverträge – namentlich die FoK, die EMRK und der IPbpR – und das Völkergewohnheitsrecht in Betracht kommen. Innerhalb der so ermittelten partikularen Pönalisierungswürdigkeitsmaßstäbe ist dabei neben den jeweiligen Aussagen über die Pönalisierungswürdigkeit der Folter auch darauf einzugehen, wie diese Vorgaben dogmatisch umgesetzt werden sollen.

a) Abgrenzung der Folter als Pönalisierungsgegenstand des Völkerstrafrechts

Von der hier interessierenden Folter im allgemeinen Sinne, verstanden als „illegitime Transgression staatlicher Gewalt“[666], ist im Völkerrecht die spezielle Form der Folter als Verbrechen gegen die Menschlichkeit abzugrenzen. Als Gegenstand des Völkerstrafrechts wird die Folter in Art. 7 Abs. 1 IStGH zu den dort aufgelisteten Verbrechen gegen die Menschlichkeit gezählt, sofern sie im Rahmen eines ausgedehnten oder systematischen Angriffs gegen die Zivilbevölkerung und in Kenntnis des Angriffs begangen wird. Dabei ist im Rahmen des Art. 7 Abs. 1 IStGH-Statut zwischen der Gesamttat (= ausgedehnter oder systematischer Angriff auf die Zivilbevölkerung) und der Einzeltat (= Folter) zu unterscheiden.[667] Als völkerstrafrechtliches Verbrechen gegen die Menschlichkeit wird die Folter vor diesem Hintergrund nicht bereits als solche bestraft, sondern nur aufgrund ihres funktionalen Zusammenhangs mit der Gesamttat.[668]

Für die vorliegende Untersuchung kann die Pönalisierungswürdigkeit der Folter im strafrechtlichen Sinne als Verbrechen gegen die Menschlichkeit aus zwei Gründen außer Betracht bleiben. Zum einen deshalb, weil mit ihr durch den dort geforderten Kontext des Angriffs gegen die Zivilbevölkerung nur ein Teilausschnitt des völkerrechtlichen Gesamtphänomens der Folter angesprochen ist. Und zum anderen hat der nationale Gesetzgeber mit § 7 Abs. 1 Nr. 5 VStGB ohnehin eine nahezu[669] wortwörtliche Entsprechung zum völkerstrafrechtlichen Art. 7 Abs. 1 lit. f IStGH-Statut geschaffen, so dass insofern kein Anlass für Überlegungen zu einer Strafgesetzgebung *de lege ferenda* besteht. Gegenstand der nachfolgenden Ausführungen ist daher die Folter im Allgemeinen, d.h. als Gesamtphänomen der illegitimen staatlichen Gewalt.

b) Völkerverträge zur Gewährleistung von Menschenrechten

Anhaltspunkte für die Pönalisierungswürdigkeit der Folter im Völkerrecht vermitteln in erster Linie die auf die Gewährleistung von Menschenrechten ge-

---

666 *Burschel/Distelrath/Lembke* in: Burschel/Distelrath/Lembke, „Das Quälen des Körpers. Eine historische Anthropologie der Folter, S. 1 (6).

667 *Werle*, JZ 2000, 755 (757).

668 *Werle*, JZ 2000, 755 (757).

669 Im Gegensatz zur Definition der Folter nach Art. 7 Abs. 2 lit. e IStGH-Statut verzichtet die Definition von Folter in § 7 Abs. 1 Nr. 5 VStGB auf die Vorsätzlichkeit der Schmerzen oder Leiden, so dass nach dem Folterbegriff des VStGB dem Folterer also gar nicht bewusst sein muss, dass sein Verhalten eine Folterung darstellt.

richteten Völkerverträge, namentlich die FoK, die EMRK und der IPbpR. Dabei ist im Rahmen der Begutachtung dieser Verträge jeweils zum einen zu ermitteln, *was* die Verträge über die Pönalisierungswürdigkeit der Folter dem Grunde nach aussagen, und zum anderen *wie* diese Pönalisierungsvorgaben dann dogmatisch in der Praxis Geltung erlangen sollen.

aa) FoK

Als das im Hinblick auf die Folter speziellste völkerrechtliche Übereinkommen nimmt die FoK im vorliegenden Zusammenhang eine exponierte Stellung ein. Es liegt daher nahe, mit der Untersuchung bei dieser Konvention anzusetzen.

(1) Pönalisierungswürdigkeit

Die Pönalisierungswürdigkeit der Folter im Sinne der FoK wird in deren Art. 4 implizit unterstellt, indem dort ein an die Unterzeichnerstaaten adressiertes explizites Pönalisierungsgebot ausgesprochen wird. Wörtlich heißt es in Art. 4 Abs. 1 FoK:

> „Jeder Vertragsstaat trägt dafür Sorge, dass nach seinem Strafrecht alle Folterhandlungen als Straftaten gelten. Das gleiche gilt für versuchte Folterung und für von irgendeiner Person begangene Handlungen, die eine Mittäterschaft oder Teilnahme an einer Folterung darstellen.“

Art. 4 Abs. 2 FoK besagt:

> „Jeder Vertragsstaat bedroht diese Straftaten mit angemessenen Strafen, welche die Schwere der Tat berücksichtigen.“

Weit über die bloße Befürwortung der Pönalisierungs*würdigkeit* der Folter hinaus wird damit das Unterstrafestellen der Folter ausdrücklich eingefordert. Und wenngleich dieser Forderung keine grundsätzliche Erörterung der Strafwürdigkeit der Folter vorangestellt ist, wird diese durch das Pönalisierungsgebot doch immerhin impliziert. Schließlich setzt die strafrechtliche Sanktionierung von Verhaltensweisen stets notwendig das Verdikt des strafwürdigen Unrechts voraus. Mit dem Rückschluss von der Pönalisierungsbedürftigkeit der Folter auf deren Pönalisierungswürdigkeit kann es jedoch nicht sein Bewenden haben. Denn aus dem Umkehrschluss aus Art. 16 Abs. 1 S. 2 FoK[670] folgt, dass sich das

670 Art. 16 Abs. 1 FoK: „Jeder Vertragsstaat verpflichtet sich, in jedem seiner Hoheitsgewalt unterstehenden Gebiet andere Handlungen zu verhindern, die eine grausame, unmenschliche oder erniedrigende Behandlung oder Strafe darstellen, ohne der Folter im Sinne des Artikels 1 gleichzukommen, wenn diese Handlungen von einem Angehörigen des öffentlichen Dienstes oder einer anderen in amtlicher Eigenschaft handelnden Person, auf deren Veranlassung oder mit deren ausdrücklichem oder stillschweigendem Einverständnis begangen werden. Die in den Artikeln 10, 11, 12 und 13 aufgezählten Verpflichtungen bezüglich der Folter gelten entsprechend auch für andere Formen grausamer, unmenschlicher oder erniedrigender Behandlung oder Strafe.“

Pönalisierungsgebot des Art. 4 Abs. 1 FoK nur auf die Folter i.S.d. Art. 1 Abs. 1 FoK bezieht, d.h. es werden nur „*besonders* schwere“ Integritätsverletzungen erfasst.[671] Dagegen war in Teil 1 der vorliegenden Arbeit aus der Phänomenologie der Folter eine im Vergleich zu Art. 1 Abs. 1 FoK weiter reichende Begriffsbestimmung entwickelt worden, der zufolge der Schwere des Integritätsverletzungs*erfolgs* keine maßgebliche Bedeutung zukommt. Vor diesem Hintergrund lässt sich jedenfalls für diejenigen Misshandlungen, die unterhalb der Erheblichkeitsschwelle des Art. 1 Abs. 1 FoK liegen, die Pönalisierungswürdigkeit nicht aus der Implikation des Pönalisierungsgebots in Art. 4 Abs. 1 FoK ableiten. Dies wiederum bedeutet aber gleichwohl nicht, dass die FoK keinerlei Aussagen über die Pönalisierungswürdigkeit derjenigen Misshandlungen trifft, die unterhalb der Erheblichkeitsschwelle des Art. 1 Abs. 1 FoK liegen. Schließlich betrifft die Beschränkung des Pönalisierungsauftrags auf die Folter i.S.d. Art. 1 Abs. 1 FoK nur die *Verpflichtung* des Gesetzgebers zum Tätigwerden, und damit allein die Dringlichkeit des Gesetzgebungsauftrags. Diese Dringlichkeit ist als solche aber keine Frage der Pönalisierungswürdigkeit, sondern sie ist der Sequenz der Pönalisierungsbedürftigkeit zuzuordnen.[672] Aus Art. 4 FoK kann daher im Umkehrschluss nur gefolgert werden, dass die Misshandlungsformen unterhalb der besonderen Eingriffsschwere i.S.d. Art. 1 Abs. 1 FoK nicht pönalisierungs*pflichtig* sind, nicht aber dass sie nicht pönalisierungs*würdig* sind. Vor diesem Hintergrund gibt die FoK hinsichtlich der anderen Misshandlungsformen zwar keine expliziten Aussagen über deren Pönalisierungswürdigkeit, gleichwohl sprechen aber – wiederum *implizit* – in der Konvention angelegte Argumente für die Pönalisierungswürdigkeit auch dieser Misshandlungsformen. Bereits die Schwierigkeit einer trennscharfen Abgrenzung der Folter von der grausamen und der unmenschlichen Behandlung und damit deren phänomenologische Verwandtschaft können für die strafrechtliche Relevanz auch der anderen Misshandlungsformen als Argument ins Feld geführt werden. Zudem sind die Vertragsstaaten gemäß Art. 16 Abs. 1 S. 1 FoK dazu verpflichtet, auch unmenschliche, grausame und erniedrigende Behandlungen zu verhindern, was grundsätzlich auch und gerade eine strafrechtliche Absicherung erfordern kann. Schließlich handelt es sich auch bei diesen Verhaltensweisen um gravierende Menschenrechtsverletzungen, die ebenso wie die Folter i.S.d. Art. 1 Abs. 1 FoK die Menschenwürde tangieren und aus diesem Grund eine sanktionale Ahndung nach sich zu ziehen haben.

---

671 Geschuldet ist diese Beschränkung des Pönalisierungsgebots des Art. 4 FoK auf die Folter i.S.d. Art. 1 Abs. 1 S. 1 FoK dem Umstand, dass die unmenschlichen, grausamen und erniedrigenden Behandlungen, die neben der Folter i.S.d. Art. 1 Abs. 1 FoK ebenfalls Gegenstand der Konvention sind, zu vage sind, um die Nationalstaaten zu ihrer Strafbewehrung zu *verpflichten* (vgl. *Burgers/Danelius*, The United Nations Convention against Torture, S. 149).

672 Siehe hierzu unten Teil 3 Kapitel 3 II. 3. b).

(2) Umsetzung der Pönalisierungsvorgaben

Die FoK enthält selbst keinen echten supranationalen Straftatbestand der Folter. Bei den aus ihr abzuleitenden Aussagen über die Pönalisierungswürdigkeit der Folter handelt es sich vielmehr um an die Nationalstaaten adressierte Aufträge zur Implementierung des Konventionsinhalts in die nationale Strafrechtsordnung, denen mit Blick auf Art. 4 FoK (i.V.m. Art. 16 Abs. 1, 2 FoK) eine unterschiedliche Dringlichkeit zukommt. Der in der Völkerrechtslehre bestehende Streit über die Art und Weise der Implementierung des Völkerrechts in das nationale Recht[673], der vor allem für das deutsche Strafrecht wegen des Spannungsverhältnisses zwischen der völkerrechtlichen Bindung des Nationalstaats auf der einen und der verfassungsrechtlichen Bindung an das Gesetzlichkeitsprinzip auf der anderen Seite besonders relevant ist[674], kann dabei an dieser Stelle dahinstehen. Denn die FoK überlässt gemäß Art. 4 FoK ausdrücklich den Nationalstaaten die Entscheidung darüber, ob der Konventionsinhalt in nationale Strafnormen transformiert wird[675], oder ob die Konvention als Völkerrecht vollzogen wird.[676] Die Entscheidung zwischen diesen beiden Möglichkeiten ist in Deutschland zugunsten der Implementierung der völkerrechtlichen Inhalte in das nationale Recht ausgefallen, wobei die Art und Weise der Umsetzung den verfassungsrechtlichen Bestimmtheitsanforderungen genügen muss.[677]

Konkrete Vorgaben für die nationalstrafrechtliche Absicherung des Verbots der Folter im Sinne der Konvention sind in der FoK nicht vorgegeben. Selbst das explizite Gebot der Pönalisierung der Folter belässt den nationalen Gesetzgebern der Vertragsstaaten einen weiten Spielraum bei der Ausgestaltung der Pönalisierung. So wird nicht verlangt, dass ein ausdrücklicher nationaler Folterstraftatbestand geschaffen wird, der die Folter in wortwörtlicher Übereinstimmung zu Art. 1 Abs. 1 FoK erfasst.[678] Erforderlich ist allein, dass die strafrechtlichen Implikationen der Konvention im nationalen Recht *dem Inhalt nach* umgesetzt werden. Da so den Vertragsstaaten ein erheblicher Spielraum zugestanden wird, fällt auch der Umstand, dass die Konvention nur Aussagen über die

---

673 Gegenstand dieses Streits ist vor allem die Frage, ob das Völkerrecht als solches durch die nationalen Organe *vollzogen* oder in nationale Normen *transformiert* werden soll. Ausführlich zu diesem Streit *F. Becker*, NVwZ 2005, 289 ff.

674 *Gardocki*, ZfRV 1989, 129 (130).

675 Sofern völkerrechtliche Verträge gem. Art. 59 Abs. 2 GG in das nationale Recht umgesetzt werden, erlangen sie dadurch den Status eines einfachen Gesetzes, vgl. *Doehring*, Völkerrecht, Rn. 720. Das einfache Gesetz muss allerdings mit dem Verfassungsrecht, d.h. auch mit Art. 103 Abs. 2 GG, vereinbar sein. Insofern kommt dem Gesetzlichkeitsprinzip Vorrang gegenüber dem völkervertraglichen Inhalt zu. Anders kann es sich freilich bei der Umsetzung allgemeiner Regeln des Völkerrechts in das nationale Recht über Art. 25 GG verhalten, siehe hierzu unten Teil 3 Kapitel 2 II. 1. c) bb) (2).

676 Vgl. *Burgers/Danelius*, The United Nations Convention against Torture, S. 129.

677 Vgl. *Schmidt*, Externe Strafpflichten, S. 136; Wilkitzki, ZStW 99 (1987), 455 (464).

678 *Burgers/Danelius*, The United Nations Convention against Torture, S. 129.

Pönalisierungs*werthaftigkeit*, nicht aber über die Pönalisierungs*möglichkeit* der Folter und der anderen Misshandlungsformen enthält, nicht weiter ins Gewicht. Denn dadurch kann die Möglichkeit zur Umsetzung des der Konvention nach als pönalisierungswerthaft anerkannten Inhalts auf der Ebene des nationalen Rechts unter Berücksichtigung der Strafgeseztlichkeitsstandards bezüglich der Pönalisierungsmöglichkeit getroffen werden. Im Ergebnis findet dadurch der eigentliche Akt der Strafgesetzgebung erst auf nationaler Ebene durch den nationalen Gesetzgeber statt.

bb) EMRK

Neben der FoK enthält auch die EMRK, die für Deutschland das wichtigste regionale Menschenrechtsübereinkommen darstellt, wichtige Anhaltspunkte für die Pönalisierungswürdigkeit der Folter.

(1) Pönalisierungswürdigkeit

Zwar enthält der Vertragstext der EMRK keine expliziten Hinweise auf die Pönalisierungswürdigkeit der Folter, jedoch hat der *EGMR* in seiner Spruchpraxis zu Art. 3 EMRK wiederholt den mit Blick auf Art. 1 EMRK[679] naheliegenden Schluss gezogen, dass sich die Pönalisierungswürdigkeit der Folter i.S.d. Art. 3 EMRK aus der in Art. 1 EMRK fixierten allgemeinen Verpflichtung der Vertragsstaaten zur Gewährleistung der Konventionsrechte gegenüber allen ihrer Jurisdiktion unterstehenden Personen ergebe. In diesem Zusammenhang haben die Straßburger Richter wiederholt klargestellt, dass die Absicherung der Konventionsrechte den nationalen Gesetzgeber unter Umständen auch zur Strafbewehrung verpflichte.[680] Zur Begründung führt der *EGMR* an, dass andernfalls der Schutz der Konventionsrechte leer zu laufen drohe, und die Gefahr eines Verstoßes gegen die Artikel steige.[681] Diese Spruchpraxis ist in der Literatur auf Zustimmung gestoßen.[682]

Ebenso wie bei dem Pönalisierungsgebot des Art. 4 Abs. 1 FoK wird damit auch im Rahmen der EMRK über die Spruchpraxis des *EGMR* die Pönali-

679 Art. 1 EMRK: „Die Hohen Vertragsschließenden Teile sichern allen ihrer Jurisdiktion unterstehenden Personen die in Abschnitt I dieser Konvention niedergelegten Rechte und Freiheiten zu."

680 Vgl. *A. ./. Vereinigtes Königreich*, Urt. des EGMR vom 23.09.1998, Z. 22; *Assenov ./. Bulgarien*, Urt. des EGMR vom 28.10.1998, Z. 102; *Labita ./. Italien*, Urt. des EGMR vom 06.04.2000, Z. 131; *Caloc ./. Frankreich*, Urt. des EGMR vom 20.07.2000, Z. 89; *Al-Adsani ./. Vereinigtes Königreich*, Urt. des EGMR vom 21.11.2001, Z. 38; *M.C. ./. Bulgarien*, Urt. des EGMR vom 04.12.2003, Z. 153. *Gäfgen ./. Deutschland*, Urt. des EGMR vom 30.06.2008, Z. 76.

681 *Caloc ./. Frankreich*, Urt. des EGMR vom 20.07.2000, Z. 89; *Labita ./. Italien*, Urt. des EGMR vom 06.04.2000, Z. 131; *Assenov ./. Bulgarien*, Urt. des EGMR vom 28.10.1998, Z. 102.

682 Vgl. *Rengeling/Szczekalla*, Grundrechte in der Europäischen Union, S. 796 m.w.N.

sierungswürdigkeit der Folter durch die Formulierung einer Pönalisierungspflicht implizit bejaht. Im Unterschied zur FoK beschränkt der *EGMR* dieses Pönalisierungsgebot jedoch nicht auf die Folter im engen begrifflichen Sinne, sondern er erstreckt es gleichermaßen auf den gesamten Schutzbereich des Art. 3 EMRK, mithin auch auf die unmenschliche und die erniedrigende Behandlung.

(2) Umsetzung der Pönalisierungsvorgaben

Bei der Frage nach der Umsetzung der Pönalisierungsvorgaben gilt für die EMRK das Gleiche wie bei der FoK. Auch die EMRK enthält kein echtes supranationales Strafrecht. Stattdessen muss die strafrechtliche Absicherung der Konventionsrechte durch entsprechende Implementierungen in den nationalen Strafrechtssystemen der Mitgliedstaaten erfolgen. Insofern ähnelt die Umsetzung der strafrechtlichen Absicherung des Art. 3 EMRK in dogmatischer Hinsicht im Wesentlichen der strafrechtlichen Umsetzung der Garantien aus der FoK. Es liegt danach letztlich in der Hand des nationalen (Straf-) Gesetzgebers, eine konventionskonforme nationale Strafgesetzeslage herzustellen. Ebenso wie in der FoK bleiben dabei auch die Aussagen des *EGMR* zur Pönalisierungswürdigkeit der Folter auf den Aspekt der Pönalisierungs*werthaftigkeit* beschränkt. Die Pönalisierungs*möglichkeit* findet keine Erwähnung. Dieser Aspekt wird in die Entscheidungskompetenz der jeweiligen nationalen Gesetzgeber gestellt, die mit der Umsetzung der strafrechtlichen Absicherung des Artikels beauftragt sind.

Hinsichtlich der konkreten Art und Weise der Umsetzung der Konventionsinhalte in die nationale Strafrechtsordnung zieht der *EGMR* den Vertragsstaaten keine allzu engen Grenzen. Vielmehr gilt auch hier die in der Spruchpraxis der *EKMR* entwickelte, vom *EGMR* übernommene und weiterentwickelte *„margin of appreciation“*-Doktrin[683], die besagt, dass den Nationalstaaten bei der Auslegung und Anwendung des Konventionsrechts ein Beurteilungsspielraum zustehen soll.[684] Sinn und Zweck der *„margin“*-Doktrin ist es, den supranationalen Menschenrechtsschutz und die nationalen Belange und Unterschiede der Vertragsstaaten miteinander zu vereinbaren.[685] Wie groß genau die Reichweite dieser *margin* ist, hängt vom konkreten Einzelfall ab.[686] Allgemeingültige, übergreifende Konturen hat der *EGMR* bislang noch nicht entwickelt. Gleichwohl lässt sich aus der Spruchpraxis des *EGMR* immerhin als Trend herauslesen, dass die *margin* schmilzt – und sich damit der nationale Gestaltungsspielraum ver-

---

683 Vgl. zur Entwicklung der *„margin of appreciation“*-Doktrin *Rupp-Swienty*, Die Doktrin von der margin of appreciation in der Rechtsprechung des Europäischen Gerichtshofs für Menschenrechte, S. 27 ff.

684 Vgl. *Mosler*, FS-Huber, S. 595 (601).

685 *Rupp-Swienty*, Die Doktrin von der margin of appreciation in der Rechtsprechung des Europäischen Gerichtshofs für Menschenrechte, S. 1.

686 *Rupp-Swienty*, Die Doktrin von der margin of appreciation in der Rechtsprechung des Europäischen Gerichtshofs für Menschenrechte, S. 38.

engt –, je weiter die Konventionsrechte in ihrem Kernbereich betroffen sind.[687] Seine äußerste Grenze soll der Beurteilungsspielraum jedenfalls dort finden, wo der *EGMR* sein Einschreiten wegen einer drohenden Dispension einer Konventionsgewährleistung für erforderlich erachtet.[688]

Angewandt auf die Pönalisierung der Folter spricht vor diesem Hintergrund einiges dafür, dass die dem Gesetzgeber zur Verfügung stehende *margin of appreciation* tendenziell schmal sein muss, da Art. 3 EMRK durch seine Sonderstellung innerhalb der EMRK als absolutes und gemäß Art. 15 Abs. 2 EMRK notstandsfestes Verbot zweifelsohne eine der zentralen Gewährleistungen der Konvention darstellt und mithin einer besonderen Absicherung bedarf. Auf der anderen Seite muss aber gleichwohl auch berücksichtigt werden, dass es sich bei den Begriffen des Art. 3 EMRK um unbestimmte Rechtsbegriffe handelt, so dass es für den Gesetzgeber besonders schwierig ist, eine angemessene strafrechtliche Absicherung der Verbote zu gewährleisten. Diesem Umstand muss wiederum mit einer Öffnung des gesetzgeberischen Spielraums Rechnung getragen werden. Im Ergebnis führt das dazu, dass selbst in dem sensiblen Bereich der Folter die dem Strafgesetzgeber gesetzte *margin of appreciation* großzügig zu bemessen ist. Praktisch bedeutet das, dass dem nationalen Gesetzgeber zwar nicht hinsichtlich des Ob der Pönalisierung der Folter ein Entscheidungsspielraum offensteht – insofern wird nämlich über die Forderung einer grundsätzlichen Strafbewehrung der Folter in der Rechtsprechung des *EGMR* die Pönalisierungswürdigkeit der Folter impliziert –, sehr wohl aber hinsichtlich des Wie. Diesbezüglich ist die Grenze dort zu ziehen, wo die Ausgestaltung der nationalen Gesetzeslage von den Zielsetzungen und Gewährleistungen der Konvention nachteilig abzuweichen droht.

In diesem Zusammenhang gewinnen abermals die beiden Urteile des *EGMR* in dem Verfahren *Gäfgen ./. Deutschland* an Bedeutung. Die zunächst ergangene Kammerentscheidung vom 30.06.2008 legte ein sehr extensives Verständnis von der *margin of appreciation* nahe, indem die Richter davon ausgingen, die durch die Polizeibeamten gegenüber *Gäfgen* begangene Verletzung des Art. 3 EMRK sei durch die strafrechtliche Ahndung ihres Verhaltens mit Urteil des *LG Frankfurt a.M.* vom 20.12.2004 in angemessener Weise kompensiert worden.[689] Im Umkehrschluss lässt dies darauf schließen, dass die *Kleine Kammer des EGMR* das Folterverbot des Art. 3 EMRK als durch die nationale Strafgesetzeslage hinreichend abgesichert ansah. Und da die strafrechtliche Reaktion im *„Fall Daschner"* mit § 240 StGB als einer sehr weitreichenden, im Verhältnis zum Unrechtsgehalt der Folter reichlich unrechtsunspezifischen Norm erfolgte, schien die Kammer offensichtlich keine allzu strengen Maßstäbe bei der Beurteilung der nationalstrafrechtlichen Absicherung der Konventions-

687 *Chr. Calliess*, EuGRZ 1996, 293 (294).
688 *Yourow*, ZEuS 1998, 233 (238).
689 Vgl. *LG Frankfurt a.M.* NJW 2005, 692 ff.

gewährleistungen anzulegen. Anders entschied dagegen die *Große Kammer des EGMR* mit Urteil vom 01.06.2010. Zwar betonten die Richter auch in dieser Entscheidung, dass die strafrechtliche Absicherung der Konventionsinhalte grundsätzlich in den Kompetenzbereich der nationalen Vertragsstaaten falle, jedoch stellten sie auf der anderen Seite auch klar, dass diese Souveränität in Fällen „offensichtlicher Unverhältnismäßigkeit" ihre Grenze finde.[690] Und eine ebensolche „offensichtliche Unverhältnismäßigkeit" sahen die Richter in der strafrechtlichen Bewältigung der Konventionsverletzung durch die Frankfurter Polizeibeamten als gegeben an.[691] Auch wenn sich diese Äußerungen der *Großen Kammer* weniger auf die deutsche Strafgesetzeslage als solche beziehen und daher nicht an den Gesetzgeber adressiert sind, sondern sie sich vor allem auf den Judikativakt des *LG Frankfurt a.M.* vom 20.12.2004 richten,[692] wird gleichwohl deutlich, dass die *Große Kammer des EGMR* die Schranken enger als die *Kleine Kammer* zieht und gerade nicht jedwede strafrechtliche Reaktion auf Konventionsverstöße als ausreichend ansieht. Mit anderen Worten: die *margin of appreciation* ist durch die Angemessenheit des nationalen strafrechtlichen Regelungswerks beschränkt. Dies ist umso bemerkenswerter, als der *EGMR* damit zwischen den Zeilen der über den Rechtsgüterschutz zum Ausdruck kommenden normativen Dimension des Strafrechts einen hohen Stellenwert einräumt, indem bei der Beurteilung der Angemessenheit der strafrechtlichen Absicherung der Konvention der materielle Unrechtsgehalt des Konventionsverstoßes bei der nationalstrafrechtlichen Aburteilung zu berücksichtigen sein soll.

cc) IPbpR

Zuletzt ist für die Frage der Pönalisierungswürdigkeit der Folter im Völkerrecht auch auf den IPbpR einzugehen, der in Art. 7 ein umfassendes Folterverbot enthält. Hierbei kann aufgrund der parallelen Strukturen weitgehend auf die Ausführungen zu Art. 3 EMRK Bezug genommen werden. Soweit Unterschiede bestehen, werden diese nachfolgend hervorgehoben.

(1) Pönalisierungswürdigkeit

Auch der Vertragstext des IPbpR enthält keine ausdrücklichen Vorgaben für die strafrechtliche Absicherung der Vertragsrechte. Allerdings folgert der *UN-MRA* – vergleichbar dem *EGMR* für Art. 3 EMRK – aus der in Art. 2 Abs. 1 IPbpR fixierten allgemeinen Verpflichtung der Vertragsstaaten zur Gewährleistung der Rechte des Pakts im Hinblick auf das Folterverbot des Art. 7 IPbpR eine Verpflichtung der Vertragsstaaten zur strafrechtlichen Absicherung des Folterver-

690 *Gäfgen ./. Deutschland*, Urt. der Großen Kammer EGMR vom 01.06.2010, Z. 123. Kritisch *Grabenwarter*, NJW 2010, S. 3128 (3129).
691 *Gäfgen ./. Deutschland*, Urt. der Großen Kammer EGMR vom 01.06.2010, Z. 124.
692 *Gäfgen ./. Deutschland*, Urt. der Großen Kammer EGMR vom 01.06.2010, Z. 123 ff.

bots.[693] Auch der *UN-MRA* unterscheidet insoweit nicht zwischen Pönalisierungswürdigkeit und -bedürftigkeit sondern setzt die erstgenannte durch die zweitgenannte implizit voraus. Und auch er erstreckt das Pönalisierungsgebot auf den gesamten Schutzbereich des Artikels, mithin auch auf die grausamen, unmenschlichen und erniedrigenden Behandlungen.

(2) Umsetzung der Pönalisierungsvorgaben

Der *UN-MRA* lässt offen, *wie* die Strafbewehrung der Folter i.S.d. Art. 7 IPbpR im nationalen Strafrecht auszugestalten ist. Auch er delegiert die Entscheidung über die Art und Weise der Umsetzung an die Nationalstaaten. Auch seine Aussagen hinsichtlich der Pönalisierungswürdigkeit beschränken sich auf die Pönalisierungswerthaftigkeit, so dass wiederum die Entscheidung über die Pönalisierungsmöglichkeit im Kompetenzbereich des nationalen Gesetzgebers verbleibt. Bei dem Beurteilungsspielraum für die Umsetzung folgt der *UN-MRA* im Wesentlichen der *„margin of appreciation"*-Doktrin des *EGMR*.[694] Dies ist nicht selbstverständlich, da der *EGMR* nicht das einzige regionale Rechtsprechungsorgan für Menschenrechtsverletzungen ist, auf das der *UN-MRA* rekurrieren kann. Als regionales Gegenbeispiel kann etwa der *Interamerikanische Gerichtshof für Menschenrechte (IAGMR)* und dessen vielbeachtetes Urteil im Fall *Velásquez Rodriguez ./. San José*[695] angeführt werden. Dort hat der IAGMR in Bezug auf Art. 1 der Amerikanischen Menschenrechtskonvention (AMRK)[696] nicht nur festgestellt, dass den Staaten positive Schutzpflichten obliegen,[697] sondern er hat die in diesem Zusammenhang gebotene Absicherung durch das Strafrecht besonders ausdrücklich mit dem Ziel betont, den Beurteilungsspielraum der Staaten zu verkleinern.[698] Damit hat er eine gegenüber dem *EGMR* durchaus

---

693 Vgl. General Comment No. 7, 30.05.1982, Z. 1; General Comment No. 20, 10.03.1992, Z. 8. Ferner hat der *UN-MRA* die Forderung einer strafrechtlichen Absicherung des Art. 7 IPbpR in den nationalen Strafrechtsordnungen der Vertragsstaaten auch in seiner Judikatur gestellt, vgl. *Muteba ./. Zaire*, Mitteilung Nr. 124/1982, Z. 13.

694 *Simma*, in: Collected Courses of the Academy of European Law, Vol. IV, Book 2 (1994), S. 153 (203).

695 *Velásquez Rodriguez ./. San José*, Urt. des IAGMR vom 29.07.1988. In dem Fall ging es um den Vorwurf der Verletzung der Art. 4 (Recht auf Leben), 5 (Recht auf menschenwürdige Behandlung) und 7 (Recht auf persönliche Freiheit) der Amerikanischen Menschenrechtskonvention (AMRK). *Manfredo Velásquez Rodriguez* war von Polizeibeamten in San José misshandelt worden.

696 In Art. 1 Abs. 1 AMRK heißt es: „Die Mitgliedstaaten dieser Konvention verpflichten sich, die hierin anerkannten Rechte und Freiheiten zu wahren, und allen ihrer Herrschaftsgewalt unterstehenden Personen die freie und volle Ausübung dieser Rechte und Freiheiten zu sichern … ."

697 *Velásquez Rodruigez ./. San José*, Urt. des IAGMR vom 29.07.1988, Z. 174.

698 Vgl. *Ambos*, Straflosigkeit von Menschenrechtsverletzungen, S. 169.

weiterreichende Kompetenzbeschneidung des nationalen Gesetzgebers gefordert.[699]

dd) Zusammenfassung

Bei dem Vergleich der für die Folter einschlägigen Völkerverträge fällt zunächst auf, dass keiner der Verträge eine echte supranationale strafrechtliche Regelung zur Folter enthält. Gleichwohl ist in allen Verträgen eine strafrechtliche Absicherung des Folterverbots angelegt. Während dies in der FoK zum einen durch das Pönalisierungsgebot des Art. 4 Abs. 1 FoK und zum anderen durch die allgemeine Verpflichtung zur Verhinderung von Misshandlungen gemäß Art. 16 Abs. 1 S. 1 FoK klargestellt wird, wird es für die EMRK und den IPbpR durch die entsprechenden Spruchorgane aus dem Sinn und Zweck der Verträge abgeleitet. Bei der Frage, *wie* die strafrechtliche Absicherung dogmatisch zu erreichen ist, folgen alle genannten Verträge und Organe einer gemeinsamen Linie, indem sie die Strafbewehrung an die nationalen Gesetzgeber der jeweiligen Vertragsstaaten delegieren. Die Vorgaben, die die Verträge bzw. die Spruchorgane den nationalen Gesetzgebern diesbezüglich machen, sind nicht allzu strikt. In diesem Zusammenhang fällt auf, dass die Folter im Völkerrecht lediglich als pönalisierungs*werthaft* qualifiziert wird, indem das Bedürfnis ihrer Strafbewehrung in den jeweiligen Völkerverträgen betont wird. Den nationalen Gesetzgebern wird insofern nur aufgegeben, *dass* sie die Folter überhaupt unter Strafe stellen sollen. Die Frage der Pönalisierungs*möglichkeit*, mithin das *Wie* der nationalen Sanktionierung wird in den Völkerverträgen dagegen nicht angesprochen. Auch wenn es nicht explizit formuliert wird, ist gleichwohl offensichtlich, dass dieser Teil der Strafgesetzgebung allein in den Entscheidungsbereich der nationalen Strafgesetzgebung fallen soll. Erklären lässt sich dieser Umstand dadurch, dass dieser Teil der Strafgesetzgebung in besonderem Maße Ausdruck der nationalstaatlichen Souveränität ist, da gerade auf dieser Ebene die verfassungsrechtlichen Grenzen – für Deutschland namentlich das aus Art. 103 Abs. 2 GG folgende Bestimmtheitsgebot – berücksichtigt werden müssen. Insofern ist die Delegierung des Wie der Umsetzung in den alleinigen Kompetenzbereich des nationalen Gesetzgebers als Konzession an die Nationalstaatlichkeit zu bewerten.

Überraschen kann dieses Ergebnis nicht. Denn abgesehen von dem Bedürfnis nach der Verteidigung der nationalstaatlichen Souveränität durch die Behauptung der originären Strafgesetzgebungshoheit kommt als weiterer Aspekt hinzu, dass die Völkerverträge als Adressaten unmittelbar allein die Vertragsstaaten binden. Zur *strafrechtlichen Bindung der Individuen* bedarf es hingegen der Implementierung des Völkerrechts in das nationale Strafrecht. In der Folge stellt sich die Frage der Pönalisierungsmöglichkeit letztlich auch nicht auf völkervertraglicher, sondern erst auf nationaler Ebene. Doch so folgerichtig die

699 *Tomuschat*, FS-Steinberger, S. 315 (321).

Konzeption der Delegierung der unmittelbaren Strafgesetzgebungskompetenz auf den nationalen Gesetzgeber vor diesem Hintergrund auch ist, so offensichtlich sind auf der anderen Seite auch die Nachteile. Dem Vorteil, dass dem national-verfassungsrechtlichen Gesetzlichkeitsprinzip entsprochen wird[700], steht nämlich die Gefahr gegenüber, dass auf dem Weg des Umsetzungsprozesses die völkerrechtlichen Ziele aus den Augen verloren werden[701] - eine nicht ganz unberechtigte Befürchtung, wie die gegenwärtige Strafgesetzeslage in Deutschland in Bezug auf die Folter zeigt[702].

c) Völkergewohnheitsrecht

Als weitere Rechtsquelle für die völkerrechtliche Beurteilung der Pönalisierungswürdigkeit der Folter kommt das Völkergewohnheitsrecht in Betracht, das gemäß § 38 Abs. 1 lit. b IGH-Statut eine eigenständige Rechtsquelle des Völkerrechts bildet. Dabei muss für die Untersuchung der Frage, ob und wenn ja in welcher Form sich aus dem Völkergewohnheitsrecht Anhaltspunkte für die Pönalisierung der Folter folgern lassen, zwischen zwei Themenkreisen unterschieden werden. Vor der Frage nach der völkergewohnheitsrechtlichen Strafbewehrung der Folter ist zuerst zu ermitteln, ob es sich bei dem Folterverbot um einen Bestandteil des Völkergewohnheitsrechts handelt, da sich die Frage nach einer völkergewohnheitsrechtlichen Strafbewehrung der Folter überhaupt erst unter dieser Voraussetzung stellt.

aa) Folterverbot als Bestandteil des Völkergewohnheitsrecht

(1) Folterverbot als von einer opinio iuris getragene Staatenpraxis

Die Entstehung von Völkergewohnheitsrecht hängt gemäß Art. 38 Abs. 1 lit. b IGH-Statut von zwei Aspekten ab, nämlich zum einen von einer allgemeinen Übung (*consuetudo*), die sich auch als *gleichförmige Staatenpraxis* beschreiben lässt,[703] und zum anderen von der Anerkennung dieser Übung als notwendiges Recht (*opinio iuris sive necessitatis*).[704] Mit der *opinio iuris* ist die gemeinsame subjektive Überzeugung der Staaten gemeint, an eine bestimmte Staatenpraxis gebunden zu sein.[705] Maßgeblich ist dabei nicht die Rechtsauffassung jedes einzelnen Staates sondern die übereinstimmende Grundhaltung der Staatengemeinschaft.[706] Diese Überzeugung muss sich in entsprechenden Äußerungen manifestieren, wobei diese Äußerungen außerhalb eines konkreten

---

700 *Gardocki*, ZfRV 1989, 129 (130); *Wilkitzki*, ZStW 99 (1987), 455 (465).

701 Vgl. *Gardocki*, ZfRV 1989, 129 (130).

702 Vgl. oben Teil 2 Kapitel 1 IV.

703 *Richter*, Aspekte der universellen Geltung der Menschenrechte und der Herausbildung von Völkergewohnheitsrecht, S. 109.

704 *Verdross/Simma*, Universelles Völkerrecht, § 551; *Ipsen*, Völkerrecht, § 16 Rn. 2.

705 *Schmidt*, Externe Strafpflichten, S. 61.

706 *Stein/v. Buttlar*, Völkerrecht, Rn. 130.

Völkervertrags erfolgen müssen, da das Völkervertragsrecht eine eigenständige völkerrechtliche Rechtsquelle bildet, die grundsätzlich als speziellere Quelle dem Völkergewohnheitsrecht vorgeht. Das Element der *Staatenpraxis* ist weniger klar konturiert als die *opinio iuris*. Einigkeit besteht im Grundsatz darüber, dass die Praxis, um eine *allgemeine* zu sein, von einer gewissen Dauer und Einheitlichkeit sein muss.[707] Ihre konkrete Gestalt hängt überdies vor allem davon ab, welche hoheitlichen Akte überhaupt ihrer Natur nach als gewohnheitsrechtsbildende Praxen in Frage kommen können. Diesbezüglich ist das frühere enge Verständnis, demzufolge als Staatenpraxis nur das tatsächliche Handeln eines Staates in Betracht kam, mittlerweile durch ein tendenziell weites Verständnis abgelöst worden, welches als staatliche Praxis grundsätzlich alle Formen des (repräsentativen) staatlichen Handelns anerkennt, wie z.B. offizielles staatlichen Handeln auf Konferenzen, Absichtserklärungen oder auch nationale Gesetzgebungs- oder Rechtsprechungsakte mit internationalen Bezügen.[708] Zwar lässt dieses Verständnis von „Staatenpraxis" zwangsläufig die Grenze zwischen Staatenpraxis und *opinio iuris* verschwimmen, indem es nicht mehr um ein tatsächliches Verhalten der Staaten sondern vielmehr um deren Rechtssatzbehauptungen geht,[709] doch stellt diese Deutung des Begriffs der Staatenpraxis gleichwohl keinen unzulässigen Verstoß gegen die Regeln der Völkergewohnheitsrechtsbildung dar. Sie ist vielmehr Ausdruck der gebotenen Konzession an die Realität, in der sich Staatenpraxis und *opinio iuris* nicht als zwei getrennt voneinander existierende Momente gegenüberstehen.[710] Dies lässt sich vor allem anhand der gewohnheitsrechtlichen Geltung des Folterverbots belegen. Denn die „Praxis" der Anerkennung des Folterverbots besteht naturgemäß in einem Nichthandeln, einem Unterlassen, und könnte daher ohne die *opinio iuris* gar nicht begründet werden.[711]

Um nun die völkergewohnheitsrechtliche Begründung des Folterverbots zu fundieren, kommt den Völkerverträgen aus dem Bereich des Menschenrechts eine wichtige Bedeutung zu. Dass die Entstehung von Völkergewohnheitsrecht aus Völkerverträgen ebenso möglich ist wie die Kodifizierung von Völkergewohnheitsrecht durch Völkerverträge, wird nicht bestritten.[712] Zu verlangen ist aber – da die Völkerrechtsverträge als eigenständige Völkerrechtsquellen dem Völkergewohnheitsrecht vorgehen –, dass diesen Vertragsschlüssen eine *eigen-*

---

707 *Stein/v. Buttlar*, Völkerrecht, Rn. 128.

708 Vgl. *Stein/v. Buttlar*, Völkerrecht, Rn. 126; Ausführlich dazu *Bleckmann*, FS-Mosler, S. 89 ff.

709 *Bleckmann*, in: Klein (Hrsg.), Menschenrechtsschutz durch Gewohnheitsrecht, S. 29 (40); *ders.*, FS-Mosler, S. 89 (90 f.).

710 Vgl. *Bleckmann*, FS-Mosler, S. 89 (90 f.).

711 Vgl. *Richter*, Aspekte der universellen Geltung der Menschenrecht und der Herausbildung von Völkergewohnheitsrecht, S. 110 f.

712 Vgl. *Doehring*, in: Klein (Hrsg.), Menschenrechtsschutz und Gewohnheitsrecht, S. 67 ff.

ständige Aussage über das Folterverbot jenseits der Völkerverträge entnommen werden kann.[713] Um eine *allgemeine* Übung zu erzeugen ist darüber hinaus zu fordern, dass eine Vielzahl von Verträgen vorliegt.[714] Das Folterverbot erfüllt diese Bedingungen. Schließlich ist das Verbot weltweit in über dreißig universellen und regionalen Völkerverträgen verankert. Es gibt kaum einen Staat, der nicht durch mindestens einen Völkervertrag an das Folterverbot gebunden ist.[715] Damit handelt es sich bei dem Folterverbot um einen Bestandteil des Völkergewohnheitsrechts.

Trotz der Subsumierbarkeit der Folter unter die Definition des Völkergewohnheitsrechts könnte mit Blick auf das Erfordernis der „Allgemeinheit" der Staatenpraxis einer völkergewohnheitsrechtlichen Anerkennung des Folterverbots entgegenstehen, dass in einigen Staaten trotz des Bekenntnisses zum Folterverbot gleichwohl tatsächlich gefoltert wird.[716] Diese Bedenken sind ernst zu nehmen. Denn „reine Lippenbekenntnisse" können für die Bildung von Völkergewohnheitsrecht nicht ausreichen.[717] Umgekehrt würde es aber auch *ad absurdum* führen, von einer völkergewohnheitsrechtlichen Unterlassungspraxis nur dann auszugehen, wenn überhaupt kein Staat foltert. Dies würde nämlich bedeuten, dass es keine Verstöße gibt, was wiederum die Annahme eines Verbots verzichtbar machen würde, da ein Verbot notwendigerweise Verstöße voraussetzt. Insofern können Verstöße als Ausnahmen von einer Regel diese Regel sogar gerade bestätigen.[718] Bedingung ist jedoch, dass es sich bei den Verstößen auch tatsächlich um Ausnahmen und nicht um die Regel handelt. Dies ist bei der Folter – trotz ihrer weltweiten Präsenz – der Fall, so dass auch die nachgewiesenen Folterungen einer Entstehung des Folterverbots als Völkergewohnheitsrecht nicht entgegenstehen. Und ein weiteres kommt hinzu. Kaum ein Staat[719], der Folter anwendet, bestreitet, dass es sich bei den angewandten Methoden um Folter handelt, sondern versucht stattdessen, das Verhalten zu rechtfertigen. Auch dies stellt letztendlich eine Bestätigung des Verbots dar.[720] Letztlich stehen da-

---

713 Vgl. *Doehring*, in: Klein (Hrsg.), Menschenrechtsschutz und Gewohnheitsrecht, S. 67 (71).

714 *Stein/v. Buttlar*, Völkerrecht, Rn. 126; *Doehring*, in: Klein (Hrsg.), Menschenrechtsschutz und Gewohnheitsrecht, S. 67 (71).

715 *Stein*, Das Verbot der Folter im internationalen und nationalen Recht, S. 241.

716 Von besonderer Brisanz sind diesbezüglich zweifelsohne die US-amerikanischen Verhörmethoden im Kampf gegen den internationalen Terrorismus, wie z.B. das so genannte „waterboarding", bei dem Betroffenen das Gefühl vermittelt würd, als würde er ertrinken.

717 *Simma*, FS-Zemanek, S. 95 (107).

718 Vgl. *Nicaragua ./. USA*, Urt. des IGH vom 27.06.1986, Z. 180.

719 Die Ausnahme bildet die Auffassung der islamischen Staaten (z.B. Iran und Saudi-Arabien) zu den Körperstrafen, vgl. *Richter*, Aspekte der universellen Geltung der Menschenrechte und der Herausbildung von Völkergewohnheitsrecht, S. 240 ff.

720 *Bleckmann*, ZaöRV 36 (1976), 374 (382).

mit die Folterfälle in der Praxis der Zuordnung des Folterverbots zum Völkergewohnheitsrecht nicht entgegen.

(2) Konkrete Gestalt der Folter als Gegenstand des Völkergewohnheitsrechts

Die Feststellung, dass das Folterverbot Bestandteil des Völkergewohnheitsrechts ist, ermöglicht als solche noch keine präzisen Schlüsse. Fraglich bleibt nämlich, in welcher Form genau dem Folterverbot völkergewohnheitsrechtliche Geltung zukommt. Da es sich beim Völkergewohnheitsrecht gerade nicht um positives skriptives Recht handelt, fehlt auch eine entsprechende Definition der Folter als Gegenstand des Völkergewohnheitsrechts.

Wie bereits oben in Teil 1 für die FoK, die EMRK und den IPbpR gezeigt[721], enthält das Völkerrecht keinen einheitlichen Folterbegriff. Jedes völkervertragliche Übereinkommen behält sich vor, die Folter im Sinne des konkreten Übereinkommens zu bestimmen. Dies ist schon dem praktischen Grund geschuldet, dass die begrifflichen Festlegungen unter Umständen auch über die Vertragsgewährleistungspflichten entscheiden (z.B. das Pönalisierungsgebot in Art. 4 FoK), die den Vertragsstaaten auferlegt werden. Obgleich aber eine allgemeinverbindliche Definition von Folter im Völkerrecht nicht existiert, orientieren sich die meisten Übereinkommen an der Definition des Art. 1 Abs. 1 FoK.[722] Von dieser Definition ausgehend wird ferner zwischen der Folter und anderen Misshandlungsformen – namentlich der grausamen, unmenschlichen und erniedrigenden Behandlung – im Sinne eines Stufenverhältnisses unterschieden. Diese graduellen Unterschiede sind für das *Verbot* der Folter dabei allerdings nicht von Belang. Da die Misshandlungsformen stets in einem Atemzug genannt werden, ist davon auszugehen, dass das völkergewohnheitsrechtlich anerkannte Folterverbot sich auch auf alle Misshandlungsformen bezieht und damit als Folterverbot i.w.S. anzusehen ist. Im Ergebnis ist damit, mit anderen Worten, die illegitime staatliche Gewalt als völkergewohnheitsrechtliches Verbot anerkannt.

bb) Pönalisierungswürdigkeit

Nachdem sich herausgestellt hat, dass das Folterverbot zum Bestand des Völkergewohnheitsrechts zählt, ist nun zu ermitteln, ob neben dem völkergewohnheitsrechtlichen Verbot der Folter auch eine völkergewohnheitsrechtliche Aussage über die Pönalisierung der Folter existiert.

---

721 Vgl. oben Teil 1 Kapitel 1 1. a)-c).

722 Vgl. für die EMRK: *Selmouni ./. Frankreich*, Urt. des EGMR vom 28.07.1999, Z. 97, und für den IPbpR: *Joseph/Schultz/Castan*, The International Convenant on Civil and Political Rights, 9.04.

(1) Pönalisierung der Folter als Völkergewohnheitsrecht oder allgemeiner Rechtsgrundsatz

Während die Zugehörigkeit des Folter*verbots* zum Völkergewohnheitsrecht unbestritten ist, ist dies für die *Pönalisierung* der Folter weniger eindeutig. Sofern es die *opinio iuris* betrifft, lässt sich noch eine internationale Übereinstimmung finden, dass die Folter unter Strafe zu stellen ist. Eine diesbezügliche Staatenpraxis kann aber selbst bei einem weiten Begriffsverständnis der Staatenpraxis nicht hergestellt werden, da die Folter – außerhalb der völkerstrafrechtlichen Folter i.S.d. Art. 7 IStGH-Statut / § 7 VStGB – Gegenstand allein der nationalen Gesetzgebung ist.[723] Aus diesem Grund liegt es näher anzunehmen, dass es sich bei der Pönalisierung der Folter – im Gegensatz zum Verbot der Folter – nicht um Völkergewohnheitsrecht sondern um einen allgemeinen Rechtsgrundsatz i.S.d. Art. 38 Abs. 1 lit. c IGH-Statut handelt.[724] Allgemeine Rechtsgrundsätze i.S.d. Art. 38 Abs. 1 lit. c IGH-Statut sind solche Rechtsprinzipien, die den nationalen Rechtsordnungen gemeinsam sind.[725] Es handelt sich dabei um Prinzipien der nationalen Rechtsordnungen von hohem Abstraktionsgrad[726], denen ihrer Aussage nach auch in völkerrechtlicher Hinsicht Relevanz zukommt, so dass man letztlich von einer *opinio iuris* ohne entsprechende Staatenpraxis sprechen kann.[727] Um diese Grundsätze ermitteln zu können, ist naturgemäß eine Rechtsvergleichung der nationalen Rechtsordnungen erforderlich.[728] Auf den engsten Kern der Menschenrechte – und hierzu gehört vor allem die Folter – trifft das zu.[729] Daher ist davon auszugehen, dass die Pönalisierung der Folter zwar nicht dem Völkergewohnheitsrecht zuzuordnen ist, so aber doch als Menschenrechtsverletzung zumindest einen allgemeinen Rechtsgrundsatz darstellt. Zu Recht weist *Ambos* in diesem Zusammenhang darauf hin, dass es dabei weniger um die formale Kategorie geht als vielmehr um die Tatsache überhaupt, dass Menschenrechtsverletzungen auf einen völkerrechtlichen Rechtssatz gegründet werden.[730]

(2) Umsetzung der Pönalisierungsvorgaben

Soweit die Pönalisierung von Menschenrechtsverletzungen einen allgemeinen Rechtsgrundsatz des Völkerrechts i.S.d. Art. 38 IGH-Statut darstellt, ist zu be-

723 Vgl. *Bruha/Steiger*, Das Folterverbot im Völkerrecht, S. 22.

724 Vgl. etwa *Bruha/Steiger*, Das Folterverbot im Völkerrecht, S. 22.

725 *Ipsen*, Völkerrecht, § 17 Rn. 1.

726 *Rojahn*, in: Münch/Kunig, GG, Art. 25 Rn. 13.

727 Vgl. *Simma*, in: Collected Courses of the Academy of European Law, Vol. IV, Book 2 (1994), S. 153 (225).

728 *Ambos*, Straflosigkeit von Menschenrechtsverletzungen, S. 181; *Bleckmann*, in: Klein (Hrsg.), Menschenrechtsschutz durch Gewohnheitsrecht, S. 29 (38).

729 Vgl. *Ambos*, AVR 37 (1999), 318 (353 f.).

730 Vgl. *Ambos*, Straflosigkeit von Menschenrechtsverletzungen, S. 204 f.

achten, dass es sich hierbei um echtes supranationales Strafrecht handelt. Denn der Geltungsgrund der Pönalisierung der Folter liegt hier im Völkerrecht und bewirkt eine unmittelbare Bindung des Individuums durch das Völkerrecht. Von der Frage der Geltung zu trennen ist jedoch die Frage der *Anwendbarkeit* des aus einem völkerrechtlichen Rechtssatz folgenden Strafbarkeitsanspruchs.[731] Art. 25 GG, der die Geltung der allgemeinen Regeln des Völkerrechts, zu denen auch die allgemeinen Rechtsgrundsätze gehören[732], im deutschen Rechtssystem regelt, enthält keine Aussage darüber, wie die Anwendbarkeit zu erfolgen hat. Ebenso wie bei der Anwendung der völkerrechtlichen Verträge, deren Geltung in Deutschland sich aus Art. 59 Abs. 2 GG ergibt, kommen auch bei Art. 25 GG als Anwendungsmöglichkeiten vor allem der Vollzug der völkerrechtlichen Norm als Völkerrecht und die Transformation der völkerrechtlichen Norm in nationales Recht in Betracht.[733] Anders aber als die völkerrechtlichen Verträge, die über Art. 59 Abs. 2 GG in das nationale Recht umgesetzt werden und hier den Rang von einfachem Bundesrecht erlangen,[734] gehen die allgemeinen Regeln des Völkerrechts den Bundesgesetzen gemäß Art. 25 S. 2 GG vor, so dass sich hier der für die völkerrechtlichen Pönalisierungsinhalte bestehende Konflikt zwischen der völkerrechtlichen Bindung auf der einen und dem verfassungsrechtlichen Bestimmtheitsgebot auf der anderen Seite nicht ohne weiteres zugunsten des letzteren auflösen lässt. Gleichwohl erhalten die allgemeinen Regeln des Völkerrechts aber auch nicht den Rang von Verfassungsrecht,[735] so dass im Ergebnis mit der herrschenden Ansicht in der Literatur doch davon auszugehen ist, dass auch diese Rechtssätze in Konzession an den Art. 103 Abs. 2 GG der Transformation in nationale Straftatbestände bedürfen.[736] Probleme entstehen erst dann, wenn die nationale Strafgesetzeslage hinter den Anforderungen des echten supranationalen Strafrechts zurückbleibt.[737] Auch die Pönalisierungswürdigkeitsanforderungen aus dem völkerrechtlichen allgemeinen Rechtsgrundsatz der Pönalisierung von schweren Menschenrechtsverletzungen wie der Folter müssen daher im Wege der Implementierung Eingang in das nationale Strafrecht finden.

---

731 *Schmidt*, Externe Strafpflichten, S. 70.

732 *Streinz*, in: Sachs, GG, Art. 25 Rn. 35.

733 *Schmidt*, Externe Strafpflichten, S. 71.

734 Vgl. *Doehring*, Völkerrecht, Rn. 720.

735 *Rojahn*, in: Münch/Kunig, GG, Art. 25 Rn. 37.

736 *Schmidt*, Externe Strafpflichten, S. 71. Kritisch hierzu *Satzger*, JuS 2004, 943 (946), der die Ansicht vertritt, dass die Anforderungen des Art. 103 Abs. 2 GG im Wege der praktischen Konkordanz mit dem „Prinzip der Völkerrechtsfreundlichkeit" in Einklang zu bringen sind, so dass in der Folge auch ein „abgeschwächtes Maß an Bestimmtheit" hinzunehmen sein soll.

737 Vgl. *Schmidt*, Externe Strafpflichten, S. 79.

d) Ergebnis

Hinweise auf die völkerrechtliche Pönalisierungswürdigkeit der Folter ergeben sich sowohl aus den einzelnen menschenrechtlichen Völkerverträgen der FoK, der EMRK und des IPbpR sowie aus dem Völkergewohnheitsrecht, so dass im Ergebnis letztlich vier unterschiedliche partikulare Pönalisierungswürdigkeitsmaßstäbe existieren. Allen vieren ist dabei gemein, dass die aus ihnen jeweils erwachsenden Anforderungen im Wege der Implementierung in der nationalen Rechtsordnung Verwirklichung finden müssen. Insofern delegieren sie allesamt die Frage des Wie der Pönalisierung weitestgehend an den nationalen Gesetzgeber, d.h. die völkerrechtlichen Vorgaben bleiben insoweit tendenziell abstrakt und auf das grundsätzliche Ob der Pönalisierung beschränkt, so dass sie nur Stellung zur Pönalisierungswerthaftigkeit, nicht aber zur Pönalisierungsmöglichkeit beziehen. Damit beinhaltet das Völkerrecht auch nur eine begrenzte Aussagekraft und es steht fest, dass es für die Pönalisierung der Folter vor allem auf die nationalen Pönalisierungswürdigkeitserwägungen ankommen muss, die ihrerseits allerdings nicht den grundsätzlichen Rahmen sprengen dürfen, der durch das Völkerrecht vorgezeichnet ist.

2. Pönalisierungswürdigkeit der Folter nach nationalem Strafrechtsdenken

In der nationalen Strafgesetzgebungsdogmatik ist es die Lehre vom Rechtsgüterschutz, die den Maßstab für die Pönalisierungswürdigkeit bildet. Es muss hier ermittelt werden, inwieweit die Folter zu einer Beeinträchtigung strafrechtlicher Rechtsgüter führt. Dazu ist zunächst zu prüfen, ob bzw. inwieweit sich diejenigen Elemente, deren Verletzung den Unrechtsgehalt der Folter konstituiert, in den Katalog der strafrechtlichen Rechtsgüter integrieren lassen. Anschließend ist sodann deren spezifische Beeinträchtigung durch die Folter zu untersuchen.

a) Mögliche in Bezug auf die Folter in Betracht kommende Rechtsgüter

Als mögliche durch die Folter beeinträchtigte strafrechtliche Rechtsgüter kommen auf individueller Ebene die körperliche Integrität und die Willensausübungsfreiheit sowie auf überindividueller Ebene die Menschenwürde[738] und die Rechtsstaatlichkeit staatlichen Handelns in Betracht.

---

738 Die Einordnung der Menschenwürde in den Bereich der überindividuellen Rechtsgüter ist – sofern man sie überhaupt als Rechtsgut anerkennt – nicht selbstverständlich. Während *Spirakos*, Folter als Problem des Strafrechts, S. 149 ff. der Menschenwürde eine überindividuelle Dimension zuspricht, erkennt *Neumann*, FS-Manoledakis, S. 45 (53) in ihr ein individuelles Rechtsgut. Die Einteilung der Individual- und Kollektivrechtsgüter erfolgt im Wesentlichen über ihre Zuordnung zum Rechtsgutsträger – d.h. Träger eines Individualrechtsguts ist eine Person, während Träger eines Kollektivrechtsguts die Gesamtheit ist (*Hassemer/Neumann*, in: NK-StGB, vor § 1 Rn. 127). Vor diesem Hintergrund ergibt sich für die Menschenwürde ein ambivalentes Bild. Denn Träger der Men-

aa) Körperliche Integrität

Das Unrecht der Folter besteht zunächst auf individueller Ebene in einer Verletzung der körperlichen Integrität. Diese wird als strafrechtliches Rechtsgut ganz überwiegend[739] nur als Integrität im somatischen Sinne aufgefasst. Eine Beeinträchtigung der Integrität ist daher strafrechtlich nur dann relevant, wenn der organische status quo der betroffenen Person infolge der Einwirkung durch die in Rede stehende Handlung eine *physische* Verschlechterung aufweist.[740] Seelische Verletzungen gehören dagegen nur insoweit zum strafrechtlichen Rechtsgut der körperlichen Integrität, als sie sich physisch dokumentieren.[741] Allerdings wird dieses physisch determinierte Verständnis der Körperintegrität nicht konsequent durchgehalten, indem mit dem Begriff der (seelischen) Misshandlung in §§ 225, 343 StGB nach dem Verständnis der h.M. auch rein psychisch wirkende Verletzungen anerkannt werden.[742] Darüber hinausgehend wird teilweise der somatische Integritätsverletzungsbegriff bereits prinzipiell unter Behauptung der Unteilbarkeit der physisch-psychischen biologischen Einheit des menschlichen Körpers in Frage gestellt.[743]

Ob an dem somatischen Integritätsverständnis festzuhalten ist oder nicht, hängt von zwei Aspekten ab, nämlich zum einen von der Strafschutz*werthaftigkeit* und zum anderen von der Strafschutz*möglichkeit*, d.h. der Nachweisbarkeit der Beeinträchtigungs- und Schützbarkeitsrealität der psychischen Integrität. Dass es allein der zweite Aspekt ist, der Zweifel an der Rechtsgutsqualität der psychischen Integrität aufkommen lässt, ist offenkundig. Denn selbstverständlich ist das personale Interesse an der Freiheit vor Beeinträchtigungen des psychischen Wohlergehens durch andere Menschen eine wesentliche Voraus-

---

schenwürde ist notwendig das Individuum. Andererseits aber ist die Menschenwürde ein normatives Prinzip, das die Freiheit des Bürgers vor dem Staat beschreibt (vgl. hierzu oben Teil 1 Kapitel 2 I. 1.). In dieser Weise reicht sie über das konkrete Individuum hinaus. Denn eine Verletzung der Pflicht zur Achtung der Menschenwürde eines konkreten Individuums kann nicht gedacht werden, ohne dass damit zugleich das normative Prinzip Menschenwürde in seiner überindividuellen Dimension in Frage gestellt wird. Es spricht daher vieles dafür, der Menschenwürde auch im Strafrecht eine überindividuelle Dimension zuzuerkennen.

739 *Paeffgen*, in: NK-StGB, § 223 Rn. 3 m.w.N.

740 *Paeffgen*, in: NK-StGB, § 223 Rn. 3.

741 *Joecks*, in: MünchKomm-StGB, § 223 Rn. 5.

742 *Hirsch*, in: LK-StGB, § 225 Rn. 12; *Stree*, in: Schönke/Schröder, StGB, § 225 Rn. 12. A.A. *Paeffgen*, in: NK-StGB, § 225 Rn. 2, 13, der aus systematischen und historischen Gründen auch für das seelische Quälen eine negative Veränderung des körperlichen status quo des Betroffenen fordert.

743 Vgl. etwa *Eser*, in: Schönke/Schröder, StGB, § 223 Rn. 1. Zweifel am somatischen Rechtsgutsverständnis meldet auch *Joecks*, in: MünchKomm-StGB, § 223 Rn. 4, an. Eine ausführliche Begründung für die Ausdehnung liefert *Spirakos*, Folter als Problem des Strafrechts, S. 140 ff.

setzung der personalen Entfaltung, so dass aus wertbezogener Sicht auch die psychische Integrität als strafrechtlich schutzwürdig erscheint. Dass gleichwohl am somatischen Integritätsverständnis – und zwar entgegen der h.M. auch im Hinblick auf das (seelische) Quälen bei §§ 225, 343 StGB[744] – festzuhalten ist, ist der systemkritischen Funktion des Rechtsgutsbegriffs geschuldet, die die Nachweisbarkeit der realen Beeinträchtigungs- und Schutzmöglichkeit erfordert. Denn mit zunehmender Aufgabe der Körperlichkeit schwindet die Manifestation des Realsubstrats der körperlichen Integrität, und es steigt die Schwierigkeit, die Verletzung der Integrität nachzuweisen, was zwangsläufig zu Lasten des kritischen Potenzials des Rechtsguts der körperlichen Integrität geht. Allerdings ist es nicht alleine die Prinzipientreue, die durch die Öffnung des Integritätsbegriffs in Richtung psychischer Verletzungen Schaden nehmen könnte, sondern es besteht auch die Gefahr, dass die Entmaterialisierung des Rechtsgutsbegriffs einem nur scheinbar Rechtsgüter schützenden Pflichtverletzungsstrafrecht Vorschub leistet. Daher muss im Ergebnis der Schutz *rein psychischer* Beeinträchtigungen durch das Strafrecht – obgleich strafschutzwerthaft – ausgeklammert bleiben. In weiten Teilen erweist sich der Streit über die Somatologie des Integritätsbegriffs freilich als praktisch unerheblich, da über die Wechselwirkung von Psyche und Physis die seelische Verletzung somatische Auswirkungen zeitigt. Diesen Eindruck bestätigt auch die Rechtsprechung, die sich insofern tendenziell großzügig zeigt.[745]

bb) Willensausübungsfreiheit

Mit ähnlichen Schwierigkeiten wie das Rechtsgut der körperlichen Integrität sieht sich das zweite für die Folter relevante Individualrechtsgut, die Willensausübungsfreiheit, konfrontiert. Wenngleich mit der Willensentschließung, -bildung und -betätigung an den Willen angeknüpft wird, der als solcher ja gerade Teil des immateriellen Inneren des Menschen ist, wird für das *Rechtsgut der Willensausübung* nach § 240 StGB eine Materialisierung über den Nötigungserfolg gefordert. Dadurch wird die Beeinträchtigung des Rechtsguts zu einem in der Außenwelt wahrnehmbaren Ereignis.[746] Die innere Willenssphäre ist also

744 So auch *Paeffgen*, in: NK-StGB, § 225 Rn. 2, 13.

745 Vgl. dazu die Beispiele oben in Fn. 410.

746 *Gropp/Sinn*, in: MünchKomm-StGB, § 240 Rn. 95; *Toepel*, in: NK-StGB, § 240 Rn. 130. § 240 StGB kann als Musterbeispiel für die Schwierigkeiten des systemkritischen Schutzes abstrakter Rechtsgüter und für diesbezüglich mögliche Lösungsansätze angesehen werden. Denn mit dem Willen wird an ein in höchstem Maße abstraktes Substrat angeknüpft, das als solches wegen seines hohen Abstraktionsgrades strafrechtlich nicht schützbar ist, vgl. *Spirakos*, Folter als Problem des Strafrechts, S. 145. Strafrechtlich schützbar ist der Wille nur, sofern er sich materialisieren und sich seine Verletzbarkeit durch bestimmte Verhaltensweisen nachweisen lässt. Dies geschieht auf zweifache Weise. Zum einen durch die Einschränkungen auf der Ebene des tatbestandlichen Erfolgs, indem eine Handlung, Duldung oder Unterlassung als Manifestation des

nur so weit geschützt, als der Wille sich nach außen hin manifestiert. Eine Absicherung der Freiheit des inneren Willens als solchem wird dagegen nicht gewährleistet.

cc) Menschenwürde

Von zentraler Bedeutung für die Pönalisierungswürdigkeit der Folter nach nationalen Gesetzgebungsmaßstäben ist die Frage, ob die der Folter inhärente Verletzung der Menschenwürde in das Konzept des strafrechtlichen Rechtsgüterschutzes integriert werden kann. Schließlich bildet die Verletzung der Menschenwürde den Kern des Unrechtsgehalts der Folter.[747]

Im Gegensatz zu den Rechtsgütern der körperlichen Integrität und der Willensausübungsfreiheit, bei denen „lediglich" die Art und Weise sowie die Reichweite ihres Schutzes *als strafrechtliche Rechtsgüter* unklar waren, besteht bei der Menschenwürde ein besonders zusätzliches Problem darin, dass hier bereits die *Rechtsgutsqualität als solche* umstritten ist. Als zu schützendes Rechtsgut wird die Menschenwürde *de lege lata* überhaupt nur – und auch nicht einhellig[748] – dem Tatbestand des § 130 StGB zugrunde gelegt.[749] In der allgemeinen strafrechtlichen Literatur zum Rechtsgüterschutz ist der Menschenwürdebegriff zwar präsenter, doch zeichnet seine unterschiedliche Verwendung und Bewertung dort ein eigentümliches Bild, indem der Menschenwürde teilweise die Rechtsgutsqualität abgesprochen wird,[750] während sie von anderer Seite als

---

Willens gefordert wird. Und zum anderen durch die Eingrenzung auf der Ebene der Tathandlung durch das Erfordernis der Gewalt oder Drohung mit einem empfindlichen Übel. In diesem Sinne lässt sich dann sagen, dass der Wille durch das Strafecht (nur) insoweit geschützt werden kann, als die Verletzungskausalität zwischen dem tatbestandlichen Erfolg und der tatbestandsmäßigen Handlung eine real nachweisbare Verletzung der Willensentschließung, -bildung oder -betätigung darstellt. Als eine andere Form der Schutztechnik wird daraus dann weiter gefordert, dass, wenn der tatbestandlich Erfolg trotz tatbestandsmäßiger Handlung nicht eintritt, gleichwohl eine Beeinträchtigung des Rechtsguts vorliegt, deren konkrete Gestalt aber nicht die Verletzung sondern eine Gefährdung darstellt, die eine Bestrafung wegen versuchter Rechtsgutsverletzung rechtfertigt. Hier liegt der Nachweis der Verletzungsrealität dann nicht im Erfolg, sondern wesentlich in dem Beeinträchtigungsverhalten.

747 Siehe oben Teil 1 Kapitel 2 I.

748 Die Gegenposition vertreten etwa *Lenckner/Sternberg-Lieben*, in: Schönke/Schröder, StGB, § 130 Rn. 1, sowie *Junge*, Das Schutzgut des § 130 StGB, S. 69. *Fischer*, StGB, § 130 Rn. 2 sieht die Menschenwürde nur als „mittelbar" durch § 130 StGB geschützt.

749 *Ostendorf*, in: NK-StGB, § 130 Rn. 4 m.w.N.

750 Manoledakis, in: Prittwitz/Manoledakis (Hrsg.), Strafrecht und Menschenwürde, S. 9 ff. Tendenziell zustimmend *Roxin*, AT I, § 2 Rn. 20 ff. und *Neumann*, FS-Manoledakis, S. 45 ff., wobei beide eng begrenzte Ausnahmen – etwa für die Folter – anerkennen; ähnlich *Prittwitz*, in: Prittwitz/Manoledakis (Hrsg.), Strafrecht und Menschenwürde, S. 19 (27 ff.).

strafnormlegitimierendes Rechtsgut mobilisiert wird.[751] Die Ableitung zweier solch kontradiktorischer Forderungen aus ein- und demselben Begriff ist allerdings nur ein scheinbarer Widerspruch. Denn die Anhänger der beiden Lager nehmen die Menschenwürde in unterschiedlicher Weise in Anspruch. Diejenigen, die die Rechtsgutsqualität der Menschenwürde bestreiten, berufen sich vorrangig auf die Pflicht zur Achtung der Menschenwürde. Sie verstehen die Menschenwürde bloß als eine Freiheitsgarantie, die als solche allein eine Abwehrfunktion gegen staatliche Eingriffe vermittle und gerade keine positiven Handlungen des Strafgesetzgebers legitimieren könne. Eine solche Legitimation sei allenfalls dann denkbar, wenn der *Staat*, d.h. ein für ihn handelnder Amtsträger oder eine mit amtlichen Befugnissen ausgestattete Person[752], auf der Täterseite stehe und in die Freiheit des Bürgers eingreife.[753] Die Befürworter der Rechtsgutsqualität der Würde dagegen beziehen über die Achtungspflicht hinaus auch die *Schutz*pflichtdimension in ihre Überlegungen ein und wollen den Staat als (Straf-) Gesetzgeber vor diesem Hintergrund auch zur Pönalisierung von Verletzungen der Menschenwürde verpflichtet wissen – und zwar unabhängig von der Amtsträgereigenschaft des Täters. Über diese unterschiedliche Ausgangsposition hinaus bedienen sich die Anhänger der beiden Lager auch unterschiedlicher rechtstechnischer Argumentationswege. Diejenigen, die die Vereinbarkeit der Menschenwürde mit der strafrechtlichen Rechtsgüterschutzkonzeption ablehnen, stützen ihre Argumentation auf die mangelnde Rechtsgutsqualität der Menschenwürde; sie argumentieren also mit dem *Rechtsgutsbegriff*.[754] Diejenigen dagegen, die in der Menschenwürde ein strafrechtliches Rechtsgut erkennen, gehen über eine Auseinandersetzung mit den Voraussetzungen des strafrechtlichen Rechtsguts schlicht hinweg und argumentieren teleologisch von der Gefährlichkeit/Schädlichkeit der *Handlung* her.[755] Sie differenzieren nicht zwischen Rechtsgut und Beeinträchtigungsverhalten, sondern sie fingieren die Menschenwürde als Rechtsgut, und belegen die Wirkung eines bestimmten schädlichen Verhaltens mit dem Etikett „Verletzung des *Rechtsguts* Menschenwürde“.

(1) Menschenwürde als strafrechtliches Rechtsgut oder zumindest „Quasi-Rechtsgut"

Entsprechend der Notwendigkeit, beim strafrechtlichen Rechtsgüterschutz zwischen dem Rechtsgut und dem Beeinträchtigungsverhalten zu unterscheiden,

751 Vgl. *Peglau*, Der Schutz des allgemeinen Persönlichkeitsrechts durch das Strafrecht, S. 47.

752 *Heinrich*, Der Amtsträgerbegriff im Strafrecht, S. 281.

753 *Neumann*, FS-Manoledakis, S. 45, 56.

754 Vgl. vor allem *Manoledakis*, in: Prittwitz/Manoledakis (Hrsg.): Strafrecht und Menschenwürde, S. 9 ff.

755 Vgl. etwa *Vitzthum*, JZ 1985, 201 (204).

muss zunächst geklärt werden, ob die Menschenwürde überhaupt als strafrechtliches Rechtsgut zu klassifizieren ist.

(a) Menschenwürde als strafrechtliches Rechtsgut

Um als strafrechtliches Rechtsgut qualifiziert werden zu können, muss die Menschenwürde die Bedingungen erfüllen, die unter Berücksichtigung des Wert- und des Seinsaspekts als konstitutiv für den Begriff des Rechtsguts herausgearbeitet worden sind. Sie muss demzufolge ein verobjektiviertes und verallgemeinertes Interesse am Bestand oder Erhalt einer unverzichtbaren Voraussetzung für die freie personelle Entfaltung sein, dessen strafrechtliche Schutzwürdigkeit allgemein anerkannt ist, und dessen reale Beeinträchtigungs- und Schutzmöglichkeit auch tatsächlich nachweisbar ist.[756]

(aa) Menschenwürde als (verobjektiviertes und allgemein als strafrechtlich schützenswert anerkanntes) Interesse

Bereits die Subsumtion der Menschenwürde unter den Begriff des „Interesses" begegnet erheblichen Bedenken. Denn Interessen sind personale Wünsche in Bezug auf bestimmte Gegenstände,[757] die Menschenwürde aber ist von Wünschen unabhängig. Da sie dem Menschen inhärent ist, sie ihm also weder gegeben werden muss, noch ihm genommen werden kann[758], kann der auf sie gerichtete personale Wunsch auch nicht auf die Menschenwürde selbst gerichtet sein, sondern überhaupt nur darauf, dass der aus der Menschenwürde erwachsende Achtungs- und Schutzanspruch nicht verletzt wird. Im Gegensatz dazu ist allen Rechtsgütern – ganz gleich, ob sie der Person von Natur aus gegeben sind (z.B. Leben) oder nicht (z.B. Vermögen) – (zumindest) gemein, dass sie dem Rechtsgutsinhaber (partiell) *genommen* werden können, d.h. dass ihre Inanspruchnahme dem Rechtsgutsinhaber erschwert oder unmöglich gemacht werden kann. Zudem müssen Interessen, um die Qualität eines Rechtsguts zu erlangen, verobjektiviert und verallgemeinert werden, und dadurch ihre Schutzwürdigkeit unter Beweis stellen. Dadurch ist die Rechtsgutsqualität eines Interesses bis zu einem gewissen Maße historisch bedingt und damit kontingent.[759] Die Menschenwürde aber ist gerade ahistorisch und inkontingent. Sie ist vom gesellschaftlichen Wandel unabhängig und auch nicht verhandelbar.[760] Als Grundbedingung der personalen Entfaltung steht die Menschenwürde nicht in der Pflicht, den Beweis über ihre Schutzwürdigkeit anzutreten. Als einzige Garantie der Verfassung wird sie durch Art. 1 Abs. 1 GG für „unantastbar" er-

---

756 Zu den Voraussetzungen des strafrechtlichen Rechtsgüterschutzes vgl. oben Teil 3 Kapitel 2 I. 1.

757 *Stächelin*, Strafgesetzgebung im Verfassungsstaat, S. 61.

758 *Stübinger*, in: Institut für Kriminalwissenschaften (Hrsg.), Jenseits des rechtsstaatlichen Strafrechts, S. 277 (279).

759 Vgl. oben Teil 3 Kapitel 2 I. 1. a) bb).

760 Vgl. hierzu die sog. „Ewigkeitsklausel" des Art. 79 Abs. 3 GG.

klärt – und zwar durch eine deskriptive Formulierung („Die Würde des Menschen *ist* unantastbar"), wodurch die besondere normative Stellung innerhalb der Rechtsordnung unterstrichen wird.[761]

(bb) Menschenwürde als präskriptives Werturteil

Während das Abstellen auf die Inkompatibilität der Menschenwürde mit dem aus dem „Interesse" heraus entwickelten Begriff des Rechtsguts ein doch eher formales Argument ist, lässt sich als materielles Argument vor allem der unterschiedliche funktionale Charakter von Rechtsgut und Menschenwürde ins Feld führen. Das Konzept des strafrechtlichen Rechtsgüterschutzes ist Ausdruck eines liberalen Strafrechtsverständnisses, so dass dementsprechend auch der Rechtsgutsbegriff ein *liberaler* Begriff ist.[762] Das Rechtsgüterschutzkonzept dient vor diesem Hintergrund der Garantiefunktion des Rechts, indem es durch die *Deskription* der möglichen Schutzgegenstände (= Rechtsgüter) eine Eingrenzung der Regelungsmaterie des Strafrechts ermöglichen soll.[763] Diese Funktion ist auf die Menschenwürde nicht übertragbar. Die Menschenwürde ist ein *metaliberaler* Begriff.[764] Sie dient nicht der Einschränkung eines Rechtsgebiets, sondern sie beschreibt ganz allgemein die Haltung der Rechtsordnung gegenüber dem Menschen.[765] Ihre Aussage, dass der Mensch kraft seines Menschseins niemals zum bloßen Objekt degradiert werden darf, ist nicht auf einen bestimmten, abgrenzbaren Bereich beschränkt sondern hat eine übergreifende, universelle Dimension. Zudem verkörpert diese Aussage ein *moralisch begründetes Werturteil*, das seiner Natur nach *präskriptiv* ist, indem die menschenwürdegemäße Haltung der Rechtsordnung gegenüber dem Bürger nicht etwa einen Zustand *be*schreibt sondern *vor*schreibt.[766] Als (präskriptives) Werturteil ist die Menschenwürde aber außerhalb der Kausalgesetzlichkeit angesiedelt und schon empirisch nicht verletzbar.[767] Rechtsgut und Menschenwürde sind daher nicht nur formal sondern auch inhaltlich zwei grundsätzlich unterschiedliche Kategorien.

---

761 *Stübinger*, in: Institut für Kriminalwissenschaften Frankfurt a.M. (Hrsg.), Jenseits des rechtsstaatlichen Strafrechts, S. 277 (277 f.).

762 *Manoledakis*, in: Prittwitz/Manoledakis (Hrsg.), Strafrecht und Menschenwürde, S. 9 (11 f.).

763 *Manoledakis*, in: Prittwitz/Manoledakis (Hrsg.), Strafrecht und Menschenwürde, S. 9 (11 f.).

764 *Manoledakis*, in: Prittwitz/Manoledakis (Hrsg.), Strafrecht und Menschenwürde, S. 9 (12).

765 *Manoledakis*, in: Prittwitz/Manoledakis (Hrsg.), Strafrecht und Menschenwürde, S. 9 (14).

766 Vgl. *Spirakos*, Folter als Problem des Strafrechts, S. 151 f.

767 Vgl. *Spirakos*, Folter als Problem des Strafrechts, S. 151 f.

(cc) Konsequenzen einer hypothetischen Qualifizierung der Menschenwürde als Rechtsgut

Dass die Menschenwürde nicht nur nicht in den Katalog der Rechtsgüter integriert werden kann, sondern sie dies unter Wertungsgesichtspunkten auch nicht *darf*, erhellt sich vor dem Hintergrund der bisherigen Erwägungen zudem, wenn man den hypothetischen Versuch unternimmt, sie gleichwohl als Rechtsgut zu klassifizieren. Denn für die Rechtsgüterordnung ist kennzeichnend, dass die Rechtsgüter in einer bestimmten Rangfolge stehen und in unterschiedlicher Intensität schutzwürdig sind.[768] Die Rangfolge der Schutzwürdigkeit wird dabei nach ihrer Beziehung zur Menschenwürde als dem höchsten Rechtswert und zentralen Bezugspunkt des verfassungsrechtlichen Wertesystems[769] ermittelt.[770] Im Gegensatz zu den Grundrechten ist die Menschenwürde aber nicht bloß *relativ*, sondern vielmehr *absolut*, d.h. ohne jegliche relationale Bewertung schutzwürdig.[771] Sie gleichwohl als Rechtsgut zu qualifizieren, hätte zur Folge, dass das relative Maß der Schutzwürdigkeit der Menschenwürde als Rechtsgut aus ihrer Beziehung zur Menschenwürde als dem Höchstwert der Verfassung heraus, also letztlich aus ihrer Beziehung zu sich selbst, ermittelt werden müsste, was ein systemimmanenter Widerspruch wäre.

(dd) Menschenwürde als strafrechtliches Rechtsgut des § 130 StGB

Auch wenn nach den vorangegangenen Ausführungen alles dafür spricht, die Menschenwürde nicht als strafrechtliches Rechtsgut anzuerkennen, kann gleichwohl die Tatsache nicht unberücksichtigt bleiben, dass die Menschenwürde von einigen Stimmen im Rahmen des § 130 StGB als das durch den Tatbestand zu schützende Rechtsgut angesehen wird[772] oder jedenfalls unterstellt wird, dass die Menschenwürde zumindest „sekundär“[773] durch den Tatbestand geschützt werde. Diese Ansichten laufen den vorangegangenen Erwägungen diametral entgegen und müssen daher widerlegt oder zumindest entkräftet werden, wenn Letztere ihren Geltungsanspruch behaupten sollen. Sofern die Menschenwürde als tatbestandlich geschütztes Rechtsgut im Rahmen des § 130 StGB angesehen wird, ist dabei bereits auffällig, dass die Vertreter dieser Auffassung nicht hinreichend konkret benennen, was genau mit der Menschenwürde als Rechtsgut überhaupt gemeint ist, obwohl doch die offensichtliche Abstraktheit des Begriffs eine solche Präzisierung dringend erforderlich macht. Entsprechende Präzisierungsversuche werden teilweise unter Rekurs auf die *Men-*

768 *Hassemer*, Theorie und Soziologie des Verbrechens, S. 221 ff.

769 BVerfGE 7, 198 (205); 35, 202 (225); 39, 1 (43).

770 *Bohne*, Menschenwürde und Strafrecht, S. 25.

771 *Manoledakis*, in: Prittwitz/Manoledakis (Hrsg.), Strafrecht und Menschenwürde, S. 9 (14).

772 *Ostendorf*, in: NK-StGB, § 130 Rn. 4; *Lackner/Kühl*, StGB, § 130 Rn. 1.

773 *Ostendorf*, in: NK-StGB, § 130 Rn. 4.

schenwürde als Tatbestandsmerkmal („Angriff auf die Menschenwürde") in § 130 StGB und § 131 StGB [774] unternommen. Zu dieser Thematik hat sich nicht nur eine höchstrichterliche Judikatur gebildet.[775] Auch in der Literatur hat dieser Ansatz Anklang gefunden.[776] Im Ergebnis wird dabei angenommen, dass der Menschenwürdebegriff so weit konkretisiert werden könne, wie es für einen (Straf-) Rechtsbegriff erforderlich sei. Einigkeit besteht diesbezüglich zunächst dahingehend, dass der Begriff der Menschenwürde als Tatbestandsmerkmal des § 130 StGB enger zu verstehen sei als der des Art. 1 Abs. 1 GG.[777] Als Angriffe auf die Menschenwürde sollen in der Folge nur solche Beeinträchtigungen in Betracht kommen, die den Menschen im Kern seiner Persönlichkeit betreffen[778] bzw. die den fundamentalen Wert- und Achtungsanspruch leugnen, der jedem Menschen zukommt[779].

Dass solche Präzisierungsversuche es letztlich nicht vermögen, die Menschenwürde zu einem geeigneten Gegenstand des tatbestandlichen Normschutzes werden zu lassen, hat vor allem zwei Gründe. Der erste liegt in der mangelnden Bestimmtheit.[780] Denn der Vorwurf, dass mit solchen abstrakten Leerformeln wie den beschriebenen letztlich wenig begriffliche Präzision zu erreichen ist, liegt auf der Hand und lässt sich auch nicht entkräften. Auch das *BVerfG* demonstriert ungewollt[781] die Unbestimmtheit des Tatbestands-

---

774 Dass das Merkmal „Angriff auf die Menschenwürde" innerhalb der §§ 130 und 131 StGB eine unterschiedliche Dimension hat, indem mit Menschenwürde in § 130 StGB die Menschenwürde des konkreten verletzten Individuums und in § 131 StGB die Menschenwürde als abstrakter Rechtswert des Menschen als Gattungswesen (BVerfGE 87, 209 (228)) verstanden wird, ist für die nachfolgenden Ausführungen ohne Relevanz.

775 BGHSt 36, 83 (90 f.); 40, 97 (100 ff.); BVerfGE 87, 209 (223 ff.).

776 V.a. *Kargl*, Jura 2001, 176 (178 f.) m.w.N.

777 *Lenckner/Sternberg-Lieben*, in: Schönke/Schröder, StGB, § 130 Rn. 6; *Junge*, Das Schutzgut des § 130 StGB, S. 56; *Kargl*, Jura 2001, 176 (178). Zu Recht stellt *Kargl*, Jura 2001, 176 (178), im Anschluss daran die Frage, ob bei einer Abkehr von Art. 1 Abs. 1 GG der Terminus „Menschenwürde" überhaupt noch als begriffliche Beschreibung des Tatbestandsmerkmals angemessen ist.

778 *Lenckner/Sternberg-Lieben*, in: Schönke/Schröder, StGB, § 130 Rn. 6; *Lackner/Kühl*, StGB, § 130 Rn. 3.

779 BVerfGE 87, 209 (228); *Lackner/Kühl*, StGB, § 131 Rn. 7.

780 Für § 130 StGB *Lenckner/Sternberg-Lieben*, in: Schönke/Schröder, StGB, § 130 Rn. 6; für § 131 StGB *Lackner/Kühl*, § 131 Rn. 7. *Schultz*, FS-Maihofer, S. 517 (520) kommt zu dem Ergebnis, „dass alle Versuche einer begrifflichen Ableitung von Lösungen aus dem Begriff der Menschenwürde oder einer begrifflichen Präzisierung nicht darüber hinwegtäuschen dürfen, dass entscheidend das Werturteil des Richters im Einzelfall ist", was freilich mit Blick auf das Gesetzlichkeitsprinzip ein alles andere als zufrieden stellendes Ergebnis ist.

781 Immerhin kommt das *Bundesverfassungsgericht* zu dem Ergebnis, dass das Tatbestandsmerkmal „Angriff auf die Menschenwürde" im Rahmen des § 131 StGB mit Blick auf Art. 103 Abs. 2 GG hinreichend bestimmt sei (BVerfGE 87, 209 (227 ff.)).

merkmals, indem es mit dem Ziel der Präzisierung eine Kette unbestimmter Rechtsbegriffe aneinanderreiht, die den jeweils vorangegangenen Begriff erläutern und konkretisieren sollen, diesem Anspruch aber wegen ihrer tautologisch anmutenden Zirkularität nicht gerecht werden.[782] Unterstützt wird dieser Eindruck ferner durch die mannigfaltigen Beispiele für mögliche Menschenwürdeangriffe in der Rechtsprechung, die eine klare Kontur des Anwendungsbereichs des Tatbestandsmerkmals vermissen lassen.[783] Weder über abstrakte Formulierungen noch über eine Kasuistik lässt sich also der Begriff der Menschenwürde als Tatbestandsmerkmal greifbar machen.

Ebenso gewichtig wie der Vorwurf der Unbestimmtheit wiegt der zweite Einwand, dass nämlich aus einer „Konkretisierung" der Menschenwürde *als Tatbestandsmerkmal* nicht automatisch auch Rückschlüsse auf eine mögliche Konkretheit der Menschenwürde *als Schutzgegenstand der Norm* gezogen werden können. Die Menschenwürde als Tatbestandsmerkmal und die Menschenwürde als Schutzgegenstand der Norm fallen dogmatisch-gegenständlich auseinander. Gleichwohl drängt sich bei einer Betrachtung der Literatur zu § 130 StGB der Eindruck auf, dass mitunter genau diese Grenze verschwimmt. Das prominenteste Beispiel hierfür liefert die Streichung des „Angriffs auf die Menschenwürde" als Tatbestandsmerkmal von § 130 Abs. 1 Nr. 1 StGB [784], die damit begründet wurde, dass es dieses Tatbestandsmerkmals nicht bedürfe, da auch ohne dieses Merkmal „in der Regel" ein Angriff auf die Menschenwürde vorliege[785]. Dass die „Konkretisierungen" der Menschenwürde als Tatbestandsmerkmal aber nicht auf die Menschenwürde als Schutzgegenstand der Norm übertragen werden können, folgt schon daraus, dass es bei dem Tatbestandsmerkmal genau genommen nicht nur um die Menschenwürde geht, sondern um den *„Angriff auf* die Menschenwürde", so dass dementsprechend der ermittelte Inhalt der Menschenwürde erst aus einer Gesamtschau von Menschenwürde und Angriff folgt, d.h. der Inhalt der Würde wird auch durch das Angriffsverhalten mit konstituiert. Auf die Normschutzrichtung übertragen hieße das, dass sich der Schutzgegenstand überhaupt erst aus dem Angriffsverhalten konstituieren ließe. Damit wäre dann aber nicht mehr das Rechtsgut der Anknüpfungspunkt für die Beurteilung der Legitimität der Pönalisierung, sondern das Verhalten. Diese Rangfolge von Rechtsgut und Angriffsverhalten ist aufgrund ihrer Nähe zum

782 BVerfGE 87, 209 (228 f.): Erfasst sein sollen Fälle, „in denen die Schilderung des Grausamen und *Unmenschlichen* eines Vorgangs darauf angelegt ist, beim Betrachter eine Einstellung zu erzeugen oder zu verstärken, die den fundamentalen Wert- und Achtungsanspruch leugnet, der jedem Menschen zukommt. Das geschieht insbesondere dann, wenn grausame oder sonstwie *unmenschliche* Vorgänge gezeigt werden, um Personen oder Gruppen als *unwert* erscheinen zu lassen."

783 Vgl. etwa die Nachweise bei *Ostendorf*, in: NK-StGB, § 130 Rn. 15.

784 BT-Dr. 12/6853, S. 24.

785 Zu Recht kritisiert *Neumann*, StV 1994, 273 (274), diese Begründung als Verstoß gegen die Regeln der Logik.

Pflichtverletzungsstrafrecht jedoch abzulehnen.[786] Über das Angriffsverhalten darf der Normschutzgegenstand jedenfalls nicht konstituiert werden. Der Umstand, dass die Menschenwürde *de lege lata* als Tatbestandsmerkmal im StGB verwendet wird, lässt mithin keine Rückschlüsse auf die Tauglichkeit der Menschenwürde als wie auch immer gearteter Schutzgegenstand einer Strafnorm zu.

(b) Die Menschenwürdeachtungspflicht als strafrechtliches „Quasi-Rechtsgut"

Dass die Menschenwürde mit dem Begriff des strafrechtlichen Rechtsguts nicht kompatibel ist, muss nicht zwangsläufig bedeuten, dass eine strafrechtliche Absicherung der Menschenwürde überhaupt nicht in Frage kommt. Es ist damit zunächst nur gesagt, dass die *Menschenwürde als solche* nicht in den Katalog der strafrechtlichen Rechtsgüter integriert werden kann. Eine andere, davon zu trennende Frage ist jedoch, ob nicht eine Absicherung der *Menschenwürdegarantie* durch das Strafrecht möglich ist. Normschutzgegenstand wäre dann nicht die Menschenwürde als solche, sondern das präskriptive Postulat der Verpflichtung zur Achtung der Menschenwürde, das in der Folge mangels Rechtsgutsqualität nicht als Rechtsgut im technischen Sinne sondern als eine Art „Quasi-Rechtsgut" anzusehen sein müsste. Freilich wäre damit das Feld des traditionellen Rechtsgüterschutzes verlassen und die Kategorie der Pönalisierungswürdigkeit würde im Erfolgsfall um einen weiteren Maßstab erweitert, was nicht nur die Bedeutung des Rechtsgüterschutzkonzeptes schmälern, sondern zudem die systematische Geschlossenheit der Sequenz der Pönalisierungswürdigkeit im oben geschilderten Sinne sprengen würde, die durch das alleinige Abstellen auf den Rechtsgüterschutzgedanken gewährleistet wird. Gleichwohl muss diese Frage gestellt und beantwortet werden. Sich ihr mit dem Hinweis auf die Nichtverletzbarkeit der Würde als präskriptives Werturteil entziehen zu wollen, kann schon deshalb nicht überzeugen, weil im Verfassungsrecht selbstverständlich Verstöße gegen Art. 1 Abs. 1 GG möglich sind – freilich in Gestalt der Verletzung der Achtungs- oder Schutzpflicht[787]. Ist der *Grundsatz* der Verpflichtung zur *Achtung* der Menschenwürde aber offensichtlich tatsächlich verletzbar, dann stellt sich zwangsläufig auch die Frage nach einer entsprechenden strafrechtlichen Absicherung.

(aa) Schutztechnik: Anseilung der Menschenwürdegarantie an eine Rechtsgutsbeeinträchtigung

Um als Quasi-Rechtsgut strafrechtlich abgesichert werden zu können, muss die Menschenwürdegarantie hinreichend manifestierbar sein. Hierfür bedarf es des Nachweises der Möglichkeit ihrer Beeinträchtigung und ihres Schutzes. Dieser Nachweis ist bei der Menschenwürdegarantie aber offenkundig insofern schwer zu erbringen, als sie als Postulat auf keinen abgrenzbaren Teilbereich der Reali-

---

786 S.o. Teil 3 Kapitel 2 I. 1. b) bb).

787 Vgl. etwa BVerfGE 109, 279 (311 ff.); 115, 118 (152 ff.).

tät beschränkt oder beschränkbar ist, und als solche zu abstrakt ist, um als Normschutzgegenstand in Betracht zu kommen. Als Anknüpfungspunkt zur Konkretisierung der notwendigen Manifestation könnte allerdings – entsprechend der verfassungsrechtlichen „Anseilungstheorie“[788] – an eine Anbindung der Menschenwürdegarantie an die Beeinträchtigung eines konkreten Rechtsguts zu denken sein, so dass sich die allgemeine Garantie anhand der Verletzung einer Einzelgewährleistung äußern könnte. Thesenartig formuliert, wäre die Menschenwürdegarantie danach dann verletzt, wenn durch eine tatbestandsmäßige Rechtsgutsbeeinträchtigung zugleich auch gegen die Pflicht zur Achtung der Menschenwürde verstoßen wird, d.h. wenn durch die Beeinträchtigung eines Rechtsguts der Betroffene zugleich zum bloßen Objekt degradiert wird.

Sofern die Menschenwürde (-garantie) *de lege lata* als Normschutzgegenstand angesehen wird, wird diese Anbindungstechnik auch tatsächlich bemüht: So wird die Menschenwürde bei § 130 StGB von einigen Stimmen im Ergebnis unter Anbindung an das Persönlichkeitsrecht materialisiert,[789] wobei auch hier aber bereits die Auswirkung des Beeinträchtigungsverhaltens auf den Schutzgegenstand (= Kundgabe) berücksichtigt wird. Und bei dem Völkermordtatbestand des § 220a StGB a.F.[790] sollte sich der in Rede stehende Ausschnitt der Menschenwürde – abermals unter Berücksichtigung des Beeinträchtigungsverhaltens – aus der Bindung an das Rechtsgut „Leben“ erschließen. Ähnliches wird auch für die §§ 185 ff. StGB unterstellt, indem dort in der Ehrverletzung gleichzeitig auch eine Würdeverletzung gesehen wird.[791]

(bb) Kritik

Obwohl die Übertragung der aus dem Verfassungsrecht bekannten Anseilungstechnik auf den Bereich der Legitimierung von Strafnormen zunächst plausibel erscheint, sprechen aus *strafrechtlicher* Sicht jedoch gewichtige Argumente dagegen. Zunächst ist einzuwenden, dass hierdurch – wie die Beispiele des § 130 StGB und § 220a StGB a.F. zeigen – die Menschenwürde über die Schutzpflichtdimension in das Horizontalverhältnis zwischen Bürger und Bürger transferiert wird. Dies aber steht im Widerspruch zum Verständnis von der Menschenwürde als einer Garantie des Bürgers im Vertikalverhältnis gegenüber dem Staat.[792] Zudem erweist sich diese Methode in gesetzgebungstechnischer Hinsicht als praktisch nicht umsetzbar. Ihr steht vor allem die Unvereinbarkeit mit

788 Vgl. hierzu oben Teil 1 Kapitel 2 I. 1. a).

789 Vgl. *Kargl*, Jura 2001, 176 (178 f.), wobei *Kargl* freilich nicht auf die Menschenwürde als Schutzgut der Norm sondern als Tatbestandsmerkmal abstellt.

790 Bei § 220a StGB a.F. handelte es sich nach *Eser*, in: Schönke/Schröder, StGB, 25. Auflage (1997), § 220a Rn. 2 „in erster Linie nicht um Verbrechen gegen das Leben, sondern eher um solche gegen die Menschlichkeit“.

791 *Vitzthum*, JZ 1985, 201 (204 Fn. 76); BGHSt 11, 67 (71); BVerfGE 30, 173 (194).

792 Vgl. hierzu oben Teil 1 Kapitel 2 I. 1. und 2. b).

dem speziell für das Strafrecht geltenden verfassungsrechtlichen Bestimmtheitsgebot gemäß Art. 103 Abs. 2 GG entgegen.

Den Referenzpunkt für die Anbindung der Menschenwürdegarantie bildet bei dieser Technik genau genommen nicht ein Rechtsgut als solches, sondern die jeweilige tatbestandsspezifische Beziehung zwischen Rechtsgut und Beeinträchtigungsverhalten. Andernfalls müsste die Menschenwürdegarantie mit dem konkreten Rechtsgut identisch sein, was aber weder in formaler noch in inhaltlicher Hinsicht der Fall sein kann. Nur dadurch, dass durch die spezifische Beeinträchtigung des Rechtsguts durch menschliches *Verhalten* der Betroffene zum Objekt des Beeinträchtigenden degradiert wird, kann zugleich gegen die Menschenwürdeachtungspflicht verstoßen werden. Hier nun stellt jedoch das verfassungsrechtliche Bestimmtheitsgebot eine unüberwindbare Hürde für das Strafrecht auf, indem es verlangt, dass die „Mitverletzung" der Menschenwürde durch das jeweilige tatbestandsmäßige Verhalten aus dem Wortlaut der Norm herausgelesen werden kann. Das Gebot setzt voraus, dass jeder Straftatbestand so konkret formuliert ist, dass sich aus ihm entnehmen lässt, welches Verhalten als Rechtsgutsbeeinträchtigung unter Strafe gestellt ist und welches nicht.[793] Entscheidend ist dabei, dass der Tatbestand allgemein, also nicht einzelfallbezogen, und aus der *ex ante*-Perspektive formuliert sein muss, so dass die Rechtsgutsbeeinträchtigung als Strafnorminhalt vom Einzelfall unabhängig und *ex ante* aus dem Normwortlaut zu entnehmen sein muss. Folgerichtig müsste dann aber auch die Anseilung der Menschenwürdegarantie an die Rechtsgutsbeeinträchtigung als Inhalt der Norm allgemein und *ex ante* beschreibbar und dem Normwortlaut entnehmbar sein. Jede tatbestandsmäßige Rechtsgutsbeeinträchtigung müsste dann zugleich auch einen Verstoß gegen die Menschenwürdegarantie darstellen. Denn eine „teilweise" Anbindung der Menschenwürdegarantie an die Rechtsgutsbeeinträchtigung ist nicht möglich. Andernfalls würde die Anbindung der Menschenwürdegarantie als Normschutzgegenstand beliebig und willkürlich.

Für die Absicherung der Menschenwürdegarantie als Quasi-Rechtsgut bedeutet dies: Entweder gelingt es, die Menschenwürdegarantieverletzung ohne Ansehung der Umstände des Einzelfalls aus der *ex ante*-Perspektive zum Ausdruck zu bringen – dann ist ein Quasi-Rechtsgüterschutz der Menschenwürdegarantie möglich –, oder aber es gelingt nicht – dann kann die Menschenwürdegarantie auch nicht als Normschutzgegenstand an eine Rechtsgutsbeeinträchtigung angebunden werden. Und genau an dieser Problematik muss die Anbindungstechnik der Menschenwürdegarantie im Strafrecht scheitern. Denn eine solche abstrakte Formulierung der menschenwürdeverletzenden Rechtsgutsbeeinträchtigung in Abgrenzung zur nichtmenschenwürdeverletzenden Rechtsgutsbeeinträchtigung ist schlechterdings nicht möglich. Denkbar wäre dies nur

793 Vgl. BVerfGE 87, 209 (223 f.).

unter der Bedingung, dass die Strafnorm in einer Weise formuliert wird, die das strafwürdige Verhalten so weit spezifiziert, dass dieses sich an die Pönalisierung eines Einzelfalls annähert.[794] Dies würde aber eine Änderung der Gesetzgebungstechnik hin zu einer Einzelfallpönalisierung bedeuten. Eine solche kasuistisch orientierte Technik wäre aber praxisfern und ist daher abzulehnen, da sie bei stringenter Verfolgung aufgrund ihres Ausmaßes die Strafgesetzgebung *ad absurdum* führen würde.[795]

Anders verhält es sich freilich bei der *verfassungsrechtlichen* Feststellung des Verstoßes gegen die Menschenwürdegarantie. Dort erweist sich die Anseilungstechnik als durchaus praktikabel. Denn im Gegensatz zum Strafrecht, das dem Bestimmtheitsgebot unterworfen ist, wird die Menschenwürdeverletzung im Verfassungsrecht – sofern sie im Wege der Verfassungsbeschwerde gerügt wird[796] – regelmäßig aus der *ex post*-Perspektive und unter Berücksichtigung aller Umstände des Einzelfalls festgestellt. Insofern ist es auch nicht weiter problematisch, dass die Menschenwürde nicht positiv beschreibbar ist und negativ vom Eingriff her definiert wird. Etwas anders verhält es sich zwar bei der Überprüfung der Menschenwürdekonformität von Gesetzen, da diese als solche ja abstrakt und aus der *ex ante*-Perspektive formuliert sind. Jedoch ist die Menschenwürdeverletzung hierbei in aller Regel[797] nicht von Bedeutung, da ein die

---

794 Mit Blick auf den vom *Bundesverfassungsgericht* für verfassungswidrig erklärten § 14 Abs. 3 LuftSiG könnte für den Abschuss einer besetzten Passagiermaschine etwa folgende Strafnorm verfasst werden: „Wer mit unmittelbarer Waffengewalt auf ein Luftfahrzeug einwirkt, wenn nach den Umständen davon auszugehen ist, dass das Luftfahrzeug gegen das Leben von Menschen eingesetzt werden soll, und die Einwirkung das einzige Mittel zur Abwehr dieser gegenwärtigen Gefahr ist, wird … bestraft." Nach Ansicht des *Bundesverfassungsgerichts*, BVerfGE 115, 118 (152), besteht das spezielle Unrecht dieser Handlung gerade darin, dass neben dem Leben auch die Menschenwürde der unschuldigen Passagiere sei, da diese über das Leben als die „vitale Basis" der Würde mit erfasst wird. Übertragen auf den strafrechtlichen Rechtsgüterschutzgedanken könnte also die Menschenwürdegarantie an die spezifische Interdependenz zwischen Rechtsgut und Beeinträchtigungsverhalten (= Tötung [= „Beeinträchtigung" des Rechtsguts „Leben"] zum Zwecke der Abwehr einer gegenwärtigen Gefahr für andere Menschen) angebunden und damit zum unmittelbaren Normschutzgegenstand erhoben werden.

795 Vgl. BVerfGE 75, 329 (342).

796 Dass eine Verletzung der Menschenwürdegarantie verfassungsrechtlich im Wege der Verfassungsbeschwerde gerügt werden kann, setzt freilich voraus, dass Art. 1 Abs. 1 GG eine subjektiv-rechtliche Gewährleistung enthält. Während dies nach der hier eingenommenen Position nicht der Fall ist, wird von der h.M. eben aus diesem Grunde hingegen der Grundrechtscharakter der Menschenwürde proklamiert. Vgl. zu dieser Frage ausführlich oben Teil 1 Kapitel 2 I. 1. b).

797 Die Ausnahme zu dieser Regel stellt die Entscheidung des *Bundesverfassungsgerichts* über die Verfassungsmäßigkeit des § 14 Abs. 3 LuftSiG dar (BVerfGE 115, 118 ff.). Hier nämlich wurde die Verfassungswidrigkeit damit begründet, dass die Norm einen

Menschenwürde verletzendes Gesetz bereits gegen die Grundrechte der Art. 2 bis 19 GG verstoßen und insofern die Beurteilung der materiellen Rechtmäßigkeit eines Gesetzes nicht alleine von der Verletzung der Menschenwürde abhängt.

(cc) Ergebnis

Die vorangegangenen Ausführungen haben gezeigt, dass die Menschenwürde nicht nur nicht unter den Begriff des Rechtsguts subsumiert werden kann, sondern dass auch eine unmittelbare Absicherung der Menschenwürde*garantie* durch das Strafrecht praktisch nicht möglich ist. Wird trotz der Inkompatibilität der Menschenwürde mit dem Rechtsgutsbegriff und der Schwierigkeiten bei ihrer Integration als Quasi-Rechtsgut in das Rechtsgüterschutzkonzept gleichwohl an der Menschenwürde als Pönalisierungstopos festgehalten, lässt sich dies – analog zur verfassungsrechtlichen Diskussion über die Grundrechtsqualität der Menschenwürde[798] – allein auf die ergebnisorientierte Annahme zurückführen, dass es nicht hingenommen werden könne, dass gerade das höchste Verfassungsgut, das die Grundbedingung der personalen Entfaltung beschreibt, der Absicherung durch das Strafrecht entzogen sein soll. Ein dogmatisches Fundament liegt dieser Forderung aber nicht zugrunde.

(2) Strafrechtliche Absicherung der Menschenwürdeachtungspflicht jenseits der Pönalisierungswürdigkeitsdogmatik

Nachdem festgestellt wurde, dass die Menschenwürde weder als Rechtsgut noch als Quasi-Rechtsgut unmittelbarer Schutzgegenstand einer Strafnorm sein kann, ist damit gleichwohl nicht gesagt, dass eine Absicherung der Menschenwürde (-Garantie) durch das Strafrecht gänzlich ausgeschlossen ist. Gesagt ist damit nur, dass die Menschenwürde *nicht unmittelbar* als systemkritisches Element für die Beurteilung der Pönalisierungswürdigkeit eines Verhaltens zugrunde gelegt werden kann und sie damit keine unmittelbar strafnormlegitimierende Wirkung entfalten kann. Unabhängig davon ist allerdings möglich, dass die Menschenwürde durch strafrechtliche Normen jedenfalls *faktisch*, weil mittelbar abgesichert wird. Denn schließlich beschreiben die strafrechtlichen Rechtsgüter jeweils Teilausschnitte einer „würdevollen" Existenz,[799] so dass der Gesetzgeber mit jeder legitimen Pönalisierung zumindest mittelbar auch seinem Auftrag zur Gewährleistung eines würdevollen Lebens der Bürger nachkommt.

Jenseits des Rechtsgüterschutzes - verstanden als effektiver, d.h. tatsächlich wirksamer Rechtsgüterschutz - verbleibt zudem die Möglichkeit, die Menschenwürderelevanz einer Strafnorm dadurch zu betonen, dass die Menschenwürde

---

Verstoß gegen die Menschenwürdeachtungspflicht darstellt (BVerfGE 115, 118 (151 ff.)).

798 Vgl. hierzu oben Teil 1 Kapitel 2 I 1. b).

799 Vgl. *Bohne*, Menschenwürde und Strafrecht, S. 25 f.

als Tatbestandsmerkmal unmittelbar in den Normwortlaut integriert wird. Wie oben bereits festgestellt wurde, kann die Menschenwürde durch diese Technik gleichwohl nicht – obgleich suggeriert – zum unmittelbaren Schutzgegenstand des Tatbestands erhoben werden.[800] Die rechtsgüterschutzbezogene Legitimation des Tatbestands leitet sich auch in diesen Fällen nicht aus der Menschenwürde ab, sondern aus dem (einfachen) konkreten Rechtsgut. Darüber hinaus sind bei der Verwendung dieser Technik auch Vorsicht und Restriktion insofern geboten, als der Begriff der Menschenwürde auch als Tatbestandsmerkmal die Bestimmtheitsbedenken nicht zerstreuen kann. Letztlich kann daher – wenn überhaupt – nur das dringende Bedürfnis einer Symbolsetzung die Verwendung der Menschenwürde als Tatbestandsmerkmal rechtfertigen. Dies trifft auf die §§ 130, 131 StGB und § 220a StGB a.F. zu. Diese Normen sind Sinnbilder eines „symbolischen Strafrechts“[801]. Sowohl bei § 130 StGB als auch bei § 220a StGB a.F. ist bzw. war die Menschenwürde schließlich nicht das einzige schützenswerte „Rechtsgut“.[802] Dass bei diesen Tatbeständen dennoch auf die Menschenwürde verwiesen wird bzw. wurde, liegt vor allem an ihrem historischen und teleologischen Kontext.[803] Denn beide Tatbestände erfüllen in einem gewissen Maße die Funktion eines Wertbekenntnisses.[804] Dem Begriff der Menschenwürde kommt vor diesem Hintergrund die Bedeutung zu, dieses Wertbekenntnis symbolisch zu bekräftigen. Allerdings ist diese Symbolsetzung in zweierlei Hinsicht problematisch. Zum einen führt die symbolische Ausrichtung zu einer Überdeterminierung der Pönalisierungswerthaftigkeit gegenüber der Pönalisierungsmöglichkeit, mit der Folge dass das entscheidende kritische Moment legitimer Strafgesetzgebung in den Hintergrund gedrängt wird. Und zum anderen droht im Fall einer gehäuften Verwendung der Menschenwürde als Tatbestandsmerkmal die Entwertung ihrer Symbolkraft. In diesen Fällen wäre dann ein doppelter Verlust zu beklagen, nämlich eine tendenziell unbestimmte Norm, die noch nicht einmal in symbolischer Hinsicht überzeugen kann.

---

800 S.o. Teil 3 Kapitel 2 II. 2. a) cc) (1) (a) (dd).

801 Zum symbolischen Strafrecht siehe unten Teil 3 Kapitel 3 I. 1. b).

802 Bei § 130 StGB ist dies nach überwiegender Ansicht der „öffentliche Friede“ (vgl. *Ostendorf*, in: NK-StGB, § 131 Rn. 3 m.w.N.) und bei § 220a StGB a.F. naturgemäß das Leben.

803 Vgl. hierzu für § 130: *Junge*, Das Schutzgut des § 130, S. 5 ff. und für § 220a StGB a.F.: *Campbell*, § 220a StGB, S. 160 ff.

804 Das zeigt sich besonders deutlich bei § 130 StGB. Vgl. hierzu die Nachzeichnung der Entwicklungsgeschichte des § 130 StGB bei *Junge*, Das Schutzgut des § 130 StGB, S. 7 ff., sowie bei *Krone*, Die Volksverhetzung als Verbrechen gegen die Menschlichkeit, S. 34 ff. Der Begriff der Menschenwürde wurde erst durch das 6. Strafrechtsänderungsgesetz im Jahre 1960 – unter dem Eindruck einer Zunahme der antisemitischen Haltung in Teilen der Bevölkerung – in den Normtext aufgenommen.

(3) Zusammenfassung

Die vorangegangenen Ausführungen haben gezeigt, dass die Menschenwürde nicht als strafrechtliches Rechtsgut in Betracht kommen kann. Auch der Grundsatz der Verpflichtung zur Achtung der Menschenwürde kann eine Pönalisierung nicht unmittelbar tragen und damit legitimieren bzw. delegitimieren. In der Folge muss der Zusammenhang zwischen Strafrecht und Menschenwürde auf eine bloß mittelbare Konnexität beschränkt bleiben, in der das Strafrecht zwar selbstverständlich der Würde des Menschen verpflichtet ist – und zwar in dem doppelten Sinne, dass der Staat die Freiheit des Bürgers zum einen nicht durch unzulässige Strafgesetzgebung aktiv beeinträchtigt, er es aber auch zum anderen im Rahmen seiner Menschenwürdeschutzpflicht nicht unterlässt, essentielle Verletzungen der Bürger untereinander unter Strafe zu stellen – andererseits aber die Menschenwürde nicht als rechtspolitisches Pönalisierungs- oder Entpönalisierungsargument angeführt werden kann.

dd) Rechtsstaatlichkeit staatlichen Handelns

Neben der Menschenwürde kommt als mögliches überindividuelles Rechtsgut zur Erfassung des Unrechtsgehalts der Folter ferner die Rechtsstaatlichkeit staatlichen Handelns in Betracht. Die Rechtsstaatlichkeit ist zu definieren als „die Ausübung staatlicher Macht nur auf der Grundlage der Verfassung und von formell und materiell verfassungsmäßig erlassenen Gesetzen mit dem Ziel der Gewährleistung von Menschenwürde, Freiheit, Gerechtigkeit und Rechtssicherheit“[805].

Bei einem Blick auf die einschlägige Literatur fällt auf, dass allein *Wagner*[806] die Rechtsstaatlichkeit staatlichen Handelns dem Katalog der strafrechtlichen Rechtsgüter zuordnet. Ansonsten wird die Rechtsstaatlichkeit ganz überwiegend[807] zwar als das hinter den Amtsdelikten stehende allgemeine Interesse angesehen, ohne dass sie dabei aber als Rechtsgut anerkannt wird. Als kollektive Rechtsgüter der Amtsdelikte werden stattdessen etwa das „Vertrauen der Allgemeinheit in die Lauterkeit des öffentlichen Dienstes“[808] oder das „ordnungsgemäße Funktionieren der staatlichen Verwaltung“[809] genannt.[810] Der Grund für die Skepsis gegenüber der Rechtsgutsqualität der Rechtsstaatlichkeit staatlichen

805 *Stern*, Staatsrecht I, § 20 III 3.

806 So etwa *Wagner*, Amtsverbrechen, S. 144 ff.; *Amelung*, FS-Dünnebier, S. 487 (513), bezeichnet zwar bestimmte Amtsdelikte (z.B. § 343 StGB) als „Rechtsstaatsdelikte“, die fundamentale rechtsstaatliche Verfahrensweisen schützen, doch verwendet *Amelung* den Begriff der Rechtsstaatlichkeit nur als systematisches Zuordnungskriterium, ohne sie dabei als Rechtsgut im technischen Sinne anzusehen.

807 Z.B. *Heinrich*, Der Amtsträgerbegriff im Strafrecht, S. 283.

808 BGHSt 30, 46 (48).

809 *Heinrich*, Der Amtsträgerbegriff im Strafrecht, S. 286.

810 Einen ausführlichen Überblick bietet *Heinrich*, Der Amtsträgerbegriff im Strafrecht, S. 209 ff.

Handelns besteht vor allem in dem hohen Abstraktheitsniveau der Rechtsstaatlichkeit.[811] Damit zusammenhängend wird analog zur Kritik an der Rechtsgutsqualität der Menschenwürde[812] angeführt, dass die Rechtsstaatlichkeit ein Werturteil zum Ausdruck bringe, und als solches schon begrifflich der Beeinträchtigungs- und Schutzmöglichkeit entzogen sei.[813] Ob diese Zweifel durchgreifen, soll im Folgenden untersucht werden. Maßstab für die Beurteilung muss dabei die Definition des Rechtsguts sein. Danach muss die Rechtsstaatlichkeit staatlichen Handelns als strafrechtliches Rechtsgut ein (ver-) objektiviertes und verallgemeinertes Interesse am Bestand oder Erhalt von unverzichtbaren Voraussetzungen für die freie personelle Entfaltung darstellen, deren strafrechtliche Schutzwürdigkeit allgemein anerkannt ist und deren reale Beeinträchtigungs- und Schutzmöglichkeit auch tatsächlich nachweisbar ist.[814]

(1) Die Rechtsstaatlichkeit staatlichen Handelns als verobjektiviertes und verallgemeinertes Interesse

Es bedarf keiner großen Begründung, dass die Rechtsstaatlichkeit staatlichen Handelns eine *unverzichtbare Voraussetzung für ein friedliches Zusammenleben und für die freie personale Entfaltung des Einzelnen* ist. Davon ausgehend, dass der Zustand des innergesellschaftlichen Friedens und der freien Entfaltung der Bürger notwendig des Staates als der neutralen Zentralgewalt bedarf[815], so dass nicht das Ob sondern nur das Wie, d.h. die Ausgestaltung der Staatsorganisation fraglich sein kann, behauptet sich die Rechtsstaatlichkeit im Vergleich als dasjenige Staatsmodell, das diesem Zustand am besten entspricht, indem die Rechtsstaatlichkeit den Staat an Recht und Gesetz bindet und ihm die Achtung und Gewährleistung der grundrechtlichen Garantien der Bürger auferlegt.[816]

Darüber hinaus handelt es sich bei der Rechtsstaatlichkeit staatlichen Handelns auch um ein *verobjektiviertes und verallgemeinertes Interesse.* Im Gegensatz zur Menschenwürde stehen diesbezüglich nicht schon grundsätzliche Bedenken entgegen. Denn die Rechtsstaatlichkeit ist im Unterschied zur Menschenwürde zwar keine *a priori* existente und der Verfügbarkeit durch den Menschen entzogene Gegebenheit, sondern sie ist eine disponible menschliche Setzung, die in ihrer Existenz und ihrer Reichweite von den Anschauungen der Gesellschaft, dem Staatsvolk, abhängt. Dass der Staat rechtsstaatlich organisiert ist, ist keinesfalls selbstverständlich. Vielmehr entspringt die Rechtsstaatlichkeit einem Interesse der Staatsbürger an einer bestimmten Art und Weise der Aus-

811 *Heinrich*, Der Amtsträgerbegriff im Strafrecht, S. 239; *Hirsch*, ZStW 88 (1976), 752 (776 f.); *Spirakos*, Folter als Problem des Strafrechts, S. 168.

812 Vgl. hierzu oben Teil 3 Kapitel 2 II. 2. a) cc) (1) (a).

813 *Spirakos*, Folter als Problem des Strafrechts, S. 168.

814 Zusammenfassend zu den Voraussetzungen des strafrechtlichen Rechtsgüterschutzes s.o. Teil 3 Kapitel 2 I. 1. c).

815 S.o. *Enders*, in: Nitschke (Hrsg.), Rettungsfolter im modernen Rechtsstaat?, S. 133.

816 Vgl. *Šarčević*, Der Rechtsstaat, S. 309.

gestaltung des Verhältnisses zwischen Staat und Bürger, namentlich dem Interesse daran, dass der Einzelne größtmögliche Freiheit vor dem Staat haben soll. Dieser Argumentationsgang findet in der Historie zur Entstehung des Grundgesetzes eine wichtige Stütze, so etwa in Art. 1 Abs. 1 des Herrenchiemsee-Entwurfs: „Der Staat ist um des Menschen willen da, nicht der Mensch um des Staates willen“.[817] Diese Äußerungen sind eindeutig als Ausdruck des Interesses an der rechtsstaatlichen Organisation des Staats als Voraussetzung für den innergesellschaftlichen Frieden und die freie Entfaltung der Bürger zu verstehen. Und das Bekenntnis des Grundgesetzes[818] zu diesem Staatsorganisationsprinzip kann zweifelsohne als die Verobjektivierung und Verallgemeinerung dieses subjektiven personalen Interesses angesehen werden.

(2) Nachweis der realen Beeinträchtigungs- und Schutzmöglichkeit

Trotz ihrer Nähe zum Begriff des strafrechtlichen Rechtsguts wird die Rechtsgutsqualität der Rechtsstaatlichkeit staatlichen Handelns vor allem unter Verweis auf ihr hohes Abstraktheitsniveau bestritten.[819] Rechtsgutsdogmatisch formuliert lautet der Vorwurf, dass die Rechtsstaatlichkeit zu weitläufig und nicht hinreichend manifest sei, um den Nachweis der realen Beeinträchtigungs- und Schutzmöglichkeit zu erbringen. Sofern darüber hinaus mit dem Werturteilcharakter der Rechtsstaatlichkeit argumentiert wird[820], wird zudem unterstellt, dass sie schon begrifflich nicht verletzbar und schützbar sei und deshalb auch nicht als Rechtsgut in Betracht kommen könne. Dieser Kritik soll im Folgenden entgegengetreten werden. Den Ausgangspunkt hierfür liefert der Ansatz von *Wagner* zur Tauglichkeit der Rechtsstaatlichkeit staatlichen Handelns als strafrechtliches Rechtsgut, wobei *Wagners* Ansatz fortentwickelt werden muss.

(a) Rechtsstaatlichkeit als Rechtsgut nach Wagner

Für die Qualifizierung der Rechtsstaatlichkeit staatlichen Handelns als Rechtsgut hat sich *Wagner* vor allem in seiner Habilitationsschrift „Amtsverbrechen“ stark gemacht.[821] Allerdings nähert sich *Wagner* der Thematik nicht über eine Konzeption des strafrechtlichen Rechtsgüterschutzes und über den Begriff des Rechtsguts, sondern über den Versuch einer umfassenden systematischen Ordnung und Einteilung der Amtsdelikte. Die spezifisch rechtsgutsdogmatischen Fragen spielen für *Wagner* daher nur eine untergeordnete Rolle. Für ihn ist die

---

817 Eine Dokumentation der Debatte im Parlamentarischen Rat findet sich bei *v. Doemming/Füßlein/Matz*, JÖR n.F. Bd. 1 (1951), S. 48 ff.

818 Der Grundsatz der Rechtsstaatlichkeit wird überwiegend an Art. 20 Abs. 3 GG festgemacht, vgl. oben Teil 1 Kapitel 2 II. 1.

819 *Hirsch*, ZStW 88 (1976), 773 (776); *Heinrich*, Der Amtsträgerbegriff im Strafrecht, S. 239; *Spirakos*, Folter als Problem des Strafrechts, S. 168; *Jescheck*, in: LK-StGB, § 331 Rn. 9.

820 *Spirakos*, Folter als Problem des Strafrechts, S. 168.

821 *Wagner*, Amtsverbrechen, S. 142 ff.

Rechtsstaatlichkeit insoweit von Bedeutung, als sie als Rechtsgut den zentralen Bestandteil des Unrechtsgehalts der von ihm als „Staatszurechnungsdelikte" bezeichneten Amtsstraftatbestände darstellt und damit einen wichtigen hermeneutischen Systematisierungstopos bildet.[822] Kennzeichnend für die Staatszurechnungsdelikte soll dabei sein, dass sie Angriffe von Amtsträgern nach außen hin, d.h. im Verhältnis zu Dritten[823], darstellen, die dem Staat aufgrund der Ausgestaltung der inneren Beziehung zwischen Staat und Amtsträger zuzurechnen sind.[824] Im Gegensatz dazu soll es bei den Nichtstaatszurechnungsdelikten allein um die Verletzung staatlicher Rechtsgüter und Interessen gehen (z.B. die Bestechungsdelikte)[825]. Wenn und soweit bei den Staatszurechnungsdelikten die Handlungen eines Amtsträgers die Grundrechte des Bürgers beträfen, so folge daraus, dass neben dem aus dem Grundrecht folgenden Individualrechtsgut zugleich auch ein Angriff auf die rechtsstaatliche Ordnung vorliege, da die Achtung der Grundrechte schließlich ein zentrales Gebot der Rechtsstaatlichkeit sei.[826] In Antizipation des naheliegenden Vorwurfs der Abstraktheit konstatiert *Wagner* gleich im Anschluss an seine Ausführungen zur Rechtsgutsqualität der Rechtsstaatlichkeit, dass das Rechtsgut der Rechtsstaatlichkeit in diesem Sinne auch hinreichend konkret sei, da die Rechtsstaatlichkeit durch die Anbindung an das jeweils verletzte Grundrecht in einer „bestimmten Erscheinungsform" auftrete und dadurch in Bezug auf dieses Grundrecht hin eine konkrete Gestalt annehme.[827]

(b) Präzisierungen

Der Ansatz von *Wagner* klingt plausibel. Gleichwohl werden durch ihn die Abstraktheits- und Werturteilsbedenken noch nicht ausgeräumt. Denn über die Behauptung hinaus, dass die Rechtsstaatlichkeit durch die Anbindung an das jeweils betroffene Rechtsgut eine hinreichend konkrete Gestalt annehme[828], liefert *Wagner* keine Begründung. Um die Rechtsstaatlichkeit staatlichen Handelns jedoch substanziell kritikfest machen zu können, muss zunächst geklärt werden, welche Kritikpunkte überhaupt bestehen. Die Kritiker selbst bleiben die nähere Begründung ihrer Argumentation in der Regel ebenfalls schuldig. Vor allem hinsichtlich der Abstraktheit des Begriffs der Rechtsstaatlichkeit wird von keinem, der dieses Argument ins Feld führt, präzise erläutert, *warum* oder *inwiefern* die Rechtsstaatlichkeit zu abstrakt sein soll. Dies ist umso erstaunlicher, als nicht selten eben jene Kritiker im Anschluss an den Abstraktheitsvorwurf ohne

822 *Wagner*, Amtsverbrechen, S. 147 ff.
823 *Wagner*, Amtsverbrechen, S. 87.
824 *Wagner*, Amtsverbrechen, S. 105 ff.
825 *Wagner*, Amtsverbrechen, S. 269.
826 *Wagner*, Amtsverbrechen, S. 148 ff.
827 *Wagner*, Amtsverbrechen, S. 152.
828 Vgl. *Wagner*, Amtsverbrechen, S. 152.

weitere Bedenken etwa „das ordnungsgemäße Funktionieren der staatlichen Verwaltung“[829] oder die „Teilnahme am Staat“[830] als „hinreichend konkrete“ Rechtsgüter der Amtsdelikte anerkennen.

Den Ausgangspunkt für die Kritik an der Rechtsgutsqualität der Rechtsstaatlichkeit staatlichen Handelns bildet der Umstand, dass es sich bei der Rechtsstaatlichkeit der *Erscheinungsform* nach nicht um einen bestimmten Gegenstand (sc. im körperlichen oder unkörperlichen Sinne) handelt, sondern um eine *(normative) Eigenschaft.* Diese Erscheinungsform könnte im Hinblick auf den für strafrechtliche Rechtsgüter erforderlichen Nachweis der realen Beeinträchtigungs- und Schutzmöglichkeit problematisch sein. Denn das Nachweiserfordernis verlangt den strafrechtlichen Rechtsgütern stets eine manifeste Substanz ab. Und das wiederum setzt voraus, dass das Rechtsgut als Schutzgegenstand überhaupt hinreichend umrissen und konkretisiert werden kann. Eine Eigenschaft aber kann in der Regel eine sinnvolle inhaltliche Aussage erst durch ihre Beziehung auf einen bestimmten Gegenstand hin treffen, da Eigenschaften definitionsgemäß Gegenstandsbeschreibungen sind. Damit aber stellt sich der Inhalt einer Eigenschaft notwendig als kontextabhängig heraus. Ohne den Kontext ist die Aussage einer Eigenschaft in der Regel unbestimmt. Als allgemeines Beispiel hierfür kann etwa die Eigenschaft der „Sicherheit“ angeführt werden, die je nach Kontext (z.B. *Sicherheit* des Straßenverkehrs, *Sicherheit* des Eigentums oder *Sicherheit* vor körperlichen Übergriffen durch Amtsträger) unterschiedliche inhaltliche Aussage treffen kann. Trotz dieser Problematik finden sich in der Literatur aber auch Beschreibungen von Rechtsgütern, bei denen Eigenschaften eine Rolle spielen, z.B. bei den Amtsstraftaten („*Ordnungsgemäßes* Funktionieren der staatlichen Verwaltung“[831]) oder bei den Straßenverkehrsdelikten („*Sicherheit* des Straßenverkehrs“[832]). Wie die Beispiele zeigen, können Eigenschaften im Kontext des Rechtsgüterschutzes dabei zwei Funktionen erfüllen, nämlich zum einen die Funktion eines reinen *Konkretisierungs*merkmals (z.B. *Sicherheit* des Straßenverkehrs), und zum anderen die Funktion eines *Konstituierungs*merkmals (z.B. *Ordnungsgemäßes* Funktionieren der staatlichen Verwaltung). Der Unterschied besteht darin, dass die Eigenschaft im zweiten Fall eine normative Funktion erfüllt, indem erst durch sie der – für sich selbst betrachtet – neutrale Bezugsgegenstand seine Schutzwürdigkeit erkennen lässt. Welche der beiden Funktionen im Einzelfall einschlägig ist, hängt mithin davon ab, ob durch die Eigenschaft eine *Beschreibung* oder eine *Bewertung* des Bezugsgegenstands getroffen werden soll. Wird durch die Eigenschaft der Bezugsgegenstand bloß beschrieben, ohne dass dies Auswirkungen auf den Inhalt des Bezugsobjekts hat, nimmt die Eigenschaft eine bloß konkretisierende Funktion

829 *Heinrich*, Der Amtsträgerbegriff im Strafrecht, S. 286.

830 *Spirakos*, Folter als Problem des Strafrechts, S. 195 ff.

831 *Heinrich*, Der Begriff des Amtsträgers im Strafrecht, S. 286.

832 Vgl. statt aller *Lackner/Kühl*, StGB, § 315c Rn. 1.

wahr (z.B. *Sicherheit* des Straßenverkehrs). In dieser Funktion hat die Eigenschaft für den Rechtsgüterschutz kaum Bedeutung. Anders verhält es sich, wenn die Eigenschaft eine normative Wertung enthält, die nicht bloß eine äußere Zustandsbeschreibung liefert, sondern die den Inhalt des Bezugsgegenstands prägt (z.B. *Ordnungsgemäßheit* der Amtsführung). Dann nämlich ist sie von (mit-) konstitutiver Bedeutung für den Schutzgegenstand, da sich dessen konkret schutzwürdige Gestalt überhaupt erst aus der Verbindung des Gegenstands mit dem normativen Inhalt der Eigenschaft entnehmen lässt. Vor diesen Hintergrund kommt der Rechtsstaatlichkeit in Verbindung mit einem Grundrecht als Bezugsobjekt eine normative, weil inhaltlich prägende Funktion zu.

(c) Die normative Eigenschaft der Rechtsstaatlichkeit als Gegenstand strafrechtlichen Schutzes

Sofern die Rechtsstaatlichkeit als (normative) Eigenschaft im Hinblick auf die Rechtsgutsqualität der Rechtsstaatlichkeit staatlichen Handelns überprüft wird, besteht ein gravierender Unterschied zu der eben geschilderten Rolle der normativen Eigenschaften im strafrechtlichen Rechtsgüterschutz. Während dort nämlich die Eigenschaften kontextabhängig sind und dazu dienen, den Gegenstand, auf den sie bezogen werden, zu einem schützenswerten Rechtsgut (mit-) zu konstituieren, soll die Rechtsstaatlichkeit gerade losgelöst von der Beziehung auf einen bestimmten Gegenstand hin, also gerade *selbst und alleine*, als Rechtsgut in Betracht kommen. Dies setzt zunächst voraus, dass es gelingt, eine eigenständige, und als solche schützbare Aussage der Rechtsstaatlichkeit auszumachen, und damit den Grundsatz zu durchbrechen, dass Eigenschaften erst durch ihre Beziehung auf einen bestimmten Gegenstand hin eine sinnvolle inhaltliche Aussage entfalten. Anschließend ist dann der Kritik entgegenzutreten, dass der so ermittelte Inhalt wegen seiner Abstraktheit und seines Werturteilcharakters einer Qualifizierung der Rechtsstaatlichkeit als Rechtsgut entgegenstehe.

(aa) Kontextunabhängiger Inhalt der Rechtsstaatlichkeit

Um als Rechtsgut der „Rechtsstaatlichkeit staatlichen Handelns" überhaupt in Betracht kommen zu können, muss die Rechtsstaatlichkeit zunächst für sich genommen – d.h. ohne die Beziehung auf einen Gegenstand hin – einen hinreichend aussagekräftigen, allgemeinen Inhalt aufweisen, der als Rechtsgut unter Schutz gestellt werden kann. Dass sie einen solchen Inhalt hat, zeigt schon ihre Definition als „die Ausübung staatlicher Macht nur auf der Grundlage der Verfassung und von formell und materiell verfassungsmäßig erlassenen Gesetzen"[833]. Die Rechtsstaatlichkeit beschreibt danach die Gesamtheit der Voraussetzungen, Bedingungen und Grenzen staatlichen Handelns im Bereich des Interaktionsverhältnisses von Staat und Bürger. Der Inhalt der Rechtsstaatlichkeit besteht also darin, dass ein Amtsträger, der in seiner Funktion als Amts-

833 *Stern*, Staatsrecht I, § 20 III 3.

träger einem Bürger gegenübertritt, dies in einer Weise tun muss, die Gesetz und Recht entspricht. Diese Aussage ist als solche auch ohne die Beziehung auf eine bestimmte Handlung klar und unzweideutig. Sie ist zwar zunächst abstrakt und muss grundsätzlich anhand der unterschiedlichen möglichen Handlungskontexte konkretisiert werden, um ihren Inhalt als Schutzgegenstand aktualisieren und manifestieren zu können.[834] Gleichwohl lässt sie aber auch ohne diese Kontexte einen eigenständigen Bereich erkennen, der zwar weit, aber nicht grenzenlos ist.

(bb) Abstraktheits- und Werturteilskritik

Die eigentlich strittige Frage der Rechtsgutsqualität der Rechtsstaatlichkeit staatlichen Handelns liegt darin, ob der ermittelte Inhalt der Rechtsstaatlichkeit auch tatsächlich *als Rechtsgut schützbar* ist. Hiergegen wird eingewandt, der Begriff der Rechtsstaatlichkeit sei zu weitläufig, um die im Hinblick auf die Beeinträchtigungs- und Schutzmöglichkeit erforderliche Realsubstanz nachweisen zu können.[835] Dieser Einwand überzeugt jedoch nicht. Zunächst verhält es sich so, dass die Rechtsstaatlichkeit einen wichtigen und *ge*wichtigen Teil der Realität darstellt, indem sie sich auf die (reale) Interaktion von Staat und Bürger bezieht. Dabei legt sie die Grenzen zwischen zulässigem und unzulässigem staatlichen Handeln fest und gibt die Art und Weise vor, in der der Amtsträger als Repräsentant des Staates dem Bürger im Interaktionsverhältnis gegenübertreten darf. Diese Vorgaben sind aus Recht und Gesetz zu entnehmen. Insofern ist der Inhalt der Rechtsstaatlichkeit nicht „uferlos"[836]. Zum einen bezieht sich der Inhalt der Rechtsstaatlichkeit mit dem Staat-Bürgerverhältnis auf einen ganz bestimmten Realitätsausschnitt, und zum anderen enthält er auch für das Wie dieses Verhältnisses konkrete Vorgaben. Freilich ist die Rechtsstaatlichkeit staatlichen Handelns in diesem Sinne *als solche* zu abstrakt, um eine konkrete Manifestation zu ermöglichen. Diese Manifestation kann aber – dem Ansatz *Wagners* folgend – in hinreichender Weise dadurch hergestellt werden, dass die Rechtsstaatlichkeit als normative Eigenschaft mit einer konkreten Rechtsgutsverletzung als demjenigen staatlichen Handeln, auf das sich der Inhalt der Rechtsstaatlichkeit im entsprechenden Zusammenhang bezieht, verbunden wird. Durch die Beschränkung auf jeweils konkrete Interaktionskontexte wird die Rechtsstaatlichkeit über die Beziehung auf das konkrete Beeinträchtigungsverhalten zu einem nachweisbaren Teil der Wirklichkeit. Nimmt ein Amtsträger gegenüber einem Bürger eine gesetzeswidrige Handlung vor, die eine konkrete Rechtsgutsverletzung darstellt, handelt er damit auch rechtsstaatswidrig.[837] Ob dies der Fall ist oder nicht,

---

834 Vgl. *Wagner*, Amtsverbrechen, S. 152.

835 Vgl. *Heinrich*, Der Amtsträgerbegriff im Strafrecht, S. 239; *Hirsch*, ZStW 88 (1976), 752 (776); *Spirakos*, Folter als Problem des Strafrechts, S. 168.

836 So aber *Heinrich*, Der Amtsträgerbegriff im Strafrecht, S. 239.

837 Dieses Ergebnis hat weitreichende Folgen. Wie *Wagner* bereits festgestellt hat, hat das nämlich zur Konsequenz, dass auch *de lege lata* als schützenswertes Rechtsgut, etwa

kann real anhand von Recht und Gesetz nachgeprüft werden, so dass auch eine reale Manifestation der Rechtsstaatlichkeit über den konkreten Kontext möglich ist. Der jeweiligen Rechtsgutsbeeinträchtigung als dem entsprechenden konkreten Kontext der Rechtsstaatlichkeit kommt in dieser Weise eine Rolle vergleichbar einem Handlungsobjekt zu, das als Repräsentant einen Beitrag für die Manifestation der Verletzung der Rechtsstaatlichkeit liefert[838]. Dem Vorwurf der Abstraktheit kann daher mit *Wagner* entgegengehalten werden, dass der abstrakte Begriff der Rechtsstaatlichkeit zumindest hinreichend *konkretisierbar* ist.

Es bleibt der Einwand, dass es sich bei der Rechtsstaatlichkeit um ein Werturteil handle, welches das Verhältnis zwischen Staat und Bürger normativ determiniere, und das als solches daher schon begrifflich weder verletzbar noch schützbar sei.[839] Dieser Vorwurf, der zu Recht gegen die Qualifizierung der Menschenwürde als Rechtsgut erhoben worden war,[840] lässt sich jedoch auf die Rechtsstaatlichkeit nicht übertragen. Bei der Menschenwürde ist diese Kritik berechtigt, weil der Begriff der Menschenwürde eine moralische Wertung verkörpert, die unabhängig von Zeit und Raum für jeden Menschen kraft seiner Natur als Mensch gilt, und die in dieser Weise auch indisponibel ist.[841] Die Rechtsstaatlichkeit dagegen ist eine menschliche Setzung, die unmittelbarer Bestandteil der sozialen Realität ist. Und als solche ist sie dem Zugriff nicht entzogen, sondern kann durch menschliches Verhalten, etwa durch bestimmtes (Fehl-) Verhalten eines Amtsträgers gegenüber einem Bürger, auch real verletzt werden, indem dem Bürger die Ausübung seiner Freiheitsrechte verwehrt wird. Im Gegensatz zur Menschenwürde kann der Anspruch auf Rechtsstaatlichkeit staatlichen Handelns dem Bürger daher genommen werden. Zwar ist richtig, dass die Rechtsstaatlichkeit ein wertendes Moment enthält, sofern sie zum Ausdruck bringt, dass das Verhalten von Amtsträgern gegenüber Bürgern auch rechtsstaatlich vorgenommen werden *soll*, doch ist diese Wertung Ausdruck eines normativen Dafürhaltens, das im Übrigen in jedem Straftatbestand als impliziter Normbefehl enthalten ist. Sowohl die Abstraktheits- als auch die Werturteilkritik können also mit guten Gründen widerlegt werden.

(3) Ergebnis

Entgegen der überwiegenden Ansicht in der Literatur kann die Rechtsstaatlichkeit staatlichen Handelns in den Katalog der strafrechtlichen Rechtsgüter integriert werden. Zugegeben stellt sie sich als ein abstraktes Rechtsgut dar. Doch

---

der §§ 340 und 343 StGB, die Rechtsstaatlichkeit staatlichen Handelns anzusehen ist. Vgl. dazu näher unten Teil 3 Kapitel 2 II. 2. a) dd) sowie Teil 3 Kapitel 2 II. 2. b) bb) (2).

838 Zum Handlungsobjekt als Repräsentant einer Rechtsgutsverletzung vgl. oben Teil 3 Kapitel 2 I. 1. a) bb) (2) (b).

839 Vgl. *Spirakos*, Folter als Problem des Strafrechts, S. 168.

840 Vgl. oben Teil 3 Kapitel 2 II. 2. a) cc) (1) (a) (bb).

841 S.o. Teil 1 Kapitel 2 I. 1.

gleichwohl handelt es sich bei ihr um einen tauglichen Gegenstand des unmittelbaren Normschutzes. Denn sie kann als Rechtsgut jedenfalls hinreichend konkretisiert und bestimmt werden, indem das jeweilige Handeln, auf das sich die Eigenschaft der Rechtsstaatlichkeit bezieht, einen konkreten Kontext der Rechtsstaatlichkeit vermittelt. Die Kritik an der Rechtsgutsqualität der Rechtsstaatlichkeit überzeugt insofern nicht – und zwar erst Recht nicht, solange es bei der bloßen Behauptung der Abstraktheit belassen wird, und gleichzeitig „Rechtsgüter" wie die „Ordnungsgemäßheit der Amtsführung" oder die „Reinheit der Rechtspflege" anerkannt werden.

ee) Zusammenfassung

Die Auflösung des Unrechtsgehalts der Folter in strafrechtliche Rechtsgüter sieht sich mit unterschiedlichen Schwierigkeiten konfrontiert, die dazu führen, dass sich die einzelnen Bestandteile des Gesamtunrechtsgehalts der Folter nicht umfassend über den strafrechtlichen Rechtsgüterschutzgedanken ausdrücken lassen. Besonders gravierend wirkt sich diesbezüglich aus, dass gerade der Zentralbestandteil des Unrechtsgehalts der Folter, nämlich die Verletzung der Menschenwürde, über den Rechtsgüterschutzgedanken nicht zum unmittelbaren Schutzgegenstand einer strafrechtlichen Norm erhoben werden kann. Und auch bei den Individualrechtsgütern der körperlichen Integrität und der Willensausübungsfreiheit tauchen vereinzelt Probleme auf, da sie als durch das Strafrecht zu schützende Rechtsgüter der Manifestation nach außen bedürfen, wohingegen dem phänomenologischen Unrechtsgehalt der Folter nach auch rein innere Zustände erfasst sind. Immerhin aber hat sich gezeigt, dass neben den Individualrechtsgütern – entgegen der herrschenden Meinung – im Hinblick auf die überindividuelle Verletzungsdimension der Folter auch die Rechtsstaatlichkeit über den strafrechtlichen Rechtsgutsbegriff als Rechtsgut in Betracht kommt.

b) Schutz der in Frage kommenden Rechtsgüter gegen eine Beeinträchtigung durch die Folter

Darauf aufbauend, dass als Rechtsgüter, die als Normschutzgegenstände eine Pönalisierung der Folter legitimieren können, die körperliche Integrität, die Willensausübungsfreiheit und die Rechtsstaatlichkeit staatlichen Handelns in Betracht kommen, gilt es nun zu ermitteln, wie genau sich die spezifische Beeinträchtigung dieser Rechtsgüter bzw. des aus diesen Rechtsgütern bestehenden Rechtsgutsgeflechts durch die Folter unter gleichzeitiger Einhaltung des für das Strafrecht geltenden Bestimmtheitsgebots bestmöglich ausdrücken lässt. Hierfür ist zunächst auf das Verhältnis der einschlägigen Rechtsgüter zueinander einzugehen, ehe anschließend die Beeinträchtigung dieses so ermittelten Rechtsgutsgebildes durch das der Folter entsprechende Verhalten konkretisiert werden kann.

aa) Verhältnis der einschlägigen Rechtsgüter

Zunächst muss das Legitimationsfundament für die Pönalisierung der Folter konkretisiert werden, d.h. es muss geklärt werden, wie sich die drei einschlägigen Rechtsgüter zueinander verhalten und welcher Gesamtschutzbereich eines möglichen Straftatbestands der Folter daraus folgt. Dabei ist zu bedenken, dass das phänomenologische Unrecht der Folter in der Hauptsache von der überindividuellen Verletzungsrichtung geprägt ist. Und da die Menschenwürde als unmittelbarer Normschutzgegenstand nicht in Betracht kommt, muss vor diesem Hintergrund die Rechtsstaatlichkeit staatlichen Handelns als das einzig einschlägige überindividuelle Rechtsgut die dominante Rolle im Verhältnis der drei Rechtsgüter einnehmen. Allerdings bedarf die Rechtsstaatlichkeit als Eigenschaft der Beziehung auf eine konkrete Rechtsgutsbeeinträchtigung hin.[842] Im Fall der Folter ist dies in erster Linie die Verletzung der körperlichen Integrität, da sich die Folter phänomenologisch durch einen Eingriff in die körperliche Integrität äußert. Insofern muss die Folter also rechtsgutstechnisch als eine Beeinträchtigung der körperlichen Integrität formuliert werden, durch die zugleich die Rechtsstaatlichkeit des staatlichen Handelns verletzt wird. Die Willensausübungsfreiheit als weiteres individuelles Rechtsgut geht in dieser Beziehung zwischen Rechtsstaatlichkeit und körperlicher Integrität letztlich weitestgehend auf. Denn es ist einer rechtsstaatswidrigen Integritätsverletzung gerade immanent, dass die freie Ausübung des Willens unterbunden wird, indem durch diese Art der Integritätsverletzung die kommunikative Verbindung zwischen Staat und Bürger als zweier gleichwertiger Akteure aufgegeben wird.

bb) Beeinträchtigung der in Frage kommenden Rechtsgüter durch die Folter

Nach der Festlegung des Gesamtschutzbereichs muss nun untersucht werden, wie genau sich der Schutz dieses Rechtsgutsgeflechts gegen die Beeinträchtigung durch das Folter*verhalten* zum Ausdruck bringen lässt. Dies wiederum hängt davon ab, wie sich erstens die Integritätsverletzung im Allgemeinen und zweitens die Rechtsstaatlichkeitsdimension der Integritätsverletzung im Besonderen für das Folterverhalten strafrechtlich zum Ausdruck bringen lassen.

(1) Integritätsverletzung als Ausgangspunkt

Entsprechend der im Rahmen der allgemeinen Phänomenologie der Folter bereits erörterten Doppeldeutigkeit der Integritätsverletzung, nämlich im Sinne des Integritätsverletzungs*erfolgs* und der Integritätsverletzungs*handlung* und der gebotenen Profilierung der Folter über die Integritätsverletzungshandlung,[843] ist von den Beschreibungen, die das StGB *de lege lata* in den §§ 223 ff. und 343 StGB hinsichtlich möglicher Integritätsverletzungen enthält – nämlich den

842 Vgl. oben Teil 3 Kapitel 2 II. 2. a) dd).

843 Vgl. dazu schon oben Teil 1 Kapitel 2 I. 2. a).

Merkmalen „körperliche Misshandlung“ (§ 223 StGB), „Gesundheitsschädigung“ (§ 223 StGB), „(seelisches) Quälen“ (§§ 225, 343 StGB) und „Anwendung oder Androhung von Gewalt gegen eine Person“ (§ 343 StGB) – die „Gewalt gegen eine Person“ diejenige Formulierung, die die Integritätsverletzung durch die Folter am treffendsten zum Ausdruck bringt. Das Abstellen auf die (Anwendung oder Androhung von) Gewalt ermöglicht zudem eine systematisch konsistente Eingliederung der Androhung von Folter. Unter der Androhung von Gewalt gegen eine Person muss dann – so wie bei § 343 StGB – die Ankündigung zu verstehen sein, dass dem Bedrohten *Gewalt*, und nicht etwa ein anderes (empfindliches) Übel, in Aussicht gestellt wird.[844] Zudem muss die Androhung beinhalten, dass die angedrohte Gewalt ihm selbst zugefügt werden soll und nicht etwa einer anderen Person (z.B. einem Angehörigen).[845]

Da die Gewalt gegen die Person im Hinblick auf den Integritätsverletzungserfolg wegen des ihr immanenten Moments der Einwirkung auf den Körper des Betroffenen die psychischen Integritätsverletzungen nicht einschließt,[846] fragt sich, ob zusätzlich zur Gewalt gegen die Person das ebenfalls in § 343 StGB genannte Merkmal des „seelischen Quälens“ für die folterrelevante Beschreibung der Integritätsverletzung aufgenommen werden soll. Einen eigenständigen Beitrag könnte der Begriff des (seelischen) Quälens dabei nur dann leisten, wenn man ihn so versteht, dass er auch rein psychische Integritätsverletzungen umfasst.[847] Denn der Gewaltbegriff schließt rein psychische Integritätsverletzungen schon per definitionem aus.[848] Dagegen war allerdings eingewandt worden, dass die Berücksichtigung rein psychischer Verletzungen den Voraussetzungen des Rechtsgutsbegriffs zuwiderläuft und deshalb nicht in Betracht kommt.[849] Zudem greifen rein seelische Integritätsverletzungen ohnehin kaum Platz, da schließlich seelische Beeinträchtigungen der Integrität, die sich somatisch dokumentieren, bereits über den Begriff der Gewaltanwendung gegenüber einer Person erfasst werden. Letztlich kann es daher sein Bewenden dabei haben, die Integritätsverletzung durch die Folter als „Anwendung oder Androhung von Gewalt gegen eine Person“ zu beschreiben.

(2) Rechtsstaatlichkeitsdimension der Integritätsverletzung

Entscheidend für die Folter ist, dass der Täter durch die Integritätsverletzung zugleich das Rechtsgut der Rechtsstaatlichkeit staatlichen Handelns verletzt. Diese zusätzliche Dimension der Integritätsverletzung muss durch zwei Momen-

844 *Cramer/Sternberg-Lieben*, in: Schönke/Schröder, StGB, § 343 Rn. 11; *Horn/Wolters*, in: SK-StGB, § 343 Rn. 8.
845 *Horn/Wolters*, in: SK-StGB, § 343 Rn. 8.
846 *Horn/Wolters*, in: SK-StGB, § 343 Rn. 7.
847 Vgl. dazu oben Teil 3 Kapitel 2 II. 2. a) aa).
848 Vgl. *Eser*, in: Schönke/Schröder, StGB, Vorbem §§ 234 ff. Rn. 10.
849 S.o. Teil 3 Kapitel 2 II. 2. a) aa).

te zum Ausdruck gebracht werden, nämlich zum einen durch das personenbezogene, besondere persönliche Merkmal der Amtsträgereigenschaft des Täters und zum anderen durch tatbezogene Umstände.

(a) Personenbezogenes Moment

In personenbezogener Hinsicht setzt die Dimension der Rechtsstaatswidrigkeit der Integritätsverletzung voraus, dass Täter der Folter nur ein Amtsträger sein kann, da nur ein Amtsträger als Repräsentant des Staates rechtsstaatswidrig handeln kann. Dem Amtsträger gleichgestellt werden müssen der Phänomenologie der Folter entsprechend zudem Angehörige des Militärs.[850] Dies wird auch für die beiden Tatbestände der §§ 340 und 343 StGB, die einer Pönalisierung der Folter *de lege lata* am nächsten kommen, über § 48 Abs. 1 WStG sichergestellt. Allerdings beschränkt § 48 Abs. 1 WStG die Gleichstellung auf Offiziere und Unteroffiziere. Für die Folter ist diese Eingrenzung zu eng, da es für den Unrechtscharakter der Folter als einer Misshandlung im Rahmen eines besonderen Machtgefälles zwischen Täter und Betroffenem auf bestimmte Dienstränge nicht ankommen kann. Auch die Misshandlungen der inhaftierten Personen im Gefängnis von Abu Ghraib wurden schließlich von Militärangehörigen begangen, deren Dienstgrade deutlich unterhalb denen eines Offiziers oder Unteroffiziers lagen.[851] Daher scheint es für die Pönalisierung der Folter geboten, Angehörige des Militärs unabhängig von ihrem Dienstgrad als mögliche Täter der Folter gleichzustellen. Näher zu klären ist für die Amtsträgereigenschaft des Täters einer Folter überdies zum einen, ob und inwieweit der als Täter in Frage kommende Kreis der Amtsträger einzugrenzen ist, und zum anderen, in welcher Beziehung der Täter in seiner Eigenschaft als Amtsträger zu der Tathandlung stehen muss. Zudem stellt sich darüber hinaus die Frage nach dem Zurechnungszusammenhang bei Misshandlungen, die zwar durch eine Privatperson ausgeführt werden, die aber vom Staat veranlasst oder geduldet werden.

(aa) Eingrenzung des Täterkreises

Sähe man von einer Einschränkung des Täterkreises ab, müsste als möglicher Täter jeder Amtsträger i.S.d. § 11 Nr. 2 StGB in Betracht kommen. Erfasst wäre danach konsequenterweise etwa auch der Chefarzt eines Kreiskrankenhauses.[852] Dass jedoch die durch ihn begangene Körperverletzung, z.B. durch einen nicht kunstgerechten operativen Eingriff, nicht als „Folter" angesehen werden kann, ist phänomenologisch evident. Für die Pönalisierung der Folter muss daher eine Einschränkung im Hinblick auf den Kreis der möglichen Täter getroffen wer-

850 Vgl. dazu auch § 137a StGB-GR.

851 Von den beiden Schlüsselfiguren der Foltervorwürfe von Abu Ghraib war der als Haupttäter angesehene *Charles Garner* überhaupt nur als Reservist im Einsatz, und *Lynndie England* hatte den Dienstgrad eines „specialist" inne, der dem Rang nach in etwa dem Dienstgrad eines Stabsgefreiten entspricht.

852 Vgl. *OLG Karlsruhe* NJW 1983, 352 f.

den. Diese Einschränkung muss sich an der Phänomenologie der Folter orientieren.

Von besonderer Bedeutung ist vor diesem Hintergrund, dass der Amtsträger eine besondere Machtstellung innehaben muss, die sich aus seiner Einbindung in einen hinter ihm stehenden, institutionalisierten Machtapparat ableitet, und durch die das Opfer in die Lage einer besonderen Hilf- und Wehrlosigkeit versetzt wird.[853] Insofern weist *de lege lata* § 343 StGB in die richtige Richtung, indem er die Befugnis des Amtsträgers zur Mitwirkung in einem repressiven Verfahren verlangt. Schließlich besteht gerade in solchen Verfahren eine besondere Machstellung des Amtsträgers. Allerdings greift die Täterkreisbeschränkung des § 343 StGB nicht nur wegen der Beschränkung auf *repressive* Verfahrensarten zu kurz, sondern insbesondere auch deshalb, weil Folterungen auch außerhalb eines Verfahrens stattfinden können. Schließlich ist Folter kein rein verfahrensakzessorisches Phänomen, sondern sie ist allgemein Ausdruck „illegitimer Transgression staatlicher Gewalt“[854] in Situationen, in denen der Einzelne institutionalisierter staatlicher Macht gegenübersteht. Neben den staatlichen Verfahren tritt eine solche Konstellation immer dort auf, wo sich der Einzelne in der Gewalt des Staats befindet. Folgerichtig werden durch Art. 104 Abs. 1 S. 2 GG auch ganz allgemein die „festgehaltenen Personen“ explizit und in besonderer Weise vor staatlichen Übergriffen geschützt. Auch in der Rechtsprechung des *EGMR* zu Art. 3 EMRK nimmt die Fallgruppe der in staatlichem Gewahrsam befindlichen Personen eine wichtige Stellung ein.[855] Ähnlich dem griechischen § 137a Abs. 1 StGB-GR[856] müssen daher auch solche Amtsträger als mögliche Täter einer Folter in Betracht kommen, die für die Beaufsichtigung von durch den Staat festgehaltenen Personen zuständig sind. Denn auch hier kommt das spezielle Machtmoment der Folter zum Tragen, indem in diesen Fällen der Bürger den Übergriffen durch den Amtsträger nicht ausweichen kann.[857] Als Täter für eine Folterhandlung müssen daher im Ergebnis diejenigen Amtsträger in Betracht kommen, die zur Mitwirkung an einem Verfahren berufen sind – und zwar unabhängig davon, ob es sich bei diesem Verfahren um ein repressives oder präventives handelt –, sowie diejenigen, denen die Beaufsichtigung von festgehaltenen Personen obliegt.[858]

853 Vgl. *Bruha/Steiger*, Das Folterverbot im Völkerrecht, S. 29.

854 *Burschel/Distelrath/Lembke* in: Burschel/Distelrath/Lembke, Das Quälen des Körpers. Eine historische Anthropologie der Folter, S. 1 (6).

855 Vgl. hierzu vor allem *Tomasi ./. Frankreich*, Urt. des EGMR vom 27.08.1992 sowie *Ribitsch ./. Österreich*, Urt. des EGMR vom 04.12.1995.

856 § 137a StGB-GR: „Ein Beamter… , zu dessen Pflichten … die Beaufsichtigung von Gefangenen gehört …“

857 Vgl. *Gusy*, in: v. Mangoldt/Klein/Starck, GG, Art. 104 Rn. 29.

858 Im Hinblick auf die zuletzt genannte Gruppe der Amtsträger, denen die Beaufsichtigung von festgehaltenen Personen obliegt, stellt *Joerden*, Staatswesen und rechtsstaatlicher

(bb) Handeln als Amtsträger im Rahmen des Amtes

Aus dem Umstand, dass sich die Rechtsstaatlichkeit überhaupt nur im Verhältnis zwischen Staat und Bürger realisiert, folgt, dass der Täter der Folter neben der Innehabung der (besonderen) Amtsträgereigenschaft die Verletzung der Integrität des betroffenen Bürgers zudem *als Amtsträger* vornehmen muss. Soweit der Amtsträger dagegen als Privatperson außerhalb der organisierten Gewaltstruktur handelt, die die besondere Machtlosigkeit und Schutzbedürftigkeit des Betroffenen begründet, entfällt auch der Rechtsstaatlichkeitszusammenhang. Daher muss der Täter der Folter – entsprechend der Formulierung des § 340 StGB – die Integritätsverletzung „während der Ausübung seines Dienstes" oder „in Beziehung auf seinen Dienst" vornehmen. „Während der Ausübung seines Dienstes" erfolgt die Tathandlung dabei immer dann, wenn sie Bestandteil einer Diensthandlung ist, also mit dieser in einem zeitlichen und (innerlich-) sachlichen Zusammenhang steht.[859] Im Gegensatz dazu erfolgt die Tathandlung „in Bezug auf seinen Dienst", wenn sie zwar außerhalb der Dienstzeit aber in sachlichem Zusammenhang mit der Dienstausübung des Amtsträgers erfolgt.[860] Erforderlich ist demnach auch hier, dass der Täter in seiner amtlichen Eigenschaft handelt, er sich diese also in der konkreten Situation anmaßt.[861] Auszuscheiden haben dagegen diejenigen Tathandlungen, die der Täter nicht als Amtsträger vornimmt, sondern als Privatperson.[862] Von besonderer Bedeutung ist darüber hinaus, dass das Handeln während der Ausübung des Dienstes oder in Beziehung auf den Dienst – gewissermaßen als Tatsituation – auch genau denjenigen Dienst verlangt, der die besondere Amtsträgereigenschaft des Täters begründet. Der mit Verfahrensmitwirkungsbefugnissen ausgestattete Amtsträger muss daher innerhalb eines Verfahrens handeln, und der eine Obhutspflicht innehabende Amtsträger muss im Rahmen dieses Obhutsverhältnisses handeln. Denn nur in dieser Situation entwickelt sich aus seiner Amtsträgereigenschaft auch seine besondere Machtstellung gegenüber dem Betroffenen.

(cc) Zurechnungszusammenhang zwischen Amtsträgereigenschaft und Tathandlung

Zuletzt muss noch der Zurechnungszusammenhang zwischen der Amtsträgereigenschaft des Täters und der Tathandlung geklärt werden. Rechtsstaatlichkeitsrelevanz entfaltet die Integritätsverletzung selbstverständlich immer

Anspruch, S. 156 ff., zu Recht klar, dass es sich auch bei Gewalthandlungen im Rahmen solcher Verhältnisse wegen des besonderen „Gewahrsamsverhältnisses" zwischen der Amtsperson als dem Repräsentanten des Staates und dem Betroffenen um Folterungen handelt.

859 *Hirsch*, in: LK-StGB, § 340 Rn. 5 b.

860 *Kuhlen*, in: NK-StGB, § 340 Rn. 9; *Horn/Wolters*, in: SK-StGB, § 340 Rn. 5 a.

861 *Kuhlen*, in: NK-StGB, § 340 Rn. 9; *Hirsch*, in: LK-StGB, § 340 Rn. 6.

862 *Kuhlen*, in: NK-StGB, § 340 Rn. 9.

dann, wenn der Amtsträger sie als Amtsträger auch *selbst begeht.* Entsprechend der Phänomenologie der Folter müssen der Eigenhändigkeit aber auch diejenigen Fälle gleichgestellt werden, in denen der Amtsträger die Integritätsverletzung zwar nicht selbst begeht, er sie aber immerhin *veranlasst* oder auch bloß *duldet.* Denn nicht nur, dass andernfalls die Gefahr eines „outsourcings" der Folter evident wäre, entspricht es darüber hinaus auch dem aus der Verfassung folgenden Schutzauftrag, sich an solchen Tathandlungen weder aktiv noch passiv zu beteiligen.

(b) Sachbezogenes Moment

Neben dem personenbezogenen Moment der speziellen Amtsträgereigenschaft des Täters ist darüber hinaus erforderlich, dass sich die Rechtsstaatlichkeitsdimension der Integritätsverletzung auch sachbezogen, d.h. durch tatbezogene Merkmale zum Ausdruck bringen lässt. Dies ist insoweit nicht unproblematisch, als nicht jede Integritätsverletzung im Verhältnis zwischen Amtsträger und Bürger automatisch eine rechtsstaatswidrige Folterung ist. Denn auch in einem Rechtsstaat sind Amtsträger teilweise auf die Anwendung von unmittelbarem Zwang gegen Bürger angewiesen, um Rechtsvorschriften durchzusetzen.[863] Schließlich stellt auch das Grundgesetz in Art. 2 Abs. 2 S. 3 GG klar, dass in das Recht auf körperliche Unversehrtheit und sogar in das Recht auf Leben (!) auf Grund eines Gesetzes eingegriffen werden darf. Im Gegensatz zur „einfachen" Integritätsverletzung darf jedoch der Grundsatz der Rechtsstaatlichkeit nicht verletzt werden. Daher muss nachfolgend ermittelt werden, wann eine Integritätsverletzung sich als rechtsstaatsgemäße Anwendung unmittelbaren Zwangs darstellt, und wann es sich um rechtsstaatswidrige Gewalt handelt, die als solche auch unter Strafe zu stellen ist.

(aa) Allgemeine Abgrenzung zwischen rechtsstaatsgemäßem unmittelbarem Zwang und rechtsstaatswidriger Gewalt

Ob sich die Integritätsverletzung eines Amtsträgers gegenüber einem Bürger als strafwürdige, rechtsstaatswidrige Integritätsverletzung herausstellt, oder ob es sich um eine straflose, rechtsstaatsgemäße Integritätsverletzung handelt, kann, aus strafrechtlicher Perspektive beurteilt, von zweierlei Momenten abhängen: Zum einen davon, ob der Täter sein Verhalten auf eine spezialgesetzliche Eingriffsnorm stützen kann, die die Anwendung hoheitlichen unmittelbaren Zwangs erlaubt, und zum anderen von dem Eingreifen der allgemeinen strafrechtlichen Rechtfertigungsgründe. In strafrechtsdogmatischer Hinsicht wird die Entscheidung bei der Rechtsanwendung in beiden Fällen auf der Ebene der Rechtswidrigkeit getroffen, da auch die spezialgesetzlichen Eingriffsbefugnisse, strafrechtssystemdogmatisch gesehen, Rechtfertigungsgründe darstellen.[864] Kann

863 *Roxin*, AT I, § 17 Rn. 1.

864 *Lenckner*, in: Schönke/Schröder, StGB, Vorbem §§ 32 ff. Rn. 83.

daher der Amtsträger die (straftatbestandsmäßige) Integritätsverletzung auf eine gesetzliche Eingriffsbefugnis stützen, ist die Verletzung der körperlichen Integrität des Bürgers als rechtmäßig und damit rechtsstaatskonform zu beurteilen.[865] Sofern der strafrechtlich relevante Eingriff des Amtsträgers in die körperliche Integrität des Bürgers dagegen nicht auf eine spezialgesetzliche Eingriffsbefugnis gestützt werden kann, stellt sich die Frage, ob das Verhalten des Amtsträgers durch die allgemeinen strafrechtlichen Erlaubnissätze gerechtfertigt werden kann. Dies wiederum hängt davon ab, ob und inwieweit die allgemeinen Rechtfertigungsgründe überhaupt auf Amtsträger anwendbar sind. Den Nährboden für diese Diskussion geben die „enigmatischen"[866] Formulierungen in den Polizeigesetzen, dass die zivil- und strafrechtlichen Wirkungen nach den Vorschriften über Notwehr und Notstand unberührt bleiben sollen. Teilweise wird aus dieser Formulierung gefolgert, dass die allgemeinen Rechtfertigungsgründe auch Amtsträgern zustehen, die außerhalb einer gesetzlichen Eingriffsgrundlage handeln.[867] Nach dieser Ansicht soll der strafrechtliche Rechtfertigungsgrund dann ein hoheitliches Eingriffsrecht begründen, so dass das Verhalten des Amtsträgers nicht nur strafrechtlich sondern auch polizeirechtlich als rechtmäßig anzusehen sei. Gegen eine solche Betrachtungsweise müssen jedoch gewichtige rechtsstaatliche Bedenken erhoben werden. Denn aus dem Gebot des Gesetzesvorbehalts folgt, dass grundrechtsrelevante Eingriffe in die Freiheitssphäre des Bürgers gesetzlich geregelt werden müssen. Durch den Rückgriff auf eine allgemeine Rechtfertigungsnorm würde dieser Vorbehalt unterlaufen.[868] Wo der Gesetzgeber gesetzliche Regelungen zur Eingriffsermächtigung nicht getroffen hat, können diese nicht durch strafrechtliche Rechtfertigungsgründe ersetzt werden. Gleichwohl bedeutet dies aber nicht, dass die strafrechtlichen Rechtfertigungsgründe überhaupt keine Wirkung auf das Verhalten eines Amtsträgers haben.[869] Denn nicht nur, dass ein solches restriktives Verständnis die Verweisklauseln in den Polizeigesetzen „leer laufen" ließe,[870] und zudem – entgegen

865 Der im Rahmen des § 113 StGB geführte Streit über die Voraussetzungen der Rechtmäßigkeit ist an dieser Stelle nicht erheblich. Denn dieser Streit bezieht sich konkret auf die Tätigkeit des *Vollstreckungs*beamten und die Behandlung von dessen Irrtum über das Vorliegen der tatsächlichen Voraussetzungen einer Eingriffsnorm, da in aller Regel nur der Vollstreckungsbeamte in der Situation sein kann, schnelle Entscheidungen – unter Inkaufnahme eines Irrtums – treffen zu müssen. Die Amtsträger, die als Täter der Folter in Betracht kommen, befinden sich jedoch nicht in einer solchermaßen zugespitzten Entscheidungssituation, so dass für sie in jedem Fall die materielle Rechtslage maßgeblich sein muss. Vorauszusetzen ist insofern, dass die tatbestandlichen Voraussetzungen der gesetzlichen Eingriffsnormen auch tatsächlich vorliegen.

866 *Lüderssen*, FS-Rudolphi, S. 691 (697).

867 *BGH* NJW 1958, 1405 f.; *Roxin*, AT I, § 15 Rn. 112 f.; *Kühl*, AT, § 7 Rn. 153 f.

868 Neumann, in: NK-StGB, § 34 Rn. 113 f.; *Jakobs*, AT, 12/42.

869 So aber *Jakobs*, AT, 12/42.

870 *Haas*, Notwehr und Nothilfe, S. 329.

Art. 31 GG – Bundesrecht (Notwehr und Notstandsregelungen) durch Landesrecht (Polizeigesetze) ersetzt würde[871], erscheint es zudem nicht vertretbar, einem Amtsträger das Recht zu versagen, sich selbst zu verteidigen, wenn er angegriffen wird. Insofern ist es geboten, die Verweisnormen in den Polizeigesetzen teleologisch zu reduzieren und die Anwendbarkeit der strafrechtlichen Rechtfertigungsgründe auf das Handeln eines Amtsträgers dann zuzulassen, wenn dieser sich selbst verteidigt und damit als Privatperson handelt, so dass mithin zwar die Notwehr, nicht aber die Nothilfe erlaubt ist.[872] Denn in diesem Fall stellt das Handeln des Amtsträgers keine Ausübung staatlicher Macht im Über-Unterordnungsverhältnis dar, sondern er verteidigt seine eigenen, privaten Interessen und steht dem durch sein Handeln Betroffenen gleichgeordnet gegenüber.[873]

Da die strafrechtlichen Rechtfertigungsgründe das Handeln eines Amtsträgers nur dann rechtfertigen, wenn er sich selbst verteidigt, und sie damit gerade außerhalb des Über-Unterordnungsverhältnisses, also faktisch nicht im Verhältnis Staat-Bürger sondern Bürger-Bürger Anwendung finden, haben sie letztlich keine Auswirkung auf die Beurteilung der Rechtsstaatlichkeit des Verhaltens, da diese naturgemäß nur im subordinativen Staat-Bürger-Verhältnis virulent wird. Für die Beurteilung der Rechtsstaatlichkeitsdimension einer Integritätsverletzung muss es daher alleine auf das Vorliegen einer spezialgesetzlichen Eingriffsbefugnis ankommen. Nur in diesem Fall setzt sich der Amtsträger durch den Integritätseingriff über die Grenzen der zulässigen Ausübung der Staatsgewalt hinweg und dispensiert das Kräftegleichgewicht zwischen Staat und Bürger in der konkreten Interaktion. Daraus folgt, dass der Amtsträger dann rechtmäßig und damit rechtsstaatsgemäß handelt, wenn er einen Eingriff in die Integrität einer anderen Person auf eine spezialgesetzliche Eingriffsgrundlage stützen kann. Andernfalls ist die Integritätsverletzung rechtsstaatswidrig.

(bb) Übertragung auf den konkreten Fall der Folterpönalisierung

Davon ausgehend, dass sich die Rechtsstaatlichkeit einer Amtshandlung allein nach der Einschlägigkeit einer spezialgesetzlichen Eingriffsbefugnis bestimmt, stellt die Formulierung der Folter als einer rechtsstaatswidrigen Integritätsverletzung den Strafgesetzgeber vor ein Problem. Denn das Eingreifen einer spezialgesetzlichen Eingriffsbefugnis wird im Strafrecht systemdogmatisch, wie soeben aufgezeigt, als Rechtfertigungsgrund geprüft. Dagegen muss die Rechtsstaatswidrigkeit der Integritätsverletzung bei der *Pönalisierung* der Folter bereits auf der Ebene der Tatbestandsmäßigkeit zum Ausdruck gebracht werden, und zwar aus der *ex ante*-Perspektive. Schließlich ist das Produkt einer Pönalisierung immer ein Straftatbestand, der als solcher das spezifische unter Strafe zu stellen-

---

871 *Lenckner*, in Schönke/Schröder, StGB, § 32 Rn. 42b.

872 Vgl. *Lüderssen*, FS-Rudolphi, S. 691 (699).

873 Vgl. *Lüderssen*, FS-Rudolphi, S. 691 (699).

de Unrecht in Form einer Rechtsgüterverletzung durch das tatbestandliche Verhalten formuliert.[874] Erhebt man daher die Rechtsstaatlichkeit als Rechtsgut zum unmittelbaren Schutzgegenstand der Norm, dann muss auch bereits auf der Tatbestandsebene die Rechtsstaatswidrigkeit der Integritätsverletzungen beschrieben werden. Schließlich ist die Rechtsstaatswidrigkeit dann wesentlicher Bestandteil des *spezifischen unter Strafe zu stellenden Unrechts*. Indem aber die spezialgesetzlichen Eingriffsbefugnisse als Rechtfertigungsgründe angesehen werden, bedeutet das im vorliegenden Fall der Pönalisierung der Folter, dass genau dieser Teil der Rechtswidrigkeit ausnahmsweise bereits auf der Ebene der Tatbestandsmäßigkeit antizipiert werden muss. Fraglich ist, ob dies überhaupt möglich ist, oder ob dadurch die Straftatsystemkategorie der Tatbestandsmäßigkeit überstrapaziert wird, und ob – mit Blick auf Art. 103 Abs. 2 GG – dadurch überhaupt noch das erforderliche Maß an Bestimmtheit der Umschreibung des strafbaren Verhaltens erreicht werden kann.

(α) Teilantizipationen der Rechtswidrigkeit de lege lata

Ein Blick auf die aktuelle Gesetzeslage zeigt, *dass* Teilantizipationen von Rechtswidrigkeitsaspekten bereits auf der Tatbestandsebene dogmatisch nicht gänzlich unüblich sind. Nicht selten behilft sich der Gesetzgeber bei der Beschreibung eines tatbestandlichen Unrechts mit „negativ gefassten Tatbestandsmerkmalen“, d.h. Merkmalen, die bestimmte Erlaubnissituationen umfassen, und deren Nichtvorliegen bereits auf Tatbestandsebene festgestellt werden muss, da der Tatbestand ohne sie keinen vernünftigen Sinn ergeben würde.[875] Den prominentesten Begriff, der darüber hinaus in der modernen Strafgesetzgebung auf fragwürdige Weise Karriere zu machen scheint,[876] stellt in diesem Zusammenhang die „Unbefugtheit“ dar. Immer dann, wenn ein Tatbestand mit Blick auf das unter Strafe zu stellende Unrecht ohne dieses Hilfskriterium keinen rechten Sinn ergeben würde, soll die Unbefugtheit als Tatbestandsmerkmal Klarheit über das tatbestandliche Unrecht verschaffen, indem sie als Wertungskorrektiv strafwürdige von straflosen Verhaltensweisen trennen soll. In den anderen Fällen soll sie immerhin einen Hinweis auf die Rechtswidrigkeit geben.[877] Beispiele für die Tatbestandsrelevanz der Unbefugtheit bilden etwa §§ 107a Abs. 1, 132a, 238[878], 303 Abs. 2, 326 Abs. 1 StGB[879]. Konkreter als der

874 S.o. Teil 2 Kapitel 1.

875 *Lenckner/Eisele*, in: Schönke/Schröder, Vorbem §§ 13 ff. Rn. 65. Ausführlich zu dieser Thematik *Roxin*, AT I, § 10 Rn. 30 ff.

876 Vgl. die kritischen Anmerkungen bei *v. Schenck*, myops 2/2008, S. 42 (44 f.).

877 *Lenckner/Eisele*, in: Schönke/Schröder, Vorbem §§ 13 ff. Rn. 65.

878 Vgl. *Lackner/Kühl*, StGB, § 238 Rn. 6. A.A. *Mitsch*, Jura 2007, 401 (401 ff.), der die systematische Einordnung als Tatbestands- oder Rechtswidrigkeitsmerkmal von den Umständen des konkreten Falls abhängig macht.

879 Hier nimmt die Unbefugtheit eine Doppelfunktion ein, vgl. *Heine*, in: Schönke/Schröder, StGB, § 326 Rn. 16.

Begriff der Unbefugtheit sind die negativ gefassten Tatbestandsmerkmale im Umweltstrafrecht, z.B. die „(grobe) Verletzung verwaltungsrechtlicher Pflichten“[880], das Handeln „außerhalb eines vorgeschriebenen oder zugelassenen Verfahrens“[881], „entgegen einer auf Grund des Bundesimmissionsschutzgesetzes erlassenen Rechtsverordnung“[882], „entgegen einer zum Schutz zum Schutz eines Wasser- oder Heilquellenschutzgebiets erlassenen Rechtsvorschrift“[883] oder „entgegen einer zum Schutz eines Naturschutzgebiets ... erlassenen Rechtsvorschrift“[884].

(β) Teilantizipation der Rechtswidrigkeit bei der Pönalisierung der Folter

Da sich bei der Betrachtung der negativ gefassten Tatbestandsmerkmale *de lege lata* gezeigt hat, dass sie als *Tatbestands*merkmale immer nur dann in Betracht kommen, wenn der Tatbestand ohne sie keinen rechten Sinn ergäbe, muss dies auch die erste Frage bei der Beurteilung der Möglichkeit einer Teilantizipation der Rechtswidrigkeit bei der Pönalisierung der Folter sein. Im Anschluss daran lautet dann die zweite Frage, ob die Rechtsstaatlichkeit, formuliert als negativ gefasstes Tatbestandsmerkmal „ohne gesetzliche Befugnis“, auch eine hinreichende Bestimmtheit aufweist.

Was die unrechtskonstituierende Wirkung des negativen Tatbestandsmerkmals „ohne gesetzliche Befugnis“ bei der folterrelevanten Integritätsverletzung betrifft, könnte eingewandt werden, dass eine Integritätsverletzung durch einen Amtsträger auch ohne den Teilvorgriff auf die spezialgesetzliche Eingriffsbefugnis sehr wohl einen strafrechtlichen relevanten Sinn ergibt und als „Körperverletzung im Amt“ bereits *de lege lata* mit § 340 StGB unter Strafe gestellt ist. Dem ist allerdings entgegenzuhalten, dass es sich bei der Körperverletzung im Amt nach § 340 StGB und der Pönalisierung der Folter im Hinblick auf das qualitative Unrecht um unterschiedliche Tatbestände handelt.[885] Denn die eigentliche Schutzrichtung, und damit auch das Legitimationsfundament einer Pönalisierung der Folter, liegt im Gegensatz zur Körperverletzung im Amt vorrangig in der überindividuellen Verletzungsdimension. Daraus folgt, dass ohne das negative Merkmal zwar mit der allgemeinen Körperverletzung im Amt auch ein strafwürdiges Unrecht besteht, dass aber erst unter Hinzunahme des negativen Merkmals das *spezifische* Unrecht der Folter zum Ausdruck gebracht werden kann.

880 Vgl. §§ 324 a Abs. 1, 325 Abs. 1 und 2, 325 a Abs. 1 und 2, 326 Abs. 3, 328 Abs. 3 StGB.
881 Vgl. § 326 Abs. 1 StGB.
882 Vgl. § 329 Abs. 1 StGB.
883 Vgl. § 329 Abs. 2 StGB.
884 Vgl. § 329 Abs. 3 StGB.
885 Vgl. hierzu die Ausführungen unten in Teil 3 Kapitel 2 III. 2. a) aa).

Es bleibt die zweite Frage, nämlich ob die Teilantizipation der Rechtswidrigkeit für die Folter hinreichend bestimmt oder zumindest bestimmbar ist. Einen wichtigen und hilfreichen Schritt in diese Richtung vermittelt der Umstand, dass der Täterkreis, und mit dem Täterkreis auch die Tatsituation, auf Integritätsverletzungen innerhalb staatlicher Verfahren und staatlicher Obhutsverhältnisse einzuschränken sind. Dementsprechend kann es auch nur um die Integritätsverletzungen gehen, die sich in diesen Bereichen zutragen. Mit anderen Worten: Beruht die Verletzung der Integrität eines Bürgers durch einen der in Frage kommenden Hoheitsträger auf einer gesetzlichen Vorschrift zur Anwendung unmittelbaren Zwangs in demjenigen Bereich, für den der Amtsträger kraft seine Amtsträgereigenschaft zuständig ist, und innerhalb dessen er die Integritätsverletzung vornimmt, handelt es sich um einen rechtsstaatsgemäßen Eingriff. Besteht jedoch für eine Integritätsverletzung eine spezialgesetzliche Befugnis zur Anwendung unmittelbaren Zwangs überhaupt nicht, oder sind deren tatbestandliche Voraussetzungen nicht erfüllt, handelt es sich um eine rechtsstaatswidrige Integritätsverletzung. Für beide Bereiche, also sowohl für den Verfahrens- als auch für den Beaufsichtigungsbezug, sind die Befugnisse zur Anwendung unmittelbaren Zwangs überschaubar, so dass ihre Verwendung als negative Tatbestandsmerkmale nicht zu einem Konflikt mit Art. 103 Abs. 2 GG führt. Eine Teilantizipation der Rechtswidrigkeit ist daher auch mit Blick auf die spezialgesetzlichen Eingriffsbefugnisse zur Anwendung unmittelbaren Zwangs gesetzgebungstechnisch nicht ausgeschlossen.

(3) Zusammenfassung

Die Schwierigkeit der Beschreibung des Beeinträchtigungsverhältnisses zwischen den einschlägigen Rechtsgütern bzw. dem einschlägigen Rechtsgütergeflecht und deren drohender Beeinträchtigung durch die Folter liegt darin, dass es sich bei dem für die strafrechtliche Erfassung der Folter entscheidenden Rechtsgut, nämlich der Rechtsstaatlichkeit staatlichen Handelns, um ein abstraktes Rechtsgut handelt, dessen reale, manifeste Verletzbarkeit nicht ohne weiteres behauptet werden kann. Gleichwohl hat sich bei näherem Hinsehen gezeigt, dass sich die Beeinträchtigungsrelation mittels der Verwendung bestimmter Merkmale darlegen lässt.

c) Ergebnis: Formulierung der Folter als Rechtsgüterverletzung

Im Rahmen der Untersuchung der Pönalisierungswürdigkeit der Folter nach dem Maßstab des nationalen Rechtsgüterschutzgedankens hat sich gezeigt, dass sich die Folter in strafrechtlicher Hinsicht mangels Rechtsgutsgutsqualität der Menschenwürde nicht als eine Verletzung der Menschenwürde ausdrücken lässt. Dagegen ist es entgegen der überwiegenden Ansicht in der Literatur durchaus möglich, die Rechtsstaatlichkeit staatlichen Handelns als strafrechtliches Rechtsgut zu qualifizieren[886] und demzufolge die Folter strafrechtlich als Verletzung des kollektiven Rechtsguts der Rechtsstaatlichkeit staatlichen Handelns sowie der Individualrechtsgüter der körperlichen Integrität und der Willensausübungsfreiheit zu beschreiben, wobei dies angesichts des für das Strafrecht geltenden Bestimmtheitsgebots eine präzise Formulierung der spezifischen Beeinträchtigungsrelation zwischen den zu schützenden Rechtsgütern, insbesondere der Rechtsstaatlichkeit, und deren möglicher Verletzung durch die Folter erfordert.

Vor diesem Hintergrund lässt sich die strafgesetzgeberische Formulierung der Folter auf Grundlage des nationalen Rechtsgüterschutzgedankens folgendermaßen auf den Punkt bringen:

> „Wer als Amtsträger, der zur Mitwirkung an einem staatlichen Verfahren oder zur Beaufsichtigung festgehaltener Personen berufen ist, während der Ausübung seines Dienstes oder in Beziehung auf seinen Dienst ohne gesetzliche Befugnis gegen einen anderen Menschen Gewalt anwendet oder androht, oder die Anwendung oder Androhung von Gewalt veranlasst oder duldet, wird bestraft."

Wie bereits angedeutet, spielt bei dieser Formulierung der Folter als Rechtsgüterbeeinträchtigung die Menschenwürde keine unmittelbar Rolle, da sie – auch als Garantie der Pflicht zur Achtung der Menschenwürde – nicht als Schutzgegenstand einer strafrechtlichen Norm in Betracht kommen kann,[887] sondern allein durch die Strafnorm faktisch mit geschützt werden kann. Allerdings gilt auf der anderen Seite der Grundsatz, dass der zumindest *faktische* Mitschutz der Menschenwürde durch eine strafrechtliche Norm umso höher ist, je weiter die spezielle Relation von Rechtsgut und Beeinträchtigungsverhalten an die Menschenwürdegarantie des Art. 1 Abs. 1 GG heranreicht. Je näher es also liegt anzunehmen, dass der Betroffene mittels der tatbestandsmäßigen Rechtsgutsverletzung zum bloßen Objekt degradiert wird, desto höher ist die Menschenwürderelevanz der Pönalisierung. Und diese Nähe ist bei der Pönalisierung der Folter als rechtsstaatswidriger Integritätsverletzung evidentermaßen groß. Denn die Verletzung der Körperintegrität durch einen mit besonderen Befugnissen und Pflichten ausgestatten Amtsträger, die außerhalb der gesetzlichen Eingriffsbefugnisse erfolgt, legt den Schluss nahe, dass der betroffene Bürger zum bloßen Objekt degradiert wird. In der Regel wird dies auch der Fall sein. Gleichwohl rechtfertigt diese besondere Nähe der konkreten Pönalisierung der Folter zur Menschenwürdegarantie nicht den Schluss, dass die Menschenwürde unmittelbarer Schutzgegenstand der Norm sei. Denn mit der Rechtsstaatlichkeit wird gegen den Grundsatz verstoßen, dass der Staat im Rahmen der Interaktion mit dem Bürger an bestimmte Regeln gebunden ist. Die Verletzung des Rechtsguts der Rechtsstaatlichkeit bedeutet also die Verletzung formaler rechtlicher Regelungen, die sich als solche auch *ex ante* deskriptiv und allgemein anhand der

886 Vgl. zu dieser Problematik oben Teil 3 Kapitel 2 II. 2. a) dd).
887 Vgl. oben Teil 3 Kapitel 2 II. 2. a) cc) (1).

Gesetzeslage nachvollziehen lässt. Die Verletzung der Menschenwürdegarantie dagegen setzt über dieses Moment hinaus aber noch die Instrumentalisierung des Betroffenen zum bloßen Objekt voraus, die sich aber in aller Regel erst *ex post* unter Berücksichtigung der Umstände des Einzelfalls ermitteln lässt. Trotz der engen Beziehung auf die Menschenwürde hin findet die Pönalisierungswürdigkeit der Folter nach dem nationalen Strafrechtsdenken keinen direkten Anker im Menschenwürdegrundsatz.

Auch der sich wegen der faktischen Nähe von Menschenwürde und Rechtsstaatlichkeit aufdrängende Gedanke, die vorgeschlagene Tatbestandsformulierung aus Gründen der symbolischen Strahlkraft – ähnlich den §§ 130, 131 StGB – um das Tatbestandsmerkmal „Angriff auf die Menschenwürde" zu ergänzen, ist nicht sinnvoll, da die mit dieser Symbolsetzung verbundenen Schwierigkeiten – namentlich der Verlust an der Tatbestandsbestimmtheit – außer Verhältnis zu dem ohnehin schon hohen faktischen Mitschutzniveau stehen. Unabhängig von den bereits geäußerten Bedenken, dass ein solches Tatbestandsmerkmal der Menschenwürde nur dem Anschein nach ein Tatbestandsmerkmal darstellt, während seine eigentliche Funktion in der Suggerierung der Menschenwürde als unmittelbarem Schutzgegenstand der Norm besteht,[888] müsste sich der Beitrag, den dieses Merkmal für die Pönalisierung zu leisten imstande ist, angesichts des ohnehin schon hohen faktischen Schutzniveaus in einer symbolischen Wirkung erschöpfen und bliebe inhaltlich weitestgehend folgenlos. Folgenreich – allerdings im negativen Sinne – wäre es dagegen mit Blick auf die Bestimmtheit der Norm. Denn da es sich um ein tendenziell unbestimmtes Tatbestandsmerkmal handelt, würde durch seine Verwendung zwangsweise das Abstraktheitsniveau des gesamten Tatbestands angehoben und in die Nähe einer verfassungsrechtlich bedenklichen Unbestimmtheit gerückt. Von der Aufnahme des Angriffs auf die Menschenwürde als Tatbestandsmerkmal muss daher abgesehen werden.

III. Ergebnis der Pönalisierungswürdigkeitserwägungen: Vorschlag einer „optimalen" Pönalisierung der Folter im deutschen Strafgesetzbuch

Nachdem bislang die allgemeinen nationalen und völkerrechtlichen Pönalisierungswürdigkeitsmaßstäbe ermittelt und auf den konkreten Fall der Folter angewandt wurden, soll nun abschließend ein konkreter Vorschlag zur „optimalen" Pönalisierung der Folter *de lege ferenda* unterbreitet werden. Gemeint ist damit eine Pönalisierung, die das materielle Unrecht der Folter im Rahmen der gesetzgebungsdogmatischen Grenzen möglichst präzise zum Ausdruck bringt. Dabei ist es vor dem Hintergrund, dass eine originäre „Folterstrafnorm" im deutschen StGB nicht existiert und die *de lege lata* einschlägigen Tatbestände des StGB

888 Vgl. oben Teil 3 Kapitel 2 II. 2. a) cc) (1) (b) (dd).

das Phänomen der Folter entweder nicht als solches oder aber nur teilweise unter Strafe stellen[889], für die Entwicklung einer solchen optimalen Pönalisierung sinnvoll, einen eigenständigen Straftatbestand der Folter zu entwerfen. Hierfür ist in einem ersten Schritt ein konkreter Vorschlag für die Formulierung eines solchen Tatbestands zu unterbreiten, der den Vorgaben und Bedürfnissen sowohl der nationalen als auch der völkerrechtlichen Pönalisierungswürdigkeitsmaßstäbe entspricht, und zwar sowohl im Hinblick auf die Pönalisierungs*werthaftigkeit* als auch die Pönalisierungs*möglichkeit*. In einem zweiten Schritt ist dann zu untersuchen, wie sich der so entwickelte Tatbestand konkret in das StGB integrieren lässt, und welche Folgen seine Implementierung für die *de lege lata* geltenden Tatbestände nach sich zieht.

1. Würdigung der nationalen und völkerrechtlichen Einflüsse auf die Strafgesetzgebung

Für die Entwicklung eines kritikfesten eigenständigen Straftatbestands der Folter müssen die im Vorangegangenen entwickelten Vorgaben sowohl der nationalen als auch der völkerrechtlichen Pönalisierungswürdigkeitsdogmatik berücksichtigt und umgesetzt werden. Den Ausgangspunkt hierzu liefert die Formulierung, die unter Anwendung Rechtsgüterschutzlehre auf den konkreten Fall der Folter entwickelt worden war. Anschließend muss dann überprüft werden, ob diese Formulierung auch den völkerrechtlichen Anforderungen an die Pönalisierung der Folter genügt.

a) Rechtsgüterschutzgestützte Formulierung als Ausgangspunkt für den zu schaffenden Straftatbestand der Folter

Von den fünf[890] für die Beurteilung der Pönalisierungswürdigkeit der Folter einschlägigen und im Vorangegangenen untersuchten nationalen und völkerrechtlichen Maßstäben ermöglicht die nationale Konzeption des Rechtsgüterschutzes die dezidiertesten Aussagen. Im Unterschied zu den völkerrechtlichen Ansätzen bleibt die nationalen Rechtsgüterschutzlehre nicht auf Vorgaben für die Pönalisierungswerthaftigkeit beschränkt, sondern sie verhält sich – namentlich vor allem in Gestalt des verfassungsrechtlichen Gesetzlichkeitsprinzips – ebenso zur zweiten Sequenz der Pönalisierungswürdigkeit, nämlich der Pönalisierungsbedürftigkeit. Die vier völkerrechtlichen Pönalisierungsmaßstäbe treffen dagegen bewusst bloß Aussagen über die Pönalisierungswerthaftigkeit der Folter. Der Grund hierfür liegt in dem Umstand, dass sich die Frage nach der Pönalisierungs*möglichkeit* überhaupt erst dann stellt, wenn der als pönalisierungswerthaft anerkannte Pönalisierungsgegenstand zur unmittelbaren Anwendung

889 Vgl. hierzu oben Teil 2 Kapitel 1 IV.

890 Gemeint sind die nationale *Rechtsgüterschutzdogmatik* (1), die völkervertraglichen Implikationen aus der FoK (2), der EMRK (3) und dem IPbpR (4) sowie die aus der Qualität der Folterpönalisierung als allgemeiner Rechtsgrundsatz des Völkerrechts (5).

gebracht wird. Diesen Schritt müssen bzw. können die vier völkerrechtlichen für die Folter einschlägigen Quellen jedoch nicht gehen, da die völkerrechtlichen Verträge keine Bindungswirkung für das Individuum entfalten, sondern unmittelbar nur an die Vertragsstaaten adressiert sind, und der allgemeine Rechtsgrundsatz der Pönalisierung von Menschenrechtsverletzungen zur Durchsetzung in der Praxis der nationalen Rechtsorgane bedarf. Insofern räumen die völkerrechtlichen Quellen dem nationalen Gesetzgeber hinsichtlich der Pönalisierungswürdigkeit bewusst einen gewissen Spielraum bei der Umsetzung ihrer Pönalisierungsvorgaben ein (sog. *margin of appreciation*[891]). Dieser Spielraum kann im Fall der Folter durch die auf Grundlage der nationalen Rechtsgüterschutzdogmatik entwickelte Formulierung der Folter ausgefüllt werden. Als Ergebnis der Rechtsgüterschutzerwägungen zur Folter hatte sich diese in folgender Formulierung als pönalisierungswerthaft und -möglich erwiesen:

> „Wer als Amtsträger, der zur Mitwirkung an einem staatlichen Verfahren oder zur Beaufsichtigung festgehaltener Personen berufen ist, während der Ausübung seines Dienstes oder in Beziehung auf seinen Dienst ohne gesetzliche Befugnis gegen einen anderen Menschen Gewalt anwendet oder androht, oder die Anwendung oder Androhung von Gewalt veranlasst oder duldet, wird bestraft."

Damit steht der Wortlaut der möglichen *de lege ferenda*-Pönalisierung der Folter fest. Diese Formulierung ist zugleich auch hinreichend konkret und präzise, um dem für das Strafrecht geltenden Bestimmtheitsgebot gemäß Art. 103 Abs. 2 GG zu entsprechen.

b) Umsetzung der völkerrechtlichen Pönalisierungswürdigkeitsvorgaben für die Folter in der rechtsgüterschutzgestützten Formulierung des vorgeschlagenen Tatbestands

Der im Rahmen der vorangegangenen Ausführungen entwickelte Vorschlag für einen *de lege ferenda* zu schaffenden eigenständigen Straftatbestand der Folter basiert im Wesentlichen auf der nationalen Strafgesetzgebungsdogmatik der Rechtsgüterschutzlehre. Da es sich bei der Folter aber um einen Pönalisierungsgegenstand handelt, der aufgrund seiner völkervertraglichen und völkergewohnheitsrechtlichen Implikationen weit über die nationalen Belange hinausreicht, und folgerichtig auch das Völkerrecht Anforderungen an die nationale Strafgesetzgebung in Bezug auf die Folter stellt, muss zudem gewährleistet sein, dass der vorgeschlagene Straftatbestand der Folter auch diesen völkerrechtlichen Vorgaben hinreichend Rechnung trägt. Dies ist jedenfalls dann der Fall, wenn die von den einschlägigen völkerrechtlichen Organen hinsichtlich der Umsetzung ihrer Vorgaben durch die nationalen Gesetzgeber anerkannte *margin of appreciation* nicht überschritten wird. Die diesbezügliche Prüfung muss sich an zwei Fragekreisen orientieren. Zum einen ist zu ermitteln, inwieweit die vorge-

891 Siehe hierzu oben Teil 3 Kapitel 2 II. 1. c) bb) (2).

schlagene Formulierung der äußeren Beschreibung der Folter im Völkerrecht entspricht, d.h. inwieweit die Merkmale des vorgeschlagenen Normwortlauts denjenigen Merkmalen entsprechen, die im Völkerrecht zur Beschreibung der Folter gebraucht werden. Und zum anderen ist zu prüfen, inwieweit die vorgeschlagene Norm den materiellen Unrechtsgehalt der Folter im völkerrechtlichen Sinne zum Ausdruck bringt.

aa) Umsetzung der deskriptiven Merkmale

Bei dem äußeren Vergleich der Normmerkmale mit den im Völkerrecht zur Beschreibung der Folter verwendeten Merkmalen könnte es sich als problematisch erweisen, dass eine einheitliche Definition der Folter im Völkerrecht nicht existiert, sondern jede völkerrechtliche Quelle bzw. jedes völkerrechtlichte Organ für sich das Recht der Definitionshoheit beansprucht, so dass genau genommen die vorgeschlagene Normformulierung jeweils separat mit den einzelnen Folterbegriffen der FoK, der EMRK, des IPbpR und des Völkergewohnheitsrechts verglichen werden müsste. Da aber letztlich die Überschneidungen der im Völkerrecht jeweils gebildeten Definitionen der Folter die Abweichungen deutlich überwiegen, besteht die Notwendigkeit einer solchen Vorgehensweise nicht. Vielmehr kann die Folter im Sinne des Völkerrechts an dieser Stelle[892] anhand von drei Merkmalen beschrieben werden, nämlich erstens der Amtsträgereigenschaft des Täters, zweitens der Verletzung der körperlichen Integrität des Opfers und drittens der Verfolgung eines bestimmten Zwecks, wobei die Zweckverfolgung als Merkmal der Folter im Völkerrecht nicht nur umstritten, sondern letztlich auch praktisch bedeutungslos ist.[893] An diesen drei Merkmalen ist die vorgeschlagene Formulierung nun zu messen.

Hinsichtlich der *Amtsträgereigenschaft* des Täters scheint die vorgeschlagene Formulierung gemessen an den Vorgaben der FoK und des *EGMR* sowie des *UN-MRA* zu eng gefasst zu sein, da eine Beschränkung auf Amtsträger, die zur Mitwirkung an Verfahren oder zur Beaufsichtigung festgehaltener Personen berufen sind, im Völkerrecht nicht vorgesehen ist. Daraus aber zu schließen, dass die vorgeschlagene Formulierung die völkerrechtliche Pönalisierungswürdigkeit der Folter nur verkürzt wiedergebe, würde allerdings als rein formaler Wortlautvergleich zu kurz greifen. Schließlich verlangt keine für die Pönalisierung der Folter einschlägige völkerrechtliche Quelle eine wortwörtliche Übereinstimmung, sondern es wird durchweg allein auf die inhaltliche Umsetzung der Vorgaben abgestellt.[894] Daran gemessen hält der vorgeschlagene Straftatbe-

892 Differenzierter muss dagegen bei der Pönalisierungsbedürftigkeit vorgegangen werden, da dort die Unterschiede der völkerrechtlichen Pönalisierungsmaßstäbe entscheidungsrelevant sind, vgl. dazu unten Teil 3 Kapitel 3 II. 3. b).

893 Vgl. hierzu oben Teil 1 Kapitel 1 I. 1. a)-c).

894 Vgl. für die FoK *Burgers/Danelius*, The United Nations Convention against Torture, S. 129, sowie für die *"margin of appreciation"*-Doktrin im Rahmen der EMRK bzw.

stand der Folter einem Vergleich stand. Denn nach der Phänomenologie der Folter kommen auch im Völkerrecht als Täter der Folter – wie die Judikatur des *EGMR*[895] und des IPbpR[896] zeigen – nur Amtsträger mit entsprechenden Sonderbefugnissen in Betracht.[897]

Auf der Schnittstelle von merkmalsbezogener und unrechtsgehaltsbezogener Umsetzung der völkerrechtlichen Vorgaben für die Pönalisierungswürdigkeit der Folter liegt die *Integritätsverletzung*, da diese einerseits – in Gestalt der Beeinträchtigung des Rechtsguts der körperlichen Integrität – als Integritätsverletzungs*erfolg* den Unrechtsgehalt der Folter betrifft und andererseits als Integritätsverletzungs*handlung* ein Merkmal zur äußeren Beschreibung des Phänomens der Folter verkörpert. An dieser Stelle gerät die vorgeschlagene Normformulierung mit den völkerrechtlichen Vorgaben für die Pönalisierungswürdigkeit der Folter scheinbar in Konflikt. Denn durch die „Gewalt gegen die Person" wird die in der nationalen Rechtsgutsdogmatik getroffene Entscheidung für den somatischen Integritätsbegriff unterstrichen, so dass Integritätsverletzungen der vorgeschlagenen Norm nur dann unterfallen, wenn sie physischer Natur sind oder sich zumindest physisch vermitteln. Im Völkerrecht dagegen werden dem Phänomen der Folter neben den physischen ausdrücklich auch die rein psychischen Verletzungen zugeordnet. In der Folge kommen auch *Burgers* und *Danelius* für die Anforderungen an die Umsetzung des aus Art. 4 FoK folgenden Pönalisierungsgebots zu dem Ergebnis, dass die Entscheidung für die Art und Weise der Umsetzung des Inhalts der FoK in das nationale Recht zwar bei den Nationalstaaten liege, gleichwohl aber die Folter umfassend unter Strafe gestellt werden müsse, so dass es nicht ausreiche, wenn etwa nur physische Verletzung der Integrität unter Strafe gestellt werden.[898] Letztlich führt diese Forderung jedoch nur scheinbar zu einer Kollision zwischen dem vorgeschlagenen Tat-

---

des IPbpR *Bernhardt*, FS-Mosler, S. 75 (81 ff.) und *Ambos*, Straflosigkeit von Menschenrechtsverletzungen, S.169 f.

895 Vgl. etwa *Selmouni ./. Frankreich*, Urt. des EGMR vom 28.07.1999; *Salman ./. Türkei*, Urt. des EGMR vom 27.06.2000; *Aydin ./. Türkei*, Urt. des EGMR vom 25.09.1997; *Aksoy ./. Türkei*, Urt. des EGMR vom 18.12.1996.

896 Vgl. *Berterretche Acosta ./. Uruguay*, Mitteilung Nr. 162/1983, § 5 i.V.m. § 11; *Grille Motta ./. Uruguay*, Mitteilung Nr. 11/1977, § 2 i.V.m. § 16; *Angel Estrella ./. Uruguay*, Mitteilung Nr. 74/1980, § 1.6 i.V.m. § 10; *Setelich ./. Uruguay*, Mitteilung Nr. 63/1979, § 16.2.

897 Etwas anderes gilt freilich für Misshandlungen, die als unmenschliche oder erniedrigende Behandlungen im völkerrechtlichen Sinne zu qualifizieren sind, und die als solche ebenfalls den völkerrechtlichen Misshandlungsverboten der Art. 3 EMRK und Art. 7 IPbpR zuzuordnen sind. Diese können durchaus auch durch andere Amtsträger als die in der vorgeschlagenen Norm genannten begangen werden (vgl. etwa die körperliche Züchtigung eines Schülers durch einen Lehrer, vgl. *Tyrer ./. Vereinigtes Königreich*, Urt. des EGMR vom 25.04.1978). Um „Folter" handelt es sich bei solchen Misshandlungen allerdings nicht.

898 *Burgers/Danelius*, The United Nations Convention against Torture, S. 129.

bestand und den völkerrechtlichen Vorgaben für die Pönalisierung der Folter. Denn es sind praktisch kaum Fälle denkbar, in denen eine völkerrechtlich relevante psychische Misshandlung nicht zugleich auch psychosomatische Auswirkungen zeitigt. Schließlich muss auch die psychische Beeinträchtigung ein gewisses Mindestmaß an Schwere erreichen, um als konventionsrelevante Folter eingestuft werden zu können. Die diesbezüglich einzige praktisch relevante Situation dürfte die Androhung von Folter darstellen, die phänomenologisch betrachtet ebenfalls als Folter anzusehen ist.[899] Diese aber wird von dem vorgeschlagenen Tatbestand durch die Verlagerung von der Erfolgsorientierung der Integritätsverletzung hin zur Handlungsorientierung ausdrücklich abgedeckt.

Es bleibt die Frage nach der subjektiven Komponente, nämlich der besonderen *Zweckverfolgungsabsicht*. Allerdings hatte sich diese schon bei der positivrechtlichen Erschließung der Phänomenologie der Folter im Völkerrecht in ihrer Bedeutung nicht nur als umstritten, sondern letztlich auch als praktisch nicht relevant herausgestellt.[900] Für die Pönalisierung der Folter ist die Zweckverfolgungsabsicht daher nicht notwendig.

Insgesamt werden damit die völkerrechtlichen Vorgaben hinsichtlich der äußeren Merkmale der Folter durch die vorgeschlagene Normformulierung hinreichend berücksichtigt.

bb) Umsetzung des Unrechtsgehalts

Es bleibt die Frage, ob der vorgeschlagene Tatbestand auch im Hinblick auf den materiellen Unrechtsgehalt der Folter eine angemessene Umsetzung der völkerrechtlichen Vorgaben gewährleistet. Zweifel daran könnten insoweit aufkommen, als der vorgeschlagene Tatbestand – im Gegensatz zu den strafrechtlichen Regelungen in anderen Ländern[901] – nicht ausdrücklich auf die Menschenwürde als unmittelbaren Gegenstand des Normschutzes aufbaut, obgleich doch die Verletzung der Menschenwürde nach dem völkerrechtlichen Verständnis den Kern des Unrechts der Folter bildet.[902] Allerdings tragen diese Bedenken nur, wenn und soweit im Völkerrecht für die nationale Pönalisierung der Folter auch tatsächlich ein unmittelbarer Rekurs auf die Menschenwürde eingefordert wird. In diesem Zusammenhang erstaunt es, dass sich ganz allgemein zur Frage der Umsetzung des materiellen Unrechtsgehalts völkerrechtlicher Unrechtsphänomene in die nationale Strafrechtsordnung weder in der Literatur noch in den Äußerungen der zuständigen völkerrechtlichen Organe, namentlich vor allem des *EGMR* und des *UN-MRA*, explizite Hinweise oder gar Vorgaben finden. Stattdessen wird dort scheinbar allein auf die Umsetzung der äußeren Merkmale zur

899 Vgl. hierzu oben Teil 1 Kapitel 2 I. 2. a) bb) (2).
900 Vgl. oben Teil 1 Kapitel 1 I. 1. a)-c).
901 Vgl. etwa Art. 222-1 des code pénal in Frankreich, § 137a StGB-GR in Griechenland oder Art. 94 StGB-T in der Türkei.
902 Vgl. hierzu oben Teil 1 Kapitel 1 I. 1. a)-d).

Beschreibung des Phänomens abgestellt.[903] Inwieweit der materielle Unrechtsgehalt bei der Umsetzung Berücksichtigung zu finden hat, muss daher unter Berücksichtigung von Sinn und Zweck der völkerrechtlichen Pönalisierungsdogmatik im Wege der Auslegung ermittelt werden.

Sofern in den einschlägigen völkerrechtlichen Quellen eine Implementierung der Strafbarkeit der Folter in die nationale Rechtsordnung gefordert wird, ist aus der Phänomenologie der Folter heraus damit offensichtlich nicht die Pönalisierung von Gewalt im Allgemeinen gemeint, sondern nur und speziell diejenige illegitime Gewalt durch einen Amtsträger, die als solche notwendig über die Verletzung der individuellen Rechte des Betroffenen hinaus auch überindividuelle Belange berührt, und zwar namentlich die Grundsätze der Verpflichtung zur Achtung der Menschenwürde und der Rechtsstaatlichkeit. Soll der Auftrag zu einer *angemessenen* Pönalisierung des völkerrechtlich relevanten Verhaltens im nationalen Strafrecht ernst genommen werden, ist es vor diesem Hintergrund - insbesondere aus Gründen der Abgrenzung und der Verdeutlichung - unerlässlich, das materielle Unrecht dieses Verhaltens bei der Umsetzung in das nationale Strafrecht ins Zentrum zu rücken. Andererseits gilt es aber auch zu berücksichtigen, dass die völkerrechtlichen Quellen dem nationalen Gesetzgeber für die Art und Weise der Berücksichtigung des Unrechtsgehalts keine Vorgaben erteilen, so dass es – vergleichbar der Umsetzung der äußeren Merkmale – naheliegt, davon auszugehen, dass die Entscheidung über das Wie der Transponierung des materiellen Unrechts in das nationale Strafrecht dem nationalen Gesetzgeber überlassen bleiben soll, solange dieser sicherstellt, dass die überindividuelle Verletzungsrichtung überhaupt eine zentrale Rolle bei der Pönalisierung der Folter einnimmt. Dieser Anforderung wird die vorgeschlagene Norm gerecht. Zwar rekurriert sie nicht unmittelbar auf den Kern des Unrechtsgehalts der Folter, da sie nicht auf die Menschenwürde als Legitimationsbasis

903 Dieser Eindruck drängt sich beispielsweise bei *Burgers/Danelius*, The United Nations Convention against Torture, S. 129 f. auf. Auch die Entscheidung der *Großen Kammer des EGMR* im Fall *Gäfgen ./. Deutschland* vom 01.06.2010 deutet nicht in eine andere Richtung. Zwar gingen die Straßburger Richter – im Gegensatz zum Kammerurteil vom 30.06.2008 – davon aus, dass der von den Frankfurter Polizeibeamten begangene Verstoß gegen Art. 3 EMRK nicht durch den strafrechtlichen Schuldspruch des *LG Frankfurt a.M.* vom 20.12.2004 ausgeglichen sei, da die Verurteilungen zu Geldstrafen unter Strafvorbehalt „nicht als angemessene Reaktion auf eine Verletzung von Art. 3 EMRK bewertet werden" könnten (*Gäfgen ./. Deutschland*, Urt. der Großen Kammer des EGMR vom 01.06.2010, Z. 123). Jedoch begründeten die Richter dies nicht mit der Unzulänglichkeit des dem Schuldspruch zugrundeliegenden Tatbestands des § 240 StGB im Hinblick auf den materiellen Unrechtsgehalt der Folter, sondern sie stützten sich darauf, dass Art und Höhe der Strafe „nahezu symbolisch" seien und damit außer Verhältnis zur Konventionsverletzung lägen (*Gäfgen ./. Deutschland*, Urt. der Großen Kammer des EGMR vom 01.06.2010, Z. 123). Damit stellten sie entscheidend nicht auf den Tatbestand, sondern auf die konkrete Rechtsfolge ab.

der Norm aufbauen kann, jedoch bringt sie durch den Aspekt der Rechtsstaatlichkeit das zweite, eng mit der Menschenwürde verwandte überindividuelle Unrechtselement der Folter zum Ausdruck und stellt dieses in den Vordergrund des tatbestandlichen Rechtsgüterschutzes. Zudem lässt die Formulierung der Norm den Schluss zu, dass die Menschenwürde, wenngleich sie auch nicht den unmittelbaren Normschutzgegenstand bildet, so doch immerhin faktisch mit geschützt wird. Auch der völkerrechtliche Unrechtsgehalt der Folter wird somit durch die vorgeschlagene Norm hinreichend zum Ausdruck gebracht.

c) Ergebnis: Formulierungsvorschlag eines Folterstraftatbestands

Als Ergebnis der vorangegangenen Ausführungen lässt sich der Vorschlag für einen eigenständigen Straftatbestand der Folter auch unter hinreichender Berücksichtigung der völkerrechtlichen Anforderungen an die Pönalisierungswürdigkeit folgendermaßen formulieren:

> „Wer als Amtsträger, der zur Mitwirkung an einem staatlichen Verfahren oder zur Beaufsichtigung festgehaltener Personen berufen ist, während der Ausübung seines Dienstes oder in Beziehung auf seinen Dienst ohne gesetzliche Befugnis gegen einen anderen Menschen Gewalt anwendet oder androht, oder die Anwendung oder Androhung von Gewalt veranlasst oder duldet, wird bestraft."

2. Implementierung des vorgeschlagenen Tatbestands in das StGB

Nachdem im Vorangegangenen eine konkrete Formulierung einer „optimalen" Folterstrafnorm entwickelt wurde, muss nun noch untersucht werden, wie sich dieser Tatbestand in die bestehende Strafrechtsordnung des StGB implementieren lässt. Der Gang der Untersuchung muss dabei zweistufig aufgebaut werden. Zuerst muss geklärt werden, wie sich der Inhalt der Norm zu den Tatbeständen der aktuellen Gesetzesfassung verhält, und zweitens ist daran anschließend – auf Grundlage der im ersten Schritt entwickelten Ergebnisse – eine gesetzessystematisch konsistente Implementierung der Norm in das StGB zu entwickeln.

a) Verhältnis des vorgeschlagenen Tatbestands zu den §§ 340 und 343 StGB

Die Frage nach dem Verhältnis des *de lege ferenda* zu implementierenden Folterstraftatbestands insbesondere zu den beiden *de lege lata* für die Folter einschlägigen Tatbeständen der §§ 340 und 343 StGB drängt sich insoweit auf, als die Folter jedenfalls teilweise bereits von den Anwendungsbereichen dieser beiden Straftatbestände abgedeckt wird.[904]

aa) § 340 StGB

§ 340 StGB stellt ganz allgemein die Körperverletzung im Amt unter Strafe. Unter den Normwortlaut ist *de lege lata* jede vorsätzliche und – entsprechend dem Verweis in Abs. 3 auch – fahrlässige Körperverletzung zu subsumieren, die von

904 S.o. Teil 2 Kapitel 1 I. und II.

einem Amtsträger in Zusammenhang mit seiner Amtsführung begangen wird. Die Rechtsprechung zu § 340 StGB zeigt, wie mannigfaltig in der Folge der tatbestandliche Anwendungsbereich des § 340 StGB ist. Abgeurteilt wurden danach etwa die Züchtigung eines Schülers durch einen Lehrer mittels einer Ohrfeige[905], der Faustschlag eines Justizvollzugsbeamten gegen eine inhaftierte Person[906], die Misshandlung von Festgenommenen durch Fesseln und Traktieren mit einem Schlagstock durch Polizeibeamte[907], aber auch das Unterlassen der Ausbesserung eines schadhaften Straßenbelags durch die Mitarbeiter der zuständigen Straßenverkehrsbehörde.[908]

(1) Konkurrenz der Anwendungsbereiche des vorgeschlagenen Straftatbestands der Folter und des § 340 StGB

Im Vergleich zu § 340 StGB umfasst der Anwendungsbereich des vorgeschlagenen Straftatbestands der Folter nur einen speziellen Ausschnitt der Körperverletzung im Amt, nämlich den Bereich der vorsätzlichen Gewaltausübung durch einen Amtsträger, der wegen seiner Berufung zur Mitwirkung in einem bestimmten Verfahren oder zur Beaufsichtigung festgehaltener Personen eine besondere Machtstellung gegenüber dem Betroffenen einnimmt. Der vorgeschlagene Tatbestand bringt deutlicher als § 340 StGB[909] das für die Folter spezielle Moment des „Missbrauchs der Amtsgewalt" zum Ausdruck, das sich dadurch äußert, dass mit der besonderen Machtstellung des Amtsträgers auch die Missbrauchsgefahr und die Dimension der Auswirkungen des Missbrauchs steigen. Diese Zuspitzung des Folterstraftatbestands auf Körperverletzungen in Konstellationen eines signifikanten Machtgefälles zwischen Amtsträger und Bürger zieht notwendig auch eine Modifizierung des Unrechtsgehalts nach sich. Folgerichtig geht es bei der vorgeschlagenen Folterstrafnorm anders als bei § 340 StGB nicht mehr um den allgemeinen Bezug zwischen Tathandlung und Amtsstellung, der sich auf den tendenziell offenen und unspezifischen gemeinsamen Nenner der „ordnungsgemäßen Amtsführung" bringen lässt,[910] sondern es geht ganz speziell um den bewussten Missbrauch der staatlichen Macht in Situationen, in denen das Kräftegleichgewicht zwischen Täter (Amtsträger mit speziellen Befugnissen bzw. Pflichten) und Opfer (Bürger) besonders ungleich verteilt ist, und in denen die Rechtsstaatlichkeit des staatlichen Handelns in ihrem

905 *BGH* NStZ 1993, 591.

906 *VG Sigmaringen*, DL 10 K 8/05.

907 *BGH* 3 StR 17/95.

908 *OLG Karlsruhe*, 1 Ws 328/04.

909 Dieses Merkmal wird von einigen Stimmen auch für § 340 StGB gefordert, vgl. *Hirsch*, in: LK-StGB, § 340 Rn. 5; *Kuhlen*, in: NK-StGB, § 340 Rn. 8.

910 Vgl. *Horn/Wolters*, in: SK-StGB. § 340, Rn. 2b. Ähnlich *Hirsch*, in: LK-StGB, § 340 Rn. 1, der das „Interesse der Allgemeinheit an einer korrekten Amtsführung" als überindividuelles Rechtsgut des § 340 StGB ansieht.

Kern betroffen ist.[911] Damit schlägt der vorgeschlagene Folterstraftatbestand im Vergleich zu § 340 StGB qualitativ eine andere, speziellere Schutzrichtung ein. Im Verhältnis zu § 340 StGB schöpft er damit im Ergebnis als speziellerer Tatbestand einen bestimmten Teilbereich der Gesamtheit der Körperverletzungen im Amt aus dem Anwendungsbereich des § 340 StGB ab, nämlich denjenigen Bereich, der aufgrund seiner Umstände eine qualitative Sonderstellung der amtsbezogenen Integritätsverletzung begründet. Alle außerhalb dieses speziellen Bereichs liegenden Integritätsverletzungen bleiben dagegen von dem vorgeschlagenen Folterstraftatbestand unberührt und damit dem § 340 StGB zugeordnet.

(2) Argumentative Fundierung

Da die Implementierung des vorgeschlagenen Folterstraftatbestands in das StGB im Hinblick auf § 340 StGB aufgrund der Verkürzung von dessen Anwendungsbereich nicht unerhebliche praktische Konsequenzen zeitigt, muss sich die oben vorgeschlagene Aufteilung der amtsbezogenen Körperverletzungen in einen speziellen Folterstraftatbestand und einen allgemeinen Tatbestand der Körperverletzung im Amt argumentativ begründen lassen können. Dies ist umso schwieriger, als der hier unterbreitete Vorschlag eines solchen Aus- bzw. Umbaus der Pönalisierung amtsbezogener Körperverletzungen angesichts der im Rahmen der Entwicklung des 6. StrRG von 1998 geäußerten Forderung, § 340 StGB aufzuheben und stattdessen als Strafzumessungsregel in § 223 StGB zu integrieren,[912] fast schon anachronistisch erscheint. Allerdings hat dieser Vorschlag die sachlich überzeugenden Argumente auf seiner Seite. Schließlich war gegen die generelle Aufhebung des § 340 StGB und die Ausklammerung der amtsbezogenen Körperverletzung aus dem 30. Abschnitt des StGB bereits während der Entwicklung des 6. StrRG zutreffend eingewandt worden, dass damit ein „rechtspolitisch falsches Signal" ausgesandt werde.[913] Auch der Bundesrat hat sich dieser Forderung des Regierungsentwurfs daher – offenbar[914] ebenfalls aus kriminalpolitischen Gründen – nicht angeschlossen.[915] Der eigentliche Grund für die Notwendigkeit der Verankerung der Körperverletzung im Amt im 30. Abschnitt des StGB liegt letztlich jedoch weniger in kriminal*politischen* Teleologieerwägungen als vielmehr in der Rechtsgutsdogmatik begründet. Denn der Unrechtsgehalt der Körperverletzung im Amt hängt schließlich nicht allein von dem Individualrechtsgut der körperlichen Integrität des Betroffenen ab,

911 Vgl. oben Teil 1 Kapitel 2 II. 2.

912 RegEntw zum 6. StrRG, BT-Dr. 13/8587, S. 53.

913 Vgl. *Rengier*, ZStW 111 (1999), 1 (26).

914 Dies legt zumindest die Formulierung nahe, der zufolge die Aufhebung des § 340 StGB und die Verlegung der amtsbezogenen Köperverletzung als Regelbeispiel in den Tatbestand des § 223 StGB als „nicht sinnvoll" erachtet wurde, vgl. BT-Dr. 13/8587, S. 60.

915 BT-Dr. 13/8587, S. 60.

sondern neben diesem steht die überindividuelle Verletzungsrichtung, die deutlich für eine systematische Platzierung der Körperverletzung im Amt im 30. Abschnitt des StGB spricht.[916]

Im Anschluss an die Feststellung, dass die Körperverletzung im Amt im 30. Abschnitt des StGB zutreffend platziert ist, stellt sich die Frage nach den Vorteilen der Aufteilung der amtsbezogenen Integritätsverletzungen in einen speziellen Straftatbestand der Folter, der den bewussten Machtmissbrauch im Rahmen einer besonderen Amtsstellung erfasst, und einen allgemein formulierten Tatbestand der Körperverletzung im Amt. Angesichts der Heterogenität der unter § 340 StGB subsumierbaren Fälle – schließlich werden über § 340 StGB in seiner aktuellen Fassung *alle* Integritätsverletzungen durch Amtsträger gleichermaßen nach demselben Maßstab abgeurteilt[917] – muss es doch überraschen, dass derartige Aufteilungsversuche bislang noch nicht unternommen wurden, und auch trotz des evidenten Befunds, dass es sich bei § 340 StGB angesichts seines mannigfaltigen Anwendungsbereichs um einen undifferenziert und unterkomplex formulierten Tatbestand handelt, keine Kritik an § 340 StGB laut geworden ist.[918] Dass mit Blick auf den Unrechtsgehalt des jeweiligen Verhaltens, zwischen der Ohrfeige gegen einen Schüler durch einen Lehrer und der Misshandlungen einer festgenommenen Person mit einem Schlagstock durch Polizeibeamte ein gravierender *qualitativer* und nicht bloß quantitativer Unterschied besteht, ist wohl kaum von der Hand zu weisen. Erst Recht zu unterscheiden ist von solchen Fällen der Bereich der fahrlässigen Körperverletzung im Amt, z.B. das Unterlassen der Ausbesserung eines schadhaften Straßenbelags.[919] Vor diesem Hintergrund erweist sich eine Aufteilung und Ausdifferenzierung des § 340 StGB, der momentan alle diese Fälle in gleicher Weise umfasst, nicht nur als nicht deplatziert, sondern im Gegenteil sogar als geradezu notwendig.

bb) § 343 StGB

Noch einschneidender als für § 340 StGB sind die Folgen der Implementierung des vorgeschlagenen Straftatbestands der Folter in das StGB für § 343 StGB, der dadurch nämlich seinen eigenständigen Anwendungsbereich verliert und praktisch entbehrlich wird. Schließlich enthält § 343 StGB mit der *Aussageerzwingungsabsicht* in einem *repressiven Verfahren* zwei spezielle Aspekte der amtsbezogenen Integritätsverletzung, die beide auch von dem insoweit allgemeiner gehaltenen Folterstraftatbestand abgedeckt werden. Denn auch der vorgeschlagene Folterstraftatbestand erfasst durch die Aufnahme der Befugnis zur Mitwirkung an einem staatlichen Verfahren als einem besonderen persönlichen Merk-

---

916 Vgl. *Duttge*, Jura 2006, 15 (19).

917 Vgl. dazu die Beispiele in Teil 3 Kapitel 2 III. 2. a) aa).

918 Soweit ersichtlich, ist es allein *Duttge*, Jura 2006, 15 (20), der eine solche Kritik übt, indem er die „hochgradig defizitäre Fassung des Tatbestands" des § 340 StGB kritisiert.

919 Vgl. *OLG Karlsruhe*, 1 Ws 328/04.

mal verfahrensbezogene Misshandlungen und stellt dabei Misshandlungen sowohl innerhalb repressiver als auch innerhalb präventiver Verfahren gleichermaßen unter Strafe, und zwar unabhängig von dem mit der Misshandlung verfolgten Zweck. In der Folge ist schlechterdings kein *de lege lata* unter § 343 StGB zu subsumierender Fall denkbar, der nicht zugleich auch in den Anwendungsbereich der vorgeschlagenen Folterstrafnorm fällt.[920] Im Falle einer Implementierung des vorgeschlagenen Tatbestands in das StGB verbleiben für § 343 StGB somit letztlich nur zwei Möglichkeiten. Entweder fällt § 343 StGB in seiner jetzigen Gestalt weg, oder aber es gelingt § 343 StGB, sich gerade aufgrund seiner beiden speziellen Merkmale, namentlich der repressiven Ausrichtung und dem subjektiv verfolgten Zweck der Aussageerzwingung, gegenüber dem vorgeschlagenen Folterstraftatbestand als beizubehaltender Spezialfall behaupten. Welche der beiden Möglichkeiten angemessen ist, hängt wesentlich von der historisch-teleologischen Ausrichtung des § 343 StGB ab. Wenn mit § 343 StGB ursprünglich das Phänomen der Folter unter Strafe gestellt werden sollte, wird der Tatbestand diesem Zweck heutzutage nicht mehr gerecht, da mittlerweile bekannt ist, dass die repressive Aussageerzwingung nur einen Teil des Gesamtphänomens der Folter darstellt. In diesem Fall müsste § 343 StGB dem insoweit allgemeineren, der Phänomenologie der Folter eher entsprechenden vorgeschlagenen Folterstraftatbestand Platz machen. Besteht der Zweck des § 343 StGB allerdings im Schutz speziell repressiver Verfahren oder der Aussagefreiheit, dann kann diese spezielle Schutzrichtung unter Umständen eine Sonderstellung gegenüber dem vorgeschlagenen Tatbestand begründen.

Die historisch-teleologische Ausrichtung des § 343 StGB lässt sich vor allem an zwei Begriffen festmachen, nämlich dem „Strafverfahren" und der „Folter". Der Tatbestand des § 343 StGB in seiner heutigen Fassung steht am Ende einer langen Entwicklung der Strafbewehrung von Folter im Strafverfahren, die – mit inhaltlichen Einschränkungen[921] – bis zur *Constitutio Criminalis Carolina* aus dem Jahre 1532 (CCC) zurückreicht.[922] Die Verbindung von „Folter" und „Strafverfahren" ist dabei nicht zufällig. Schließlich wurde die Folter bis in die

---

920 Dies gilt freilich nur, wenn man – entsprechend der hier vertretenen Auffassung (vgl. dazu Teil 3 Kapitel 2 II. 2. a) aa)) – das Merkmal des „seelischen Quälens" in § 343 StGB in einem psychosomatischen Sinne versteht. Sieht man dagegen mit der h.M. auch rein psychische Integritätsverletzungen von diesem Merkmal als erfasst an, geht § 343 StGB freilich in dieser Hinsicht über den vorgeschlagenen Straftatbestand der Folter hinaus.

921 Die Strafbarkeit wegen Folterns gemäß Art. 61 CCC bezog sich nur auf den Gebrauch der Folter entgegen der Vorschriften der CCC. Generell war die Folter aber ein zulässiges Instrument zur Aussageerlangung im Strafverfahren. Es ging daher bei der „Pönalisierung der Folter nach der CCC" allein um die Strafbewehrung des Missbrauchs der existierenden Folterbefugnisse.

922 Vgl. *Wiedemann*, Die Aussagenerpressung § 343 StGB, S. 9; *Rogall*, FS-Rudolphi, S. 511 (513 ff.).

zweite Hälfte des 20. Jahrhunderts hinein allein als ein rein strafverfahrensakzessorisches Phänomen, nämlich als Mittel zur Erlangung von Geständnissen (Inquisitionsfolter) aufgefasst.[923] Die historische Entwicklung der Pönalisierung der Folter zielte daher zwangsläufig phänomenologisch auf die Inquisitionsfolter als Pönalisierungsgegenstand ab. Insofern war es ob dieser Tradition auch schlüssig, wenn § 343 StGB bisweilen als materiell-strafrechtlicher „Folterstraftatbestand" bezeichnet wurde.[924] Vor diesem Hintergrund spricht vieles dafür, § 343 StGB gemäß seiner historisch-teleologischen Ausrichtung als Folterstraftatbestand anzusehen. Folglich wird § 343 StGB durch den vorgeschlagenen Folterstraftatbestand verdrängt, da der Zweck der Strafbewehrung der Folter angesichts der weiterreichenden Phänomenologie der Folter, die keinen prozessakzessorischen, geschweige denn einen speziell repressiv-prozessakzessorischen Bezug voraussetzt, durch § 343 StGB nur teilweise gewährleistet wird.

Gleichwohl lohnt es, die Frage aufzuwerfen, ob § 343 StGB in Anbetracht dieser Erwägungen tatsächlich wegzufallen hat, oder ob nicht doch die beiden Aspekte des repressiven Prozessbezugs und der Aussageerzwingung den vorgeschlagenen Folterstraftatbestand in Gestalt einer speziellen zusätzlichen Variante flankieren können. Dafür spricht, dass es sich bei dieser speziellen Konstellation um einen besonders wichtigen Bestandteil des Phänomens der Folter handelt.[925] Es ist daher zu überprüfen, ob den beiden genannten Merkmalen im Rahmen des vorgeschlagenen Straftatbestands der Folter tatsächlich ausdrücklich eine exponierte Stellung zukommen muss.

(1) Bedeutung des Schutzes repressiver Verfahren für den vorgeschlagenen Folterstraftatbestand

Ein Blick auf die Stimmen in der Literatur zeigt, dass dem Schutz der repressiven Verfahren ganz überwiegend konstitutive Wirkung für die Gesamtschutzrichtung des § 343 StGB zugesprochen wird. Damit wird die historische Tradition des § 343 StGB als repressiv-prozessakzessorisches Amtsverbrechen bedient.[926] § 343 StGB soll danach die (Straf-) Rechtspflege davor bewahren, die Rechtsordnung mit rechtswidrigen Verhörmethoden durchzusetzen.[927] Zweifel an der Sinnhaftigkeit der Beschränkung des § 343 StGB speziell auf repressive Verfahren werden in der Literatur nur selten geäußert. Meist hat es dort mit dem positivistischen Hinweis auf den Wortlaut der Norm sein Bewenden. Inhaltlich kritisch positioniert haben sich zu dieser Frage in letzter Zeit vor allem *Wagen-*

---

923 Vgl. *Jerouschek/Kölbel*, JZ 2003, 613 (614).

924 So etwa *Wiedemann*, Die Aussagenerpressung § 343 StGB, S. 9.

925 Eine Stütze findet dieses Argument in der Historie der Folter (vgl. hierzu oben Teil 1 Kapitel 1 II. 2.).

926 Vgl. *Jescheck*, in: LK-StGB, § 343 Rn. 1; *Kuhlen*, in: NK-StGB, § 343 Rn. 3; *Wagenländer*, Zur strafrechtlichen Beurteilung der Rettungsfolter, S. 102.

927 *Jescheck*, in: LK-StGB, § 343 Rn. 1.

länder[928], *Jahn*[929] sowie *Haurand* und *Vahle*[930]. Anders als *Wagenländer*[931] und *Haurand* und *Vahle*[932], die sich für eine materielle Trennbarkeit von repressiven und präventiven Verfahren und für die Beschränkung des § 343 StGB auf die repressiven Verfahren aussprechen, ist *Jahn* der Auffassung, dass eine solche Grenze faktisch – zumal mit Blick auf die partielle Angleichung von repressiven und präventiven Verfahren - nicht sinnvoll gezogen werden könne[933]. Diese These von *Jahn* findet in den obigen Ausführungen zu § 343 StGB im Rahmen der Überprüfung der Pönalisierung der Folter *de lege lata* eine Stütze. Dort hatte sich die Differenzierung zwischen repressiver und präventiver Orientierung in Zweifelsfällen nämlich als allein von der speziellen (subjektiven) Nötigungsabsicht abhängig herausgestellt, wohingegen im objektiven Tatbestand eine eindeutige Grenzziehung gerade nicht möglich war.[934] Die Schwierigkeit der faktischen (Un-) Trennbarkeit zwischen repressiven und präventiven Verfahren lässt deshalb erste Zweifel an der Sinnhaftigkeit der besonderen Schutzwürdigkeit repressiver Verfahren aufkommen.

Allerdings ist dies nicht das entscheidende Argument gegen eine Exponierung und besondere Schutzwürdigkeit der repressiven Verfahren. Maßgeblich ist vielmehr der Umstand, dass im nämlichen Zusammenhang bereits kein *sachlicher* Grund für eine zwischen der repressiven und der präventiven Rechtspflege differenzierende Beurteilung besteht. Anders beurteilte dies der *BGH* in einer früheren Entscheidung.[935] Er ging von einem „inneren Wesensunterschied" zwischen repressiven und präventiven Verfahren aus. Die gewaltsame Erlangung einer Aussage zum Zwecke der Behebung eines polizeiwidrigen Zustands sei von anderer Qualität als die gewaltsame Erlangung einer Aussage in einem repressiven Verfahren, da die Behebung polizeiwidriger Zustände schließlich zum Aufgabenkreis der Polizei gehöre.[936] Überzeugen kann dieser Standpunkt nicht, und zwar insbesondere dann nicht, wenn man den konkreten Fall betrachtet, der der Entscheidung des *BGH* zugrunde lag. Dort nämlich wurden durch den Leiter einer Polizeiverwaltung drei Menschen misshandelt, um sie zur Angabe ihrer

928 *Wagenländer*, Zur strafrechtlichen Beurteilung der Rettungsfolter, S. 103 ff.
929 *Jahn*, KritV 2004, 24 (38 ff.).
930 *Haurand/Vahle*, NVwZ 2003, 513 (519).
931 Vgl. *Wagenländer*, Zur strafrechtlichen Beurteilung der Rettungsfolter, S. 108 ff.
932 *Haurand/Vahle*, NVwZ 2003, 513 (519).
933 *Jahn*, KritV 2004, 24 (39 f.).
934 Wie oben in Teil 2 Kapitel 2 I. 3. gezeigt kann mit diesem Kriterium zwar im Einzelfall *de lege lata* dogmatisch begründet werden, warum der Tatbestand trotz der objektiven Verwirklichung des Unrechts nicht zur Anwendung kommt. Ein inhaltliches Argument für die Beschränkung auf die repressiven Verfahren liefert die Absicht indes nicht und kann sie wohl auch nicht leisten.
935 *BGH* JZ 1955, 26.
936 *BGH* JZ 1955, 26.

Personalien zu veranlassen.[937] Wo hier der „innere Wesensunterschied" zwischen der repressiv- und der präventiv-motivierten Gewalt liegen soll, bleibt fraglich. Schließlich stellen mittlerweile auch alle Polizeigesetze der Länder entweder ausdrücklich oder aber zumindest implizit mit dem Verweis auf § 136a StPO sowie durch gesonderte Verbote der Anwendung unmittelbaren Zwangs bei Befragungen[938] klar, dass das Verbot der gewaltsamen Auskunftserlangung auch für die polizeiliche Befragung gilt.[939] Da nicht nur im repressiven Verfahren der Amtsträger eine besondere Machtstellung innehat, die nicht zur Durchsetzung der Rechtsordnung mit unzulässigen Mitteln missbraucht werden darf, sondern gleiches auch für das Polizeiverfahren gilt, kann die – *de lege lata* bei § 343 StGB (jedenfalls auf der Ebene des subjektiven Tatbestands) gezogene – Grenze zwischen repressiven und präventiven Verfahren sachlich nicht überzeugen. Es besteht mithin kein Grund für eine gesonderte strafrechtliche Absicherung speziell der *Straf*-Rechtspflege bzw. repressiver Verfahren.

(2) Bedeutung der Aussagefreiheit für den vorgeschlagenen Folterstraftatbestand

Obgleich also der speziell repressive Charakter eines Verfahrens gegenüber der vorgeschlagenen allgemeinen Pönalisierung der Folter keine gesonderte Strafwürdigkeit begründen kann, stellt sich gleichwohl die Frage, ob sich eine besondere Strafwürdigkeit jedenfalls aus dem Aspekt der Aussageerzwingungsabsicht ergibt, wobei sich die Frage der Aussagefreiheit dann aber freilich – wie schon die Rezeption des Verbots bestimmter Verhörmethoden gemäß § 136a StPO in die Landespolizeigesetze zeigt – nicht allein für die repressiven Verfahren stellt. Für die Annahme einer solchen Sonderstellung spricht, dass in diesen Fällen der Kern des materiellen Unrechts der Folter berührt wird, indem durch den gewaltsamen Zugriff auf das *forum internum* als das letzte Rückzugsgebiet der Persönlichkeit des Betroffenen die absolute Grenze der zulässigen hoheitlichen Gewalt überschritten und der Betroffene zum bloßen Objekt staatlicher Interessen degradiert wird,[940] so dass die Aussageerzwingung einen besonders hohen Unrechtsgehalt der Misshandlung zum Ausdruck bringt. Daher erscheint es sinnvoll, diesen Fällen eine exponierte Stellung einzuräumen.

(3) Ergebnis

Aus den vorangegangenen Ausführungen folgt für § 343 StGB, dass diese Norm im Falle der Implementierung des vorgeschlagenen Straftatbestands der Folter in das StGB nicht in ihrer derzeitigen Gestalt beibehalten werden kann. Die in dem historisch überholten Verständnis von Folter als Inquisitionsfolter wurzelnde

---

937 Sachverhalt verkürzt wiedergegeben nach *BGH* JZ 1955, 26.

938 Vgl. für Hessen § 52 Abs. 2 HSOG.

939 Vgl. oben Teil 3 Kapitel 2 III. 2. a) bb) (1).

940 Vgl. *Stohrer*, BayVBl 2005, 489 (495).

Formulierung des § 343 StGB ist hinsichtlich der repressiven Orientierung des Tatbestands nicht mehr sachlich zu rechtfertigen. Zudem ist der einzige Aspekt, der gegenüber dem vorgeschlagenen Straftatbestand der Folter eine exponierte Stellung verdient, nämlich die Aussagefreiheit, grundsätzlich bereits von der Formulierung dem Folterstraftatbestand eingeschlossen, so dass die Berücksichtigung dieses Aspekts auch keinen eigenständigen Tatbestand rechtfertigt, sondern vielmehr als Ergänzung der vorgeschlagenen Folternorm in diese zu integrieren ist.

b) Dogmatische Konkretisierungen der vorgeschlagenen Folterstrafnorm als Tatbestand des StGB

Nach der Klärung des Verhältnisses zwischen der vorgeschlagenen Folterstrafnorm und den *de lege lata* für die Folter einschlägigen §§ 340 und 343 StGB gilt es nun, der Implementierung des vorgeschlagenen Tatbestands konkrete Konturen zu verleihen und dementsprechend die Fragen zu erörtern, wo und wie im StGB die Implementierung dieses Tatbestands zu erfolgen hat, wie dem Aspekt der Aussageerzwingung als unrechtssteigerndem Umstand Rechnung zu tragen ist, und welcher Strafrahmen vorzusehen ist.

aa) Systematische Platzierung der vorgeschlagenen Folterstrafnorm im StGB

Für die systematische Platzierung des vorgeschlagenen Straftatbestands der Folter ist an die Erwägungen hinsichtlich der Konkurrenz der Anwendungsbereiche der vorgeschlagenen Norm und der §§ 340 und 343 StGB anzuknüpfen. Dort hatte sich gezeigt, dass die vorgeschlagene Folterstrafnorm gegenüber § 340 StGB eine spezielle Schutzrichtung einnimmt und dazu § 343 StGB in seiner aktuellen Fassung weitestgehend obsolet macht. Daraus folgt, dass der vorgeschlagene Tatbestand aufgrund seiner eigenständigen Schutzrichtung im Verhältnis zu § 340 StGB nicht bloß eine quantitative Steigerung des Unrechts des § 340 StGB enthält, sondern es sich um ein eigenständiges Delikt mit einem eigenständigen Schutzbereich handelt.[941] Für dessen systematische Sedimentierung im StGB bietet sich nun § 343 StGB an, da die *de lege lata* in § 343 StGB unter Strafe gestellte Aussageerpressung durch die Implementierung des vorgeschlagenen Straftatbestands ohnehin obsolet wird. Von daher ist es sinnvoll, den vorgeschlagenen Tatbestand als neuen § 343 StGB in das StGB einzuführen, der dann dementsprechend lauten muss:

> „Wer als Amtsträger, der zur Mitwirkung an einem staatlichen Verfahren oder zur Beaufsichtigung festgehaltener Personen berufen ist, während der Ausübung seines Dienstes oder in Beziehung auf seinen Dienst ohne gesetzliche Befugnis gegen einen anderen Menschen Gewalt anwendet oder androht, oder die Anwendung oder Androhung von Gewalt veranlasst oder duldet, wird bestraft."

941 Vgl. *Roxin*, AT I, § 10 Rn. 135.

bb) Integrierung der Aussageerzwingung in die vorgeschlagene Folterstrafnorm

Neben der systematischen Einordnung der vorgeschlagenen Folterstrafnorm in das StGB stellt sich weiterhin die Frage nach der Berücksichtigung des Aspekts der (repressiv oder präventiv motivierten) Aussageerzwingungsabsicht, die aufgrund ihres erhöhten Unrechtsausdrucks eine gegenüber der „allgemeinen" Folter herausgehobene Stellung geboten erscheinen lässt. Wie bei § 343 StGB in seiner aktuellen Fassung kann dieser Aspekt nur als Absicht des Täters und damit subjektiv formuliert werden, da andernfalls die Grenze zwischen Versuch und Vollendung unklar würde. Da diese Aussageerzwingungsabsicht aber bereits in der allgemeinen Formulierung enthalten ist und nur zusätzlich eine bestimmte Motivation des Täters explizit zum Ausdruck bringt, so dass ihre Auswirkung auf das Unrecht der Folter nicht von qualitativer, sondern bloß von quantitativer Natur ist, ist darin im Ergebnis eine Ergänzung des Grundfalls des Folterstraftatbestands zu sehen, die dogmatisch als strafrahmenerhöhender Qualifikationstatbestand oder als strafrahmenerhöhende Strafzumessungsregel formuliert werden kann. Der Unterschied zwischen den beiden Möglichkeiten liegt vor allem darin, dass ein Qualifikationstatbestand, wenn die Qualifikationsmerkmale verwirklicht sind, angewandt werden *muss*, wohingegen es bei einer Strafzumessungsregel im Ermessen des Richters liegt, ob er den erhöhten Strafrahmen zur Anwendung bringt oder nicht.[942] Diese Art und Weise der dogmatischen Ausgestaltung eröffnet darüber hinaus auch eine Möglichkeit, der motivbedingten Unterschiedlichkeit zwischen Inquisitions- und Rettungsfolter angemessen Rechnung zu tragen. Denn durch die Ausgestaltung der Aussagefreiheit als Strafzumessungsregel könnte der Richter im Einzelfall unter Würdigung der konkreten Umstände in besonders gelagerten Fällen der Rettungsfolter von einer Erhöhung des Strafrahmens absehen. Gleichwohl würde durch diesen Verzicht auf die Strafzumessung aber kein rechtspolitisch bedenkliches Signal in Richtung einer „Privilegierung" der Rettungsfolter ausgesendet, da durch den Grundtatbestand die Strafbarkeit des in Rede stehenden Verhaltens als Folter gesichert ist. Vor diesem Hintergrund ist die Ausgestaltung der aussageerzwingungsmotivierten Integritätsverletzung als Strafzumessungsregel als die geeignetste dogmatische Möglichkeit der Berücksichtigung zu bewerten. Für den vorgeschlagenen Gesamttatbestand der Folter bedeutet das, dass die oben genannte „allgemeine" Folter den Abs. 1 des § 343 StGB v.F. bilden und der Aspekt der Aussageerzwingungsabsicht als Abs. 2 in folgender Weise hinzutreten muss:

> „Wendet oder droht der Amtsträger die Gewalt gegen eine Person an, um diese zu einer Aussage in einem staatlichen Verfahren zu nötigen, ist die Strafe zuzumessen."

942 Vgl. *Roxin*, AT I, § 10 Rn. 134.

cc) Strafrahmen

Nachdem Wortlaut und systematische Verortung der Norm im StGB geklärt wurden, stellt sich nun noch die Frage nach dem Strafrahmen. Ebenso wie § 343 StGB nach seiner aktuellen Fassung muss auch § 343 StGB v.F. ein Verbrechen darstellen, so dass die Mindeststrafe ein Jahr Freiheitsstrafe betragen muss. Die Ausgestaltung als Vergehen würde der Rechtsgüterschutzrichtung der Norm zuwiderlaufen und zudem hinter den aus Art. 4 Abs. 2 FoK folgenden Anforderungen zurückbleiben. Für das Höchstmaß ist unter Ansehung der bisherigen Strafgesetzeslage zu berücksichtigen, dass bislang § 343 StGB eine Freiheitsstrafe von bis zu zehn Jahren und § 340 StGB eine Freiheitsstrafe von bis zu fünf Jahren vorsieht. Dies kann auf die vorgeschlagene neue Fassung des § 343 StGB in der Weise übertragen werden, dass der Tatbestand des § 343 Abs. 1 StGB v.F. eine Freiheitsstrafe von nicht unter einem Jahr aber auch nicht über fünf Jahren vorsieht, und die Strafe im Falle der Verwirklichung der Strafzumessungsvoraussetzung der Aussageerzwingung auf bis zu zehn Jahre erhöht werden kann.

c) Ergebnis: Vorschlag einer „optimalen" Pönalisierung der Folter

Aus den vorangegangenen Erwägungen zur Pönalisierungswürdigkeit der Folter ergibt sich mithin abschließend folgendes Ergebnis für eine optimale Ausgestaltung der Pönalisierung der Folter durch einen *de lege ferenda* zu schaffenden, eigenständigen Straftatbestand der Folter:

> § 343 StGB [Folter]:
>
> (1) Wer als Amtsträger, der zur Mitwirkung an einem staatlichen Verfahren oder zur Beaufsichtigung festgehaltener Personen berufen ist, während der Ausübung seines Dienstes oder in Beziehung auf seinen Dienst ohne gesetzliche Befugnis gegen einen anderen Menschen Gewalt anwendet oder androht, oder die Anwendung oder Androhung von Gewalt veranlasst oder duldet, wird mit Freiheitsstrafe von einem Jahr bis zu fünf Jahren bestraft.
>
> (2) Wendet oder droht der Amtsträger die Gewalt gegen eine Person an, um diese zu einer Aussage in einem staatlichen Verfahren zu nötigen, ist die Strafe Freiheitsstrafe von einem Jahr bis zu zehn Jahren.

Kapitel 3: Pönalisierungs*bedürftig*keit der Folter

Nachdem im vorangegangenen Kapitel die beiden ersten der drei Grundfragen einer legitimen Strafgesetzgebung, nämlich „was *darf* und was *kann* unter Strafe gestellt werden?“, für die Folter beantwortet worden sind, gilt es nun noch die dritte Frage in den Blick zu nehmen und zu untersuchen, inwieweit die Folter in der Weise, in der sie sich als pönalisierungswürdig herausgestellt hat, auch unter Strafe gestellt werden *soll* oder eventuell sogar *muss*. Angesprochen ist damit die Sequenz der Pönalisierungsbedürftigkeit. Diese Sequenz bildet den instrumentellen Teil der Strafgesetzgebung, indem hier die Strafandrohung als Mittel zu dem vorgegebenen Zweck des Rechtsgüterschutzes diskutiert wird.[943]

Sinn und Zweck der Kategorie der Pönalisierungsbedürftigkeit ist es, die instrumentelle Entscheidung des Gesetzgebers für oder gegen die Strafbewehrung eines bestimmten Verhaltens durch die systematische Konzeptionierung der hierfür entscheidungsrelevanten Kriterien hin zu einem allgemeingültigen und konsistenten Maßstab transparent zu machen und damit die Strafgesetzgebung insgesamt zu harmonisieren. Dem Gesetzgeber steht bei der Entscheidung über das Ob und Wie einer Pönalisierung grundsätzlich ein weitreichender Entscheidungsspielraum zu.[944] Vor diesem Hintergrund übernimmt die Sequenz der Pönalisierungsbedürftigkeit in erster Linie eine Kontroll- und Schutzfunktion zugunsten des Bürgers gegen illegitime Beschränkungen seiner Freiheit durch strafbewehrte Verhaltensverbote seitens des Strafgesetzgebers. Das Prädikat „legitim“ erhält eine Pönalisierung danach nämlich nur dann, wenn sich die Notwendigkeit des Rückgriffs auf das Strafrecht zum Schutz des bedrohten Rechtsguts hinreichend begründen lässt. In diesem Sinne fügt sich die Pönalisierungsbedürftigkeit in das verfassungsrechtliche *Übermaßverbot*[945] ein, dem – in Anlehnung an den Verhältnismäßigkeitsgrundsatz – allgemein die Funktion der Begrenzung von Grundrechtsbeschränkungen zukommt[946].

Neben dieser klassischen *negativ*-freiheitsgewährleistenden, weil das Handeln des Staats beschränkenden Funktion der Pönalisierungsbedürftigkeit[947] hat sich seit der ersten Entscheidung des *BVerfG* zum Schwangerschaftsabbruch[948] allerdings auch ein *positives* Verständnis von der Pönalisierungsbedürftigkeit entwickelt, das im verfassungsdogmatischen Kontext des *Untermaßverbots*

943 *Voß*, Symbolische Gesetzgebung, S. 148.

944 Vgl. etwa BVerfGE 39, 1 (44).

945 Vgl. *Hassemer*, in: Hefendehl/v. Hirsch/Wohlers (Hrsg.), Die Rechtsgutstheorie, S. 57 (61).

946 Vgl. *Stern*, FS-Lerche, S. 165.

947 Vgl. *Hassemer*, in: Hefendehl/v. Hirsch/Wohlers (Hrsg.), Die Rechtsgutstheorie, S. 57, (61).

948 BVerfGE 39, 1 ff.

steht.[949] Ausgehend davon, dass die Grundrechte nicht nur negative Abwehrrechte darstellen, sondern auch positive Schutzpflichten begründen können,[950] soll danach diese Schutzpflicht unter Umständen in ein Pönalisierungsgebot münden, d.h. der Gesetzgeber ist zum Zweck des Schutzes einer grundrechtlichen Gewährleistung unter Umständen zum Erlass einer Strafnorm verpflichtet. Auch in dieser Dimension wird die Sicherung der Freiheit der Bürger als Argument ins Feld geführt, die – so die Argumentation der Befürworter – hier nämlich im horizontalen Verhältnis zwischen zwei Bürgern bedroht sei, so dass der Staat in seiner Funktion als neutrale Zentralgewalt in das Bürger-Bürger-Verhältnis eingreifen und die Freiheit des einen Bürgers gegen die Bedrohung durch den anderen Bürger verteidigen solle.[951] Die positiven Schutzpflichten basieren daher regelmäßig auf einem Dreiecksverhältnis zwischen dem beeinträchtigten Bürger, dem beeinträchtigenden Bürger und dem Staat.[952] Diese positive Dimension der Pönalisierungsbedürftigkeit, die der klassischen negativen Dimension diametral zuwiderläuft,[953] ist aus der Sicht eines traditionell-liberalen Strafrechtsverständnisses alles andere als unproblematisch und erfordert daher einen besonderen Begründungsaufwand.[954]

Im Nachfolgenden werden nun für die Untersuchung der Pönalisierungsbedürftigkeit der Folter in einem ersten Schritt die allgemeinen Kriterien der Pönalisierungsbedürftigkeit herausgearbeitet werden. Im zweiten Schritt werden diese dann auf den konkreten Fall der Pönalisierung der Folter angewandt werden.

I. Allgemeine Pönalisierungsbedürftigkeitskriterien

Ob ein pönalisierungs*würdiges* Verhalten der Pönalisierung *bedarf*, hängt davon ab, wie überzeugend sich die Notwendigkeit der speziell *strafrechtlichen* Absicherung des als Normschutzgegenstand anerkannten Rechtsguts begründen lässt. Hierüber entscheiden mehrere Kriterien, deren jeweilige Bedeutung sich am besten erhellt, wenn man die Pönalisierungsbedürftigkeit – analog zu den

---

949 Vgl. hierzu vor allem *Kayßer*, Abtreibung und Grenzen des Strafrechts, S. 87 ff., die diese Entwicklung anhand der zweiten Entscheidung des *Bundesverfassungsgerichts* zum Schwangerschaftsabbruch diskutiert, in der das Gericht selbst die Verbindung zwischen Strafrecht und Untermaßverbot hergestellt hat, vgl. BVerfGE 88, 203 (254).

950 Vgl. hierzu vor allem die Ausführungen bei *Alexy*, Theorie der Grundrechte, S. 395 ff.

951 Vgl. *Alexy*, Theorie der Grundrechte, S. 410.

952 Vgl. *M. Mayer*, Untermaß, Übermaß und Wesensgehaltgarantie, S. 31; *Alexy*, Theorie der Grundrechte, S. 410 ff.; *Streuer*, Die positiven Verpflichtungen des Staates, S. 291. Darüber hinaus sind allerdings positive Schutzpflichten im bipolaren Verhältnis zwischen Staat und Bürger denkbar, vgl. dazu unten Teil 3 Kapitel 3 II. 3. a) cc) (2). Diese Konstellation wird in der Diskussion um die Schutzpflichten regelmäßig – weil praktisch auch nur von geringer Relevanz – vernachlässigt.

953 Vgl. *Hassemer*, in: Hefendehl/v. Hirsch/Wohlers (Hrsg.), Die Rechtsgutstheorie, S. 57 (62).

954 Vgl. hierzu unten Teil 3 Kapitel 3 II. 3. a) cc).

verfassungsrechtlichen Voraussetzungen eines rechtmäßigen Grundrechtseingriffs – in die beiden Kategorien der Geeignetheit und Erforderlichkeit aufteilt,[955] und die einzelnen entscheidungsrelevanten Kriterien jeweils diesen beiden Kategorien zuordnet. Dabei gilt es zu berücksichtigen, dass – ebenso wie bei der Sequenz der Pönalisierungswürdigkeit – als Quellen für die Entwicklung der maßgeblichen Kriterien sowohl der nationale Rechtskreis als auch das Völkerrecht in Betracht kommen. Praktisch relevant wird diese doppelte Einflussrichtung vor allem im Rahmen der Erforderlichkeit. Im Rahmen der Geeignetheit wirkt sich die Unterscheidung zwischen nationalen und völkerrechtlichen Einflüssen dagegen weniger gewichtig aus.

1. Geeignetheit

Die Geeignetheit einer Pönalisierung setzt voraus, dass der Schutz des hinter dem Tatbestand stehenden Rechtsguts durch die Strafdrohung zumindest gefördert werden kann.[956] Angesprochen ist mit dieser Forderung vor allem die effektivitätsorientierte Geeignetheit im *manifesten* Sinne, d.h. die Pönalisierung muss den propagierten Schutz des Rechtsguts auch tatsächlich, empirisch nachweisbar erzielen. Mit anderen Worten: Der nachweisbaren Bedrohung des zu schützenden Rechtsguts muss durch den Einsatz des Strafrechts in ebenso nachweisbarer Weise effektiv entgegengewirkt werden können.[957] Darüber hinaus kann der Begriff der Geeignetheit einer Pönalisierung aber auch in einem *latenten* Sinne verstanden werden. Zu den latenten Funktionen der Pönalisierung gehören alle außerhalb des effektiven Rechtsgüterschutzes liegenden Wirkungen, die durch die Pönalisierung erzielt werden. Namentlich sind dies etwa die Demonstration staatlicher Handlungsfähigkeit, die politische Selbstdarstellung oder aber auch die Bekundung eines Wertbekenntnisses zum Zwecke der Stabilisierung eines Rechtsgefühls.[958] Sofern im Nachfolgenden die latente Eignung als Pönalisierungsbedürftigkeitskriterium diskutiert wird, wird allein die Funktion der Bekundung eines normativen Wertbekenntnisses zugrunde gelegt. Damit ist gemeint, dass die Eignung einer Strafnorm auch in der normativen Stabilisierung des Rechtsempfindens bestehen kann, indem durch die Pönalisierung – unabhängig von der Anwendungseffektivität der Norm – das unter Strafe gestellte Verhalten als „Unrecht" gekennzeichnet wird.[959] Im Zentrum dieses Kontextes steht die Thematik der symbolischen Strafgesetzgebung.[960]

955 *Driendl*, Zur Notwendigkeit und Möglichkeit einer Strafgesetzgebungswissenschaft in der Gegenwart, S. 33 ff. In die gleiche Richtung gehen die Erwägungen von *Voß*, Symbolische Gesetzgebung, S. 148 ff.

956 Vgl. *Voß*, Symbolische Gesetzgebung, S. 149.

957 Vgl. *Hassemer*, NStZ 1989, 553 (556 f.).

958 Vgl. *Lauterwein*, Symbolische Gesetzgebung, S. 27, 51 ff.

959 Vgl. BVerfGE 39, 1 (46).

960 Vgl. etwa die Herstellung des Zusammenhangs bei *Driendl*, Zur Notwendigkeit und Möglichkeit einer Strafgesetzgebungswissenschaft in der Gegenwart, S. 36.

Welche der beiden möglichen Bedeutungen der Geeignetheit in welcher Weise eine Pönalisierung legitimieren kann und in welcher Beziehung beide zueinander stehen, sind schwierige Fragen,[961] die letztlich nur anhand des Einzelfalls entschieden werden können, da schließlich beide Aspekte erst im Einzelfall unter Berücksichtigung der konkreten Umstände eine aussagekräftige Gestalt annehmen. Offensichtlich ist aber, dass eine rein latent geeignete Pönalisierung in einem am Rechtsgüterschutz orientierten Strafrecht keinen Platz finden kann, da „Rechtsgüter*schutz*" schon begrifflich ein Mindestmaß an Effektivität voraussetzt. In der Folge muss jede Pönalisierung jedenfalls ein Mindestmaß an manifester Eignung enthalten und umgekehrt kann eine rein latente Eignung eine Pönalisierung nicht legitimieren.[962]

a) Manifeste Geeignetheit

Die *manifeste* Eignung einer Pönalisierung zum effektiven Rechtsgüterschutz hängt davon ab, was unter „Effektivität" zu verstehen ist. In einem von absoluten und relativen Strafzwecken geleiteten Strafrecht[963] fällt die Antwort darauf zweigleisig aus. Sie betrifft zum einen die Ahndung bereits begangener Rechtsgutsbeeinträchtigungen durch die Anwendung der Norm (absoluter Zweck). Und zum anderen geht es um die Verhinderung künftiger Rechtsgutsbeeinträchtigungen (relativer Zweck).

In absoluter Hinsicht entscheidet die Anwendung der Norm in der Praxis über ihre Effektivität.[964] Effektiv ist die Strafnorm in diesem Sinne dann, wenn durch ihre Anwendung tatsächlich auf begangene Beeinträchtigungen oder Bedrohungen des zu schützenden Rechtsguts reagiert wurde und wird. Den kriminalpolitisch bedeutsameren Bereich bilden jedoch die relativen Strafzwecke. Hier bemisst sich die Effektivität der Pönalisierung nach dem Ausmaß der Verhinderung entsprechender Rechtsgutsbeeinträchtigungen in der Zukunft. Freilich ist diese Art der Effektivität schwerer nachzuweisen als die absolute Strafverfolgungswirksamkeit, da das Unterlassen von rechtsgutsbeeinträchtigenden Unrechtshandlungen auch auf andere Umstände als auf die Strafandrohung für den Fall der Zuwiderhandlung zurückzuführen sein kann.[965]

In beiden Fällen, insbesondere aber bei der relativ-strafzweckorientierten Effektivität, ist der Gesetzgeber beim Normerlass auf eine sorgfältige Folgenorientierung angewiesen. Er muss die Erreichung des Rechtsgüterschutzes als Folge der Pönalisierung im Auge haben.[966] Hierfür muss er aus der *ex ante-*

961 Vgl. hierzu *Kayßer*, Abtreibung und die Grenzen des Strafrechts, S. 82 ff.

962 Näher hierzu in Teil 3 Kapitel 3 I. 1. b) bb) (2).

963 Vgl. *Roxin*, AT I, § 3 Rn. 33 ff.

964 *Schreiber*, in: Schäffer/Triffterer (Hrsg.), Rationalisierung der Gesetzgebung, S. 178 (180).

965 Vgl. *Schreiber*, in: Schäffer/Triffterer (Hrsg.), Rationalisierung der Gesetzgebung, S. 178 (180 f.).

966 *Hassemer*, in: Hassemer (Hrsg.), Strafen im Rechtsstaat, S. 34 (45).

Perspektive die Effektivität der Pönalisierung im Hinblick auf die Erreichung der anvisierten Zwecke einschätzen und beurteilen. Dies ist jedoch insofern nicht ganz unproblematisch, als es sich dabei notwendig um eine Prognoseentscheidung handelt[967] und einer Prognose naturgemäß ein gewisses Maß an Unsicherheit innewohnt. Möglich – und insoweit auch zu verlangen[968] – ist vor diesem Hintergrund aber, dass die Prognose durch Erkenntnisse aus den Sozialwissenschaften und insbesondere der Kriminologie fundiert wird.[969]

Aus alledem folgt im Ergebnis, dass die manifeste Eignung einer Pönalisierung trotz des konkret benannten Zwecks des Rechtsgüterschutzes kaum gesicherte positive Aussagen über den Grad der Effektivität der Pönalisierung aus der *ex ante*-Perspektive zulässt. Andererseits ist eine solche Sicherheit aber auch nicht zu verlangen. Es genügt vielmehr eine hinreichende Überzeugung von der Effektivität, die jedenfalls dann besteht, wenn die Erreichung des Zwecks des Rechtsgüterschutzes zumindest von hoher Wahrscheinlichkeit ist. Umgekehrt müssen solche Pönalisierungen als ungeeignet und damit als nicht pönalisierungsbedürftig ausscheiden, bei denen die tatsächliche Wirksamkeit in der Praxis von vornherein ungewiss oder gar ausgeschlossen ist – was freilich nur selten der Fall ist.

b) Latente Geeignetheit

Zu den latenten Funktionen der Eignung einer Pönalisierung gehört vor allem die normative Stabilisierung des Rechtsgefühls der Gesellschaft durch die Kennzeichnung des in Rede stehenden Verhaltens als „Unrecht". Diese latente Wirkung ähnelt zwar einerseits der manifesten positiv-generalpräventiven Funktion, die ja bekanntlich in der Stärkung des Normvertrauens erblickt wird.[970] Jedoch grenzt sie sich von dieser andererseits dadurch ab, dass im latenten Wirkungsbereich nicht der Anspruch des effektiven Rechtsgüterschutzes erhoben wird. Die Grenzen zwischen manifest-positiv-generalpräventiver und latent-normativer Wirkung verlaufen freilich fließend.

Dass der latent-normativen Lesart des Geeignetheitsbegriffs ein gewisses Gewicht in der Strafgesetzgebung zukommt, deutet das *Bundesverfassungsgericht* in der ersten Entscheidung zum Schwangerschaftsabbruch an.[971] Neben dem Verweis auf die Notwendigkeit des effektiven Rechtsgüterschutzes[972] weist das Gericht darauf hin, „dass auf eine klare rechtliche Kennzeichnung dieses Vorgangs als „Unrecht" nicht verzichtet werden kann".[973] Dieser Gedanke wur-

---

967 *Noll*, Gesetzgebungslehre, S. 96.

968 Vgl. *Noll*, Gesetzgebungslehre, S. 96.

969 Vgl. hierzu *Amelung*, ZStW 92 (1980), 18 (32 ff.).

970 *Roxin*, AT I, § 3 Rn. 26.

971 BVerfGE 39, 1 (44 ff.).

972 BVerfGE 39, 1 (46 f.).

973 BVerfGE 39, 1 (46).

de in der strafrechtlichen Literatur aufgegriffen. Die sich daran anschließende Diskussion war dabei vor allem auf zwei Aspekte fokussiert, und zwar erstens die Frage, ob latente Wirkungen einer Pönalisierung überhaupt eine originär strafnormlegitimierende Wirkung entfalten können, und zweitens wie die latente und die manifeste Eignung in Beziehung zueinander stehen.[974] Die Ansicht des *BVerfG*, dass beiden Funktionen eine strafnormlegitimierende Wirkung innewohne und beide in einer Ergänzungsbeziehung zueinander stünden,[975] ist dabei auf Kritik gestoßen.[976]

Für eine kritische Würdigung dieser Thematik ist es sinnvoll, in die Debatte über das „symbolische Strafrecht" einzutreten, da sich in ihr die relevanten Pro- und Contra-Aspekte der latenten Wirkungen von Pönalisierungen zuspitzen und damit am deutlichsten an Profil gewinnen. Darüber hinaus liegt der Schritt von der latenten normativen Eignung der Pönalisierung hin zur Thematik des symbolischen Strafrechts schon deshalb nahe, weil eine nach der Intention des Gesetzgebers effektivitätsunabhängige Strafgesetzgebung zwangsläufig den Charakter einer (latenten) Symbolsetzung trägt.[977]

aa) Profilierung des Begriffs der symbolischen Strafgesetzgebung

Ein erster Blick auf die Literatur zum symbolischen Strafrecht lässt unschwer erkennen, dass diese Thematik – bedingt und gefördert durch die Konnotationen beider Begriffe – ein großes Diskussionspotenzial in sich birgt.[978] Auf den zweiten Blick offenbart sich zudem, dass die durch die Begrifflichkeiten suggerierten vermeintlichen Gewissheiten auf diesem Feld keinesfalls so klar sind, wie es zunächst den Anschein hat. Dies liegt nicht zuletzt daran, dass die Diskussion häufig bereits die gebotene Präzision vermissen lässt. Besonders signifikant ist die Ungenauigkeit bei der mangelnden Differenzierung zwischen „symbolischem Strafrecht" und „symbolischer Strafgesetzgebung". Dieser Unterschied ist jedoch von wesentlicher Bedeutung. Denn bei der symbolischen Strafgesetzgebung handelt es sich nur um einen bestimmten, wenngleich auch den wich-

974 Vgl. etwa *Kayßer*, Abtreibung und die Grenzen des Strafrechts, S. 79 ff.; *Müller-Dietz*, FS-Dreher, S. 97 (111 ff.); *Driendl*, Zur Notwendigkeit und Möglichkeit einer Strafgesetzgebungswissenschaft in der Gegenwart, S. 33 ff.

975 Neben der normativen Kennzeichnung als „Unrecht" geht das *Bundesverfassungsgericht* darüber hinaus davon aus, dass eine Pönalisierung dann in Betracht kommen muss, „wenn anders ein effektiver Lebensschutz nicht zu erreichen ist", vgl. BVerfGE 39, 1 (47).

976 Vgl. etwa *Kayßer*, Abtreibung und die Grenzen des Strafrechts, S. 79 ff.; *Müller-Dietz*, FS-Dreher, S. 97 (111 ff.).

977 Vgl. *Driendl*, Zur Notwendigkeit und Möglichkeit einer Strafgesetzgebungswissenschaft in der Gegenwart, S. 36.

978 Vgl. etwa *Voß*, Symbolische Gesetzgebung, 1989; *Lauterwein*, Symbolische Gesetzgebung, 2006; *Hassemer*, NStZ 1989, 553 ff.; *ders.*, FS-Roxin, 1001 ff.; *Prittwitz*, Strafrecht und Risiko, S. 253 ff.

tigsten, Teilbereich des symbolischen Strafrechts. Darüber hinaus werden häufig auch der *Begriff* der „Symbolik“ im Zusammenhang mit der Strafgesetzgebung und die unterschiedlichen Erscheinungsformen der symbolischen Strafgesetzgebung nicht hinreichend profiliert.[979]

Angesichts des breiten Spektrums der Debatte über das symbolische Strafrecht sei an dieser Stelle gleich darauf hingewiesen, dass im Nachfolgenden nur ein bestimmter Teilbereich dieser Thematik in den Blick genommen wird, nämlich der Bereich der symbolischen Gesetzgebung. Denn nur dieser Teil ist für den vorliegenden Zusammenhang der Pönalisierung der Folter von Belang. Unternimmt man es von da aus, die „Symbolik“ der Strafgesetzgebung zu präzisieren, bietet sich als begriffliches Vehikel die „Expression“ an.[980] Symbolische Strafgesetzgebung ist danach eine Strafgesetzgebung, durch die ein bestimmter, außerhalb des effektiven Rechtsgüterschutzes liegender latenter Inhalt zum Ausdruck gebracht wird. Doch schon bei der Frage nach den möglichen latenten Inhalten fächert sich die Thematik der symbolischen Strafgesetzgebung auf. Zu denken ist hier etwa an die Demonstration staatlicher Macht, die politische Selbstdarstellung oder die Bekundung eines normativen Wertbekenntnisses.[981] Die Unterscheidung dieser möglichen latenten Inhalte ist insbesondere mit Blick auf die Beurteilung der Tauglichkeit der Symbolsetzung als Grundlage einer legitimen Strafgesetzgebung von besonderer Bedeutung, da evidentermaßen die Kennzeichnung eines Verhaltens als „Unrecht“ einen „legitimeren“ Zweck darstellt als die Demonstration der staatlichen Macht. Ferner muss danach unterschieden werden, ob die latente Symbolsetzung über das Straf*gesetz* oder über den Strafgesetz*gebungsakt* zum Ausdruck gebracht wird.[982] Während der Strafgesetzgebungsakt alle Akte erfasst, die im parlamentarischen Gesetzgebungsverfahren bis zum Inkrafttreten eines Gesetzes notwendig sind, stellt das Gesetz selbst lediglich das Produkt dieses Vorgangs dar.[983] Freilich ist diese Differenzierung eher von methodologischer Bedeutung und dient der Präzision im Umgang mit der Thematik. Sofern jedoch allgemein über symbolische Strafgesetzgebung diskutiert wird, sind aufgrund ihrer Wechselwirkung beide Aspekte zu berücksichtigen, so dass die symbolische Strafgesetzgebung sowohl den Akt der Gesetzesgenese als auch den Gesetzesinhalt einschließt.[984]

---

979 Vgl. *Prittwitz*, Strafrecht und Risiko, S. 237.

980 Vgl. *Voß*, Symbolische Gesetzgebung, S. 64; *Lauterwein*, Symbolische Gesetzgebung, S. 11.

981 Vgl. *Lauterwein*, Symbolische Gesetzgebung, S. 27, 51 ff.; *Hassemer*, NStZ 1989, 553 (554).

982 Vgl. *Lauterwein*, Symbolische Gesetzgebung, S. 14; *Voß*, Symbolische Gesetzgebung, S. 23 f.

983 *Lauterwein*, Symbolische Gesetzgebung, S. 14.

984 Vgl. *Lauterwein*, Symbolische Gesetzgebung, S. 14.

Neben dieser begrifflichen Vergewisserung gehört zu einer präzisen Diskussion über die symbolische Strafgesetzgebung ferner die Unterscheidung ihrer möglichen Erscheinungsformen.[985] Hierbei ist vor allem zwischen der „täuschungsfreien" und der „vortäuschenden" Symbolsetzung zu differenzieren.[986] Gemeint ist damit, dass im zweitgenannten Fall die empirische Effektivität der Pönalisierung zum Rechtsgüterschutz vorgetäuscht wird, wohingegen im erstgenannten von vornherein die latente Wirkung der Pönalisierung in den Vordergrund gestellt wird. Auch diese Ausdifferenzierung ist mit Blick auf die Beurteilung der strafnormlegitimierenden Wirkung der Pönalisierung von Bedeutung. Denn es liegt auf der Hand, dass eine Strafnormlegitimierung durch Symbolsetzung überhaupt nur dann in Betracht kommt, wenn die Symbolsetzung täuschungsfrei erfolgt.

bb) Symbolsetzung als Strafnormlegitimierung

Vor dem Hintergrund der angedeuteten Komplexität der Thematik erscheint es naheliegend, dass die strafnormlegitimierende Wirkung der symbolischen Strafgesetzgebung weder apodiktisch ausgeschlossen werden kann, noch dass sie ausnahmslos zu befürworten sein kann. Es erscheint stattdessen vielmehr geboten, eine differenzierende Position einzunehmen, die den unterschiedlichen latenten Inhalten und Erscheinungsformen der symbolischen Strafgesetzgebung Rechnung trägt.

(1) Abgrenzungen

Als strafnormlegitimierendes Moment kann die Symbolsetzung überhaupt nur dann in Frage kommen, wenn die Pönalisierung zugleich eine manifeste Wirkung zeitigt. Denn eine Strafnorm, die keinerlei rechtsgüterschützende Wirkung entfaltet, erweist sich in einem vom Rechtsgüterschutzgedanken durchdrungenen Strafrecht als Fremdkörper. In der Regel wird es sich bei solchen Pönalisierungen um reine Moral- oder Ideologieabsicherungen handelt, mit denen lediglich Scheinrechtsgüterschutz betrieben wird.[987] Eine rein symbolische Strafgesetzgebung wäre darüber hinaus auch gar nicht sinnvoll. Vielmehr würde eine solche wirklichkeitsfremde Symbolsetzung die Pönalisierung sogar „unter Umständen der Lächerlichkeit preisgeben".[988] Eine legitime Strafgesetzgebung bedarf aus diesem Grund jedenfalls eines gewissen Maßes an manifester Wirkung.

Andererseits stellt sich die Frage nach der legitimierenden Kraft der Symbolsetzung auch dann nicht, wenn bereits die manifeste Funktion allein die Pönalisierung trägt. Die Frage nach der Legitimierung einer Pönalisierung durch

---

985 Vgl. dazu *Voß*, Symbolische Gesetzgebung, S. 25 ff. sowie *Prittwitz*, Strafrecht und Risiko, S. 255 ff.

986 Vgl. *Prittwitz*, Strafrecht und Risiko, S. 256 f.

987 *Roxin*, AT I, § 2 Rn. 13 ff.

988 *Voß*, Symbolische Gesetzgebung, S. 77.

eine gesetzgeberische Symbolsetzung wird daher überhaupt nur dort virulent, wo die Pönalisierung sowohl die manifeste als auch eine latente Funktion erfüllt, und dabei die latente Funktion die manifeste überwiegt.[989] Wie aber bereits angedeutet wurde, ist diese Grenze nicht immer scharf zu ziehen, da in einem (insbesondere) vom relativen Strafzweckgedanken geleiteten Strafrecht zwangsläufig jeder Strafnorm ein gewisses Maß an Expressivität immanent ist und auch sein muss, wenn dem Adressaten durch die Norm der Strafzweck als Botschaft übermittelt werden soll.[990] Dieser Einsicht wird in der Literatur in terminologischer Hinsicht dadurch Rechnung getragen, dass für die nichtsymbolisch-expressiven Strafgesetzgebungsakte auf den Begriff der „Kommunikation" zurückgegriffen wird, und mithin zwischen der (notwendig) kommunikativen und der symbolischen Strafgesetzgebung unterschieden wird.[991] Es bleibt dann freilich noch die Frage, wo die Grenze zwischen (noch) kommunikativer und (schon) symbolischer Strafgesetzgebung verläuft. Die Antwort darauf kann nicht allgemein ausfallen, sondern muss jeweils anhand des Einzelfalls ermittelt werden, zumal die Übergänge fließend sind und insoweit nicht von einem „entweder/oder", sondern nur von einem „mehr oder weniger" die Rede sein kann.[992]

(2) Bedingungen einer Strafnormlegitimierung durch Symbolsetzung

Es liegt auf der Hand, dass ein traditionell-liberales Strafrechtsverständnis einer symbolischen Strafgesetzgebung skeptisch gegenüberstehen muss.[993] Schließlich lässt sich nur schwer bestreiten, dass das Symbolargument die Gefahr birgt, zu einer unreflektierten Expandierung des Strafrechts zu verleiten und damit das Strafrecht zu einem Vehikel politischer Interessen umzufunktionieren.[994] Im Grundsatz wird der symbolischen Strafgesetzgebung daher zu Recht kritisch begegnet. Daraus aber eine kategorische Ablehnung der symbolischen Strafgesetzgebung zu folgern, verdient in dieser resoluten Form nur für den Bereich der vortäuschenden Symbolsetzung Zustimmung. Eine andere Bewertung kann hingegen in den Fällen der täuschungsfreien Symbolsetzung geboten sein, wenn und soweit der in Rede stehende Pönalisierungsgegenstand dies als angemessen erscheinen lässt.[995] Freilich sind an eine solche Symbolsetzung hohe Anforderungen zu stellen, wenn sie zur Legitimierung einer Strafnorm beitragen soll. Zu denken ist daran überhaupt nur, wenn überragend wichtige Rechtsgüter in besonders gravierender Weise bedroht sind, und auch ein Mindestmaß an manifester Eignung der Pönalisierung zu ihrem Schutz hinreichend wahrscheinlich ist.

---

989 *Hassemer*, NStZ 1989, 553 (556).
990 *Hassemer*, FS-Roxin, S. 1001 (1012 ff.).
991 Vgl. etwa *Lauterwein*, Symbolische Gesetzgebung, S. 15; *Hassemer*, FS-Roxin, S. 1001 (1012).
992 *Hassemer*, FS-Roxin, S. 1001 (1016).
993 Vgl. vor allem *Hassemer*, NStZ 1989, 553 ff.; *ders.*, FS-Roxin, S. 1001 ff.
994 Vgl. *Hassemer*, FS-Roxin, S. 1001 (1004).
995 Vgl. dazu auch *v. Dewitz*, NS-Gedankengut und Strafrecht, S. 271 ff.

Als mögliche Situation ist etwa denkbar, dass die Symbolik in dieser Weise für solchermaßen wichtige Rechtsgüter die Anforderungen an den Nachweis der Effektivität vermindert (sic. nicht aber diesen für gänzlich verzichtbar erklärt!). Insbesondere muss dann aber auch begründet werden, dass es zur Symbolsetzung gerade des Strafrechts bedarf und anderweitige Schutzmöglichkeiten nicht ausreichen.

2. Erforderlichkeit

Soweit sich die Pönalisierung eines Verhaltens zum Schutz des Rechtsguts als geeignet behauptet hat, muss sie sich diesbezüglich auch als erforderlich erweisen. Damit ist gemeint, dass es zum Schutz des Rechtsguts gerade auf die Strafe bzw. die Strafdrohung ankommen muss.[996] Sofern die Pönalisierungsbedürftigkeit nach nationalen Maßstäben zu beurteilen ist, hängt das Ergebnis im Wesentlichen von einem Vergleich des Strafrechts als einem der möglichen Mittel zum Schutz des in Rede stehenden Rechtsguts mit anderen in Frage kommenden Schutzmitteln ab. Zudem zeitigt auf der Ebene der Pönalisierungsbedürftigkeit aber auch die Möglichkeit der Beeinflussung der Strafgesetzgebung durch das Völkerrecht praktische Wirkung, indem in bestimmten Fällen die Erforderlichkeit des Strafrechts durch das Völkerrecht diktiert wird. Deshalb ist gerade im Rahmen der Erwägungen zur Pönalisierungsbedürftigkeit auch auf etwaige völkerrechtliche Einflüsse auf die Strafgesetzgebung zu achten.

Zudem gehört in die Kategorie der Erforderlichkeit die Frage, mit welcher Dringlichkeit die im jeweiligen nationalen oder völkerrechtlichen Bezugsrahmen gewonnen Kriterien den Gesetzgeber zur Vornahme der Pönalisierung drängen, und ob sich im äußersten Fall aus diesen Vorgaben sogar eine Pönalisierungspflicht ableiten lässt. Für das Völkerrecht hatte sich dieser Aspekt schon bei den Erwägungen zur Pönalisierungswürdigkeit der Folter deutlich gezeigt, da diese im Rahmen der einschlägigen völkerrechtlichen Quellen aus den an den nationalen Gesetzgeber adressierten Pönalisierungsgeboten abzuleiten ist.[997] Auch im nationalen Recht wird seit den beiden Entscheidungen des *BVerfG* zum Schwangerschaftsabbruch[998] die Debatte über Pönalisierungspflichten, die aus der Verfassung erwachsen sollen, geführt.[999] Da die Frage der Verdichtung der Pönalisierungsbedürftigkeit hin zur Pönalisierungspflicht von den Umständen des konkreten Einzelfalls abhängig ist, und zwar insbesondere von dem Rang

996 *Voß*, Symbolische Gesetzgebung, S. 153.

997 Vgl. oben Teil 3 Kapitel 2 II. 1.

998 BVerfGE 39, 1 (44 ff.); 88, 203 (251 ff.).

999 Vgl. etwa *Müller-Dietz*, FS-Dreher, S. 97 ff.; *Kayßer*, Abtreibung und die Grenzen des Strafrechts, S. 78 ff.; *dies.*, in: Institut für Kriminalwissenschaften (Hrsg.), Vom unmöglichen Zustand des Strafrechts, S. 143 ff.; Stächelin, in: Institut für Kriminalwissenschaften (Hrsg.), Vom unmöglichen Zustand des Strafrechts, S. 267 ff.; *L. Schulz*, StV 1994, 38 ff.

des Rechtsguts und dem Grad seiner Bedrohung[1000], wird dieser Aspekt hier jedoch nicht allgemein, sondern erst und nur anhand des konkreten Falls der Folter diskutiert werden.[1001]

a) Erforderlichkeit der Pönalisierung nach nationalem Strafrechtsdenken

Für die Beurteilung der Erforderlichkeit einer Pönalisierung sind aus Sicht der nationalen Strafgesetzgebungsdogmatik vor allem zwei Aspekte entscheidend, nämlich zum einen der Wert des durch die Pönalisierung zu schützenden Rechtsguts und zum anderen die Anwendung der beiden Strafrechtsbegrenzungsprinzipien des *„ultima ratio"* und der „Subsidiarität" des Strafrechts, da diese beiden Aspekte im Kern darauf abzielen, den Einsatz gerade des Strafrechts zu begründen bzw. zu verbieten.

aa) Wert des Rechtsguts

Einen Anhaltspunkt für die Erforderlichkeit gerade des Strafrechts zum Schutz eines Rechtsguts liefert zunächst der Wert des in Rede stehenden Rechtsguts im Gesamtsystem der Rechtsgüterordnung.[1002] Welchen Wert ein Rechtsgut hat, hängt von seiner Nähe zur Menschenwürde ab, da diese den zentralen Bezugspunkt im Wertesystem des Grundgesetzes bildet.[1003] Die einfache Gleichung lautet, dass die Erforderlichkeit der Strafbewehrung steigt, je höher der Wert des Rechtsguts ist. Da aber – wie oben gezeigt[1004] – im Rahmen der strafrechtlichen Rechtsgüterschutzlehre nicht alleine auf das Rechtsgut abgestellt werden kann, ist zudem zu berücksichtigen, wie intensiv die Bedrohung des Rechtsguts durch das unter Strafe zu stellende Verhalten, und von welchem Ausmaß die drohende Beeinträchtigung ist. Dabei gibt es freilich keine Skala, die eine konkrete Rangfolge aller Rechtsgüter und ihrer Bedrohung kategorisch festlegt. Vielmehr muss jeweils im Einzelfall die Nähe zur Menschenwürde bestimmt und so der Wert ermittelt werden.

bb) Strafrechtsbegrenzungsprinzipien

Mit dem Wert des zu schützenden Rechtsguts ist ein erstes Kriterium für die Erforderlichkeit einer Pönalisierung benannt. Vor allem aber entscheiden über die Pönalisierungsbedürftigkeit auf nationaler Ebene die beiden Prinzipien der *„ultima ratio"* und der „Subsidiarität". Da jedoch der Wert des Rechtsguts und das

---

1000 *Streuer*, Die positiven Verpflichtungen des Staates, S. 155 f.

1001 Vgl. hierzu unten Teil 3 Kapitel 3 II. 3. a) cc).

1002 Vgl. *Müller-Dietz*, FS-Dreher, S. 97 (110); *Driendl*, Zur Notwendigkeit und Möglichkeit einer Strafgesetzgebungswissenschaft in der Gegenwart, S. 13 f.; *Peglau*, Der Schutz des allgemeinen Persönlichkeitsrechts durch das Strafrecht, S. 48 f.

1003 *Driendl*, Zur Notwendigkeit und Möglichkeit einer Strafgesetzgebungswissenschaft in der Gegenwart, S. 13 f. Zur Menschenwürde als zentralem Bezugspunkt des verfassungsrechtlichen Wertesystems BVerfGE 7, 198 (205); 35, 202 (225); 39, 1 (43).

1004 Vgl. oben Teil 3 Kapitel 2 I. 1. b).

Ausmaß seiner Bedrohung implizit auf diese beiden Prinzipien durchschlägt, ist die Entscheidung über die *„ultima ratio"* und die „Subsidiarität" des Strafrechts zumindest zu einem gewissen Teil vom Wert des Rechtsguts abhängig. Ein Blick auf die Literatur zeigt zudem, dass die beiden Aspekte des *„ultima ratio-"* und des „Subsidiaritätsgrundsatzes" häufig miteinander vermengt und teilweise sogar auch synonym gebraucht werden.[1005] Gleichwohl kann und muss zwischen ihnen unterschieden werden. Denn es handelt sich bei ihnen keineswegs um synonyme Beschreibungsweisen ein- und desselben Prinzips. Vielmehr sind beide imstande, jeweils einen eigenständigen Beitrag zur Beurteilung der Erforderlichkeit des Strafrechts zu leisten. Da der Begriff der *ultima ratio* klarer konturiert ist als der der Subsidiarität, ist es sinnvoll, ihn zuerst in den Blick zu nehmen.

(1) Strafrecht als ultima ratio

Wenn vom *ultima ratio*-Charakter des Strafrechts die Rede ist, so ist damit gemeint, dass das Strafrecht nur als letztes Mittel des Rechtsgüterschutzes in Betracht kommen darf.[1006] Die Forderung einer solch restriktiven Handhabung des Strafrechts ist dem Umstand geschuldet, dass das Strafrecht den eingriffsintensivsten Teil der sozialen Kontrolle bildet, und daher wegen seiner schwerwiegenden Wirkung nicht eingesetzt werden darf, wenn und soweit der Schutz eines bedrohten Rechtsguts ebenso effektiv auf andere Weise als durch das Strafrecht gewährleistet werden kann.[1007] Das Strafrecht soll vor diesem Hintergrund nicht die Regel, sondern die Ausnahme des Rechtsgüterschutzes sein.

Diese Forderung ist als Grundsatz des Strafrechts bekannt und bedarf daher an dieser Stelle keiner tiefergehenden Erläuterung. Stattdessen soll kurz in den Blick genommen werden, *wie* sich ermitteln lässt, ob das Strafrecht die *ultima ratio* im oben genannten Sinne darstellt. Schon aus dem Charakter als *„ultima"* ratio folgt, dass in der Regel auch andere rationes zum Rechtsgüterschutz zur Verfügung stehen. Die Einschlägigkeit des Strafrechts als *„ultima" ratio* ist daher komparativ, d.h. im Effektivitäts- und Intensitätsvergleich zu anderen rationes zu ermitteln. Zu denken ist hier sowohl an außerrechtliche als auch an rechtliche, und zwar insbesondere zivil- oder verwaltungsrechtliche Schutzmechanismen. Dies wirft freilich die Frage nach dem Vergleichsmaßstab auf, da sich die Wirkung des Strafrechts von den Wirkungen des Zivilrechts und des Verwaltungsrechts naturgemäß nicht etwa bloß in quantitativer, sondern vor allem in qualitativer Hinsicht abhebt. Hier nun verlangt die *„ultima ratio"* als effektivitätsorientiertes Kriterium[1008], dass das bevorzugte Mittel den Schutz des bedrohten Rechtsguts auch tatsächlich effektiv bewirkt. Allerdings darf über die

---

1005 So z.B. *Baumann/Weber/Mitsch*, AT, § 3 Rn. 19.

1006 Vgl. *Yoon*, Strafrecht als ultima ratio und Bestrafung von Unternehmen, S. 22.

1007 *Yoon*, Strafrecht als ultima ratio und Bestrafung von Unternehmen, S. 22.

1008 Vgl. *Yoon*, Strafrecht als ultima ratio und Bestrafung von Unternehmen, S. 49 ff.

Erforderlichkeit oder Verzichtbarkeit des Strafrechts nicht allein die Effektivität entscheiden, sondern es muss eine gewisse Verhältnismäßigkeit gewahrt bleiben. Schließlich liegt es auf der Hand, dass andere Mittel – zumindest in der Summe ihrer Addition – zwar einen effektiveren Schutz des Rechtsguts als das Strafrecht ermöglichen können, dabei aber die Freiheit des Bürgers noch intensiver beschränken können, etwa durch eine völlige präventive Überregulierung und Kontrollierung bestimmter Lebensbereiche.[1009] Für die Begründung des *ultima ratio*-Charakters des Strafrechts folgt aus dieser Betrachtung im Ergebnis, dass die komparative Entscheidung über die Notwendigkeit des Strafrechts weit weniger rational und transparent ausfällt, als es auf den ersten Blick den Anschein hat. Schlussendlich ist und bleibt das Ergebnis des Vergleichs der einschlägigen Schutzmöglichkeiten insbesondere aufgrund ihrer qualitativ unterschiedlichen Charakteristik bis zu einem gewissen Maße zwangsläufig eine Wertentscheidung des Gesetzgebers.

(2) Subsidiarität des Strafrechts

Mit dem *ultima ratio*-Prinzip bekannt aber nicht verwandt ist der Grundsatz der Subsidiarität des Strafrechts. Obgleich oftmals synonym gebraucht, betreffen beide unterschiedlich Aspekte der Erforderlichkeit einer Pönalisierung. Allgemein bezeichnet die Subsidiarität eine Zuständigkeitsregel für staatliches Handeln.[1010] Diese Regel kennt eine negative und eine positive Zuständigkeitsverteilung. In negativer Hinsicht lautet die Forderung des Subsidiaritätsprinzips, dass der Staat nicht handeln darf, wenn und soweit der Bürger seine Belange selbständig zu regeln imstande ist. Umgekehrt bedeutet dies – positiv gewendet –, dass Aufgaben des Staates dort entstehen, wo der Bürger auf die Hilfe des Staats angewiesen ist.[1011] Die synonyme Verwendung des Subsidiaritätsprinzips mit dem *ultima ratio*-Grundsatz erweist sich vor diesem Hintergrund als eine Verkürzung des Subsidiaritätsgedankens auf seine negative Bedeutung,[1012] wobei auch diese Gleichsetzung unpräzise ist, da die beiden Prinzipien der *„ultima ratio“* und der „Subsidiarität“ bei der Beurteilung der Pönalisierungsbedürftigkeit unterschiedliche Perspektiven einnehmen und nach anderen Mechanismen funktionieren. Das Subsidiaritätsprinzip setzt im Gegensatz zum *ultima ratio*-Gedanken einen komparativen Vergleich mit anderen Schutzmitteln nicht explizit voraus. Daraus folgt als entscheidender Unterschied, dass es sich bei dem *ultima ratio*-Gedanken notwendig um ein rein empirisch-effektivitätsorientiertes

---

1009 Vgl. *Tiedemann*, Verfassung und Strafrecht, S. 52.

1010 *Prittwitz*, in: Institut für Kriminalwissenschaften (Hrsg.), Vom unmöglichen Zustand des Strafrechts, S. 387 (391).

1011 *Kaufmann*, FS-Henkel, S. 89 (98); *Brandt*, Die Bedeutung des Subsidiaritätsprinzips für Entpoenalisierungen im Kriminalrecht, S. 125.

1012 *Prittwitz*, in: Institut für Kriminalwissenschaften (Hrsg.), Vom unmöglichen Zustand des Strafrechts, S. 387 (391).

Prinzip handelt,[1013] wohingegen der Subsidiaritätsgrundsatz auch Raum für eine normative Fundierung lässt. Während dem *ultima ratio*-Prinzip zufolge ein strafrechtlicher Rechtsgüterschutz dann nicht in Betracht kommt, wenn andere Mittel den Schutz des Rechtsguts bei geringerer Eingriffsintensität ebenso effektiv bewirken, legt zwar auch das Subsidiaritätsprinzip in seiner negativen Funktion eine solche Deutung nahe; in seiner positiven Bedeutung aber lässt sich das Subsidiaritätsprinzip grundsätzlich auch für eine normative Orientierung öffnen. Sofern dort nämlich – entsprechend der lateinischen Begriffswurzel „subsidium" (zu Deutsch: Beistand/Hilfe) – der Staat dem Bürger *helfend* gegenüber treten soll, muss dies als Zuständigkeitsregel nicht notwendig auf diejenigen Fälle beschränkt bleiben, in denen anderweitige Mittel als Strafrecht nicht einschlägig sind. Nicht ausgeschlossen ist in diesem Sinne, dass eine Strafbewehrung auch durch eine bewusste, täuschungsfreie Symbolsetzung helfen kann, beispielsweise indem hierdurch ein zentrales Rechtsgefühl normativ stabilisiert wird.

b) Erforderlichkeit der Pönalisierung nach dem Völkerrecht

Ebenso wie bei der Pönalisierungswürdigkeitsdogmatik gilt auch für die Entwicklung eines völkerrechtlichen Maßstabs für die Beurteilung der Pönalisierungsbedürftigkeit von Verhaltensweisen, dass ein solcher Maßstab aufgrund der Komplexität der Beziehung zwischen Völkerrecht und Strafrecht immer nur anhand des konkret in Rede stehenden Verhaltens und seines speziellen völkerrechtlichen Kontextes ermittelt werden kann. Schließlich hängt die Pönalisierungsbedürftigkeit auch wesentlich davon ab, aus welcher völkerrechtlichen Quelle sich die strafrechtliche Relevanz des konkret in Rede stehenden Verhaltens ergibt. Daher bleiben die Ausführungen zur völkerrechtlichen Erforderlichkeit einer Pönalisierung in der vorliegenden Untersuchung auf den konkreten Fall der Folter beschränkt.[1014]

II. Pönalisierungsbedürftigkeit der Folter

Nach dem allgemeinen Überblick über die Kriterien zur Beurteilung der Pönalisierungsbedürftigkeit eines Verhaltens soll nun untersucht werden, inwieweit sich vor diesem Hintergrund die Folter als pönalisierungsbedürftig erweist; und zwar in der konkreten Gestalt, in der sie sich als pönalisierungswürdig herausgestellt hat. Es ist also, mit anderen Worten, zu überprüfen, ob es notwendig ist, den Bereich der amtsbezogenen Integritätsverletzungsdelikte so umzugestalten, dass § 343 StGB die vorgeschlagene Fassung erhält, mit der Folge dass sich dadurch zugleich der Anwendungsbereich der allgemeinen Körperverletzung im Amt gemäß § 340 StGB verändert. Ehe dieser Frage anhand der beiden Kategorien der Geeignetheit und Erforderlichkeit nachgegangen wird, ist es jedoch zunächst unumgänglich, auf eine Besonderheit der Konstellation der Pönalisierung

1013 *Yoon*, Strafrecht als ultima ratio und Bestrafung von Unternehmen, S. 49 ff.
1014 Vgl. hierzu unten Teil 3 Kapitel 3 II. 3. b).

der Folter hinzuweisen, die sich aus dem Amtsbezug des verkörperten Unrechts ergibt, und die von entscheidender Bedeutung für Art und Gewicht der Argumentation bezüglich der Notwendigkeit der vorgeschlagenen Pönalisierung der Folter ist.

1. Konstellationsbedingte Besonderheit bei der Pönalisierung der Folter

Dass mit der Pönalisierungsbedürftigkeit überhaupt eine zweite Sequenz für die Dogmatisierung der Strafgesetzgebung bemüht wird und sich danach alle Pönalisierungsakte einer besonderen kriminalpolitischen Zweckmäßigkeitsüberprüfung unterziehen müssen, ist dem Umstand geschuldet, dass in der Regel die Strafbewehrung eines Verhaltens die Freiheitssphäre des Bürgers um eben jenes Verhalten in drastischer Weise verkürzt.[1015] Aus diesem Grund soll die Verkürzung nur dann zulässig sein, wenn sie sich im Verhältnis zu ihrem Nutzen als unausweichlich, mithin als erforderlich erweist. Dieser im liberalen Strafrechtsverständnis wurzelnde, strafgesetzgebungskritische Grundsatz lässt sich auf die Pönalisierung der Folter jedoch nicht übertragen. Der Folter liegt nämlich nicht die typische Konstellation zugrunde, dass die Pönalisierung einen Eingriff zum Nachteil des Bürgers darstellt. Vielmehr dreht sich die Situation hier dadurch um, dass bei der Folter auf Täterseite ein Amtsträger und auf Opferseite ein Bürger steht. Dies hat nämlich zur Folge, dass durch die Pönalisierung der Folter nicht etwa der Freiheitsraum des Bürgers, sondern der des Staats bzw. des für den Staat handelnden Amtsträgers verkürzt wird, indem diesem eine bestimmte Art und Weise des Handelns gegenüber dem Bürger unter Strafbewehrung verboten wird. Im Ergebnis wird dadurch sogar die Freiheit des Bürgers durch die Pönalisierung gerade gestärkt. Gleichwohl rechtfertigt diese konstellationsbedingte Besonderheit andererseits wiederum nicht den reflexhaften Umkehrschluss, dass es der Sicherung der Freiheit des Bürgers *durch* das Strafrecht gerade bedürfe. Denn die Verteilung der Täterrolle auf den Staat bzw. einen Amtsträger kann die Pönalisierungsbedürftigkeit der Folter nicht alleine tragen und so auch nicht von der Notwendigkeit des Vorbringens sachlicher Argumente dispensieren. Schließlich stehen hinter dem staatlichen Handeln natürliche Personen, so dass sich die Pönalisierung der Folter letztlich auch nicht an den Staat als solchen richtet, sondern vielmehr an die Personen, die für den Staat handeln.[1016] Will man diese betroffene Personengruppe nun nicht in einer Art Sonderstrafrecht mit Zügen eines „Feindstrafrechts" außerhalb der rechtsstaatlichen Regeln stellen[1017], muss sich auch die Pönalisierungsbedürftigkeit in der speziellen Konstellation der Folter sachlich begründen lassen. Gleichwohl führt die spezielle Verteilung der Täter- und Opferrollen aber immerhin zu einer Art

1015 Vgl. oben die Einführung zu Teil 3.

1016 Vgl. *Heinrich*, Der Amtsträgerbegriff im Strafrecht, S. 281.

1017 In Anlehnung an *Prittwitz*, FS-Herzberg, S. 515 (532).

„Beweiserleichterung" in dem Sinne, dass die ansonsten – zu Recht – einer expansiv-orientierten Strafgesetzgebung entgegengehaltenen Argumente hier nicht verfangen.

2. Geeignetheit

Bei der Geeignetheit der Pönalisierung der Folter ist neben dem Aspekt der manifesten Eignung zum effektiven Rechtsgüterschutz auch die latente Eignung der normativen Kennzeichnung der Folter als „Unrecht" zu berücksichtigen.

a) Manifeste Geeignetheit

Für die manifeste Eignung ist aus der *ex ante*-Perspektive heraus zu beurteilen, ob durch die Pönalisierung der Folter in der vorgeschlagenen Form tatsächlich die Wirkung eines effektiven Rechtsgüterschutzes erzielt werden kann. Dafür müssen – entsprechend den beiden Strafzweckrichtungen – sowohl die effektive Ahndung bereits begangener Rechtsgutsbeeinträchtigungen als auch die Verhinderung künftiger Rechtsgutsbeeinträchtigungen gewährleistet sein. Ob dies der Fall ist, kann nur im Wege einer Prognoseentscheidung abgeschätzt werden, so dass ein gewisses Maß an Unsicherheit der Entscheidung naturgemäß nicht ausgeschlossen werden kann. Immerhin können aber zur Stützung der Prognose jedenfalls wertende Vergleichungen und Parallelen aus einer Betrachtung der aktuell für die Folter einschlägigen Straftatbestände der §§ 340, 343 StGB angestellt und daraus dann Rückschlüsse gezogen werden.[1018]

aa) Ahndung bereits begangener Rechtsgutsbeeinträchtigungen

Für die Prognostizierung der Effektivität des vorgeschlagenen Folterstraftatbestands zur Ahndung bereits begangener Rechtsgutsverletzungen im Sinne der *absoluten* Strafzwecke ist es hilfreich, sich einen Überblick über die Aburteilungen der folterrelevanten Fälle anhand der §§ 340, 343 StGB *de lege lata* zu verschaffen. Dabei wird für beide Normen ein vergleichbares Bild erkennbar, nämlich dass die Anzahl der einschlägigen Fälle tendenziell gering ist.[1019] Neben den Aburteilungen wäre für die Beurteilung der Effektivität freilich noch die Ermittlung der Dunkelziffer von besonderer Relevanz, da sich gerade aus dem Vergleich zwischen Aburteilung und Dunkelziffer die (negative) Effektivität der Norm im direkten Vergleich herauslesen lässt.[1020] Diese kriminologische Aufgabenstellung kann im Rahmen der vorliegenden Untersuchung jedoch nicht ge-

---

1018 Vgl. *Bundesregierung*, Dritter Bericht der Bundesrepublik Deutschland nach Artikel 19 des Übereinkommens vom 10.12.1984 gegen Folter und andere grausame, unmenschliche oder erniedrigende Behandlung oder Strafe, Z. 17 ff.

1019 Vgl. die Nachweise bei *Kuhlen*, in: NK-StGB, § 343 Fn. 4 und *Singelnstein*, in: Deutsches Institut für Menschenrechte (Hrsg.), Prävention von Folter und Misshandlung in Deutschland, S. 213 (228 ff.).

1020 *Schreiber*, in: Schäffer/Triffterer (Hrsg.), Rationalisierung der Gesetzgebung, S. 178 (180).

leistet werden. Es muss daher an dieser Stelle sein Bewenden mit der Feststellung haben, dass sich die Prognose der repressiven Effektivität der Pönalisierung darauf stützen lässt, dass die Praxis durchaus einschlägige Fälle kennt, in denen das Strafrecht zum Einsatz gekommen ist, und in denen der vorgeschlagene Tatbestand Anwendung finden könnte.[1021]

bb) Verhinderung künftiger Rechtsgutsbeeinträchtigungen

Noch schwieriger als die Prognose über die Effektivität im repressiven Bereich ist die Prognose darüber, inwieweit die vorgeschlagene Pönalisierung tatsächlich negativ-generalpräventiv wirkt und künftige Beeinträchtigungen der zu schützenden Rechtsgüter verhindert. Schließlich kann das Ausbleiben einer solchen Unrechtshandlung auf unterschiedliche Motive zurückzuführen sein.[1022] Um eine Einschätzung treffen zu können, ist zunächst von Bedeutung, dass sich die Strafbewehrung im Falle der Folter nur an einen bestimmten Adressatenkreis richtet, nämlich nur an Amtsträger. Die Frage der Abschreckungswirkung ist daher dahin zu konkretisieren, ob sich ein *Amtsträger gerade aufgrund der Strafdrohung* von der Misshandlung einer anderen Person abhalten lässt. Hier scheint es nicht fern liegend entgegenzuhalten, dass ein Amtsträger sich bereits durch die drohenden disziplinarrechtlichen Konsequenzen eines Fehlverhaltens – je nach Schwere der Verfehlung kann ein amtspflichtwidriges Verhalten z.B. mit der Suspendierung, der Kürzung der Bezüge, einer Versetzung sanktioniert werden[1023] – von der Begehung der Unrechtshandlung abhalten lasse. Ferner könnte eingewandt werden, dass die Wahrscheinlichkeit der Strafverfolgung und das Strafmaß bei der Folter als einem Anwendungsfall der Staatskriminalität im Vergleich zu anderen Delikten ohnehin geringer seien, und damit die Pönalisierung auch aus diesem Grund keine unmittelbar abschreckende Wirkung entfalte.[1024]

Inwieweit diese Einwände tatsächlich durchgreifen, kann an dieser Stelle nicht tiefgehend erörtert werden, da dies eine umfassende praktische Untersuchung voraussetzen würde. Es erscheint jedoch die These naheliegend, dass die Pönalisierung der Folter in der vorgeschlagenen Form zumindest auch eine präventiv-rechtsgüterschützende Wirkung entfaltet. Schließlich ist die Folter nach der vorgeschlagenen Gesetzesformulierung als Verbrechen i.S.d. § 12 StGB ausgestaltet und zöge als solches zwangsläufig die Verhängung einer Freiheitsstrafe nach sich. Zudem würde die strafrechtliche Verurteilung aus die-

---

1021 Vgl. die Nachweise bei *Singelnstein*, in: Deutsches Institut für Menschenrechte (Hrsg.), Prävention von Folter und Misshandlung in Deutschland, S. 213 (214 ff.).

1022 Vgl. *Schreiber*, in: Schäffer/Triffterer (Hrsg.), Rationalisierung der Gesetzgebung, S. 178 (180).

1023 *Wind/Schimana/Wichmann/Langer*, Öffentliches Dienstrecht, Rn. 405.

1024 Vgl. *Carroll*, § 220a StGB, der dies im Zusammenhang mit dem Völkermordstraftatbestand des § 220a StGB a.F. diskutiert.

sem Grund auch erhebliche dienstrechtliche Konsequenzen zeitigen. Denn gemäß § 41 Abs. 1 S. 1 Nr. 1 BBG endet das Beamtenverhältnis im Falle der Verurteilung wegen einer vorsätzlichen Tat zu einer Freiheitsstrafe von mindestens einem Jahr. Insofern sprechen gute Argumente für die Bejahung einer effektiven präventiv-rechtsgüterschützenden Wirkung der Strafdrohung des vorgeschlagenen Tatbestands.

b) Latente Geeignetheit

Das wesentliche Kriterium für die latente Eignung einer Pönalisierung bildet die normative Kennzeichnung des Pönalisierungsgegenstands als „Unrecht“.[1025] Ob diese Funktion auch einen hinreichend wichtigen Beitrag für die Begründung der Legitimität der Pönalisierung der Folter leisten kann, hängt dementsprechend von der Qualität des phänomenologischen Unrechts der Folter ab.

Diesen Maßstab zugrunde gelegt, sprechen im Falle der Folter starke Argumente *für* eine legitimierende Wirkung der latenten Eignung. Denn die Folter wird sowohl im nationalen Recht als auch im Völkerrecht den schwersten Menschenrechtsverletzungen zugeordnet.[1026] Dies hatte sich im nationalen Recht aus der Qualifizierung der Folter als Missachtung der Menschenwürde gemäß Art. 1 Abs. 1 GG und im Völkerrecht aus den einschlägigen Verboten der Art. 2 ff. FoK, 3 EMRK und 7 IPbpR ergeben. Vor diesem Hintergrund erscheint die umfassende und ausdrückliche Kennzeichnung der Folter als Unrecht als naheliegend und sinnvoll, und zwar unabhängig von dem Ausmaß der Anwendungseffektivität. Denn durch die Kennzeichnung der Folter als strafrechtlich relevantes Verhalten bringt der Gesetzgeber die ablehnende Haltung des Staates gegenüber der Folter in symbolträchtiger Weise zum Ausdruck. Zudem steht dieses Moment der Symbolsetzung auf einer Linie mit der Gesetzgebung anderer Staaten. So hatte sich insbesondere bei der Betrachtung der Rechtslage in Griechenland gezeigt, dass hier die Pönalisierung der Folter unmittelbar nach der Kennzeichnung der Folter als gravierendes Unrecht zur Absicherung des neuen Folterverbots erlassen wurde, ohne dass dabei Effektivitätserwägungen im Vordergrund standen.[1027] Gleiches gilt für die Türkei, die, um die für die Aufnahme in die EU erforderliche Rechtsstaatlichkeit der Rechtsordnung darzulegen, eine ausdrückliche Pönalisierung der Folter erlassen hat.[1028]

Gerade für das Strafrecht, dem die Funktion zugesprochen wird, Gradmesser für „Recht“ und „Unrecht“ zu sein, ist es daher wichtig, die Folter als „Unrecht“ zu kennzeichnen, da diese sowohl im nationalen Rechtsraum als auch im Völkerrecht als besonderes Unrecht angesehen wird.

1025 Vgl. oben Teil 3 Kapitel 3 I. 1. b) bb) (1).
1026 S.o. Teil 1 Kapitel 1 I.
1027 Vgl. oben Teil 2 Kapitel 2 II. 1.
1028 Vgl. oben Teil 2 Kapitel 2 III. 1.

c) Verhältnis der manifesten und der latenten Eignung für die Pönalisierung der Folter

Die vorangegangenen Ausführungen haben gezeigt, wie schwierig einerseits die Prognose der manifesten Wirkung des effektiven Rechtsgüterschutzes zu erstellen ist, und wie sinnvoll und wichtig andererseits die effektivitätsunabhängige latente normative Kennzeichnung der Folter als „Unrecht" ist. Es spricht daher bei der Pönalisierung der Folter vieles für eine Überdeterminierung des latenten Aspekts. Mit anderen Worten: bei der Pönalisierung der Folter handelt es sich tendenziell um einen Akt der symbolischen Gesetzgebung. Dieses Ergebnis ist insofern nicht überraschend, als eine solche Tendenz auch dem Tatbestand der Aussageerpressung nach § 343 StGB *de lege lata* zugesprochen wird.[1029] Zudem offenbart sich die symbolische Dominanz, wenn man neben dem Straf*gesetz* den ihm vorausgehenden Straf*gesetzgebungsakt* betrachtet. Denn die hier geforderte strafgesetzgeberische Absicherung des Folterverbots erfolgt zu einem Zeitpunkt, da das ausnahmslose Verbot der Folter durch den *„Fall Daschner"* und den Internationalen Terrorismus ins Wanken geraten ist. Dieser Bewegung nun mit einer strafgesetzgeberischen Klärung entgegenwirken zu wollen, ist – jedenfalls in einem gewissen Maße – nahezu zwangsläufig schon als ein „symbolischer *Akt*" anzusehen. Dass es sich bei der Pönalisierung der Folter insofern tendenziell um einen Fall symbolischer Strafgesetzgebung handelt, heißt nun aber nicht, dass damit die Legitimität der Pönalisierung in Frage steht. Denn bereits oben[1030] wurde festgestellt, dass der symbolischen Strafgesetzgebung im Grundsatz zwar kritisch zu begegnen ist, es aber gleichwohl Fälle geben kann, in denen die Symbolsetzung eine Pönalisierung (mit-) zu tragen geeignet ist, solange bloß sichergestellt ist, dass auch die manifeste Eignung in hinreichendem Maße erfüllt ist. Und eben dies ist hier der Fall. Zwar überwiegt bei der Pönalisierung der Folter die latente Funktion die manifeste, doch rechtfertigt sich dies durch das besondere Unrecht der Folter und die zentrale Stellung des Folterverbots im Katalog der Menschenrechte. Und aufgrund der in der Praxis zwar seltenen, aber doch immerhin präsenten einschlägigen Fälle ist auch die manifeste Eignung der Pönalisierung sichergestellt.

3. Erforderlichkeit

Für die Beurteilung der Erforderlichkeit der Pönalisierung der Folter in der vorgeschlagenen Form ist zwischen dem nationalen und dem völkerrechtlichen Bezugsrahmen zu unterscheiden. Dadurch, dass in beiden Bereichen Aussagen über die Pönalisierung der Folter getroffen werden, kann sich die Erforderlichkeit *speziell des strafrechtlichen* Schutzes der durch die Folter bedrohten Rechtsgüter auch nur innerhalb des jeweiligen Bezugsrahmens ermitteln lassen.

1029 Vgl. *Kuhlen*, in: NK-StGB, § 343 Rn. 2; *Voßen*, in: MünchKomm-StGB, § 343 Rn. 5.
1030 S.o. Teil 3 Kapitel 3 I. 1. b).

a) Nationaler Rahmen

Im nationalen Rahmen entscheiden über die Pönalisierungsbedürftigkeit der Folter der Rang der durch die Pönalisierung zu schützenden Rechtsgüter sowie die beiden strafrechtlichen Prinzipien der *„ultima ratio"* und der „Subsidiarität".

aa) Wert der durch die Folter bedrohten Rechtsgüter

Der Wert eines Rechtsguts hängt davon ab, in welchem Näheverhältnis es zur Menschenwürde als dem zentralen Bezugswertesystem steht, und zwar insbesondere unter Berücksichtigung des Ausmaßes der drohenden Beeinträchtigung durch das in Rede stehende Verhalten.[1031] Für die vorgeschlagene Pönalisierung der Folter in Form der Neuformulierung des § 343 StGB v.F. ist dabei zu berücksichtigen, dass gleich drei Rechtsgüter geschützt werden sollen, und zwar zum einen auf individueller Ebene die körperliche Integrität und die Willensausübungsfreiheit und zum anderen auf überindividueller Ebene die Rechtsstaatlichkeit staatlichen Handelns. Alle diese Rechtsgüter weisen – insbesondere in ihrem kumulativen Zusammenwirken als (Gesamt-) Unrechtsgehalt des Tatbestands – eine große Nähe zur Menschenwürde auf. Dies gilt bereits für das Individualrechtsgut der körperlichen Unversehrtheit, die allgemein zu den wichtigsten Rechtsgütern gezählt wird, da für eine menschenwürdige Entfaltung der Persönlichkeit die Freiheit vor unzulässigen Beeinträchtigungen der körperlichen Integrität existenziell ist. Gleiches gilt entsprechend für die Freiheit der Willensausübung. Vor allem aber weist das überindividuelle Rechtsgut der Rechtsstaatlichkeit staatlichen Handelns wegen seiner besonderen faktischen Nähe zur Menschenwürdegarantie auf eine besondere Schutzbedürftigkeit hin. Denn angesichts des Umstands, dass sich der Bürger in eine Staatsorganisation einordnen muss, in der dem Staat, d.h. namentlich den für ihn handelnden Amtsträgern, als der zentralen Hoheitsgewalt gegenüber den Bürgern eine besondere Machtstellung zukommt, muss sichergestellt werden, dass diese Macht nicht missbraucht wird. Weisen damit die für die Pönalisierung der Folter einschlägigen Rechtsgüter bereits jeweils für sich genommen eine besondere Nähe zur Menschenwürdegarantie auf, so gilt dies erst Recht, wenn man den *Gesamtunrechtsgehalt* unter Berücksichtigung des Beeinträchtigungsverhaltens in den Blick nimmt. Von da aus ergibt sich nämlich das Bild, dass die vorgeschlagene Pönalisierung der Folter die gewaltsame, willensbeugende Verletzung der körperlichen Integrität unter Missachtung der Bedingungen rechtsstaatlichen Handelns erfasst, und sie damit faktisch den Kernbereich der Menschenwürde anspricht. Bei den durch die Folternorm zu schützenden Rechtsgütern handelt es sich daher, insbesondere in ihrem Zusammenwirken, um besonders fundamentale und wertvolle, mithin in besonderem Maße schützenswerte Rechtsgüter, die durch die Folter in besonders gravierender Weise bedroht werden.

1031 Vgl. *Bohne*, Menschenwürde und Strafrecht, S. 25.

bb) Strafrechtsbegrenzende Prinzipien

Nachdem festgestellt wurde, dass die Pönalisierung der Folter in der vorgeschlagenen Form auf fundamentale Rechtsgüter gestützt wird, die es gegen gravierende Beeinträchtigungen zu schützen gilt, fragt sich weiterhin, ob die Pönalisierung der Folter auch die *ultima ratio* des Schutzes dieser Rechtsgüter bildet und zudem aus Subsidiaritätsgesichtspunkten notwendig ist. Dabei steigen durch den besonderen Wert der in Rede stehenden Rechtsgüter automatisch die argumentativen Anforderungen an eine Ablehnung der Pönalisierung im Rahmen der *ultima ratio*- und Subsidiaritätserwägungen.

(1) Folter und ultima ratio-Prinzip

Ob es sich bei der Pönalisierung der Folter um die *ultima ratio* des Rechtsgüterschutzes handelt, muss anhand der Prognose begründet werden, dass die Strafbewehrung tatsächlich die „letzte" effektive Möglichkeit zum Schutz der durch die Folter bedrohten Rechtsgüter darstellt. Die Pönalisierung muss sich im Vergleich zu anderen Mitteln durchsetzen. Umgekehrt bedarf es ihrer dann nicht, wenn zum Schutz der Rechtsgüter bereits weniger eingriffsintensive, aber ebenso effektive Möglichkeiten zur Verfügung stehen. Zu denken ist dabei im vorliegenden Zusammenhang insbesondere an die bereits bestehende Strafgesetzeslage, an disziplinarrechtliche Maßnahmen und an mögliche Präventionsmechanismen.

(a) Lex lata

Die Frage nach dem *ultima ratio*-Charakter der vorgeschlagenen Pönalisierung der Folter stellt sich zunächst mit Blick auf die bestehende Strafgesetzeslage, da diese bereits einen wesentlichen Teil phänotypischer Verhaltensweisen der Folter unter Strafe stellt.[1032] Es ließe sich daher einwenden, dass das Bedürfnis der vorgeschlagenen Pönalisierung deshalb entfalle, weil bereits nach geltendem Recht Folterhandlungen in der Regel eine Strafe nach sich ziehen. Dabei erweist sich die *lex lata* gegenüber der vorgeschlagenen *lex ferenda* zudem jedenfalls insoweit als das mildere Mittel, als erstens nach der vorgeschlagenen Pönalisierung bestimmte Handlungen, die bislang unter § 340 StGB zu subsumieren waren und damit den Charakter eines Vergehens hatten, fortan als Verbrechen in den Anwendungsbereich des § 343 StGB v.F. fallen können, und zweitens die Privilegierungsklausel des § 343 Abs. 2 StGB in seiner aktueller Fassung für minder schwere Fälle der Aussageerpressung entfällt. Gegen eine solche Argumentation spricht jedoch, dass die *lex lata* im Hinblick auf die Effektivität des Schutzes hinter der *lex ferenda* zurückbleibt und damit kein gleichermaßen effektiver Schutz besteht. Schließlich hat sich die geltende Gesetzeslage bei ihrer Überprüfung in Teil 2 Kapitel 1 als lückenhaft erwiesen, und zwar insbesondere wegen der Unterkomplexität des § 340 StGB und der unangemessenen Be-

1032 S.o. Teil 2 Kapitel 1 IV.

schränkung des § 343 StGB auf repressiv-prozessakzessorische Misshandlungen. Deutlich geworden ist die Lückenhaftigkeit der *lex lata* darüber hinaus auch im *„Fall Daschner"*, indem hier eine phänomenologisch als Folterandrohung zu qualifizierende Handlung als (einfache) Nötigung nach § 240 StGB abgeurteilt wurde.[1033] Für die Strafbewehrung der Folter als eines der schwerwiegendsten Menschenrechtsverbrechen und wegen der besonderen Bedeutung der zu schützenden Rechtsgüter erscheint eine „Irgendwie"-Pönalisierung nicht angemessen.[1034] Es ist vielmehr zu verlangen, dass die Folter „als solche", d.h. entsprechend ihrem spezifischen Unrechtsgehalt, unter Strafe gestellt wird. Dies wird aber erst durch den unterbreiteten Pönalisierungsvorschlag möglich. Daher kann die *lex lata* mangels gleicher Eignung im direkten Vergleich kein Argument gegen die Erforderlichkeit der *lex ferenda* darstellen.

(b) Disziplinarrecht

Ein weiteres Mittel, das sich im Vergleich zur Folter als ebenso effektiv bei geringerer Eingriffsintensität erweisen könnte, ist das Disziplinarrecht. Bei dem Disziplinarrecht handelt es sich um ein Sanktionsrecht i.w.S., das auf das dienstwidrige Verhalten von Beamten Anwendung findet.[1035] Als mögliche disziplinarrechtliche Konsequenzen kommen dabei – je nach der Schwere der Verfehlung – etwa die Amtsenthebung, die Versetzung, die Suspendierung oder auch die Kürzung der Bezüge in Betracht.[1036] Ob das Disziplinarrecht eine angemessene Reaktion auf eine Folterhandlung darstellt, muss in normativer Hinsicht jedoch bezweifelt werden. Denn die Aufgabe des Disziplinarrechts als Teil des Beamtenrechts besteht allein in der Erhaltung der Leistungsfähigkeit und des Ansehens des Beamtentums.[1037] Mit einer disziplinarrechtlichen Sanktion wird daher nicht auf die Folter als solche reagiert, sondern auf die Verfehlung des Beamten in Bezug auf seinen Dienst. Sanktionsgrund ist allein der Treuebruch im Verhältnis zwischen dem Beamten und dem Staat. Andererseits kommt dem Disziplinarrecht unter Effektivitätsgesichtspunkten durchaus eine wichtige Bedeutung zu. Schließlich haben die disziplinarrechtlichen Sanktionen erhebliche Konsequenzen für die Lebensgestaltung des betroffenen Beamten. Ob sich aber aus diesem Grund das Disziplinarrecht gegenüber dem Strafrecht als effektiver erweist, kann an dieser Stelle als prognostische Einschätzung nur als These formuliert werden. Die These lautet, dass das Disziplinarrecht trotz seiner wichtigen Bedeutung den Effektivitätsgrad der vorgeschlagenen strafrechtlichen Pöna-

---

1033 *LG Frankfurt a.M.* NJW 2005, 692 ff.

1034 Vgl. hierzu *Gäfgen ./. Deutschland*, Urt. der Großen Kammer des EGMR vom 01.06.2010, Z. 123 f.

1035 *Wind/Schimana/Wichmann/Langer*, Öffentliches Dienstrecht, Rn. 399.

1036 *Wind/Schimana/Wichmann/Langer*, Öffentliches Dienstrecht, Rn. 405.

1037 *Wind/Schimana/Wichmann/Langer*, Öffentliches Dienstrecht, Rn. 399.

lisierung nicht erreicht.[1038] Für diese These spricht schon das allgemeine Verhältnis zwischen Disziplinarrecht und Strafrecht. Denn im Falle einer strafrechtliche Verurteilung für eine Tat, die zugleich ein Dienstvergehen darstellt, ist anerkannt, dass es – insbesondere aus Verhältnismäßigkeitserwägungen heraus – angemessen sein kann, von der zusätzlichen Verhängung disziplinarrechtlicher Sanktionen abzusehen.[1039] Damit verliert zumindest das Argument der repressiven Ahndungseffektivität des Disziplinarrechts entscheidend an Gewicht. Auch das Abschreckungspotenzial des Disziplinarrechts reicht als berufsbezogene Sanktionierung nicht an die Wirkung der *Straf*bewehrung heran. Schlussendlich erreicht das Disziplinarrecht damit nicht den Effektivitätsgrad, der dem Strafrecht, namentlich in Form der hier vorgeschlagenen Pönalisierung, zukommt.

(c) Präventionsmechanismen

Nur einer knappen Erwähnung bedarf der Effektivitätsvergleich des Strafrechts mit den möglichen präventiven Schutzmechanismen, da letztere ganz offensichtlich zwar einen wichtigen, aber faktisch nur geringen Beitrag zur Bekämpfung der Folter leisten können, so dass ihre Effektivität hinter der des Strafrechts zurücksteht. Zu denken ist bei den Präventionsmechanismen vor allem an die Errichtung des europäischen[1040] und des internationalen[1041] Folterkontrollausschusses, die jeweils Besuche von Orten in den Vertragsstaaten vorsehen, an denen Menschen die Freiheit entzogen ist.[1042] Der Umfang des Vorhabens zeigt aber schon in aller Deutlichkeit die Problematik dieser Präventionsmechanismen, nämlich dass für die praktische Umsetzung erhebliche Ressourcen aufgebracht werden müssen, und zwar sowohl in personeller als auch in finanzieller Hinsicht.[1043] In der Praxis können die Ausschüsse daher nicht mehr als eine stichprobenartige Kontrolle der Zustände in den nationalen Freiheitsentziehungsanstalten bewirken.

1038 A.A. *J. Schulz*, in: Lenzen (Hrsg.), Ist Folter erlaubt?, S. 77 (88), der zumindest für die Konstellation der „Rettungsfolter" das Disziplinarrecht als hinreichende Maßnahme ansieht.

1039 Vgl. BVerfGE 27, 180 (188)

1040 Die Errichtung des europäischen Folterkontrollausschusses geht zurück auf das Europäische Übereinkommen zur Verhütung von Folter, unmenschlicher oder erniedrigender Behandlung oder Strafe vom 26.11.1987 (EKoK), das Deutschland am 21.02.1990 ratifiziert hat.

1041 Die Errichtung des internationalen Folterkontrollausschusses geht zurück auf das Fakultativprotokoll zum Übereinkommen gegen Folter und andere grausame, unmenschliche oder erniedrigende Behandlung oder Strafe vom 18.12.2002 (OPCAT), das von Deutschland am 04.12.2008 ratifiziert wurde.

1042 Vgl. Art. 1 EFoK, Art. 1 OPCAT.

1043 Vgl. *Morgan/Evans*, Bekämpfung der Folter in Europa, S. 35; *Suntinger*, in: Deutsches Institut für Menschenrechte (Hrsg.), Prävention von Folter und Misshandlung in Deutschland, S. 27 (35, 52).

(2) Folter und Subsidiaritätsprinzip

Wie oben gezeigt ist die Erforderlichkeit der vorgeschlagenen Pönalisierung der Folter nach der Zuständigkeitsregel des Subsidiaritätsgrundsatzes nicht allein nach Effektivitätserwägungen zu bemessen. Der Subsidiaritätsgedanke lässt vielmehr auch Raum für eine normative Fundierung. So verstanden kann aus der positiven Zuständigkeitsregel, der zufolge der Staat dann tätig werden soll, wenn dies aus Sicht des Bürgers angebracht ist, für den Fall der Folter abgeleitet werden, dass gerade hier der Bürger auf die staatliche Hilfe angewiesen ist. Denn bei der Folter als Teil der Staatskriminalität ist die Gefahr besonders signifikant, dass die Tat folgenlos bleibt oder nur geringe Konsequenzen nach sich zieht.[1044] Umso wichtiger ist es, dass der Gesetzgeber durch eine angemessene Pönalisierung der Folter normativ verdeutlicht, dass die Tat mit einer ihrer Schwere angemessenen strafrechtlichen Reaktion bedroht ist. Diese normative Kraft können sämtliche anderen Schutzmittel nicht aufbringen. Auch das Disziplinarrecht, das sich im Vergleich der möglichen *rationes* als ein grundsätzlich effektives Mittel herausgestellt hatte, ist dazu nicht in der Lage. Da es sich bei der Folter um eines der schwersten Menschenrechtsverbrechen handelt, scheint diese normative Untermauerung des Folterverbots durch das Strafecht als das schärfste Teilsystem der sozialen Kontrolle nur folgerichtig. Mithin sprechen die Subsidiaritätserwägungen für die Notwendigkeit der Pönalisierung der Folter in der hier vorgeschlagenen Form.

cc) Verpflichtung zur Pönalisierung der Folter nach der nationalen Pönalisierungsbedürftigkeitsdogmatik

Die vorangegangenen Ausführungen haben gezeigt, dass die Pönalisierung der Folter in der vorgeschlagenen Form nach den Maßstäben der nationalen Strafgesetzgebungsdogmatik einen geeigneten und erforderlichen Akt der Strafgesetzgebung darstellt. Dabei war durch das Hervorheben der besonderen Bedeutung des Folterverbots im nationalen Recht und im Völkerrecht und dem daraus folgenden besonderen Wert der durch die Folter bedrohten Rechtsgüter deutlich geworden, dass die vorgeschlagene Pönalisierung der Folter ein besonders dringliches Anliegen darstellt. Da aber das Ob und Wie einer Pönalisierung grundsätzlich in der freien Entscheidung des Strafgesetzgebers liegen[1045], wäre denkbar, dass sich der Gesetzgeber trotz der vorgebrachten Argumente gegen die vorgeschlagene Pönalisierung entscheidet, und der unterbreitete Vorschlag mithin folgenlos bliebe. Etwas anderes würde jedoch dann gelten, wenn aus den vorangegangenen Erwägungen zu schließen wäre, dass sich im konkreten Fall die Pönalisierungs*bedürftigkeit* hin zu einer Pönalisierungs*pflicht* des Gesetzgebers verdichtet hat, und der Gesetzgeber insofern gebunden ist. Dies setzt jedoch

1044 Vgl. *Singelnstein*, in: Deutsches Institut für Menschenrechte (Hrsg.), Prävention von Folter und Misshandlung in Deutschland, S. 213 (228 ff.).

1045 Vgl. BVerfGE 39, 1 (44).

voraus, dass eine solche Verpflichtung des Gesetzgebers zur Pönalisierung überhaupt entstehen kann. Auf diesen Standpunkt hat sich das *BVerfG* in seiner ersten Schwangerschaftsabbruchs-Entscheidung gestellt: „Im äußersten Falle, wenn nämlich der von der Verfassung gebotene Schutz auf keine andere Weise zu erreichen ist, kann der Gesetzgeber verpflichtet sein, zum Schutze des sich entwickelnden Lebens das Mittel des Strafrecht einzusetzen."[1046] Damit hat das *BVerfG* erstmalig aus der Verfassung eine Verpflichtung des Gesetzgebers zur Strafgesetzgebung abgeleitet und eine Ausnahme von der Regel der generellen Entscheidungsfreiheit des Gesetzgebers im Bereich der Strafgesetzgebung aufgestellt. Diesen Ansatz hat das Gericht später in der zweiten Schwangerschaftsabbruchentscheidung – wenngleich in abgeschwächterem Ausdruck – im Grundsatz bestätigt: „Handelt es sich bei der Aufgabe, das menschliche Leben vor seiner Tötung zu schützen, um eine elementare staatliche Schutzaufgabe, so lässt es das Untermaßverbot nicht zu, auf den Einsatz auch des Strafrechts und die davon ausgehende Schutzwirkung frei zu verzichten."[1047] Hier hat das *BVerfG* die Ableitung der Pönalisierungspflicht dogmatisch im verfassungsrechtlichen Untermaßverbot verankert,[1048] das als begrifflicher und inhaltlicher Gegenpart zum Übermaßverbot ausgestaltet ist. Gemeint ist damit, dass der Staat bei der Wahrnehmung seiner positiven Schutzpflichten eine gewisse Grenze nicht unterschreiten darf.[1049] In der Literatur ist die Annahme einer verfassungsrechtlichen Verpflichtung des Gesetzgebers zur Vornahme von Pönalisierungen intensiv aufgenommen worden und dabei – zumindest im Grundsatz – sowohl auf Zustimmung als aber auch auf Ablehnung gestoßen.[1050]

(1) Grundsätzliche Möglichkeit der Ableitung von Pönalisierungspflichten aus der Verfassung

Gegen die Ableitung von Pönalisierungsgeboten aus der Verfassung wird teilweise vorgebracht, dass die Verfassung in Art. 26 Abs. 1 S. 2 GG ein konkretes Pönalisierungsgebot enthalte, woraus im Umkehrschluss zu folgern sei, dass die Entscheidung über die Pönalisierung aller anderen Verhaltensweisen im Ermessen des Gesetzgebers liegen solle.[1051] Dieses Argument überzeugt angesichts der speziellen Entstehungsgeschichte des Art. 26 GG aber nicht. Es berück-

1046 BVerfGE 39, 1 (46 f.).

1047 BVerfGE 88, 203 (257).

1048 BVerfGE 88, 203 (257).

1049 *Streuer*, Die positiven Verpflichtungen des Staates, S. 143.

1050 (Grundsätzlich) zustimmend *Robbers*, in: Lüderssen (Hrsg.), Aufgeklärte Kriminalpolitik oder Kampf gegen das Böse?, Bd. I: Legitimationen, S. 147 (155); *L. Schulz*, StV 1994, 38 (41); *Tiedemann*, Verfassung und Strafrecht, S. 50 ff. Ablehnend dagegen: *Stächelin*, in: Institut für Kriminalwissenschaften Frankfurt a.M. (Hrsg.), Vom unmöglichen Zustand des Strafrechts, S. 267 (277 ff.); *Vogler*, ZStW 90 (1978), 132 (171).

1051 Vgl. *Abendroth*, KJ 1975, 121 (125).

sichtigt nicht den entscheidenden Umstand, dass dieser Artikel unter dem speziellen Eindruck der Ereignisse, die zum Zweiten Weltkrieg geführt haben, verfasst worden ist.[1052] Bei Art. 26 GG handelt es sich vor diesem Hintergrund um einen historisch bedingten Sonderfall[1053], der das damalige Selbstverständnis des Verfassungsgebers widerspiegeln sollte.[1054] Eine verallgemeinerbare Aussage über die Ableitung von Pönalisierungspflichten aus der Verfassung lässt sich Art. 26 Abs. 1 S. 2 GG dagegen nicht entnehmen. Die Entscheidung über verfassungsrechtliche Pönalisierungspflichten muss stattdessen anhand der allgemeinen dogmatischen Grundsätze und Argumente getroffen werden.

Im Rahmen der anzustellenden Überlegungen muss freilich bedacht werden, dass eine generelle Entscheidung *für* die Möglichkeit der Ableitung von Pönalisierungspflichten aus der Verfassung die Gefahr des Dammbruchs birgt. Gleichwohl stehen der kategorischen Ablehnung von Pönalisierungspflichten gewichtige Bedenken entgegen. Erkennt man nämlich die objektive Schutzpflichtdimension der Grundrechte und das daraus folgende Untermaßverbot im Grundsatz an, ist der Schritt zur Bejahung von verfassungsrechtlich abgeleiteten Pönalisierungsgeboten nur konsequent und unausweichlich.[1055] Dies bestätigt auch das Gedankenexperiment einer völligen Entpönalisierung als dem denkbaren Gegenpart zur Pönalisierungspflicht.[1056] Wenn und weil nämlich eine totale Entpönalisierung – und dies meint auch die Entpönalisierung etwa der Tötungsdelikte – nicht ernsthaft gefordert werden kann, so stellt jedenfalls dieses „entpönalisierungsresistente“ Minimum das Proprium des verfassungsgemäß Pönalisierungspflichtigen dar. Letztlich wenden sich daher auch die kritischen Stimmen in der Literatur weniger gegen das Ob einer solchen verfassungsrechtlichen Pönalisierungspflicht als vielmehr gegen das Wie und gegen deren Reichweite.[1057] Diese Fragen sind freilich im Einzelfall zu entscheiden. Zu beachten ist dabei, dass die grundsätzliche Bejahung der verfassungsrechtlichen Pönalisierungspflichten angesichts des allgemeinen Grundsatzes der Entscheidungsfreiheit des Strafgesetzgebers nur in eng umgrenzten Ausnahmefällen ange-

---

1052 *Müller-Dietz*, FS-Dreher, S. 97 (103); *L. Schulz*, StV 1994, 38 (41); *Robbers*, in: Lüderssen (Hrsg.), Aufgeklärte Kriminalpolitik oder Kampf gegen das Böse?, Bd. I: Legitimationen, S. 147 (148).

1053 *L. Schulz*, StV 1994, 38 (41).

1054 *Robbers*, in: Lüderssen (Hrsg.), Aufgeklärte Kriminalpolitik oder Kampf gegen das Böse?, Bd. I: Legitimationen, S. 147 (148).

1055 Vgl. *L. Schulz*, StV 1994, 38 (41).

1056 Ähnlich *Sax*, in: Bettermann/Nipperdey/Scheuner (Hrsg.), Die Grundrechte, Bd. III/2, S. 909 (930), der davon ausgeht, dass die verfassungsrechtliche Grenze strafrechtlichen Unrechts im Falle der Nichtpönalisierung eines sozialschädlichen Verhaltens, das der Strafe bedürfe, unterschritten sei.

1057 Vgl. *Müller-Dietz*, FS-Dreher, S. 97 (108); *Gröblinghoff*, Die Verpflichtung des deutschen Strafgesetzgebers zum Schutz der Interessen der Europäischen Gemeinschaften, S. 32.

nommen werden kann. Keinesfalls darf dieser Spalt zu einem Einfallstor für die Durchsetzung bloß politisch wünschenswerter Pönalisierungen pervertiert werden.

(2) Argumente für eine Verpflichtung des Gesetzgebers zur Pönalisierung der Folter

Überträgt man die vorangegangenen allgemeinen Erwägungen auf den konkreten Fall der Folter, muss zuallererst darauf eingegangen werden, dass die der Folter zugrunde liegende Konstellation von denjenigen Fällen in entscheidender Weise abweicht, die sonst im Allgemeinen im Zusammenhang mit der Thematik der Pönalisierungspflicht diskutiert werden. Dies hat zur Folge, dass auch die üblicherweise vorgetragenen Argumente, und zwar insbesondere die Argumente *gegen* die Annahme von Pönalisierungspflichten, auf die Pönalisierung der Folter nicht ohne weiteres übertragen werden können.

Sofern in der Literatur über die Möglichkeit der Ableitung von Pönalisierungspflichten aus der Verfassung diskutiert wird, betrifft dies stets die Dreieckskonstellation, dass der Staat verpflichtet sein soll, durch Strafgesetzgebung die Freiheit des einen Bürgers gegen die Bedrohung seiner Rechtsgüter durch einen anderen Bürger zu verteidigen.[1058] Bei der Pönalisierung der Folter steht hingegen auf der Täterseite ein Amtsträger, so dass es hier nicht um eine Dreiecksbeziehung sondern um ein bipolares Parteienverhältnis geht, bei dem der Staat in Gestalt des für ihn handelnden Amtsträgers sowohl als Täter als aber auch in Gestalt des Gesetzgebers als Schutzinstitution auftritt. In dieser Weise vermengen sich Aspekte der positiven und der negativen Grundrechtsdimensionen, indem der Gesetzgeber aufgefordert wird (positive Dimension), durch die Pönalisierung die Freiheit des Bürgers vor Eingriffen durch Amtsträger in seine Grundrechte zu sichern (negative Dimension). Damit ist die üblicherweise gegen die Ableitung von Pönalisierungspflichten aus der Verfassung vorgebrachte Kritik auf den speziellen Fall der Pönalisierung der Folter nicht übertragbar.

Vor diesem Hintergrund sowie unter Verweis auf den besonderen Wert der durch die Pönalisierung zu schützenden Rechtsgüter und das erhebliche Ausmaß ihrer drohenden Verletzungen, aber auch mit Blick auf die wichtige Symbolwirkung der – im Vergleich zur *lex lata* differenzierteren und angemesseneren – Pönalisierung der Folter durch die vorgeschlagene Neuformulierung des § 343 StGB, spricht viel für eine Verdichtung der Pönalisierungsbedürftigkeit hin zu einer Verpflichtung des Gesetzgebers zur Umsetzung der vorgeschlagenen Pönalisierung der Folter. Zudem handelt es sich bei dem unterbreiteten Vorschlag nicht um eine Neupönalisierung eines bislang nicht unter Strafe gestellten

---

1058 Vgl. *Alexy*, Theorie der Grundrechte, S. 410 ff.; *Streuer*, Die positiven Verpflichtungen des Staates, S. 291; *M. Mayer*, Untermaß, Übermaß und Wesensgehaltgarantie, S. 30 ff.

Unrechts, sondern es geht vielmehr um die Nachbesserung der von der Politik[1059] als vollumfänglich gewährleistet angesehenen, tatsächlich aber bislang nicht gesicherten umfassenden strafrechtlichen Absicherung des Folterverbots. Schließlich hat die Politik die lückenlose Pönalisierung der Folter als notwendig anerkannt.[1060] Mit der Umsetzung des erarbeiteten Pönalisierungsvorschlags würde daher lediglich die momentan bestehende Diskrepanz zwischen der politisch erwünschten und der tatsächlich bestehenden Gesetzeslage überwunden. Konsequenterweise erwächst daraus im Ergebnis nun die Verpflichtung des Gesetzgebers, die Wirklichkeit der Strafgesetzeslage durch die Nachbesserung in Gestalt des hier unterbreiteten Vorschlags an den bislang propagierten Anspruch einer angemessenen Pönalisierung der Folter anzupassen.

b) Völkerrechtlicher Rahmen

Neben den nationalen Anforderungen an die Pönalisierungsbedürftigkeit ist die Erforderlichkeit der Pönalisierung der Folter in der hier vorgeschlagenen Form zudem an den entsprechenden aus der FoK, der EMRK dem IPbpR sowie dem allgemeinen Rechtsgrundsatz der Pönalisierung von Menschenrechtsverletzungen erwachsenden *völkerrechtlichen Anforderungen* zu messen. Allen vier völkerrechtlichen Quellen ist dabei gemein, dass sie eine *Verpflichtung* des nationalen Gesetzgebers zur Pönalisierung der Folter begründen bzw. eine solche Pflicht aus ihnen abgeleitet wird.[1061] *Dass* die Folter aus völkerrechtlicher Sicht pönalisierungsbedürftig ist, steht daher außer Zweifel, fraglich ist allein das Wie. Und diese Entscheidung über das Wie liegt – entsprechend dem oben dargelegten Konkurrenzverhältnis zwischen den nationalen und völkerrechtlichen Gesetzgebungseinflüssen (jedenfalls bei der Pönalisierung der Folter) – in der Entscheidungskompetenz des nationalen Gesetzgebers.[1062] Daher kommt es für die Beurteilung der völkerrechtlichen Erforderlichkeit der Umsetzung des hier unterbreiteten Pönalisierungsvorschlags entscheidend darauf an, ob die Pönalisierung der Folter im völkerrechtlichen Sinne nicht schon bereits durch die derzeit geltende Strafgesetzeslage hinreichend gewährleistet ist. Nur wenn und soweit das nicht der Fall ist, besteht aus völkerrechtlicher Sicht die Notwendigkeit einer Nachbesserung der Strafgesetzeslage in Gestalt der *vorgeschlagenen Art und Weise* der Pönalisierung durch den Gesetzgeber. Dieser Frage gilt es im Folgenden anhand der vier völkerrechtlichen Quellen nachzugehen.

1059 Vgl. *Bundesregierung*, Dritter Bericht der Bundesrepublik Deutschland nach Art. 19 des Übereinkommens vom 10.12.1984 gegen Folter und andere grausame, unmenschliche oder erniedrigende Behandlung oder Strafe, Z. 17.

1060 Vgl. *Bundesregierung*, Dritter Bericht der Bundesrepublik Deutschland nach Art. 19 des Übereinkommens vom 10.12.1984 gegen Folter und andere grausame, unmenschliche oder erniedrigende Behandlung oder Strafe, Z. 17 ff.

1061 S.o. Teil 3 Kapitel 2 II. 1.

1062 S.o. Teil 3 Kapitel 2 II. 1.

aa) FoK

Zunächst ist die Perspektive der FoK einzunehmen, da diese von allen einschlägigen völkerrechtlichen Quellen die konkreteste Aussage über die Pönalisierung der Folter trifft. Dem expliziten Pönalisierungsgebot des Art. 4 FoK zufolge muss nicht nur jeder Vertragsstaat die Folter nach seinem Strafrecht *als Straftat* unter Strafe stellen (Art. 4 Abs. 1 FoK), sondern er muss zudem mit dem Strafrahmen das Unrecht der Tat angemessen spiegeln (Art. 4 Abs. 2 FoK). Über die Dringlichkeit der angemessenen Pönalisierung lässt Art. 4 FoK insofern keine Zweifel. Indem der Auftrag an den nationalen Gesetzgeber als *Pflicht* formuliert wird, ist die Frage der Pönalisierungsbedürftigkeit nicht nur zu bejahen, sondern es wird zudem die höchste Dringlichkeitsstufe der Bedürftigkeit aktiviert. Freilich ist diese Verpflichtung auf die Pönalisierung der Folter i.S.d. Art. 1 Abs. 1 FoK beschränkt, so dass diejenigen Misshandlungen, die den nach Art. 1 Abs. 1 FoK erforderlichen Schweregrad der Misshandlung nicht erreichen oder die ohne eine bestimmte Zweckverfolgungsabsicht vorgenommen werden, nicht von dem Pönalisierungsgebot des Art. 4 FoK erfasst werden. Aufgrund der qualitativen Nähe zwischen der Folter i.S.d. Art. 1 Abs. 1 FoK und dem der vorliegenden Untersuchung zugrunde liegenden Verständnis von Folter als einer gewaltbedingten Körperverletzung des Betroffenen durch einen Hoheitsträger ist aber davon auszugehen, dass auch für diejenigen Folterhandlungen i.w.S., die nicht ausdrücklich von Art. 4 FoK erfasst sind, die Notwendigkeit der Pönalisierung zu unterstellen ist – zumal gemäß Art. 16 Abs. 1 S. 1 FoK der Staat auch die grausamen, unmenschlichen und erniedrigenden Misshandlungen verhindern muss.

Fraglich ist vor diesem Hintergrund, ob diese aus der Folter abgeleitete Pönalisierungspflicht durch die aktuelle Strafgesetzeslage bereits erfüllt ist, oder ob es hierfür der Umsetzung des unterbreiteten Pönalisierungsvorschlags bedarf. Konkrete Vorgaben für die Art und Weise der Erfüllung des Pönalisierungsgebots enthält Art. 4 FoK nicht. Nicht notwendig ist jedenfalls, dass die nationale Strafrechtsordnung einen spezifischen Folterstraftatbestand enthält.[1063] Verlangt wird allerdings eine lückenlose und mit einem angemessenen Strafrahmen versehene Pönalisierung der Folter.[1064] Dass die aktuell geltende Strafgesetzeslage diese Anforderungen erfüllt, ist mit Blick auf die obigen Ausführungen zur Pönalisierung der Folter *de lege lata*[1065] zu bezweifeln. Schon die Umsetzung des materiellen Unrechts der Folter ist aktuell nicht sichergestellt. Denn eine umfassende Pönalisierung aller für die Folter in Frage kommenden Verhaltensweisen erfolgt allein über § 240 StGB, der als „Jedermannsdelikt" aber nicht das

1063 *Burgers/Danelius*, The United Nations Convention against Torture, S. 129.

1064 *Burgers/Danelius*, The United Nations Convention against Torture, S. 129.

1065 Vgl. oben Teil 2 Kapitel 1 IV.

Merkmal der Amtsträgereigenschaft des Täters voraussetzt,[1066] und damit auch und vor allem das materielle Unrecht der Folter nicht hinreichend zum Ausdruck bringt.[1067] Zudem mangelt es der aktuellen Strafgesetzeslage – soweit es § 240 StGB als die einzige alle Folterhandlungen umfassende Norm betrifft – mit Blick auf Art. 4 Abs. 2 FoK auch an der angemessenen Höhe des Strafrahmens. Denn die Angemessenheit soll anhand des Vergleichs der Pönalisierung der Folter mit den jeweiligen Strafrahmen der ihrem Unrechtsgehalt nach anderen schwerwiegenden Delikte des nationalen Strafrechts ermittelt werden.[1068] § 240 StGB sieht allerdings bloß eine Geldstrafe oder Freiheitsstrafe bis zu drei Jahren vor bzw. im Falle der Verwirklichung und Anwendung des strafzumessenden Regelbeispiels von sechs Monaten bis zu fünf Jahren Freiheitsstrafe, so dass es sich bei der Nötigung um ein Vergehen i.S.d. § 12 Abs. 1 StGB handelt, wohingegen schon der Strafrahmen der Aussageerpressung nach § 343 StGB, die ihrer Charakteristik nach der Phänomenologie der Folter am nächsten kommt, als Verbrechen i.S.d. § 12 Abs. 1 StGB darstellt und eine Freiheitsstrafe von einem Jahr bis zu zehn Jahren vorsieht.

Im Ergebnis folgt daraus, dass nach aktuellem nationalen Strafrecht die Folter, gemessen an den aus der FoK erwachsenden Anforderungen, nicht nur phänomenologisch nicht hinreichend unter Strafe gestellt ist, sondern zudem die Gesetzeslage, sofern auf § 240 StGB als „Auffangtatbestand" verwiesen wird, hinter den Strafrahmenanforderungen des Art. 4 Abs. 2 FoK zurückbleibt. Damit erfüllt die Wirklichkeit der nationalen Strafgesetzeslage nicht den Anspruch der aus Art. 4 FoK folgenden Verpflichtung zu einer angemessenen Pönalisierung. Mithin ist der Gesetzgeber zur Erfüllung seiner Pflicht aufgefordert, die aktuelle Gesetzeslage nachzubessern. Hierfür bietet die vorgeschlagene Form der Pönalisierung der Folter einen angemessenen Ansatz. Durch die Neuformulierung des § 343 StGB wird sichergestellt, dass alle phänomenologisch als Folter zu qualifizierenden Fälle als Verbrechen eingestuft werden, und nicht wie bisher ein großer Teil der phänotypischen Verhaltensweisen über § 340 StGB und § 240 StGB abgeurteilt werden muss. Dadurch wird nicht nur die Phänomenologie der Folter hinreichend berücksichtigt, sondern es wird auch ein angemessener Strafrahmen für die Pönalisierung gewährleistet.

1066 Zwar sieht § 240 Abs. 4 Nr. 3 StGB eine Strafzumessung für den Fall vor, dass der Täter seine Befugnisse oder seine Stellung als Amtsträger missbraucht, doch handelt es sich hierbei als Strafzumessungsregel naturgemäß nicht um eine zwingend anzuwendende Strafbarkeitsvoraussetzung. Insofern kann die Amtsträgereigenschaft – sofern einschlägig – straferschwerend berücksichtigt werden, muss es aber nicht, vgl. hierzu die Ausführungen des *LG Frankfurt a.M.* NJW 1995, 692 (695), das im *„Fall Daschner"* von einer Strafzumessung wegen der Amtsträgereigenschaft der Täter abgesehen hat.

1067 S.o. Teil 2 Kapitel 1 III. 4. a).

1068 *Burgers/Danelius*, The United Nations Convention against Torture, S. 129.

bb) EMRK und IPbpR

Weniger deutlich als in der FoK stellt sich die Erforderlichkeit der Umsetzung der hier vorgeschlagenen Folterpönalisierung nach den Vorgaben der beiden allgemeinen auf die Gewährleistung von Menschenrechten gerichteten Völkerverträge der EMRK und des IPbpR dar. Im Gegensatz zur FoK enthalten die EMRK und der IPbpR nämlich keine explizite, an den nationalen Gesetzgeber adressierte Pönalisierungs*pflicht*. Allerdings wird eine solche Pflicht von den für die Auslegung und Überwachung der Vertragsgewährleistungen zuständigen Institutionen – namentlich für die EMRK vom *EGMR* und für den IPbpR vom *UN-MRA* – aus der generellen Verpflichtung der Vertragsstaaten zur Gewährleistung der Vertragsinhalte abgeleitet.[1069] Aufgrund der Parallelen zwischen EMRK und IPbpR hinsichtlich der Verwirklichung der Gewährleistung sowie angesichts des Umstands, dass die Spruchpraxis des *EGMR* zu Art. 3 EMRK ergiebiger ist als die des *UN-MRA* zu Art. 7 IPbpR, wird im Folgenden allein auf die Spruchpraxis des *EGMR* abgestellt, die sich im Wesentlichen entsprechend auf die aus dem IPbpR erwachsenden Anforderungen übertragen lässt.

Sofern der *EGMR* aus der EMRK eine Verpflichtung der Vertragsstaaten zur Pönalisierung von Konventionsverstößen ableitet, stellt sich zunächst die prinzipielle Frage, ob die Entscheidungen des *EGMR* überhaupt innerstaatliche Bindung entfalten und die Nationalstaaten zur Strafgesetzgebung zwingen können. Denn im Gegensatz zu den *vertraglichen* Pflichten, die ein Vertragsstaat durch die Unterzeichnung des Vertrags *selbst* übernimmt, wird ihm die Pflicht zur Pönalisierung von Konventionsverstößen infolge von Urteilen des *EGMR* von außen auferlegt. Art. 46 Abs. 1 EMRK enthält hierzu zwar die Vorgabe, dass die Vertragsstaaten verpflichtet sind, die Urteile des *EGMR* anzuerkennen, jedoch bezieht sich diese Verpflichtung zunächst nur auf das „*inter-partes*-Verhältnis" zwischen dem verklagten Nationalstaat und dem Beschwerdeführer.[1070] Darüber hinaus hat der *EGMR* jedoch festgestellt, dass es eine Selbstverständlichkeit sei, dass seine Entscheidungen auch über den spezifischen Einzelfall hinaus Wirkung haben.[1071] Diesem Diktum hat der überwiegende Teil in der völkerrechtlichen Literatur zugestimmt,[1072] was angesichts des grundlegenden Ziels der EMRK, einen supranationalen Rechtsraum mit einheitlichen Regeln für alle in diesem Raum befindlichen Staaten zu schaffen, nur konsequent ist. Damit entfalten die Urteile des *EGMR* eine Wirkung *erga omnes* und binden folglich auch die nicht unmittelbar betroffenen Staaten.

1069 S.o. Teil 3 Kapitel 2 II. 1. bb) und cc).

1070 *Diehm*, Die Menschenrechte der EMRK und ihr Einfluss auf das deutsche Strafgesetzbuch, S. 104.

1071 *Marckx ./. Belgien*, Urt. des EGMR vom 13.06.1979, Z. 58.

1072 Vgl. *Diehm*, Die Menschenrechte der EMRK und ihr Einfluss auf das deutsche Strafgesetzbuch, S. 107 m.w.N.

Vor diesem Hintergrund stellt sich die Frage, ob aus der vom *EGMR* herausgebildeten Verpflichtung der Vertragsstaaten zur Pönalisierung von Verstößen gegen Art. 3 EMRK das Bedürfnis zur Umsetzung konkret der hier vorgeschlagenen Folterpönalisierung folgt, oder ob bereits die *lex lata* eine hinreichende strafrechtliche Absicherung des Art. 3 EMRK gewährleistet. Diese Frage ist nicht nur deshalb schwierig zu beantworten, weil der *EGMR* keine konkreten Vorgaben für die Art und Weise der Umsetzung der von ihm unterstellten Pönalisierungspflicht aufstellt, sondern auch weil er – im Gegensatz zur FoK – die Verpflichtung zur Strafbewehrung ausdrücklich über die begriffliche Folter hinaus auf die unmenschlichen und erniedrigenden Behandlungen erstreckt. Dadurch gerät eine Vielzahl von Handlungen in den Fokus, von denen bei weitem nicht alle als *gewaltbedingte* Integritätsverletzung zu qualifizieren sind. Über die Verpflichtung zur Pönalisierung der Folter hinaus wird der Gesetzgeber dadurch dazu aufgefordert, Handlungen wie etwa Gewalt gegen Sachen[1073] oder Misshandlungen von ehrverletzendem Charakter[1074] unter Strafe zu stellen. Dieser Expansion der Pönalisierungspflicht auf alle Misshandlungsformen muss mit einem entsprechend differenzierten Strafnormschutz begegnet werden. Für die Beurteilung der Folter, verstanden als *gewaltbedingte* Integritätsverletzung durch einen Amtsträger, ist vor diesem Hintergrund jedoch allein auf solche Strafnormen abzustellen, die die Gewalt gegen die Person im Staat-Bürger-Verhältnis betreffen. Insofern stellt sich für die Beurteilung der Erforderlichkeit der Implementierung des vorgeschlagenen Folterstraftatbestands allein die Frage, ob gewaltbedingte rechtsstaatswidrige Integritätsverletzungen durch einen Amtsträger *de lege lata* bereits hinreichend pönalisiert sind, oder ob es diesbezüglich einer Verschärfung der Strafgesetzeslage bedarf.

Überträgt man den soeben im Rahmen der Pönalisierungsbedürftigkeitserwägungen nach dem Maßstab der FoK ermittelten Befund, müssen auch im Hinblick auf die Vorgaben des *EGMR* Zweifel an einer hinreichenden nationalstrafrechtlichen Absicherung des Folterverbots angemeldet werden, die auf die Erforderlichkeit der Implementierung des vorgeschlagenen Folterstraftatbestands hindeuten.[1075] Eine Stütze findet diese These im Urteil der *Großen Kammer des EGMR* vom 01.06.2010 im Fall *Gäfgen ./. Deutschland*, in dem die Richter – entgegen der Kammerentscheidung vom 30.06.2008[1076] - feststellten,

---

1073 Vgl. *Selçuk und Asker ./. Türkei*, Urt. des EGMR vom 24.04.1998, Z. 77.

1074 Vgl *Price ./. Vereinigtes Königreich*, Urt. des EGMR vom 10.07.2001, in dem eine erniedrigende Behandlung darin gesehen wurde, dass sich eine an den Rollstuhl gefesselte Frau bei der Körperhygiene von männlichem Personal helfen lassen musste.

1075 A.A. *J. Schulz*, in: Lenzen (Hrsg.), Ist Folter erlaubt?, S. 77 (85 ff.), der die aus der EMRK folgenden Vorgaben für die Gestaltung des nationalen Strafrechts als hinreichend erfüllt ansieht.

1076 In der Kammerentscheidung billigte der *EGMR* implizit die aktuelle Gesetzeslage, indem er den Schuldspruch gegen die Frankfurter Polizeibeamten als eine angemessene Reaktion auf deren Konventionsverletzung ansah (vgl. *Gäfgen ./. Deutsch-*

dass der Verstoß der Frankfurter Polizeibeamten gegen Art. 3 EMRK durch das Urteil des *LG Frankfurt a.M.* vom 20.12.2004 nicht hinreichend kompensiert worden sei, da der Richterspruch des *LG Frankfurt a.M.* offensichtlich außer Verhältnis zur Verletzung des zentralen Rechts des Art. 3 EMRK stehe und es ihm daher an der erforderlichen abschreckenden Wirkung mangele.[1077] Auch wenn sich die von der *Großen Kammer* geübte Kritik unmittelbar nur auf den Judikativakt des konkreten Richterspruchs bezieht, kann gleichwohl bei stringentem Fortdenken dieser Kritik die abstrakte Gesetzeslage nicht unberührt bleiben. Schließlich implizieren die Ausführungen der *Großen Kammer* notwendig auch die Feststellung, dass die aktuelle Gesetzeslage Ergebnisse zulässt, die den Vorgaben der Konvention in gravierender Weise zuwider laufen. Mithin ist es nur konsequent, aus der Entscheidung der *Großen Kammer* vom 01.06.2010 eine Verpflichtung des nationalen Gesetzgebers zur Nachbesserung der nationalen Strafgesetzeslage im Hinblick auf die Absicherung der Gewährleistungen des Art. 3 EMRK herauszulesen. Und hierzu eignet sich der vorgeschlagene Straftatbestand der Folter in besonderem Maße, da er die gesteigerten Anforderungen an eine angemessene Pönalisierung der Folter erfüllt.

cc) Allgemeiner Rechtsgrundsatz der Pönalisierung von Menschenrechtsverletzungen

Die Erforderlichkeit der Folterpönalisierung in der vorgeschlagenen Form aufgrund des allgemeinen Rechtsgrundsatzes kann nur angedeutet werden, da dieser allgemeine Rechtsgrundsatz in seiner konkreten Gestalt in einer intensiven Rechtsvergleichung ermittelt werden müsste, was hier nicht unternommen werden kann. Ein kurzer Blick auf die Strafrechtsordnungen anderer Länder zeigt aber, dass dort die Folter phänomenologisch konkreter pönalisiert und auch mit einem höheren Strafrahmen versehen ist als in Deutschland *de lege lata*,[1078] so dass vieles für die These spricht, dass die aktuelle Gesetzeslage hinter den Rechtsordnungen anderer Länder zurückbleibt und damit das Bedürfnis der Verschärfung in der hier vorgeschlagenen Form zu bejahen ist.

c) Zusammenfassung

Sowohl nach dem nationalen Recht als auch nach dem Völkerrecht hat sich die Umsetzung des unterbreiteten Pönalisierungsvorschlags als erforderlich herausgestellt, da die *lex lata* keine hinreichend Absicherung des Folterverbots und keinen hinreichenden Schutz der bedrohten Rechtsgüter gegen die folterrelevan-

---

land, Urt. des EGMR vom 30.06.2008, Z. 77 f. Zustimmend *Esser*, NStZ 2008, 657 ff.). Dies bedeutet im Umkehrschluss, dass die Richter keinen Nachbesserungsbedarf bei der Pönalisierung konventionsrelevanter Gewaltanwendungen oder -androhungen gegen eine Person durch einen Amtsträger sahen.

1077 *Gäfgen ./. Deutschland*, Urt. der Großen Kammer des EGMR vom 01.06.2010, Z. 124.

1078 Vgl. Art. 222-1 ff. code pénal; Art. 173 ff. código penal in Spanien; § 137a StGB-GR in Griechenland; Art. 94 ff. StGB-T in der Türkei.

ten Beeinträchtigungen bietet. Aus beiden Einflussrichtungen, vor allem aber aus den völkerrechtlichen Pönalisierungsquellen der Folter ist dabei gefolgert worden, dass sich die Erforderlichkeit sogar zu einer Pönalisierungspflicht verdichtet hat.

4. Ergebnis

Für die Überprüfung der Pönalisierungsbedürftigkeit der Folter in der hier vorgeschlagenen Form, d.h. als Neuformulierung des § 343 StGB, hat sich die besondere Rollenverteilung von Täter und Opfer als leitender Gedanke herausgestellt. Dadurch, dass bei der Folter der Staat, d.h. ein Amtsträger, auf der Täterseite steht, läuft der Hauptzweck der Pönalisierungsbedürftigkeit als Pönalisierungssequenz, nämlich der Schutz des Bürgers vor staatlichen Eingriffen in seine Freiheit, weitestgehend leer. Dadurch bekommen die beiden Pönalisierungsbedürftigkeitskategorien der Geeignetheit und der Erforderlichkeit eine eigene Bewertungsdimension. Gerade bei der Geeignetheit tritt in der Folge neben die manifeste Funktion des effektiven Rechtsgüterschutzes die latente Funktion der normativen Kennzeichnung der Folter als „Unrecht". Diese normative Symbolwirkung schlägt auch auf die Erforderlichkeitserwägungen durch. Denn neben dem hohen Wert der durch die Folter bedrohten Rechtsgüter steigt durch den Charakter der Folter als Staatsverbrechen auch das Bedürfnis nach einer Kennzeichnung dieses Verhaltens als „Unrecht" und damit nach einer normativen Bekräftigung des absoluten Folterverbots. Sowohl nach den völkerrechtlichen Vorgaben für die Pönalisierung der Folter als aber auch nach den Maßstäben des nationalen Strafrechtsdenkens verdichtet sich diese Erforderlichkeit dabei zu einer Verpflichtung des Gesetzgebers zum Handeln, so dass der Gesetzgeber zur Umsetzung der vorgeschlagenen Neuformulierung des § 343 StGB aufgerufen ist.

Zusammenfassung und Ergebnis

Kaum ein Thema hat die Rechtswissenschaft in den vergangenen Jahren so sehr beschäftigt wie die Folter. Spätestens durch den *„Entführungsfall Metzler"* und den daraus hervorgegangenen *„Fall Daschner"* ist die angesichts der Bedrohung durch den internationalen Terrorismus ohnehin schon seit geraumer Zeit schwelende Diskussion über die Folter wieder virulent geworden. Dabei kommt der Frage nach der strafrechtlichen Absicherung des vor allem völkerrechtlich verankerten Folterverbots insofern eine besondere Bedeutung zu, als die Verteidigung des absoluten Verbots eine umfassende strafrechtliche Sanktionierung von Verbotsverstößen erfordert, und umgekehrt eine lückenhafte strafrechtliche Absicherung des Verbots dessen Geltungskraft insgesamt zu schwächen droht. Damit übernimmt das Strafrecht letztlich die Funktion des Gradmessers für die gesamtrechtliche Würdigung der Folter. Dieser Kontext bildet den Ausgangspunkt für die vorliegende Untersuchung, in der der Frage nach der Pönalisierung der Folter *de lege lata* sowie auch und vor allem der – in der (Straf-) Rechtswissenschaft bislang vernachlässigten – Frage nach einer angemessenen Pönalisierung der Folter *de lege ferenda* nachgegangen wurde.

Gleich der erste Schritt im Gang der Untersuchung (Teil 1), nämlich die Festlegung des Pönalisierungsgegenstands, d.h. die Präzisierung von Phänomen und Begriff der Folter, hat sich als ein schwerer Schritt herausgestellt, da – entgegen der intuitiven Selbstverständlichkeit der Verwendung des Begriffs – keineswegs Konsens darüber herrscht, was genau unter „Folter" zu verstehen ist. Unter Rekurs auf die diesbezüglich vertretenen unterschiedlichen Ansätze in der Rechtswissenschaft sowie in anderen Wissenschaftsdisziplinen wurde schließlich ein Bild von der Folter gezeichnet, in dessen Zentrum der materielle Unrechtsgehalt der Folter steht, der vor allem durch die Verletzung der Menschenwürde sowie die Verletzung des Grundsatzes der Rechtsstaatlichkeit geprägt ist. Eine davon ausgehende begrifflich-definitorische Präzisierung der Folter fiel allerdings schon deshalb schwer, weil es sich bei der Menschenwürde, dem Kern des Unrechtsgehalts der Folter, nicht um eine Individualgewährleistung mit einem positiv beschreibbaren, klar umgrenzten Schutzbereich handelt, so dass auch ihre spezifische Verletzung durch die Folter nicht klar benannt werden kann. Daher wurde das Augenmerk darauf gerichtet, den in der sog. Objektformel zum Ausdruck kommenden Grundsatz der staatlichen Pflicht zur Achtung der Menschenwürde mittels seiner Anseilung an ein konkretes Individualgrundrecht zu manifestieren. Diesen Referenzpunkt liefert für die Folter das Individualgrundrecht der körperlichen Integrität, so dass sich die Folter in der Folge als eine Verletzung der körperlichen Integrität mittels einer gewaltsamen Einwirkung auf die Person des Betroffenen bzw. mittels der Androhung einer solchen gewaltsamen Einwirkung, durch die der Betroffene zum bloßen Objekt degradiert wird, dargestellt hat. In diesem Zusammenhang hat sich auch gezeigt, dass die so genannte Rettungsfolter dem Phänomenbereich der Folter zuzuordnen, und mithin nach den gleichen Regeln zu behandeln ist. Schließlich kann es für die degradierende Verobjektivierung des Betroffenen weder im negativen noch im positiven Sinne auf die subjektive Motivation des Verletzenden ankommen, sondern es ist vielmehr eine rein objektive Betrachtung zugrunde zu legen. Ferner hat sich gezeigt, dass Täter der Folter nur ein Amtsträger sein kann, da die Verpflichtung zur Achtung der Menschenwürde ein allein an den Staat adressiertes Postulat darstellt. Dadurch wurde zugleich auch der Brückenschlag zwischen der Verletzung der Menschenwürde und der Verletzung des Grundsatzes der Rechtsstaatlichkeit staatlichen Handelns durch die Folter hergestellt, da folgerichtig durch die Verletzung der Verpflichtung zur Achtung der Menschenwürde zugleich der Wesensgehalt der Rechtsstaatlichkeit tangiert wird, dass der Staat, d.h. präziser die für ihn handelnden Amtsträger, die Bürger als (Rechts-) Subjekte respektiert. Im Ergebnis konnte die Folter definiert werden als die Verletzung der Menschenwürde und des Grundsatzes der Rechtsstaatlichkeit, die sich dadurch äußert, dass das Opfer durch eine von einem Amtsträger vorgenommene oder ihm zumindest zurechenbare Verletzung seiner körperlichen Integrität oder die Androhung einer solchen Verletzung zu einem bloßen Objekt degradiert wird.

Im nächsten Schritt (Teil 2) wurde die Folter in ihrer in Teil 1 entwickelten Gestalt auf ihre Pönalisierung nach aktuell geltendem Strafrecht hin untersucht, wobei der Beurteilung nicht nur die in Frage kommenden phänotypischen Verhaltensweisen, sondern auch das strafwürdige materielle Unrecht der Folter – namentlich manifestiert durch den Gedanken des Rechtsgüterschutzes – zugrunde gelegt wurden. Dabei fiel zunächst auf, dass die Begriffe „Folter“ und „Menschenwürde“ im deutschen Strafrecht nicht auftauchen, mithin die Folter in Deutschland nicht als solche unter Strafe gestellt ist. Als einschlägige Tatbestände des StGB wurden daraufhin die §§ 343, 340 und 240 StGB untersucht. Allerdings hat sich herausgestellt, dass keiner dieser Tatbestände eine angemessene Pönalisierung der Folter gewährleistet. § 343 StGB deckt zwar seiner Rechtsgüterschutzrichtung nach das materielle Unrecht der Folter weitestgehend ab, jedoch schließt der Tatbestand nicht alle Angriffsverhalten auf dieses Unrecht ein, indem er auf die repressive Aussagenötigung beschränkt ist. Auch § 340 StGB erfasst nicht alle Verhaltensweisen – namentlich vor allem nicht die Androhung von Gewalt, sofern sie keine somatischen Wirkungen zeitigt – und spiegelt zudem aufgrund seines maßgeblich individualrechtsgüterschützenden Einschlags den Unrechtshalt der Folter nicht hinreichend wider. Die mangelnde Äquivalenz zwischen Unrechtshalt der Folter und tatbestandlicher Rechtsgüterschutzrichung steht auch der Qualifizierung des § 240 StGB als einer angemessenen „Folterstrafnorm“ entgegen. Im Anschluss an die Untersuchung der deutschen Strafgesetzeslage wurde ein vergleichender Blick auf die Rechtsordnungen in Frankreich, Griechenland und der Türkei geworfen, da es sich bei der Folter schließlich um ein universelles Phänomen handelt, und sich somit die Frage nach ihrer angemessenen Pönalisierung nicht nur in Deutschland stellt. Dieser Vergleich hat ergeben, dass zwar auf der einen Seite in diesen Ländern die Folter ausdrücklich unter Strafe gestellt ist und auch der Begriff der Menschenwürde eine unmittelbare Rolle spielt. Auf der anderen Seite aber ermöglicht diese Klarheit nur oberflächlich betrachtet eine angemessenere und effektivere Pönalisierung der Folter, da die entsprechenden Vorschriften dem deutschen verfassungsrechtlichen Bestimmtheitsgebot des Art. 103 Abs. 2 GG nicht standhalten würden, und im Übrigen in den genannten Ländern auch die Durchsetzung dieser Normen zu wünschen übrig lässt.

Davon ausgehend, dass die Folter *de lege lata* nur unzureichend unter Strafe gestellt ist, wurde schließlich im dritten Schritt der Untersuchung (Teil 3) der Versuch unternommen, einen Straftatbestand der Folter *de lege ferenda* zu formulieren, der das spezifische Unrecht der Folter unter gleichzeitiger Berücksichtigung aller denkbaren phänotypischen Angriffsverhaltensweisen besser spiegelt. Hierbei wurde untersucht, inwieweit sich die Folter in ihrer in Teil 1 entwickelten Form als pönalisierungswürdig (Teil 3 Kapitel 2) und –bedürftig (Teil 3 Kapitel 3) erweist, wobei – dem universellen Charakter der Folter entsprechend - für beide Sequenzen sowohl nationalstrafrechtliche als auch völkerrechtliche Pönalisierungsmaßstäbe angelegt wurden. Im Rahmen der Pönalisierungswürdigkeitserwägungen, die die Antworten auf die beiden Fragen „was *darf* und was *kann* unter Strafe gestellt werden?“ geben sollen, wurden zunächst die nationalen und völkerrechtlichen Maßstäbe in ihrer abstrakten, allgemeinen Form entwickelt und dann anschließend auf den konkreten Fall der Folter angewandt. Im Rahmen der aus dem nationalen Rechtskreis stammenden Erwägungen zur Gesetzgebung wurde dabei auf den Rechtsgüterschutzgedanken abgestellt, der aufgrund seiner programmatischen Vagheit einer ausführlichen Diskussion unterzogen wurde. Im Völkerrecht wurde auf die Strafgesetzgebungseinflüsse der Völkerverträge und des Völkergewohnheitsrechts eingegangen. Nach diesen allgemeinen Ausführungen wurden die so ermittelten Maßstäbe auf den konkreten Fall der Folter übertragen. Dabei hat sich im Rahmen der Untersuchung der völkerrechtlichen Pönalisierungswürdigkeit der Folter gezeigt, dass dort generell nur Erwägungen zur Pönalisierungswerthaftigkeit der Folter angestellt werden, d.h. dass nur erörtert wird, ob die Folter im Sinne des jeweiligen Vertrags (FoK, EMRK, IPbpR) bzw. im Sinne des Völkergewohnheitsrechts überhaupt unter Strafe gestellt werden soll, wohingegen keine konkreten Vorgaben für die Art und Weise der Umsetzung aufgestellt werden, sondern diese Entscheidung dem nationalen Gesetzgeber überlassen wird. Der so gesetzte völkerrechtliche Rahmen wurde im Folgenden durch die Pönalisierungswürdigkeit der Folter nach der nationalen Rechtsgüterschutzdogmatik ausgefüllt. Dort wurde deutlich, dass sich die Folter zwar strafrechtlich mangels Rechtsgutsqualität der Menschenwürde nicht als eine Verletzung der Menschenwürde unter Strafe stellen lässt, sie sich aber immerhin entgegen der h.M. als Verletzung des Grundsatzes der Rechtsstaatlichkeit formulieren lässt. Als Ergebnis der Rechtsgüterschutzerwägungen konnte dann eine konkrete Formulierung der Pönalisierung der Folter entwickelt werden. Diese Formulierung wurde schließlich zu einem Straftatbestand des StGB dogmatisiert und als solcher – insbesondere unter Berücksichtigung der damit verbundenen Auswirkungen auf die §§ 340 und 343 StGB in ihrer aktuellen Gestalt – in die Systematik des StGB integriert. Zuletzt wurde dann im Rahmen der Erwägungen zur Pönalisierungsbedürftigkeit untersucht, inwieweit sich die Implementierung dieses vorgeschlagenen Folterstraftatbestands aus strafgesetzgebungsdogmatischer Sicht als notwendig erweist bzw. ob der Gesetzgeber sogar eventuell zur Umsetzung dieses Vorschlags verpflichtet sein kann. Dabei hat sich die Implementierung des vorgeschlagenen Tatbestands im Ergebnis nach allen Pönalisierungsbedürftigkeitsmaßstäben als pönalisierungsbedürftig mit Tendenz hin zur Pönalisierungspflichtigkeit herausgestellt.

Literaturverzeichnis

Abendroth, Wolfgang: Das Abtreibungsurteil des Bundesverfassungsgerichts, KJ 1975, S. 121 ff.

Albrecht, Ernst: Der Staat – Idee und Wirklichkeit, 1976

Albrecht, Peter-Alexis: Das nach-präventive Strafrecht: Abschied vom Recht, in: Institut für Kriminalwissenschaften Frankfurt a.M. (Hrsg.), Jenseits des rechtsstaatlichen Strafrechts, 2007, S. 3 ff.

Alexy, Robert: Theorie der Grundrechte, 2. Auflage, 1994

Alleweldt, Ralf: Schutz vor Abschiebung bei drohender Folter oder unmenschlicher oder erniedrigender Behandlung oder Strafe: Refoulement-Verbote im Völkerrecht und im deutschen Recht unter besonderer Berücksichtigung von Artikel 3 der Europäischen Menschenrechtskonvention und Artikel 1 des Grundgesetzes, 1996

Alternativkommentar zum Grundgesetz für die Bundesrepublik Deutschland: Gesamtherausgeber: Rudolf Wassermann, Bd. I, 3. Auflage, 2001

Alternativkommentar zum Strafgesetzbuch: Gesamtherausgeber: Rudolf Wassermann, Band 1, §§ 1 – 21, 1990

Ambos, Kai: Internationales Strafrecht: Strafanwendungsrecht, Völkerstrafrecht, europäisches Strafrecht, 2006

- *ders.*: Völkerrechtliche Bestrafungspflichten bei schweren Menschenrechtsverletzungen, Archiv des Völkerrechts 37 (1999), S. 318 ff.

- *ders.*: Straflosigkeit von Menschenrechtsverletzungen: zur "impunidad" in südamerikanischen Ländern aus völkerstrafrechtlicher Sicht, 1997

Amelung, Knut: Die Zulässigkeit der Einwilligung bei den Amtsdelikten, in: Hanack, Ernst Walter u.a. (Hrsg.), Festschrift für Hanns Dünnebier zum 75. Geburtstag, 1982, S. 487 ff.

- *ders.*: Strafrechtswissenschaft und Strafgesetzgebung, ZStW 92 (1980), S. 18 ff.

Amnesty international: Frankreich – Suche nach Gerechtigkeit, 2005 (http://www.amnesty-polizei.de/media/dokumente_kampagnen/frankreich_kampagne.pdf)

- *dies.*: Folter in Griechenland. Der erste Prozeß gegen Folterer 1975, 1977

Anastasopoulou, Ioanna: Deliktstypen zum Schutz kollektiver Rechtsgüter, 2005

Anders, Dieter: Aktuelles Forum – Die Diskussion zur rechtlichen Zulässigkeit staatlicher Folter in Ausnahmesituationen, in: Goerlich, Helmut (Hrsg.), Staatliche Folter. Heiligt der Zweck die Mittel?, 2007, S. 13 ff.

Appel, Ivo: Verfassung und Strafe: Zu den verfassungsrechtlichen Grenzen staatlichen Strafens, 1998

Aras, Nilay: Die Bedeutung der EMRK für den Grundrechtsschutz in der Türkei, ZEuS 2007, S. 219 ff.

D'Avila, Fabio: Das Unrecht der Umweltdelikte. Einige Reflexionen über den Angriff auf Rechtsgüter im Bereich des Umweltstrafrechts, 2006 (Unveröffentlichtes Manuskript)

Baldauf, Dieter: Die Folter: Eine deutsche Rechtsgeschichte, 2004

Baum, Martin: Lebensschutz durch Folter? – Strafrechtliche Rechtfertigung von Folter bei Handeln auf Grundlage eines unsicheren Sachverhalts, in: Liebl, Karlhans (Hrsg.), Vernehmung in schwierigen Feldern. Erkenntnisse, Forschungsfragen und Legalitätsprobleme, 2006, S. 133 ff.

Baumann, Jürgen / Weber, Ulrich / Mitsch, Wolfgang: Strafrecht Allgemeiner Teil, 11. Auflage, 2003

Beccaria, Cesare: Über Verbrechen und Strafen. Nach der Ausgabe von 1766, übersetzt und herausgegeben von Wilhelm Alff, 1998

Becker, Florian: Völkerrechtliche Verträge und parlamentarische Gesetzgebungskompetenz, NVwZ 2005, S. 289 ff.

Becker, Walter: „Kriminalisieren" wir? – Zur Diskussion über Gewalt und Gesetz in der Bundesrepublik Deutschland, Jugendwohl 1981, S. 425 ff.

Bernhardt, Rudolf: Internationaler Menschenrechtsschutz und nationaler Gestaltungsspielraum, in: Bernhardt, Rudolf (Hrsg.), Völkerrecht als Rechtsordnung – internationale Gerichtsbarkeit – Menschenrechte: Festschrift für Hermann Mosler, 1983, S. 75 ff.

v. Bernstorff, Jochen: Pflichtenkollision und Menschenwürdegarantie – Zum Vorrang staatlicher Achtungspflichten im Normbereich von Art. 1 GG, Der Staat 47 (2008), S. 21 ff.

Beutler, Björn: Strafbarkeit der Folter zu Vernehmungszwecken: unter besonderer Berücksichtigung des Verfassungs- und Völkerrechts, 2006

Bielefeldt, Heiner: Zur Unvereinbarkeit von Folter und Rechtsstaatlichkeit, APuZ 36/2006, S. 3 ff.

- *ders.*: Das Folterverbot im Rechtsstaat, in: Nitschke, Peter (Hrsg.), Rettungsfolter im modernen Rechtsstaat? Eine Verortung, 2005, S. 95 ff.

Birnbaum, Johann Michael Franz: Über das Erfordernis einer Rechtsverletzung zum Begriffe des Verbrechens, mit besonderer Rücksicht auf den Begriff der Ehreinschränkung, Archiv des Criminalrechts, Neue Folge, 1834, S. 149 ff.

Bleckmann, Albert: Zur originären Entstehung gewohnheitsrechtlicher Menschenrechtsnormen, in: Klein, Eckart (Hrsg.), Menschenrechtsschutz durch Gewohnheitsrecht, 2003, S. 29 ff.

- *ders.*: Die Praxis des Völkergewohnheitsrechts als konsekutive Rechtssetzung, in: Bernhardt, Rudolf u.a. (Hrsg.): Völkerrecht als Rechtsordnung – internationale Gerichtsbarkeit – Menschenrechte: Festschrift für Hermann Mosler, 1983, S. 89 ff.

- *ders.*: Völkergewohnheitsrecht trotz widersprüchlicher Praxis?, ZaöRV 36 (1976), S. 374 ff.

Böckenförde, Ernst-Wolfgang: Die Würde des Menschen war unantastbar, in: FAZ vom 03.11.2003, S. 33

Bohne, Gotthold: Menschenwürde und Strafrecht, 1951

Brandt, Ewald: Die Bedeutung des Subsidiaritätsprinzips für Entpoenalisierungen im Kriminalrecht, 1988

Braum, Stefan: Europäische Strafgesetzlichkeit, 2003

Brieskorn, Norbert: Folter,in: Beestermöller, Gerhard / Brunkhorst, Hauke (Hrsg.): Rückkehr der Folter. Der Rechtsstaat im Zwielicht?, 2006, S. 45 ff.

Brugger, Winfried: Einschränkung des absoluten Folterverbots bei Rettungsfolter?, APuZ 2006, S. 9 ff.

- *ders.*: Das andere Auge. Folter als zweitschlechteste Lösung, in: Nitschke, Peter (Hrsg.), Rettungsfolter im modernen Rechtsstaat? Eine Verortung, 2005, S. 107 ff.

- *ders.*: Vom unbedingten Verbot der Folter zum bedingten Recht auf Folter?, JZ 2000, S. 165 ff.

- *ders.*: Darf der Staat ausnahmsweise foltern?, Der Staat (35) 1996, S. 67 ff.

- *ders.*: Examensklausur im öffentlichen Recht – Übungsklausur, VBlBW 1995, S. 414 f., 446 ff.

Bruha, Thomas / Steiger, Dominik: Das Folterverbot im Völkerrecht, 2006

Bung, Jochen: Doppelfunktionelle Nötigungsabsicht bei der Aussageerpressung, KritV 2005, S. 67 ff.

Burgers, Herman / Danelius, Hans: The United Nations Convention against Torture, 1988

Burschel, Peter / Distelrath, Götz / Lembke, Sven: Eine historische Anthropologie der Folter, in: Burschel, Peter / Distelrath, Götz / Lembke, Sven (Hrsg), „Das Quälen des Körpers. Eine historische Anthropologie der Folter, 2000, S. 1 ff.

Calliess, Christian: Zwischen staatlicher Souveränität und europäischer Effektivität: Zum Beurteilungsspielraum der Vertragsstaaten im Rahmen des Art. 10 EMRK, EuGRZ 1996, S. 293 ff.

Calliess, Rolf-Peter: Der Begriff der Gewalt im Systemzusammenhang der Straftatbestände, 1974

Campbell, Patrick Carroll: § 220a – Der richtige Weg zur Verhütung und Bestrafung von Genozid?, 1986

Classen, Claus Dieter: Die Menschenwürde ist – und bleibt – unantastbar, DÖV 2009, S. 689 ff.

Conrad, Hermann: Deutsche Rechtsgeschichte, Bd. I, 1954

Degenhart, Christoph: Staatsrecht I – Staatsorganisationsrecht, 23. Auflage, 2007

Demko, Daniela: Zur Einzelfallprüfung und geltungszeitlichen Interpretation im Rahmen des Art. 3 EMRK, HRRS 2005, S. 94 ff.
Deutscher, Jörg: Die Kompetenzen der Europäischen Gemeinschaften zur originären Strafgesetzgebung, 2000
v. Dewitz, Clivia: NS-Gedankengut und Strafrecht, 2006
Diehm, Dirk: Die Menschenrechte der EMRK und ihr Einfluss auf das deutsche Strafgesetzbuch, 2006
Doehring, Karl: Völkerrecht, 2. Auflage, 2004
- *ders.*: Gewohnheitsrechtsbildung aus Menschenrechtsverträgen, in: Klein, Eckart (Hrsg.), Menschenrechtsschutz durch Gewohnheitsrecht, 2003, S. 67 ff.
Doemming, Klaus-Berto / Füsslein, Rudolf Werner / Matz, Werner: Entstehungsgeschichte der Artikel des Grundgesetzes, JÖR n.F., Bd. 1, 1951
Dreier, Horst (Hrsg.): Grundgesetz – Kommentar, Band I, Präambel, Artikel 1-19, 2. Auflage, 2004
- *ders.*: Bedeutung und systematische Stellung der Menschenwürde im deutschen Grundgesetz, in: Seelmann, Kurt (Hrsg.), Menschenwürde als Rechtsbegriff, ARSP Beiheft 101 (2005), S. 33 ff.
Driendl, Johannes: Zur Notwendigkeit und Möglichkeit einer Strafgesetzgebungswissenschaft in der Gegenwart, 1983
Dubber, Markus Dirk: Positive Generalprävention und Rechtsgutstheorie: Zwei zentrale Errungenschaften der deutschen Strafrechtswissenschaft aus amerikanischer Sicht, ZStW 117 (2005), S. 485 ff.
Dürig, Günter: Der Grundrechtssatz von der Menschenwürde, AöR 81 (1956), S. 117 ff.
Duttge, Gunnar: Strafrechtliche Rätsel, Jura 2006, S. 15 ff.
Düx, Heinz / Schroeder, Friedrich-Christian: Meinungen zur „Folterdiskussion", ZRP 2003, S. 180

Ebel, Hermann: Notwehrrecht der Polizei bei Vernehmungen (Befragungen) zum Zwecke der Gefahrenabwehr?, Kriminalistik 1995, S. 825 ff.
Eisenhardt, Urte: Das nemo tenetur-Prinzip: Grenze körperlicher Untersuchungen beim Beschuldigten, 2007
Ekardt, Felix: Folterverbot, Menschenwürde und absoluter Lebensschutz, Neue Justiz 2006, S. 64 ff.
Ellbogen, Klaus: Zur Unzulässigkeit von Folter (auch) im präventiven Bereich – Zugleich Besprechung des Urteils des Landgerichts Frankfurt am Main vom 20. 12. 2004, Jura 2005, S. 339 ff.
Elsner, Thomas / Schobert, Klara: Gedanken zur Abwägungsresistenz der Menschenwürde – angestoßen durch das Urteil des Bundesverfassungsgerichts zur Verfassungsmäßigkeit der Sicherungsverwahrung, DVBl 2007, S. 278 ff.

Enders, Christoph: Die Würde des Rechtsstaats liegt in der Würde des Menschen – Das absolute Verbot staatlicher Folter, in: Peter Nitschke (Hrsg.), Rettungsfolter im Rechtsstaat? Eine Verortung, 2005, S. 133 ff.
- *ders.*: Die Menschenwürde als Recht auf Rechte – die missverstandene Botschaft des Bonner Grundgesetzes, in: Seelmann, Kurt (Hrsg.), Menschenwürde als Rechtsbegriff, ARSP Beiheft 101 (2005), S. 49 ff.
- *ders.*: Die Menschenwürde in der Verfassungsordnung, 1997
Erb, Volker: Nothilfe durch Folter, Jura 2005, S. 24 ff.
- *ders.*: Notwehr als Menschenrecht, NStZ 2005, S. 593 ff.
Esser, Robert: EGMR in Sachen Gäfgen v. Deutschland (22978/05),Urt. v. 30. 6. 2008, NStZ 2008, S. 657 ff.

Fahl, Christian: Neue „sozialethische Einschränkung" der Notwehr: „Folter", Jura 2007, S. 743 ff.
- *ders.*: Angewandte Rechtsphilosophie – Darf der Staat foltern?, JR 2004, S. 182 ff.
Esser, Robert: EGMR in Sachen Gäfgen ./. Deutschland (22978/05), Urt. v. 30.6.2008, NStZ 2008, S. 657 ff.
Feinberg, Joel: The Moral Limits of the Criminal Law, Volume one: Harm to Others, 1984
Fischer, Thomas: Strafgesetzbuch und Nebengesetze, 55. Auflage, 2008
Fischer-Lescano, Andreas: Folter in Abu Ghraib. Die Strafanzeige gegen US-Verantwortliche in der Bundsrepublik, in: Beestermöller, Gerhard / Brunkhorst, Hauke (Hrsg.), Rückkehr der Folter: Der Rechtsstaat im Zwielicht?, 2006, S. 142 ff.
Franke, Siegfried: Wie verbindlich ist das Folterverbot für den Rechtsstaat?, in: Nitschke, Peter (Hrsg.), Rettungsfolter im modernen Rechtsstaat? Eine Verortung, 2005, S. 51 ff.
Frowein, Jochen: Freiheit von Folter oder grausamer, unmenschlicher oder erniedrigender Behandlung oder Strafe nach der Europäischen Menschenrechtskonvention, in: Matscher, Franz (Hrsg.), Folterverbot sowie Religions- und Gewissensfreiheit im Rechtsvergleich, 1990, S. 69 ff.
Frowein, Jochen / Peukert, Wolfgang, Europäische Menschenrechtskonvention: EMRK-Kommentar, 2. Auflage, 1996

Gardocki, Lech: rechtliche Probleme der Übernahme völkerrechtlicher Verbrechen in das staatliche Strafrecht, ZfRV 1989, S. 129 ff.
Gebauer, Peer: Zur Grundlage des absoluten Folterverbots, NVwZ 2004, S. 1405 ff.
Geddert-Steinacher, Tatjana: Menschenwürde als Verfassungsbegriff, 1990
Geppert, Klaus: Amtsdelikte (§§ 331 ff. StGB), Jura 1981, S. 78 ff.
Götz, Heinrich: Das Urteil gegen Daschner im Lichte der Werteordnung des Grundgesetzes, NJW 2005, S. 953 ff.

Götz, Volkmar: Allgemeines Polizei- und Ordnungsrecht, 13. Auflage, 2001
Grabenwarter, Christoph: Androhung von Folter und faires Verfahren – Das (vorläufig) letzte Wort aus Straßburg, NJW 2010, S 3128 ff.
- *ders.*: Europäische Menschenrechtskonvention: Ein Studienbuch, 3. Auflage, 2008
Graul, Eva: Abstrakte Gefährdungsdelikte und Präsumtionen im Strafrechts, 1991
Greco, Luís: Über das so genannte Feindstrafrecht, GA 2006, S. 96 ff.
Greve, Vagn: Legal Harmonization in the Field of European Criminal Law, in: Sieber, Ulrich (Hrsg.), Europäische Einigung und Europäisches Strafrecht, 1993, S. 107 ff.
Grimm, Dieter / Schlink, Bernhard / Brugger, Winfried: Darf der Staat foltern? – eine Podiumsdiskussion, HFR 2002 Beitrag 4
Gröblinghoff, Stefan: Die Verpflichtung des deutschen Strafgesetzgebers zum Schutz der Interessen der Europäischen Gemeinschaften, 1996
Gromes, Maximilian: Präventionsfolter – ein rechtsgebietsübergreifendes Problem, 2007
Günther, Klaus: Die Person der personalen Rechtsgutslehre, in: Neumann, Ulfrid / Prittwitz, Cornelius (Hrsg.), „Personale Rechtsgutslehre" und „Opferorientierung im Strafrecht", 2007, S. 15 ff.
- *ders.*: Darf der Staat foltern, um Menschenleben zu retten?, in: Beestermöller, Gerhard / Brunkhorst, Hauke: Rückkehr der Folter. Der Rechtsstaat im Zwielicht?, 2006, S. 101 ff.

Haas, Robert: Notwehr und Nothilfe : Zum Prinzip d. Abwehr rechtswidriger Angriffe ; geschichtl. Entwicklung u. heutige Problematik, 1978
Hanschmann, Felix: Kalkulation des Unverfügbaren. Das Folterverbot in der Neu-Kommentierung von Art. 1 Abs. 1 GG im Maunz-Dürig, in: Beestermöller, Gerhard / Brunkhorst, Hauke (Hrsg.), Rückkehr der Folter. Der Rechtsstaat im Zwielicht?, 2006, S. 130 ff.
Hassemer, Winfried: Darf des Straftaten geben, die ein strafrechtliches Rechtsgut nicht in Mitleidenschaft ziehen?, in: Hefendehl, Roland / v. Hirsch, Andrew / Wohlers, Wolfgang (Hrsg.), Die Rechtsgutstheorie, 2003, S. 57 ff.
- *ders.*: Welche Zukunft hat das Strafrecht, in: Duttge, Gunnar (Hrsg.), Freiheit und Verantwortung in schwieriger Zeit: Kritische Studien aus vorwiegend straf(prozeß-)rechtlicher Sicht zum 60. Geburtstag von Prof. Dr. Ellen Schlüchter, 2002, S. 133 ff.
- *ders.*: Das Symbolische am symbolischen Strafrecht, in Schünemann, Bernd u.a. (Hrsg.), Festschrift für Claus Roxin zum 70. Geburtstag, 2001, S. 1001 ff.
- *ders.*: Über die Berücksichtigung von Folgen bei der Auslegung der Strafgesetze, in: Hassemer, Winfried, Strafen im Rechtsstaat, 2000, S. 34 ff.

- *ders.*: Kennzeichen und Krisen des modernen Strafrechts, ZRP 1992, S. 378 ff.
- *ders.*: Einführung in die Grundlagen des Strafrechts, 2. Auflage, 1990
- *ders.*: Grundlinien einer personalen Rechtsgutslehre, in: Philipps, Lothar / Scholler, Heinrich (Hrsg.), Jenseits des Funktionalismus – Arthur Kaufmann zum 65. Geburtstag, 1989, S. 85 ff.
- *ders.*: Symbolisches Strafrecht und Rechtsgüterschutz, NStZ 1989, S. 553 ff.
- *ders.*: Theorie und Soziologie des Verbrechens. Ansätze zu einer praxisorientierten Rechtsgutslehre, 1973/1980

Hassemer, Winfried / Steinert, Heinz / Treiber, Hubert: Soziale Reaktion auf Abweichung und Kriminalisierung durch den Gesetzgeber, in: Hassemer, Winfried / Lüderssen, Klaus (Hrsg.), Sozialwissenschaften im Studium des Rechts, Band III, Strafrecht, 1978, S. 1 ff.

Haurand, Günter / Vahle, Jürgen: Rechtliche Aspekte der Gefahrenabwehr in Entführungsfällen, NVwZ 2003, S. 513 ff.

Hecker, Bernd: Europäisches Strafrecht, 2. Auflage, 2007

Hecker, Wolfgang: Relativierung des Folterverbots in der BRD?, KJ 2003, S. 210 ff.

Hefendehl, Roland: Mit langem Atem: Der Begriff des Rechtsguts – Oder: Was seit dem Erscheinen des Sammelbandes über die Rechtsgutstheorie geschah, GA 2007, S. 1 ff.
- *ders.*: Kollektive Rechtsgüter im Strafrecht, 2002
- *ders.*: Die Materialisierung von Rechtsgut und Deliktsstruktur, GA 2002, S. 21 ff.

Heidelberger Kommentar zur Strafprozessordnung: Von Michael Lemke, Karl-Peter Julius, Christoph Krehl, Hans-Joachim Kurth, Erardo Cristoforo Rautenberg und Dieter Tenning, 3. Auflage, 2001

Heinrich, Bernd: Der Amtsträgerbegriff im Strafrecht: Auslegungsrichtlinien unter besonderer Berücksichtigung des Rechtsguts der Amtsdelikte, 2001

Hermes, Georg: Das Grundrecht auf Schutz von Leben und Gesundheit – Schutzpflicht und Schutzanspruch aus Art. 2 Abs. 2 S. 1 GG, 1987

Herzberg, Rolf Dietrich: Folter und Menschenwürde, JZ 2005, S. 321 ff.

Herzog, Felix / Roggan, Fredrik: Zu einer Reform der Strafbarkeit wegen Aussageerpressung – § 343 StGB, GA 2008, S. 142 ff.

Heselhaus, Sebastian / Nowak, Carsten (Hrsg.): Handbuch der Europäischen Grundrechte, 2006

Hilgendorf, Eric: Folter im Rechtsstaat?, JZ 2004, S. 331 ff.

Hirsch, Hans Joachim: Buchbesprechung von Heinz Wagner „Amtsverbrechen“, ZStW 88 (1976), S. 773 ff.

v. Hirsch, Andrew: Der Rechtsgutsbegriff und das „Harm Principle“, GA 2002, S. 2 ff.

Hofmann, Rainer: Das völkerrechtliche Folterverbot, in: Ostendorf, Heribert (Hg.): Folter. Praxis, Verbot, Verantwortlichkeit, 2005, S. 9 ff.

Hohmann, Olaf: Das Rechtsgut der Umweltdelikte. Grenzen des strafrechtlichen Umweltschutzes, 1991

Horlacher, Carmen: Auskunftserlangung mittels Folter, 2007

Hornmann, Gerhard: Hessisches Gesetz über die öffentliche Sicherheit und Ordnung, München, 1997

Hübner, Ulrich / Constantinesco, Vlad: Einführung in das französische Recht, 4. Auflage, 2001

Ignor, Alexander: Geschichte des Strafprozesses in Deutschland 1532 – 1846: Von der Carolina Karls V. bis zu den Reformen des Vormärz, 2002

- *ders.*: Der Straftatbestand der Beleidigung, 1995

Ipsen, Knut: Völkerrecht, 5. Auflage, 2004

Isensee, Josef: Das Grundrecht auf Sicherheit – Zu den Schutzpflichten des freiheitlichen Verfassungsstaates, 1983

Isensee, Josef / Kirchhof, Paul: Handbuch des Staatsrechts der Bundesrepublik Deutschland, Bd. II, Verfassungsstaat, 3. Auflage, 2004

Jäger, Christian: Das Verbot der Folter als Ausdruck der Würde des Staates, in: Putzke, Holm u.a. (Hrsg.), Strafrecht zwischen System und Telos : Festschrift für Rolf Dietrich Herzberg zum siebzigsten Geburtstag am 14. Februar 2008, 2008, S. 539 ff.

- *ders.*: Die Delikte gegen Leben und körperliche Unversehrtheit nach dem 6. Strafrechtsreformgesetz – Ein Leitfaden für Studium und Praxis, JuS 2000, S. 31 ff.

Jäger, Herbert: Strafgesetzgebung und Rechtsgüterschutz bei Sittlichkeitsdelikten, 1957

Jahn, Matthias: Gute Folter – schlechte Folter?, KritV 2004, S. 24 ff.

Jakobs, Günther: Feindstrafrecht – Eine Untersuchung zu den Bedingungen von Rechtlichkeit, HRRS 2006, S. 289 ff.

- *ders.*: Bürgerstrafrecht und Feindstrafrecht, HRRS 2004, 88 ff.

- *ders.*: Strafrecht Allgemeiner Teil, 2. Auflage, 1991

Jerouschek, Günter: Gefahrenabwendungsfolter – Rechtsstaatliches Tabu oder polizeilich legitimierter Zwangseinsatz?, JuS 2005, S. 296 ff.

Jerouschek, Günter / Kölbel, Ralf: Folter von Staats wegen?, JZ 2003, S. 613 ff.

Jescheck, Hans-Heinrich / Weigend, Thomas: Lehrbuch des Strafrechts, Allgemeiner Teil, 5. Auflage, 1996

Jeßberger, Florian: "Wenn du nicht redest, füge ich Dir große Schmerzen zu.", Jura 2003, S. 711 ff.

Joecks, Wolfgang: Studienkommentar StGB, 7. Auflage, 2007

Joerden, Jan C.: Staatswesen und rechtsstaatlicher Anspruch. Ethische Fragestellungen zwischen Recht und Politik, 2008

Joseph, Sarah / Schultz, Jenny / Castan, Melissa: The International Convenant on Civil and Political Rights, 2nd edition, 2004

Junge, Iris: Das Schutzgut des § 130, 2000

Kant, Immanuel: Grundlegung zur Metaphysik der Sitten, mit einer Einl. hrsg. von Bernd Kraft und Dieter Schönecker, 1999

- *ders.*: Metaphysische Anfangsgründe der Tugendlehre – Metaphysik der Sitten. Zweiter Teil, Neu herausgegeben und eingeleitet von Bernd Ludwig, 1990

- *ders.*: Beantwortung der Frage: Was ist Aufklärung?, Ed. Tiessen, 1987

Kargl, Walter: Vertrauen als Rechtsgutsbestandteil, in: Neumann, Ulfrid / Prittwitz, Cornelius (Hrsg.), „Personale Rechtsgutslehre" und „Opferorientierung im Strafrecht", 2007, S. 41 ff.

- *ders.*: Rechtsextremistische Parolen als Volksverhetzung, Jura 2001, S. 176 ff.

Karl, Wolfram: Die Rolle der Menschenwürde in der EU-Verfassungsgeschichte, in: Fischer, Michael (Hrsg.), Der Begriff der Menschenwürde, 2. Auflage, 2005, S. 27 ff.

Karlsruher Kommentar zur Strafprozessordnung: herausgegeben von Gerd Pfeiffer, 5. Auflage, 2003

Kaufmann, Arthur: Subsidiaritätsprinzip und Strafrecht, in: Roxin, Claus u.a. (Hrsg.), Grundfragen der gesamten Strafrechtswissenschaft: Festschrift für Heinrich Henkel zum 70. Geburtstag am 12. September 1973, 1973, S. 89 ff.

Kayßer, Marijon: Abtreibung und die Grenzen des Strafrechts, 1997

- *dies.*: Über das Kriminalisierungspotenzial strafrechtsbegrenzender Prinzipien. Strafrechtliche Zuständigkeiten in der Abtreibungsfrage, in: Institut für Kriminalwissenschaften Frankfurt a.M. (Hrsg.), Vom unmöglichen Zustand des Strafrechts, 1995, S. 143 ff.

Keiser, Claudia: Die verwerfliche Tat eines würdigen Täters. Der Fall Daschner und die Verwarnung mit Strafvorbehalt als custodia honesta, GA 2009, S. 344 ff.

Kern, Bernd-Rüdiger: Die Folter in der rechtsgeschichtlichen Entwicklung, in: Goerlich, Helmut (Hrsg.), Staatliche Folter: heiligt der Zweck die Mittel?, 2007, S. 41 ff.

Kiesow, Rainer Maria: Das Experiment mit der Wahrheit. Folter im Vorzimmer des Rechts, Rechtsgeschichte 2003, S. 98 ff.

Kindhäuser, Urs: Strafrecht Besonderer Teil 1, 3. Auflage, 2007

- *ders.*: Zur Legitimität der abstrakten Gefährdungsdelikte im Wirtschaftsstrafrecht, in: Schünemann, Bernd / Súarez González, Carlos (Hrsg.), Bausteine des europäischen Wirtschaftsstrafrechts, 1994, S. 125 ff.

Kinzig, Jörg: Not kennt kein Gebot?, ZStW 115 (2003), S. 791 ff.

Kloepfer, Michael: Leben und Würde des Menschen, in: Badura, Peter (Hrsg.), Festschrift 50 Jahre Bundesverfassungsgericht, Bd. 2 – Klärung und Fortbildung des Verfassungsrechts, 2001, S. 77 ff.

- *ders.*: Grundrechtstatbestand und Grundrechtsschranken in der Rechtsprechung des Bundesverfassungsgerichts – dargestellt am Beispiel der Menschenwürde, in: Starck, Christian (Hrsg.), Bundesverfassungsgericht und Grundgesetz. Festgabe aus Anlaß des 25jährigen Bestehens des Bundesverfassungsgerichts, 1976, S. 405 ff.

Klugmann, Marcel: Europäische Menschenrechtskonvention und antiterroristische Maßnahmen: eine Untersuchung der Rechtsprechung des Europäischen Gerichtshofes für Menschenrechte am Beispiel des Nordirland- und des Kurdenkonflikts, 2002

Köbler, Gerhard: Deutsche Rechtsgeschichte, 6. Auflage, 2005

Köhler, Michael: Zum Begriff des Völkerstrafrechts, Jahrbuch für Recht und Ethik 11 (2003), S. 435 ff.

Koriath, Heinz: Zum Streit um den Begriff des Rechtsguts, GA 1999, S. 561 ff.

Krasmann, Susanne / Wehrheim, Jan: Folter und die Grenzen des Rechtsstaats, MSchrKrim 2006, S. 265 ff.

Kratzsch, Susanne: Rechtsquellen des Völkerrechts außerhalb von Art. 38 Absatz 1 IGH-Statut, 2000

Kretschmer, Bernhard: Folter in Deutschland: Rückkehr einer Ungeheuerlichkeit?, RuP 2003, S. 102 ff.

Krone, Gunnar: Die Volksverhetzung als Verbrechen gegen die Menschlichkeit, 1979

Krüger, Matthias: Die Entmaterialisierungstendenz beim Rechtsgutsbegriff, 2000

Kühl, Kristian: Strafrecht Allgemeiner Teil, 5. Auflage, 2005

- *ders.*: Europäisierung der Strafrechtswissenschaft, ZStW 109 (1997), S. 777 ff.

Lackner, Karl / Kühl, Kristian: Strafgesetzbuch, 26. Auflage, 2007

Ladeur, Karl-Heinz / Augsberg, Ingo: Die Funktion der Menschenwürde im Verfassungsstaat, 2008

Langbein, John H.: Torture and the law of proof: Europe and England in the Ancien Régime, 1977

Lauterwein, Carl Constantin: Symbolische Gesetzgebung, 2006

Leipziger Kommentar zum Strafgesetzbuch: herausgegeben von Burkhard Jähnke, Heinrich Wilhelm Laufhütte, Walter Odersky:

Bd. 6, §§ 223 – 263a, 11. Auflage, 2005

Bd. 9, §§ 339 – 358, Nachtragzum StGB, Gesamtregister, 11. Auflage, 2006

Lenckner, Theodor: Zum Begriff der Täuschungsabsicht in § 267, NJW 1967, S. 1890 ff.

Löwe-Rosenberg Großkommentar: Die Strafprozessordnung und das Gerichtsverfassungsgesetz: MRK, IPbpR, herausgegeben von Peter Rieß, 25. Auflage, 2005

Lübbe, Weyma: Konsequentialismus und Folter – Kommentar zu R. Poscher, in: Lenzen, Wolfgang (Hrsg.), Ist Folter erlaubt?. 2006, S. 67 ff.
Lüderssen, Klaus: Die Folter bleibt tabu – Kein Paradigmenwechsel ist geboten, in: Rogall, Klaus u.a. (Hrsg.), Festschrift für Hans-Joachim Rudolphi zum 70. Geburtstag, 2004, S. 691 ff.
Luhmann, Niklas: Grundrechte als Institution, 4. Auflage, 1999
- *ders.*: Gibt es in unserer Gesellschaft noch unverzichtbare Normen?, 1993

Maihold, Harald: Folterknechte im Dienste des Rechtsstaats? Die „Präventivfolter" vor dem Forum des Strafrechts, HFR 2004, Beitrag 11 (www.humboldt-forum-recht.de).
Manes, Vittorio: Der Beitrag der italienischen Strafrechtswissenschaft zur Rechtsgutslehre, ZStW 114 (2002), S. 720 ff.
v. Mangoldt, Hermann / Klein, Friedrich / Starck, Christian (Hrsg.): Kommentar zum Grundgesetz:
Band 1: Präambel, Art.1 – 19, 5. Auflage, 2005
Band 3: Art. 83 – 146, 5. Auflage, 2005
Manoledakis, Ioannis: „Menschenwürde": Rechtsgut oder absolute Grenze der Gewaltausübung, in: Prittwitz, Cornelius / Manoledakis, Ioannis (Hrsg.), Strafrecht und Menschenwürde, 1998, S. 9 ff.
Marx, Michael: Zur Definition des Begriffs „Rechtsgut", 1972
Marx, Reinhard: Folter: eine zulässige polizeiliche Präventionsmaßnahme?, KJ 2004, S. 278 ff.
- *ders.*: Die Konvention der Vereinten Nationen gegen Folter und andere grausame, unmenschliche oder erniedrigende Behandlung oder Strafe, ZRP 1986, S. 81 ff.
Maunz, Theodor / Dürig, Günter: Grundgesetz Kommentar
Band I: Art. 1 – 5, 51. Ergänzungslieferung, 2007
Band VI: Art. 100 – 146, 51. Ergänzungslieferung, 2007
Maurach, Reinhart: Deutsches Strafrecht Allgemeiner Teil, 4. Auflage, 1971
Maurer, Hartmut: Staatsrecht I, 5. Auflage, 2007
Mayer, Hellmuth: Strafrecht Allgemeiner Teil, 1967
Mayer, Matthias: Untermaß, Übermaß und Wesensgehaltgarantie: : die Bedeutung staatlicher Schutzpflichten für den Gestaltungsspielraum des Gesetzgebers im Grundrechtsbereich, 2005
Merkel, Reinhard: Folter und Notwehr, in: Pawlik, Michael / Zaczyk, Rainer (Hrsg.), Festschrift für Günter Jakobs", 2007, S. 375 ff.
Merten, Jan: Folterverbot und Grundrechtsdogmatik – Zugleich ein Beitrag zur aktuellen Diskussion um die Menschenwürde, JR 2003, S. 404 ff.
Meseke, Stephan: Der Tatbestand der Verbrechen gegen die Menschlichkeit nach dem Römischen Statut des Internationalen Strafgerichtshofes: eine völkerstrafrechtliche Analyse, 2004

Mill, John Stuart: Über Freiheit. Aus d. Engl. Übertr. u. mit e. Anh. versehen von Achim v. Borries, 1987

Mitsch, Wolfgang: Strafrechtsdogmatische Probleme des neuen „Stalking"-Tatbestandes, Jura 2007, S. 401 ff.

Mitteis, Heinrich / Lieberich, Heinz: Deutsche Rechtsgeschichte, 19. Auflage, 1992

Möhlenbeck, Michaela: Das absolute Folterverbot. Seine Grundlagen und die strafrechtlichen sowie strafprozessualen Folgen seiner Verletzung, 2008

Morgan, Rod / Evans, Malcolm: Bekämpfung der Folter in Europa: Die Tätigkeit und Standards des Europäischen Ausschusses zur Verhütung von Folter, 2003

Mosler, Hermann: Der Europäische Gerichtshof für Menschenrechte nach zwanzig Jahren, in: Recht als Prozess und Gefüge. Festschrift für Hans Huber zum 80. Geburtstag, 1981, S. 595 ff.

Müller-Dietz, Heinz: Zur Problematik verfassungsrechtlicher Pönalisierungsgebote, in: Jescheck, Hans-Heinrich u.a. (Hrsg.): Festschrift für Eduard Dreher zum 70. Geburtstag am 29. April 1977, 1977, S. 97 ff.

v. Münch, Ingo / Kunig, Philip: Grundgesetz-Kommentar:
Band 1: Präambel. Art. 1 - 19, 5. Auflage, 2000
Band 3: Art. 70 – 146, 5. Auflage, 2003

Münchener Kommentar zum Strafgesetzbuch:
Band 3, §§ 185 – 262 StGB, 2002 (herausgegeben von Wolfgang Joecks und Klaus Miebach)
Band 4, §§ 263 – 358 StGB, §§ 1 – 8, 105, 106 JGG, 2006 (herausgegeben von Roland Hefendehl und Olaf Hohmann)

Müssig, Bernd: Schutz abstrakter Rechtsgüter und abstrakter Rechtsgüterschutz, 1994

Mylonopoulos, Christos: Internationalisierung des Strafrechts und Strafrechtsdogmatik. Legitimationsdefizit und Anarchie als Hauptcharakteristika der Strafrechtsnormen mit internationalem Einschlag, ZStW 121 (2009), S. 68 ff.

Naucke, Wolfgang: Strafrecht – Eine Einführung, 10. Auflage, Neuwied, 2002

Nettesheim, Martin: Die Garantie der Menschenwürde zwischen metaphysischer Überhöhung und bloßem Abwägungstopos, AöR 130 (2005), S. 71 ff.

Neubacher, Frank: Kriminologische Grundlangen einer internationalen Strafgerichtsbarkeit, 2005

- *ders.*: Materieller Verbrechensbegriff und Rechtsgutsverletzung – Die Rechtsgüterlehre J.M.F. Birnbaums (1797-1877) und die moderne Strafrechtsschule, Jura 2000, S. 514 ff.

Neuhaus, Ralf: Die Aussageerpressung zur Rettung des Entführten: strafbar!, GA 2004, S. 521 ff.

Neumann, Ulfrid: Alternativen: keine – Zur neueren Kritik an der personalen Rechtsgutslehre, in: Neumann, Ulfrid / Prittwitz, Cornelius (Hrsg.), „Personale Rechtsgutstheorie" und „Opferorientierung im Strafrecht", 2007, S. 85 ff.

- *ders.*: Strafrechtlicher Schutz der Menschenwürde?, in: Kaiafa-Gbandi, Maria u.a. (Hrsg.), Festschrift für Ioannis Manoledakis, Bd. II, 2007, S. 45 ff.

- *ders.*: Zum Entwurf eines Verbrechensbekämpfungsgesetzes, StV 1994, S. 273 ff.

Nipperdey, Hans Carl: Die Würde des Menschen, in: Neumann, Franz / Nipperdey, Hans Carl / Scheuner, Ulrich: Die Grundrechte, Bd. 2, Die Freiheitsrechte in Deutschland, 2. Auflage, 1968

Nitschke, Peter: Die Debatte über Folter und die Würde des Menschen: Eine Problemskizze, in: Nitschke, Peter (Hrsg.), Rettungsfolter im modernen Rechtsstaat? Eine Verortung, 2005, S. 7 ff.

Noll, Peter: Gesetzgebungslehre, 1973

Nomos Kommentar Strafgesetzbuch: herausgegeben von Kindhäuser, Urs / Neumann, Ulfrid / Paffegen, Hans-Ulrich, Band 1 und 2, 2. Auflage, 2005

Nowak, Mafred: U.N. Convenant on Civil and Political Rights – CCPR Commentary, 2nd revised edition, 2005

Pawlik, Michael: Der Terrorist will nicht resozialisiert werden, FAZ vom 25. Februar 2008, S. 40

Peglau, Jens: Der Schutz des allgemeinen Persönlichkeitsrechts durch das Strafrecht, Frankfurt a.M. 1997

Perron, Walter: Foltern in Notwehr?, in: Heinrich, Bernd u.a. (Hrsg.), Festschrift für Ulrich Weber zum 70. Geburtstag, 2004, S. 143 ff.

Peters, Anne: Einführung in die Europäische Menschenrechtskonvention: mit rechtsvergleichenden Bezügen zum deutschen Grundgesetz, 2003

Pfeiffer, Wolfgang: Folterprozesse in Griechenland, in: Amnesty International publications: Folter. Stellungnahmen, Analysen, Vorschläge zur Abschaffung, 1976, S. 15 ff.

Pieroth, Bodo / Schlink, Bernhard: Grundrechte – Staatsrecht II, 23. Auflage, 2007

Pieroth, Bodo / Schlink, Bernhard / Kniesel, Michael: Polizei- und Ordnungsrecht, 4. Auflage, 2007

Polzin, Jan Patrick: Strafrechtliche Rechtfertigung der „Rettungsfolter" – Eine Analyse der deutschen Rechtslage unter Berücksichtigung internationaler Normen und Entwicklungen, 2008

Poscher, Ralf: Menschenwürde als Tabu. Die verdeckte Rationalität eines absoluten Rechtsverbots der Folter, in: Beestermöller, Gerhard / Brunkhorst, Hauke (Hrsg.), Rückkehr der Folter. Der Rechtsstaat im Zwielicht?, 2006, S. 75 ff.

- *ders.*: Die Würde des Menschen ist unantastbar, JZ 2004, S. 756 ff.

Prittwitz, Cornelius: Strafwürdigkeit und Strafbarkeit von Folter und Folterandrohung im Rechtsstaat, in: Putzke, Holm u.a. (Hrsg.), Strafrecht zwischen System und Telos : Festschrift für Rolf Dietrich Herzberg zum siebzigsten Geburtstag am 14. Februar 2008, 2008, S. 515 ff.
- *ders.*: Personale Rechtsgutslehre und die „Opfer von morgen“, in: Neumann, Ulfrid / Prittwitz, Cornelius (Hrsg.), „Personale Rechtsgutslehre“ und „Opferorientierung im Strafrecht“, 2007, S. 97 ff.
- *ders.*: Internationales Strafrecht: Die Zukunft einer Illusion?, Jahrbuch für Recht und Ethik 11 (2003), S. 469 ff.
- *ders.*: Schutz der Menschenwürde – durch das Strafrecht oder vor dem Strafrecht?, in: Prittwitz, Cornelius / Manoledakis, Ioannis (Hrsg.), Strafrecht und Menschenwürde, 1998, S. 19 ff.
- *ders.*: Das deutsche Strafrecht: Fragmentarisch? Subsidiär? Ultima ratio?, in: Institut für Kriminalwissenschaften Frankfurt a.M. (Hrsg.), Vom unmöglichen Zustand des Strafrechts, 1995, S. 387 ff.
- *ders.*: Strafrecht und Risiko, 1993

Raess, Markus: Der Schutz vor Folter im Völkerrecht, 1989
Reemtsma, Jan Philipp: Zur Diskussion über die Re-Legitimierung der Folter, in: Beestermöller, Gerhard / Brunkhorst, Hauke (Hrsg.), Rückkehr der Folter. Der Rechtsstaat im Zwielicht?, 2006, S. 69 ff.
- *ders.*: Folter im Rechtsstaat?, 2005
- *ders.*: Wir sind alles für dich, in: Reemtsma, Jan Philipp (Hrsg.), Folter. Zur Analyse eines Herrschaftsmittels, 1991, S. 7 ff.
Rengeling, Hans-Werner / Szczekalla, Peter: Grundrechte in der Europäischen Union: Charakter der Grundrechte und allgemeine Rechtsgrundsätze, 2004
Rengier, Rudolf: Die Reform und Nicht-Reform der Körperverletzungsdelikte durch das 6. Strafrechtsreformgesetz, ZStW 111 (1999), S. 1 ff.
Richter, Claus: Aspekte der universellen Geltung der Menschenrechte und der Herausbildung von Völkergewohnheitsrecht, 2007
Robbers, Gerhard: Strafpflichten aus der Verfassung, in: Lüderssen, Klaus (Hrsg.), Aufgeklärte Kriminalpolitik oder Kampf gegen das Böse?. Bd. I: Legitimationen, 1998,, S. 147 ff.
Rogall, Klaus: Bemerkungen zur Aussageerpressung, in: Rogall, Klaus u.a. (Hrsg.), Festschrift für Hans-Joachim Rudolphi zum 70. Geburtstag, 2004, S. 511 ff.
Roxin, Claus: Strafrecht Allgemeiner Teil, Band I, 4. Auflage, 2006
- *ders.*: Rettungsfolter?, in: Griesbaum, Rainer u.a. (Hrsg.): „Strafrecht und Justizgewährung: Festschrift für Kay Nehm zum 65. Geburtstag, 2006, S. 205 ff.

- *ders.*: Kann staatliche Folter in Ausnahmefällen zulässig oder wenigstens straflos sein?, in: Arnold, Jörg u.a. (Hrsg.), Menschengerechtes Strafrecht: Festschrift für Albin Eser zum 70. Geburtstag, 2005, S. 461 ff.
- *ders.*: Sinn und Grenzen staatlicher Strafe?, JuS 1966, S. 377 ff.
Rüdiger, Christiane: Schutzinteresse und Deliktsstruktur der „Bestechungsdelikte" (§§ 331 ff. StGB), 2007
Rudolphi, Hans-Joachim: Die verschiedenen Aspekte des Rechtsgutsbegriffs, in: Juristische Fakultät der Universität Göttingen (Hrsg.), Festschrift für Richard M. Honig zum 80. Geburtstag, 1970, S. 151 ff.
Rupp-Swienty, Annette: Die Doktrin von der margin of appreciation in der Rechtsprechung des Europäischen Gerichtshofs für Menschenrechte, 1999

Sachs, Michael (Hrsg.): Grundgesetz Kommentar, 4. Auflage, 2007
Saladin, Peter: Begriff der Folter, in: Riklin, Alois (Hrsg.), Internationale Konventionen gegen die Folter, 1979, S. 131 ff.
Saliger, Frank: Absolutes im Strafprozess? Über das Folterverbot, seine Verletzung und die Folgen seiner Verletzung, ZStW 116 (2004), S. 35 ff.
Samson, Erich: Absicht und direkter Vorsatz im Strafrecht, JA 1989, S. 449 ff.
Šarčević, Edin: Der Rechtsstaat, 1996
Satzger, Helmut: Internationales und Europäisches Strafrecht, 2. Auflage, 2008
- *ders.*: Die Internationalisierung des Strafrechts als Herausforderung für den strafrechtlichen Bestimmtheitsgrundsatz, JuS 2004, S. 943 ff.
- *ders.*: Die Europäisierung des Strafrechts: Eine Untersuchung zum Einfluß des Europäischen Gemeinschaftsrechts auf das deutsche Strafrecht, 2001
Sax, Walter: Grundsätze der Strafrechtspflege, in: Bettermann, Karl August / Nipperdey, Hans Carl / Scheuner, Ulrich (Hrsg.), Die Grundrechte, Bd. III/2: Rechtspflege und Grundrechtsschutz, 2. Auflage, 1972, S. 909 ff.
Scharnweber, Hans-Uwe: Warum Daschner sich strafbar gemacht hat, Kriminalistik 2005, S. 161 ff.
v. Schenck, Moritz: Kein guter Tag für das Strafrecht, Myops 2/2008, S. 42 ff.
Schenke, Wolf-Rüdiger, Polizei- und Ordnungsrecht, 4. Auflage, 2005
Schild, Wolfgang: Folter einst und jetzt, in: Nitschke, Peter (Hrsg.), Rettungsfolter im modernen Rechtsstaat? Eine Verortung, 2005, S. 69 ff.
- *ders.*: Folter(androhung) als Straftat, in: Gehl, Günter (Hrsg.), Folter – Zulässiges Instrument im Strafrecht?, 2005, S. 59 ff.
Schilling, Theodor: Internationaler Menschenrechtsschutz, 2004
Schindler, Dietrich: Universelles und regionales Völkerrecht, in: Recht als Prozess und Gefüge. Festschrift für Hans Huber zum 80. Geburtstag, 1981, S. 609 ff.
Schmahl, Stefanie / Steiger, Dominik: Völkerrechtliche Implikationen des Falls Daschner, Archiv des Völkerrechts 43 (2005), S. 359 ff.
Schmidt, Martin: Externe Strafpflichten: Völkerstrafrecht und seine Wirkungen im deutschen Strafrecht, 2002

Schmidt-Jortzig, Edzard: Systematische Bedingungen der Garantie unbedingten Schutzes der Menschenwürde in Art. 1 GG, DÖV 2007, S. 925 ff.
- *ders.*: Zum Streit um die korrekte dogmatische Einordnung und Anwendung von Art. 1 Abs. 1 GG, in: Deppenhauer, Otto u.a. (Hrsg.), Staat im Wort: Festschrift für Josef Isensee, 2007, S. 491 ff.
Schmitt Glaeser, Walter: Folter als Mittel staatlicher Schutzpflicht?, in: Deppenhauer, Otto u.a. (Hrsg.), Staat im Wort: Festschrift für Josef Isensee, 2007, S. 507 ff.
Schneidewin, Karl: Anmerkung zu BGH 4 StR 54/54, JZ 1955, S. 26 ff.
Schönke, Adolf / Schröder, Horst: Strafgesetzbuch – Kommentar, 27. Auflage, 2007
Schreiber, Hans-Ludwig: Ist eine Effektivitätskontrolle von Strafgesetzen möglich?, in: Schäffer, Heinz / Triffterer, Otto (Hrsg.), Rationalisierung der Gesetzgebung. Jürgen Rödig Gedächtnissymposion, 28. - 30. Oktober 1982, Salzburg – Residenz, 1984, S. 178 ff.
Schultz, Hans: Gewaltschutzdelikte als Schutz der Menschenwürde im Strafrecht, in: Kaufmann, Arthur (Hrsg.), Festschrift für Werner Maihofer zum 70. Geburtstag, 1988, S. 517 ff.
Schulz, Joachim: Das Folterverbot der Europäischen Menschenrechtskonvention und seine Auswirkungen auf das deutsche Strafrecht, in: Lenzen, Wolfgang (Hrsg.), Ist Folter erlaubt? Juristische und philosophische Aspekte, 2006, S. 77 ff.
Schulz, Lorenz: Verschlungene Wege des Lebensschutzes. Zum zweiten Abtreibungsurteil des BVerfG, StV 1994, S. 38 ff.
Schweizer, Rainer / Sprecher, Franziska: Menschenwürde im Völkerrecht, in: Seelmann, Kurt (Hrsg.), Menschenwürde als Rechtsbegriff – ARSP Beiheft 101 (2005), 2005, S. 127 ff.
Seher, Gerhard: Prinzipiengestützte Strafnormlegitimation und der Rechtsgutsbegriff, in: Hefendehl, Roland / v. Hirsch, Andrew / Wohlers, Wolfgang: Die Rechtsgutstheorie, 2003, S. 39 ff.
- *ders.*: Lieberalismus und Strafe. Zur Strafrechtsphilosophie von Joel Feinberg, 2000
Simma, Bruno: Die Erzeugung ungeschriebenen Völkerrechts: Allgemeine Verunsicherung – klärende Beiträge Karl Zemaneks, in: Ginther, Konrad u.a. (Hrsg.), Völkerrecht zwischen normativem Anspruch und politischer Realität: Festschrift für Karl Zemanek zum 65. Geburtstag, 1994, S. 95 ff.
- *ders.*: International Human Rights and General International Law: A Comparative Analysis, in: Collected Courses of the Academy of European Law, Vol. IV, Book 2 (1994), S. 153 ff.
Sina, Peter: Die Dogmengeschichte des strafrechtlichen Begriffs „Rechtsgut“, 1962

Singelnstein, Tobias: Misshandlungen in polizeilichem Gewahrsam. Empirische Erkenntnisse zu Umfang und Struktur sowie zur Wirksamkeit von Kontrollmechanismen, in: Deutsches Institut für Menschenrechte (Hrsg.), Prävention von Folter und Misshandlung in Deutschland, 2007, S. 213 ff.

Sofsky, Wolfgang: Traktat über die Gewalt, 2005

Spengler, Birgit: Systemwandel in Griechenland und Spanien. Ein Vergleich, 1995

Spirakos, Dimitris: Folter als Problem des Strafrechts: kriminologische, kriminalsoziologische und (straf-)rechtsdogmatische Aspekte unter besonderer Berücksichtigung der Folterschutzkonvention und der Pönalisierung der Folter in Griechenland, 1990

Stächelin, Gregor: Strafgesetzgebung im Verfassungsstaat: normative und empirische materielle und prozedurale Aspekte der Legitimation unter Berücksichtigung neuerer Strafgesetzgebungspraxis, 1998

- *ders.*: Interdependenzen zwischen der Rechtsgutstheorie und den Angriffswegen auf die dadurch bestimmten Güter, in: Lüderssen, Klaus (Hrsg.), Aufgeklärte Kriminalpolitik oder Kampf gegen das Böse?. Bd. I: Legitimationen, 1998, S. 239 ff.

- *ders.*: Läßt sich das „Untermaßverbot" mit einem liberalen Strafrechtskonzept vereinbaren?, in: Institut für Kriminalwissenschaften Frankfurt a.M. (Hrsg.), Vom unmöglichen Zustand des Strafrechts, 1995, S. 267 ff.

Stein, Alexander: Das Verbot der Folter im internationalen und nationalen Recht, 2007

Stein, Thorsten / v. Buttlar, Christian: Völkerrecht, 11. Auflage, 2005

Steinke, Wolfgang: Kann die Androhung von Gewalt straflos sein?, Kriminalistik 2004, S. 325 ff.

Stern, Klaus: Das Staatsrecht der Bundesrepublik Deutschland
Band I, 2. Auflage, 1984
Band III/1, 1988

- *ders.*: Zur Entstehung und Ableitung des Übermaßverbots, in: Badura, Peter / Scholz, Rupert (Hrsg.), Wege und Verfahren des Verfassungslebens: Festschrift für Peter Lerche zum 65. Geburtstag, 1993, S. 165 ff.

Sternberg-Lieben, Detlev: Rechtsgut, Verhältnismäßigkeit und die Freiheit des Strafgesetzgebers, in: Hefendehl, Roland / v. Hirsch, Andrew / Wohlers, Wolfgang: Die Rechtsgutstheorie, 2003, S. 65 ff.

Stohrer, Klaus: Die zwangsweise Durchsetzung staatlicher Auskunftsansprüche gegenüber Privaten – Verwaltungsvollstreckung in der Informationsgesellschaft, BayVBl 2005, S. 489 ff.

Stratenwerth, Günter: Zum Begriff des „Rechtsgutes", in: Eser, Albin u.a. (Hrsg.), Festschrift für Theodor Lenckner zum 70. Geburtstag, 1998, S. 377 ff.

Streuer, Wibke: Die positiven Verpflichtungen des Staates, 2003

Stübinger, Stephan: Zur Diskussion um die Folter, in: Institut für Kriminalwissenschaften und Rechtsphilosophie Frankfurt a.M. (Hrsg.), Jenseits des rechtsstaatlichen Strafrechts, 2007, S. 277 ff.

Suntinger, Walter: Nationale Präventionsmechanismen – Kategorien und Bewertung, in: Deutsches Institut für Menschenrechte (Hrsg.), Prävention von Folter und Misshandlung in Deutschland, 2007, S. 27 ff.

Systematischer Kommentar zum Strafgesetzbuch, Gesamtredaktion: Hans-Joachim Rudolphi, 7., teilweise 8. neubearbeitete Auflage, Stand: 112. Lieferung (Februar 2008), 2008

Tellenbach, Silvia: Reformen in Strafrecht, Strafprozessrecht und Strafvollzugsrecht – Ein erster Überblick über die türkischen Reformgesetze des Jahres 2004, http://www.tuerkei-recht.de/Strafrecht_Tellenbach.pdf

De Than, Claire / Shorts, Edwin: International Criminal Law and Human Rights, 2003

Tiedemann, Klaus: Verfassung und Strafrecht, 1991

Tomuschat, Christian: The Duty to Prosecute International Crimes Committed by Individuals, in: Cremer, Hans-Joachim u.a. (Hrsg.), Tradition und Weltoffenheit des Rechts. Festschrift für Helmut Steinberger, 2002, S. 315 ff.

- *ders.*: Rechtlicher Schutz gegen Folter? Zum Verhältnis von nationalen und internationalen Rechtsnormen, in: Schulz-Hageleit, Peter (Hrsg.), Alltag – Macht – Folter: 11 Kapitel über die Verletzung der Menschenwürde, 1989, S. 95 ff.

Trapp, Rainer: Folter oder selbstverschuldete Rettungsbefragung?, 2006

Triffterer, Otto: Das „Folterverbot“ im nationalen und internationalen Recht – Anspruch und Wirklichkeit, in: Amnesty International publications: Folter. Stellungnahmen, Analysen, Vorschläge zur Abschaffung, 1976, S. 125 ff.

Verdross, Alfred / Simma, Bruno: Universelles Völkerrecht – Theorie und Praxis, 3. Auflage, 1984

Vesting, Thomas: Bericht zum Thema „Die Staatsrechtslehre und die Veränderung ihres Gegenstandes: Konsequenzen von Europäisierung und Internationalisierung“, in: Kokott, Juliane / Vesting, Thomas (Hrsg.), Die Staatsrechtslehre und die Veränderung ihres Gegenstands, 2004, S. 41 ff.

Vitzthum, Wolfgang (Hrsg.): Völkerrecht, 4. Auflage, 2007

- *ders.*: Die Menschenwürde als Verfassungsbegriff, JZ 1985, S. 201 ff.

Vogel, Joachim: Stand und Tendenzen der Harmonisierung des materiellen Strafrechts in der Europäischen Union, in: Zieschang, Frank / Hilgendorf, Eric / Laubenthal, Klaus (Hrsg.), Strafrecht und Kriminalität in Europa, 2003, S. 29 ff.

- *ders.*: Strafrechtsgüter und Rechtsgüterschutz durch Strafrecht im Spiegel der Rechtsprechung des Bundesverfassungsgerichts, StV 1996, S. 110 ff.
Vogler, Theo: Möglichkeiten und Wege einer Entkriminalisierung, ZStW 90 (1978), S. 132 ff.
Voß, Monika: Symbolische Gesetzgebung, 1989

Wagenländer, Georg: Zur strafrechtlichen Beurteilung der Rettungsfolter, 2006
Wagner, Heinz: Amtsverbrechen, 1975
Weigend, Thomas: Mindestanforderungen an ein europaweit geltendes harmonisiertes Strafrecht, in: Zieschang, Frank / Hilgendorf, Eric / Laubenthal, Klaus (Hrsg.), Strafrecht und Kriminalität in Europa, 2003, S. 57 ff.
- *ders.*: Strafrecht durch internationale Vereinbarungen – Verlust an nationaler Strafrechtskultur?. ZStW 105 (1993), S. 774 ff.
Welsch, Harald: Die Wiederkehr der Folter als das letzte Verteidigungsmittel des Rechtsstaats?, BayVBl 2003, S. 481 ff.
Welzel, Hans: Vorteilsabsicht beim Betrug, NJW 1962, S. 20 ff.
Werle, Gerhard: Völkerstrafrecht, 2. Auflage, 2007
- *ders.*: Völkerstrafrecht und geltendes deutsches Strafrecht, JZ 2000, S. 755 ff.
Werle, Gerhard / Jeßberger, Florian: Das Völkerstrafgesetzbuch, JZ 2002, S. 725 ff.
Wessels, Johannes / Beulke, Werner: Strafrecht Allgemeiner Teil, 37. Auflage, 2007
Wessels, Johannes / Hettinger, Michael, Strafrecht Besonderer Teil 1, 31. Auflage, 2007
Wessels, Johannes / Hillenkamp, Thomas: Strafrecht Besonderer Teil 2, 30. Auflage, 2007
Weßlau, Edda: Die staatliche Pflicht zum Schutz von Verbrechensopfern und das Verbot der Folter, in: Paech, Norman / Rinken, Alfred / Schefold, Dian / Weßlau, Edda (Hrsg.), Völkerrecht statt Machtpolitik: Beiträge für Gerhard Stuby, 2004, S. 390 ff.
Wiedemann, Gerhard: Die Aussagenerpressung § 343 StGB, 1953
Wilhelm, Jens Philipp: Gewalt – ein Vernehmungsmittel?, in: Liebl, Karlhans (Hrsg.), Vernehmung in schwierigen Feldern. Erkenntnisse, Forschungsfragen und Legalitätsprobleme, 2006, S. 91 ff.
Wilkitzki, Peter: Die völkerrechtlichen Verbrechen und das staatliche Strafrecht (Bundesrepublik Deutschland), ZStW 99 (1987), S. 455 ff.
Wind, Ferdinand / Schimana, Rudolf / Wichmann, Manfred / Langer, Karl-Ulrich: Öffentliches Dienstrecht, 5. Auflage, 2002
Wittreck, Fabian: Menschenwürde und Folterverbot, DÖV 2003, S. 873 ff.
Wohlers, Wolfgang: Rechtsgutstheorie und Deliktsstruktur, GA 2002, S. 15 ff.
- *ders.*: Deliktstypen des Präventionsstrafrechts – zur Dogmatik „moderner" Gefährdungsdelikte, 2000

Wolbert, Werner: Ausnahmsloses Verbot der Folter? Eine moraltheologische Sicht, in: Gehl, Günter (Hrsg.), Folter – Zulässiges Instrument im Strafrecht?, S. 83 ff.
Wolff, Heinrich Amadeus: Die Willensfreiheit und die Grundrechte, JZ 2006, S. 925 ff.

Yoon, Young-Cheol: Strafrecht als ultima ratio und Bestrafung von Unternehmen, 2001
Yourow, Howard Charles: The Margin of Appreciation Doctrine in the Dynamics of the Strasbourg Jurisprudence and the Construction of Europe, ZeuS 1999, S. 233 ff.

Ziegler, Ole: Das Folterverbot in der polizeilichen Praxis, KritV 2004, S. 50 ff.

FRANKFURTER KRIMINALWISSENSCHAFTLICHE STUDIEN

Band 1 Peter Böning: Die Lehre vom Unrechtsbewußtsein in der Rechtsphilosophie Hegels 100 S., 1978.

Band 2 Wolfgang Schneider: Kriminelle Straßenverkehrsgefährdung (§ 315c Abs. 1 Ziff. 2, Abs. 3 StGB). Eine kriminologische und strafrechtliche Untersuchung zur Problematik dieser Verkehrsstraftaten unter Berücksichtigung ausländischer Rechte. 342 S., 1978.

Band 3 Lothar Kuhlen: Die Objektivität von Rechtsnormen. Zur Kritik des radikalen labeling approach in der Kriminalsoziologie. 178 S., 1978.

Band 4 Günther Grewe: Straßenverkehrsdelinquenz und Marginalität. Untersuchungen zur institutionellen Regelung von Verhalten. 148 S., 1978.

Band 5 Dieter Haberstroh: Strafverfahren und Resozialisierung. Eine Studie über Verstehen und Nicht-Verstehen, über Verstanden-Werden und Nicht-Verstanden-Werden und deren Bedingungen in der Hauptverhandlung. 202 S., 1979.

Band 6 Thomas Vogt: Die Forderungen der psychoanalytischen Schulrichtungen für die Interpretation der Merkmale der Schuldunfähigkeit und der verminderten Schuldfähigkeit (§§ 51 a.F., 20, 21 StGB). 182 S., 1979.

Band 7 Andreas Michael: Der Grundsatz in dubio pro reo im Strafverfahrensrecht. Zugleich ein Beitrag über das Verhältnis von materiellem Recht und Prozeßrecht. 214 S., 1981.

Band 8 Ilias G. Anagnostopoulos: Haftgründe der Tatschwere und der Wiederholungsgefahr (§§ 112 Abs. 3, 112 a StPO). Kriminalpolitische und rechtssystematische Aspekte der Ausweitung des Haftrechts. 1984.

Band 9 Helga Müller: Der Begriff der Generalprävention im 19. Jahrhundert. Von P.J.A. Feuerbach bis Franz v. Liszt. 1984.

Band 10 Frowin Jörg Kurth: Das Mitverschulden des Opfers beim Betrug. 1984.

Band 11 Martin J. Worms: Die Bekenntnisbeschimpfung im Sinne des § 166 Abs. 1 StGB und die Lehre vom Rechtsgut. 1984.

Band 12 Jong-Dae Bae: Der Grundsatz der Verhältnismäßigkeit im Maßregelrecht des StGB. 1985.

Band 13 Helmut Fünfsinn: Der Aufbau des fahrlässigen Verletzungsdelikts durch Unterlassen im Strafrecht. 1985.

Band 14 Christoph Krehl: Die Ermittlung der Tatsachengrundlage zur Bemessung der Tagessatzhöhe bei der Geldstrafe. 1985.

Band 15 Walter-Hermann Kiehl: Strafrechtliche Toleranz wechselseitiger Ehrverletzungen - Zur ratio legis der §§ 199, 233 Strafgesetzbuch -. 1986.

Band 16 Matthias Krahl: Die Rechtsprechung des Bundesverfassungsgerichts und des Bundesgerichtshof zum Bestimmtheitsgrundsatz im Strafrecht (Art. 103 Abs. 2 GG). 1986.

Band 17 Patrick Carroll Campbell: § 220a StGB. Der richtige Weg zur Verhütung und Bestrafung von Genozid? 1986.

Band 18 Winfried Hassemer (Hrsg.): Strafrechtspolitik. Bedingungen der Strafrechtsreform. 1987.

Band 19 Felix Herzog: Prävention des Unrechts oder Manifestation des Rechts. Bausteine zur Überwindung des heteronom-präventiven Denkens in der Strafrechtstheorie der Moderne. 1987.

Band 20 Astrid Michalke-Detmering: Die Mindestanforderungen an die rechtliche Begründung des erstinstanzlichen Strafurteils. Zur Auslegung des § 267 StPO. 1987.

Band 21 Lothar Kuhlen: Die Unterscheidung von vorsatzausschließendem und nichtvorsatzausschließendem Irrtum. 1987.

Band 22 Michael Buttel: Kritik der Figur des Aufklärungsgehilfen im Betäubungsmittelstrafrecht (§ 31 BtMG). 1988.

Band 23 Matthias Kögler: Die zeitliche Unbestimmtheit freiheitsentziehender Sanktionen des Strafrechts. Eine vergleichende Untersuchung zur Rechtslage und Strafvollstreckungspraxis in der Bundesrepublik Deutschland und den USA. 1988.

Band 24 Klaus Lüderssen / Cornelius Nestler-Tremel / E wa Weigend(Hrsg.): Modernes Strafrecht und ultima-ratio-Prinzip. 1990.

Band 25 Jürgen Taschke: Die behördliche Zurückhaltung von Beweismitteln im Strafprozeß. 1989.

Band 26 Daniela Westphalen: Karl Binding (1841-1920). Materialien zur Biographie eines Strafrechtsgelehrten. 1989.

Band 27 Sigrid Jans: Die Aushöhlung des Klageerzwingungsverfahrens. 1990.

Band 28 Dimitris Spirakos: Folter als Problem des Strafrechts. Kriminologische, kriminalsoziologische und (straf-)rechtsdogmatische Aspekte unter besonderer Berücksichtigung der Folterschutzkonvention und der Pönalisierung der Folter in Griechenland. 1990.

Band 29 Stephan Moll: Strafrechtliche Aspekte der Behandlung Opiatabhängiger mit Methadon und Codein. 1990.

Band 30 Stefan Werner: Wirtschaftsordnung und Wirtschaftsstrafrecht im Nationalsozialismus. 1991.

Band 31 Xanthi Bassakou: Beiträge zur Analyse und Reform des Absehens von Strafe nach § 60 StGB. 1991.

Band 32 Rainer Runte: Die Veränderung von Rechtfertigungsgründen durch Rechtsprechung und Lehre. Moderne Strafrechtsdogmatik zwischen Rechtsstaatsprinzip und Kriminalpolitik. 1991.

Band 33 Olaf Hohmann: Das Rechtsgut der Umweltdelikte. Grenzen des strafrechtlichen Umweltschutzes. 1991.

Band 34 Klaus Jochen Müller: Das Strafbefehlsverfahren (§§ 407 ff. StPO). Eine dogmatisch-kriminalpolitische Studie zu dieser Form des schriftlichen Verfahrens unter besonderer Berücksichtigung der geschichtlichen Entwicklung – zugleich ein Beitrag zum StVÄG 1987. 1993.

Band 35 Sang-Don Yi: Wortlautgrenze, Intersubjektivität und Kontexteinbettung. Das strafrechtliche Analogieverbot. 1991.

Band 36 Birgit Malsack: Die Stellung der Verteidigung im reformierten Strafprozeß. Eine rechtshistorische Studie anhand der Schriften von C. J. A. Mittermaier. 1992.

Band 37 Rüdiger Schäfer: Die Privilegierung des "freiwillig-positiven" Verhaltens des Delinquenten nach formell vollendeter Straftat. Zugleich ein Beitrag zum Grundgedanken des Rücktritts vom Versuch und zu den Straftheorien. 1992.

Band 38 Cornelius Nestler-Tremel: AIDS und Strafzumessung. 1992.

Band 39 Christine Gutmann: Freiwilligkeit und (Sozio-)Therapie – notwendige Verknüpfung oder Widerspruch? 1993.

Band 40 Walter Kargl: Der strafrechtliche Vorsatz auf der Basis der kognitiven Handlungstheorie. 1993.

Band 41 Jürgen Rath: Zur strafrechtlichen Behandlung der aberratio ictus und des error in objecto des Täters. 1993.

Band 42 Martin Fischer: Wille und Wirksamkeit. Eine Untersuchung zum Problem des *dolus alternativus*. 1993.

Band 43 Regina Harzer: Der Naturzustand als Denkfigur moderner praktischer Vernunft. Zugleich ein Beitrag zur Staats- und Rechtsphilosophie von Hobbes und Kant. 1994.

Band 44 Helmut Pollähne: Lockerungen im Maßregelvollzug. Eine Untersuchung am Beispiel der Anwendung des nordrhein-westfälischen Maßregelvollzugsgesetzes im Westfälischen Zentrum für Forensische Psychiatrie (Lippstadt). 1994.

Band 45 Hans-Joachim Leonhardt: Rechtsmittelermessen der Staatsanwaltschaft. Eine Gegenüberstellung von § 296 StPO mit Nummern 147 und 148 Richtlinien für das Strafverfahren und das Bußgeldverfahren (RiStBV). 1994.

Band 46 Rolf Grünebaum: Zur Strafbarkeit des Therapeuten im Maßregelvollzug bei fehlgeschlagenen Lockerungen. 1996.

Band 47 Barbara Bialas: Promille-Grenzen, Vorsatz und Fahrlässigkeit. 1996.

Band 48 Christine Pott: Die Außerkraftsetzung der Legalität durch das Opportunitätsdenken in den Vorschriften der §§ 154, 154a StPO. Zugleich ein Beitrag zu einer kritischen Strafverfahrensrechtstheorie. 1996.

Band 49 Wolfgang Köberer: *Iudex non calculat*. Über die Unmöglichkeit, Strafzumessung sozialwissenschaftlich-mathematisch zu rationalisieren. 1996.

Band 50 Institut für Kriminalwissenschaften Frankfurt a.M. (Hrsg.): Vom unmöglichen Zustand des Strafrechts. 1995.

Band 51 Petra Kamberger: Treu und Glauben (§ 242 BGB) als Garantenstellung im Strafrecht? 1996.

Band 52 Anastassios Triantafyllou: Das Delikt der gefährlichen Körperverletzung (§ 223a StGB) als Gefährdungsdelikt. (Zugleich ein Beitrag zur Dogmatik der Gefährdungsdelikte). 1996.

Band 53 Norbert Kissel: Aufrufe zum Ungehorsam und § 111 StGB. Grundrechtlicher Einfluß bei der Feststellung strafbaren Unrechts. 1996.

Band 54 Susanne Ehret: Franz von Liszt und das Gesetzlichkeitsprinzip. Zugleich ein Beitrag wider die Gleichsetzung von Magna-charta-Formel und Nullum-crimen-Grundsatz. 1996.

Band 55 Stefan Braum: Geschichte der Revision im Strafverfahren von 1877 bis zur Gegenwart. Zugleich eine Kritik der Kontinuität politischer Macht im Recht. 1996.

Band 56 Katja Diel: Das Regreßverbot als allgemeine Tatbestandsgrenze im Strafrecht. 1997.

Band 57 Christoph Koller: Die Staatsanwaltschaft – Organ der Judikative oder Exekutivbehörde? Die Stellung der Anklagebehörde und die Gewaltenteilung des Grundgesetzes. 1997.

Band 58 Frank Schößler: Anerkennung und Beleidigung. Rechtsgut und Strafzweck des § 185 StGB. 1997.

Band 59 Regina Engelstädter: Der Begriff des Unfallbeteiligten in § 142 Abs. 4 StGB. Zugleich eine Kritik an aktuellen Zurechnungslehren. 1997.

Band 60 Jörg Reinhardt: Der Ausschluß und die Ablehnung des befangen erscheinenden Staatsanwaltes. 1997.

Band 61 Jens Christian Müller-Tuckfeld: Integrationsprävention. Studien zu einer Theorie der gesellschaftlichen Funktion des Strafrechts. 1998.

Band 62 Peter Maria Rohe: Verdeckte Informationsgewinnung mit technischen Hilfsmitteln zur Bekämpfung der Organisierten Kriminalität. Zugleich eine rechtsvergleichende Analyse der polizeilichen Abhörbefugnisse in den U.S.A. 1998.

Band 63 Dirk Fabricius: Was ein Lehrbuch lehrt ... Eine exemplarische Untersuchung von Jakobs *Strafrecht – Allgemeiner Teil*. 1998.

Band 64 Stefan Sinner: Der Vertragsgedanke im Strafprozeßrecht. 1999.

Band 65 Sebastian Schattenfroh: Die Staatsphilosophie Giovanni Gentiles und die Versuche ihrer Verwirklichung im faschistischen Italien. 1999.

Band 66 Athanassia Dionyssopoulou: Der Tatbestand der Geldwäsche. Eine Analyse der dogmatischen Grundlagen des § 261 StGB. 1999.

Band 67 Klaus von Lampe: *Organized Crime*. Begriff und Theorie organisierter Kriminalität in den USA. 1999.

Band 68 Christian Hanssen: "Trennung der Märkte". Rechtsdogmatische und rechtspolitische Probleme einer Liberalisierung des Drogenstrafrechts. 1999.

Band 69 Institut für Kriminalwissenschaften und Rechtsphilosophie Frankfurt a.M. (Hrsg.): Irrwege der Strafgesetzgebung. 1999.

Band 70 Konstantinos Chatzikostas: Die Disponibilität des Rechtsgutes Leben in ihrer Bedeutung für die Probleme von Suizid und Euthanasie. 2000.

Band 71 Bettina Wirmer-Donos: Die Strafrechtstheorie Karl Christian Friedrich Krauses als theoretische Grundlage des spanischen Korrektionalismus. 2001.

Band 72 Christine Löw: Die Erkundigungspflicht beim Verbotsirrtum nach § 17 StGB. 2001.

Band 73 Florian Ufer: Der Verwertungswiderspruch in Theorie und Praxis. Prozessuale Obliegenheiten des Verteidigers und ihre Bedeutung für die Rechtsposition des Beschuldigten. 2002.

Band 74 Katja Melzer: Psychisch kranke Straftäterinnen. Frauen im Maßregelvollzug. 2001.

Band 75 Gregor Kuntze-Kaufhold: Lebenswelt und Unparteilichkeit. Kriterien für eine Rechtsanwendungslehre am Beispiel der Analyse von fünf Hauptverhandlungen in Strafverfahren. 2002.

Band 76 Iris Kristina Passek: Die erstinstanzliche Zuständigkeit der Oberlandesgerichte in Staatsschutzstrafsachen. Historische Entwicklung und aktuelle Probleme. 2002.

Band 77 Michael Krebs: Die Weisungsgebundenheit des Staatsanwalts unter besonderer Berücksichtigung des rechtstatsächlichen Aspekts. 2002.

Band 78 Kerstin Degenhardt: Europol und Strafprozeß. Die Europäisierung des Ermittlungsverfahrens. 2003.

Band 79 Domenico Siciliano: Das Leben des fliehenden Diebes: Ein strafrechtliches Politikum. 2003.

Band 80 Marc Colussi: Produzentenkriminalität und strafrechtliche Verantwortung. 2003.

Band 81 Thilo Lars Hild: Grenzen einer strafrechtlichen Regulierung des Kapitalmarktes. Eine kriminalrechtliche Untersuchung von Börsengängen und Aktienhandel in Deutschland und den USA. 2004.

Band 82 Philipp Rau: Schweigen als Indiz der Schuld. Ein Vergleich des deutschen und englischen Rechts zur Würdigung des Schweigens des Beschuldigten. 2004.

Band 83 Alexandra Pfeiffer: Die Regelung der Lebendorganspende im Transplantationsgesetz. 2004.

Band 84 Elena Fischer: Recht auf Sterben?! Ein Beitrag zur Reformdiskussion der Sterbehilfe in Deutschland unter besonderer Berücksichtigung der Frage nach der Übertragbarkeit des Holländischen Modells der Sterbehilfe in das deutsche Recht. 2004.

Band 85 Jörg Ziethen: Grundlagen probabilistischer Zurechnung im Strafrecht. 2004.

Band 86 Stefanie Schork: Ausgesprochen schuldig. Dogmatische und metadogmatische Untersuchungen zum Schuldspruch. 2005.

Band 87 Claudia Schubert: Verbotene Worte? Versuch einer Neubestimmung im Umgang mit rassistischen Äußerungen jenseits des Strafrechts. 2005.

Band 88 Ulfrid Neumann / Cornelius Prittwitz (Hrsg.): Kritik und Rechtfertigung des Strafrechts. 2005.

Band 89 Denis Basak: Die Zuständigkeitsregeln internationaler Strafgerichte und Art. 101 GG. Zum Verhältnis der deutschen Strafgerichtsbarkeit zu den Internationalen Tribunalen für Jugoslawien und Ruanda sowie zum Ständigen Internationalen Strafgerichtshof. 2005.

Band 90 Hsiao-Wen Wang: Der universale Strafanspruch des nationalen Staates. Eine Untersuchung über das Weltrechtsprinzip im Internationalen Strafrecht. 2005.

Band 91 Leonie Frenz: Faktizität des Rechts in der forensischen Psychiatrie. Eine Untersuchung im LKH Moringen. 2005.

Band 92 Eva-Maria Unger: Schutzlos ausgeliefert? Der Europäische Haftbefehl. Ein Beispiel für die Missachtung europäischer Bürgerrechte. 2005.

Band 93 Marcus Bastelberger: Die Legitimität des Strafrechts und der *moralische Staat*. Utilitaristische und retributivistische Strafrechtsbegründung und die rechtliche Verfassung der Freiheit. 2006.

Band 94 Marc Reiß: Rechtliche Aspekte der Präimplantationsdiagnostik. Unter besonderer Berücksichtigung der Rechte der von einem Verbot betroffenen Paare. 2006.

Band 95 Alexander Kolz: Einwilligung und Richtervorbehalt. 2006.

Band 96 Vasco Reuss: Eine Kritik der juristischen Vernunft. Rezeptionsversuche der Negativen Dialektik Adornos für die Dogmatik des Strafrechts. 2007.

Band 97 Lutz Eidam: Die strafprozessuale Selbstbelastungsfreiheit am Beginn des 21. Jahrhunderts. 2007.

Band 98 Christiane Rüdiger: Schutzinteresse und Deliktsstruktur der „Bestechungsdelikte" (§§ 331 ff. StGB). 2007.

Band 99 Urte Eisenhardt: Das nemo tenetur-Prinzip: Grenze körperlicher Untersuchungen beim Beschuldigten. Am Beispiel des § 81a StPO. 2007.

Band 100 Institut für Kriminalwissenschaften und Rechtsphilosophie Frankfurt a. M. (Hrsg.): Jenseits des rechtsstaatlichen Strafrechts. 2007.

Band 101 Nils Möckelmann: Die rechtliche, psychiatrische und gesellschaftliche Beurteilung jugendlicher Straftäter in der jüngeren deutschen Geschichte. Eine Analyse anhand zweier Strafverfahren mit Gutachten des Psychiaters Ernst Rüdin aus den Jahren 1915/1917 unter Berücksichtigung der Entwicklungen bis zur Gegenwart. 2007.

Band 102 Alexa Albrecht: Zur Erosion der Menschenrechte im demokratischen Rechtsstaat. Reaktionen der Systeme und der Zivilgesellschaft. 2007.

Band 103 Dirk Lange: Die politisch motivierte Tötung. 2007.

Band 104 Ulfrid Neumann / Cornelius Prittwitz (Hrsg.): „Personale Rechtsgutslehre" und „Opferorientierung im Strafrecht". 2007.

Band 105 Lisa Kathrin Sander: Grenzen instrumenteller Vernunft im Strafrecht. Eine Kritik der Präventionsdoktrin aus strafrechtsgeschichtlicher und empirischer Perspektive. 2007.

Band 106 Stephan Werner: Zur Notwendigkeit der Verteidigeranwesenheit während der polizeilichen Beschuldigtenvernehmung. 2008.

Band 107 Inti Schubert: Europol und der virtuelle Verdacht. Die Suspendierung des Rechts auf informationelle Selbstbestimmung. 2008.

Band 108 Bong-Jin Ko: Menschenwürde und Biostrafrecht bei der embryonalen Stammzellenforschung. 2008.

Band 109 Wanja Andreas Welke: Die Repersonalisierung des Rechtskonflikts. Zum gegenwärtigen Verhältnis von Straf- und Zivilrecht. 2008.

Band 110 Jan Helmrich: Die Berufung gewerblicher Sicherheitskräfte auf Notwehr und Nothilfe. Zugleich ein Beitrag zu den Grundlagen des Notwehr- und Nothilferechts. 2008.

Band 111 Alexander Köstler-Loewe: Strafrecht US-Style: „Three Strikes and You're Out!" Baseball, Rückfall und Kriminalpolitik? 2008.

Band 112 Christina Bott: Die Medienprivilegien im Strafprozess. Zeugnisverweigerungsrecht und Beschlagnahmeverbot zum Schutz der Medien im Strafverfahren. 2009.

Band 113 Mario Riechmann: Organisierte Kriminalität und Terrorismus. Zur Funktionalisierung von Bedrohungsszenarien beim Abbau eines rechtsstaatlichen Strafrechts. 2009.

Band 114 Dirk Simon: Präzeptoraler Sicherheitsstaat und Risikovorsorge. 2009.

Band 115 Stefan Kirsch: Der Begehungszusammenhang der Verbrechen gegen die Menschlichkeit. 2009.

Band 116 Heng-da Hsu: Zurechnungsgrundlage und Strafbarkeitsgrenze der Fahrlässigkeitsdelikte in der modernen Industriegesellschaft. 2009.

Band 117 Dennis Teschner: Die soziale Kontrolle im virtuellen Raum. Eine juristische, soziologische und soialpsychologische Untersuchung der Instrumentalisierbarkeit von Internetkriminalität. 2009.

Band 118 Daniel Schilling: Fragmentarisch oder umfassend? Wege strafrechtlichen Zugriffs bei der Veruntreuung fremden Vermögens am Beispiel des deutschen und des italienischen Untreuestrafrechts. 2009.

Band 119 Andreas Stüdemann: Die Entwicklung der zwischenstaatlichen Rechtshilfe in Strafsachen im nationalsozialistischen Deutschland zwischen 1933 und 1945. Kontinuität und Diskontinuität im Auslieferungsrecht am Beispiel der Rechtsentwicklung im NS-Staat. 2009.

Band 120 Matthias Achenbach: Strafrechtlicher Schutz des Wettbewerbs? Eine kritische Analyse von Sinn und Zweck der Straftatbestände zum Schutz des Wettbewerbs. 2009.

Band 121 Vera Backhaus: Der gesetzliche Richter im Staatsschutzstrafrecht. Zur Verfassungsmäßigkeit des § 120 Abs. 2 GVG. 2010.

Band 122 Verena Maria Brenneis: Rechtspolitische Implikationen von Gefährlichkeitsprognosen im Vollzug von Maßregeln nach § 63 StGB. Zum Subjektstatus von Eingewiesenen. 2010.

Band 123 Maike Hoenigs: Zur Existenzberechtigung des Straftatbestandes der Rechtsbeugung. Korrelat oder Widerspruch zur richterlichen Unabhängigkeit. 2010.

Band 124 Christine Würfel: Freiheit als Grundlage der Schuld. 2011.

Band 125 Charlotte Rau: Compliance und Unternehmensverantwortlichkeit. Materiellrechtliche Fragen der sanktionsrechtlichen Unternehmensverantwortlichkeit unter Berücksichtigung von Compliance-Maßnahmen. 2010.

Band 126 Marc Fornauf: Die Marginalisierung der Unabhängigkeit der Dritten Gewalt im System des Strafrechts. 2010.

Band 127 Sabine Benthin: Subventionspolitik und Subventionskriminalität. Zur Legitimität und Rationalität des Tatbestandes zum Subventionsbetrug (§ 264 StGB). 2011.

Band 128 Philipp Horrer: Bestechung durch deutsche Unternehmen im Ausland. Strafrechtsentwicklung und Probleme. 2011.

Band 129 Marianne Varwig: Zum Tatbestandsmerkmal des Vermögensschadens (§ 263 StGB). Eine kritische Untersuchung mittels der vier klassischen Auslegungsmethoden. 2011.

Band 130 Alexander Rieger: Verfassungsrechtliche Legitimationsgrundlagen richterlicher Unabhängigkeit. Zugleich eine Auseinandersetzung mit der Debatte um eine Selbstverwaltung der Justiz. 2011.

Band 131 Moritz von Schenck: Pönalisierung der Folter in Deutschland – de lege lata et ferneda. 2011.

Stefan Kirsch

Der Begehungszusammenhang der Verbrechen gegen die Menschlichkeit

Frankfurt am Main, Berlin, Bern, Bruxelles, New York, Oxford, Wien, 2009. 176 S.
Frankfurter kriminalwissenschaftliche Studien.
Verantwortlicher Herausgeber: Walter Kargl. Bd. 115
ISBN 978-3-631-59234-2 · geb. € 41,80*

Der Begehungszusammenhang der Verbrechen gegen die Menschlichkeit ist kein Merkmal des Unrechtstatbestandes, sondern eine Verfahrensvoraussetzung in der Form eines zuständigkeitsbegründenden Merkmals. Folgenreich ist die mit dieser Einordnung gewonnene Einsicht der Unterscheidbarkeit von Tat- und Gesamtunrecht der Verbrechen gegen die Menschlichkeit vor allem deshalb, weil sie den Aufbau einer differenzierten Dogmatik der einzelnen Verbrechen gegen die Menschlichkeit erlaubt, die bislang regelmäßig durch eine Konfundierung der jeweils einzelnen Tathandlung mit Aspekten des Angriffs gegen eine Zivilbevölkerung verhindert worden ist.

Aus dem Inhalt: Der Begehungszusammenhang der Verbrechen gegen die Menschlichkeit · Entstehungsgeschichte des Tatbestandes · Rechtsnatur der Regelung · Das Unrecht der Verbrechen gegen die Menschlichkeit · Der Begehungszusammenhang als Verfolgungsvoraussetzung · Das Universalitätsprinzip

Printed by
CPI books GmbH, Leck

FSC
www.fsc.org
MIX
Papier | Fördert gute Waldnutzung
FSC® C083411

Kolibri 360 GmbH
Ferdinand-Jühlke-Straße 7
99095 Erfurt, Deutschland
produktsicherheit@kolibri360.de